高速公路建设卓越管理模式研究

——以安徽省为例

陈赟　李晶晶　朱文喜　钱东升　范承余　著

武汉理工大学出版社

·武汉·

内 容 简 介

高速公路建设的自然环境和社会环境复杂,而且其本身具有投资大、规模大、周期长、内部结构复杂、外部联系广泛等特点,决定了高速公路项目目标管理影响因素多,不确定性因素大。随着新技术、新工艺、新材料与计算机技术的发展,高速公路建设项目亦朝着大型化、复杂化、信息化方向发展,必然对高速公路建设项目管理要求也更高、更细致、更规范。为此,本书在总结和提升先进高速公路建设管理经验的基础上,将"卓越绩效"理念引入高速公路建设项目管理,从建设单位项目管理角度来构建特色鲜明的高速公路建设卓越管理模式,并研究该模式的实施方法体系与策略。

本书系统阐述了管理体系、卓越绩效、项目目标管理、企业文化与项目管理关系等相关研究成果。在高速公路建设管理环境分析基础上,阐述了高速公路建设管理特点、建设目标及其管理内容,构建了高速公路建设卓越管理 2L3P4M 模式。以目标卓越、过程卓越、绩效卓越为原则,以作业过程为主线,系统研究卓越管理模式实施的理论方法与关键技术。该模式强调企业文化与项目建设管理的融合与渗透,突出持续的、高效的和具有个性特征的高速公路建设管理。

在此框架结构下,本书以安徽省交通控股集团有限公司高速公路建设管理为例,深入、系统地论述了高速公路建设环境分析方法、卓越目标确定、卓越过程控制点的识别与管理方法、卓越绩效评价体系与评价方法等。

本书建立的高速公路建设卓越管理模式是对现有建设单位项目管理经验的系统总结与提升,研究成果为安徽省高速公路建设管理提供了理论依据和指导方法。

图书在版编目(CIP)数据

高速公路建设卓越管理模式研究:以安徽省为例/陈赟等著. —武汉:武汉理工大学出版社,2016.4

ISBN 978-7-5629-5138-4

Ⅰ. ①高… Ⅱ. ①陈… Ⅲ. ①高速公路-道路建设-管理模式-研究-安徽省 Ⅳ. ①F542.3

中国版本图书馆 CIP 数据核字(2016)第 088175 号

项目负责人:田 高 责 任 编 辑:张莉娟 刘 凯
责 任 校 对:梁雪姣 装 帧 设 计:芳华时代
出 版 发 行:武汉理工大学出版社
地   址:武汉市洪山区珞狮路 122 号
邮   编:430070
网   址:http://www.wutp.com.cn
经   销:各地新华书店
印   刷:湖北丰盈印务有限公司
开   本:787×1092 1/16
印   张:17.25
字   数:442 千字
版   次:2016 年 4 月第 1 版
印   次:2016 年 4 月第 1 次印刷
印   数:2000 册
定   价:69.00 元

前　言

总结和提升先进建设管理经验是高速公路建设管理创新的基本途径。目前对高速公路建设管理的研究工作多为建设实践工作总结和理论方法的应用,罕有系统理论和成套方法的研究。本书旨在总结和提升安徽省交通控股集团有限公司的高速公路建设管理经验,构建系统的、有特色的高速公路建设卓越管理模式,及其实施策略与方法。

(1)分析高速公路建设管理环境。通过构建 PEST-RCC 分析模型,从政治法规环境、经济环境、社会环境和科学技术环境四方面分析高速公路建设管理外部环境,从资源、能力和文化三方面分析高速公路建设管理内部环境。

(2)提出高速公路建设卓越管理理念。以企业文化为纲领,以建设标准化为基础,以目标管理为核心,以绩效评价为基本手段的高速公路建设管理,具有持续性、全面性、高效性的个性特征,属于管理的第三层次。

(3)构建了高速公路建设卓越管理模式。通过构建混沌博弈模型和目标关注度调查,从理论和实践两方面分析四大目标关系,明确了质量是企业发展的永恒主题,质量是导致安全事故的根本原因,而进度与投资是实现质量要求的基本途径。在此基础上,构建了卓越管理概念模型2L3P4M,即涵盖企业管理和项目管理两个层次,目标卓越、过程卓越和绩效卓越三个原则,以及企业文化管理、目标管理、标准化管理和绩效评价四个模块。

(4)确定高速公路建设卓越理念与卓越目标。将高速公路建设项目分为重点项目和一般项目两类,制定与企业战略相符的,具有科学性、合理性和一定前瞻性的项目卓越质量目标、卓越安全目标、卓越进度目标和卓越成本目标。

(5)系统研究高速公路建设卓越管理策略与方法。以作业过程为主线来梳理高速公路建设管理工作,识别并确定卓越过程管理关键控制链,提出关键控制链的管控方法。具体包括高速公路项目建设规模合理性评价方法、设计质量评价方法、安全专项方案可靠性判断参考标准、柔性进度关键控制链管理模型、基于价值链的成本主动监控模式等。

(6)设计了高速公路建设卓越绩效评价体系。以逻辑框架法和卓越绩效评价准则为理论基础,以建设管理周期为主线,构建了包括项目核心文化与卓越管理目标、项目投入绩效、过程绩效、项目产出、项目影响五个模块的指标体系,从建设管理工作的适应性、经济性、效率性、规范性和效果性这几个方面来完成指标选择。并提出了基于群体赋权的高速公路建设卓越管理绩效模糊可拓评价方法。

本书是在安徽省交通控股集团有限公司技术开发项目"安徽省高速公路建设卓越管理模式研究"主要研究成果基础上的总结提炼。本书的出版离不开课题组全体成员的集体智慧与共同努力,课题组主要成员有:安徽省交通控股集团有限公司周仁强、屠筱北、钱东升、胡钢、苏新国、殷永高、卢炳东、陈政平、房涛、杨朝辉、杨庆云、范承余、管勤、曹进、尤吉、车承志、杨吉文、汪凤华,长沙理工大学陈赟、李晶晶、朱文喜、杨建华、李海梁、杨文安、唐文彬、刘向荣、王觊婧、侯云飞、陈丹,等等。

在撰写过程中,得到了安徽省交通控股集团有限公司、安徽省交通运输厅的大力支持和帮助。特别感谢黄山至祁门高速公路建设项目办公室、望东长江公路大桥建设指挥部在项目数据收集、调研等方面给予的极大支持。同时,感谢长沙理工大学付宏渊教授、中南大学张飞涟教授、湖南大学李林教授和安徽大学杜鹏程教授对本书提出了很多中肯而宝贵的建议与意见。

在此对所有为本书付出努力的同仁们表示衷心感谢。

由于笔者水平有限,本书疏漏、错误和不妥之处在所难免,恳请读者批评指正。

作　者
2016 年 1 月

序

　　高速公路建设管理工作的系统性强、不确定性因素多、难度大，建设单位在项目管理中占主导地位，必须有科学的理论与方法来指导其管理工作。长沙理工大学陈赟教授等人致力于高速公路建设管理理论与方法的研究，不仅具有现实意义，同时也是学科发展的重要方向。

　　本书具有鲜明的特色，主要体现在以下几方面：

　　第一，从建设单位管理角度，提出将企业文化建设与项目目标管理相结合的高速公路建设，并提出卓越管理 2L3P4M 模式。以理念与目标卓越、过程卓越、绩效卓越为主线来实施关键技术研究。

　　第二，在研究中综合运用多种理论与方法。综合运用项目管理、博弈论、目标管理等理论，运用经验总结法、文献研究法与实地调查法、定性分析和定量分析相结合等方法，建立了目标分析混沌博弈模型、建设环境 PEST-RCC 分析模型、高速公路建设规模合理性评价模型、设计质量后评价模型、设计监理质量后评价模型、安全风险评价与预警模型、FCC 柔性控制模型、建设时机选择模型、进度风险评价与预警模型、价值链成本管理模型、主动监控模式下全面成本管理模型、基于群体赋权的高速公路建设卓越管理绩效模糊可拓评价模型等高速公路建设卓越管理关键控制量化方法。

　　第三，开展翔实的实证研究。以安徽省交通控股集团公司承担的黄山至祁门高速公路建设项目和望东长江公路大桥建设项目为典型案例，进行高速公路建设卓越管理模式的应用研究，效果良好。

　　作者长期以来在高校从事工程项目管理的科研与教学工作，并与许多高速公路企业保持密切联系，注重观察和了解高速公路建设管理中存在的问题，并进行了深入的思考与探索。本书是作者多年思索与探求的理论总结，所提出的高速公路建设卓越管理模式系统总结和提升了安徽省高速公路建设管理经验，使其理论化、系统化。

　　诚然，高速公路建设管理是不断发展与完善的，本书对建设管理的信息化以及多目标的动态协调管理等研究仍待深入。但瑕不掩瑜，该研究成果对高速公路建设管理实践起到了重要的参考作用，在理论上也将完善和丰富现有高速公路建设管理的知识体系，具有创新和实用价值。特此推荐！

张飞涟

2016 年 1 月

目　录

1 绪论 ……………………………………………………………………………… (1)

1.1 研究背景及意义 ……………………………………………………………… (1)

　1.1.1 研究背景 …………………………………………………………………… (1)

　1.1.2 研究目的与意义 …………………………………………………………… (3)

1.2 国内外相关研究综述 ………………………………………………………… (3)

　1.2.1 相关研究综述 ……………………………………………………………… (3)

　1.2.2 综合评述 …………………………………………………………………… (7)

1.3 研究内容和技术方案 ………………………………………………………… (8)

　1.3.1 研究内容 …………………………………………………………………… (8)

　1.3.2 研究方法 …………………………………………………………………… (9)

　1.3.3 技术路线 …………………………………………………………………… (11)

2 集团公司高速公路建设管理环境分析 …………………………………………… (12)

2.1 概述 ……………………………………………………………………………… (12)

　2.1.1 企业概况 …………………………………………………………………… (12)

　2.1.2 高速公路建设管理概况 …………………………………………………… (12)

2.2 高速公路建设管理外部环境分析 …………………………………………… (14)

　2.2.1 PEST 分析模型概述 ……………………………………………………… (14)

　2.2.2 政治法律环境分析 ………………………………………………………… (14)

　2.2.3 经济环境分析 ……………………………………………………………… (16)

　2.2.4 社会环境分析 ……………………………………………………………… (19)

　2.2.5 科学技术环境分析 ………………………………………………………… (20)

　2.2.6 外部环境评述 ……………………………………………………………… (20)

2.3 高速公路建设管理内部环境分析 …………………………………………… (21)

　2.3.1 企业资源分析 ……………………………………………………………… (21)

　2.3.2 企业能力分析 ……………………………………………………………… (22)

　2.3.3 企业文化分析 ……………………………………………………………… (24)

　2.3.4 内部环境评述 ……………………………………………………………… (24)

2.4 本章小结 ………………………………………………………………………… (24)

3 高速公路建设目标分析与卓越管理模式的构建 ……………………………… (25)

3.1 高速公路建设管理概念与特点 ……………………………………………… (25)

　3.1.1 高速公路建设管理概念 …………………………………………………… (25)

　3.1.2 高速公路建设管理特点分析 ……………………………………………… (25)

　　3.2　高速公路建设管理目标分析…………………………………………（26）
　　　　3.2.1　建设目标及其管理内容…………………………………………（26）
　　　　3.2.2　高速公路建设目标管理博弈分析………………………………（30）
　　　　3.2.3　高速公路建设管理目标关注度调查与分析……………………（36）
　　3.3　高速公路建设卓越管理模式概念模型构建…………………………（37）
　　　　3.3.1　高速公路卓越管理相关概念界定与分析………………………（37）
　　　　3.3.2　高速公路建设卓越管理模式构建原则与目的…………………（45）
　　　　3.3.3　高速公路建设卓越管理模式概念模型设计……………………（47）
　　　　3.3.4　高速公路建设卓越管理模式实施管控体系……………………（49）
　　　　3.3.5　高速公路建设模式实施需重点解决的问题……………………（50）
　　3.4　本章小结………………………………………………………………（50）

4　高速公路项目建设卓越目标定位………………………………………（52）
　　4.1　项目文化概述…………………………………………………………（52）
　　　　4.1.1　项目文化的概念…………………………………………………（52）
　　　　4.1.2　项目文化与企业文化的关系分析………………………………（52）
　　　　4.1.3　项目文化管理的特征与作用……………………………………（53）
　　4.2　集团公司项目文化建设途径与方法…………………………………（55）
　　　　4.2.1　项目文化特征分析与互动模型…………………………………（55）
　　　　4.2.2　项目文化建设主体………………………………………………（55）
　　　　4.2.3　项目文化建设基本原则…………………………………………（56）
　　　　4.2.4　项目文化建设途径与方法………………………………………（57）
　　4.3　望东长江公路大桥项目文化建设实践………………………………（61）
　　　　4.3.1　项目概况…………………………………………………………（61）
　　　　4.3.2　项目特点…………………………………………………………（61）
　　　　4.3.3　项目建设管理愿景与核心价值观………………………………（62）
　　　　4.3.4　项目文化建设方案………………………………………………（63）
　　4.4　高速公路建设卓越目标确定…………………………………………（66）
　　　　4.4.1　卓越管理目标确定原则…………………………………………（66）
　　　　4.4.2　项目类别划分……………………………………………………（66）
　　　　4.4.3　高速公路建设卓越管理目标确定依据与过程…………………（67）
　　4.5　本章小结………………………………………………………………（72）

5　高速公路建设卓越过程管理关键控制点识别…………………………（73）
　　5.1　卓越过程管理基本思路………………………………………………（73）
　　5.2　关键控制点识别与关键控制链确定…………………………………（73）
　　　　5.2.1　方法描述…………………………………………………………（73）
　　　　5.2.2　过程环节分析……………………………………………………（74）
　　　　5.2.3　专家调查表设计与统计…………………………………………（76）

　　　5.2.4　关键控制点分析…………………………………………………（78）
　　　5.2.5　关键控制链的确定…………………………………………………（79）
　　5.3　本章小结………………………………………………………………（80）

6　高速公路建设质量卓越过程管理………………………………………（81）
　　6.1　集团公司高速公路建设质量管理现状…………………………………（81）
　　　6.1.1　宏观管理现状………………………………………………………（81）
　　　6.1.2　微观管理现状………………………………………………………（81）
　　　6.1.3　问题诊断……………………………………………………………（82）
　　6.2　建设规模合理性评价……………………………………………………（83）
　　　6.2.1　基本概念……………………………………………………………（83）
　　　6.2.2　评价指标体系构建…………………………………………………（83）
　　　6.2.3　评价方法……………………………………………………………（88）
　　　6.2.4　案例分析……………………………………………………………（91）
　　6.3　设计质量把控……………………………………………………………（94）
　　　6.3.1　设计质量管理的内容………………………………………………（94）
　　　6.3.2　完善设计质量策划…………………………………………………（95）
　　　6.3.3　设计监理……………………………………………………………（96）
　　　6.3.4　设计质量后评价……………………………………………………（100）
　　6.4　施工过程质量把控………………………………………………………（103）
　　　6.4.1　施工过程质量把控体系构建………………………………………（103）
　　　6.4.2　施工质量预控………………………………………………………（104）
　　　6.4.3　望东大桥施工质量预控与实施效果………………………………（107）
　　6.5　本章小结…………………………………………………………………（114）

7　高速公路建设安全卓越过程管理………………………………………（115）
　　7.1　集团公司高速公路建设安全管理现状…………………………………（115）
　　　7.1.1　宏观管理现状………………………………………………………（115）
　　　7.1.2　微观管理现状………………………………………………………（116）
　　　7.1.3　问题诊断……………………………………………………………（118）
　　7.2　安全管理基础建设………………………………………………………（118）
　　　7.2.1　安全意识培育………………………………………………………（118）
　　　7.2.2　工作机制完善………………………………………………………（130）
　　7.3　安全措施落实……………………………………………………………（132）
　　　7.3.1　安全风险管理………………………………………………………（132）
　　　7.3.2　安全费用管理………………………………………………………（141）
　　7.4　本章小结…………………………………………………………………（145）

8　高速公路建设进度卓越过程管理………………………………………（146）

8.1　集团公司高速公路建设进度管理现状 ……………………………………（146）

　　8.1.1　宏观管理现状 …………………………………………………………（146）

　　8.1.2　微观管理现状 …………………………………………………………（146）

　　8.1.3　问题诊断 ………………………………………………………………（148）

8.2　高速公路建设时机选择研究 ……………………………………………（148）

　　8.2.1　高速公路项目的投资价值分析 ………………………………………（148）

　　8.2.2　基于实物期权的高速公路建设时机影响函数建立 …………………（151）

　　8.2.3　基于建设时机选择的高速公路项目投资价值分析 …………………（153）

　　8.2.4　基于建设时机的实物期权抉择模型构建 ……………………………（155）

8.3　高速公路建设柔性进度管理 ……………………………………………（156）

　　8.3.1　柔性关键链技术概述 …………………………………………………（156）

　　8.3.2　柔性进度控制技术实施方法 …………………………………………（161）

　　8.3.3　柔性关键链管理模型构建 ……………………………………………（165）

8.4　高速公路建设进度风险分析 ……………………………………………（171）

　　8.4.1　高速公路建设进度风险形成机理分析 ………………………………（171）

　　8.4.2　高速公路建设进度风险识别 …………………………………………（172）

　　8.4.3　高速公路建设项目进度风险模糊可拓评价 …………………………（176）

　　8.4.4　高速公路建设项目进度风险预警与监控 ……………………………（180）

　　8.4.5　黄祁高速公路建设项目进度风险管理 ………………………………（183）

8.5　本章小结 …………………………………………………………………（185）

9　高速公路建设成本卓越过程管理 ………………………………………（187）

9.1　集团公司高速公路建设成本管理现状 …………………………………（187）

　　9.1.1　宏观管理现状 …………………………………………………………（187）

　　9.1.2　微观管理现状 …………………………………………………………（187）

　　9.1.3　问题诊断 ………………………………………………………………（188）

9.2　基于价值链的高速公路成本卓越管理体系构建 ………………………（189）

　　9.2.1　价值链分析概念模型构建 ……………………………………………（189）

　　9.2.2　高速公路建设项目价值链成本管理的理论框架构建 ………………（192）

　　9.2.3　高速公路建设项目价值链成本管理体系构建 ………………………（195）

9.3　基于主动监控的高速公路建设全面成本管理 …………………………（204）

　　9.3.1　基于主动监控的高速公路建设项目成本管理模式 …………………（204）

　　9.3.2　面向全过程的高速公路建设项目成本控制方法 ……………………（205）

　　9.3.3　基于挣得值理论的高速公路建设项目全要素成本控制方法 ………（211）

9.4　高速公路工程变更的成本控制 …………………………………………（217）

　　9.4.1　工程变更对成本的影响分析 …………………………………………（217）

　　9.4.2　工程变更的费用管理方法 ……………………………………………（223）

　　9.4.3　基于灰色模糊估算模型的新增工程费用确定 ………………………（226）

9.5　本章小结 …………………………………………………………………（231）

10　高速公路建设卓越管理绩效评价 ································ (233)

　　10.1　集团公司高速公路建设管理绩效评价现状 ··············· (233)

　　　　10.1.1　宏观管理现状 ································· (233)

　　　　10.1.2　微观管理现状 ································· (233)

　　　　10.1.3　问题诊断 ···································· (234)

　　10.2　高速公路建设卓越管理绩效评价体系构建 ··············· (235)

　　　　10.2.1　基本内涵界定 ································· (235)

　　　　10.2.2　绩效评价的层次划分 ························· (236)

　　　　10.2.3　高速公路建设项目卓越管理绩效评价实施流程 ····· (236)

　　10.3　高速公路建设卓越管理绩效评价目标计划制定 ··········· (237)

　　　　10.3.1　项目卓越管理目标确定 ······················· (237)

　　　　10.3.2　绩效评价计划制定 ··························· (237)

　　10.4　高速公路建设卓越管理绩效评价方法体系实施 ··········· (237)

　　　　10.4.1　高速公路建设卓越管理绩效评价逻辑模型构建 ····· (238)

　　　　10.4.2　高速公路建设卓越管理绩效评价指标体系构建 ····· (241)

　　　　10.4.3　高速公路建设卓越管理绩效评价方法 ············ (247)

　　10.5　高速公路建设管理绩效评价结果运用与改进 ············· (252)

　　　　10.5.1　高速公路建设管理目标达成程度检查 ············ (252)

　　　　10.5.2　绩效评价结果汇总 ··························· (252)

　　　　10.5.3　绩效评价结果运用 ··························· (252)

　　10.6　本章小结 ····································· (254)

11　结论与展望 ··· (255)

参考文献 ··· (261)

1 绪 论

1.1 研究背景及意义

1.1.1 研究背景

高速公路是国家经济发展的重要基础设施,对经济、社会、环境影响重大。国家和地方都积极投资高速公路建设,完善路网,促进社会经济需求与发展。"十二五"规划中明确指出"完善国家公路网规划,加快国家高速公路网剩余路段、瓶颈路段建设,加强省干线公路改扩建","高速公路通车里程达 8.3 万千米,基本覆盖 20 万以上人口城市。"

安徽省高速公路"十一五"期间省内国家高速公路网基本建成,规划的 2781 千米国家高速公路已建成 2602 千米,投资 641 亿元,占交通建设总投资的 57%[1];省级高速公路网开始启动,建成通车 327 千米,在建 1078 千米,实现了"南北 6 小时过境、东西 3 小时过境"的目标。"十二五"期间[2],安徽省综合交通运输体系将按照适度超前的原则,建成以快速铁路、高速公路、千吨级航道、民航机场为骨架,以普通铁路、公路、航道和农村公路为基础,以综合交通枢纽为依托,便捷、安全、高效的现代化综合交通运输体系。其中,高速公路以完善路网为重点,加快区域通道建设,联通断头路,到 2015 年基本建成"四纵八横"的高速公路主骨架,力争通车里程达到 4500 千米,实现县县通高速公路,促进安徽省高速公路"联网、加密、扩容、提高",增强高速公路整体承载能力和枢纽作用。

1.1.1.1 高速公路建设精细化、规范化管理的需要

近几年,安徽省高速公路发生了翻天覆地的变化。全省境内高速公路,通车里程已达 2900 千米以上,17 个省辖市全部有高速公路联网。高速公路网促进了安徽省地方经济的快速发展和周边地区的城市化发展进程。由于高速公路建设的自然环境和社会环境复杂,而其本身具有投资大、规模大、周期长、内部结构复杂、外部联系广泛等特点,决定了高速公路项目目标管理影响因素多、不确定性因素大。

"十二五"期间,安徽省需完成徐州—明光、许昌—宿州—泗洪、宁国—宣城—千秋关、扬州—绩溪、芜湖—雁翅、黄山—祁门、北沿江、东至—九江、阜阳—新蔡、铜陵—南陵—宣城、淮南—蚌埠—凤阳等高速公路建设;新建武汉—岳西—桐城—庐江—无为、济南—祁门、宿州—扬州、阜阳—淮滨、巢湖—铜陵(铜陵长江公铁两用大桥北岸接线)、蚌埠—五河、淮南—滁州等高速公路项目;以及马鞍山长江公路大桥、合福铁路铜陵长江公铁大桥、望东长江公路大桥、池州长江公路大桥、芜湖长江公路二桥、商合杭铁路芜湖公铁两用大桥等重点工程项目。这些高速公路建设关系民生,对区域经济、环境影响久远。

此外,随着新技术、新工艺、新材料与计算机技术的发展,高速公路建设项目亦朝着大型化、复杂化、信息化方向发展,必然对高速公路建设项目管理要求也更高、更细致、更规范。开展"安徽省高速公路建设卓越管理研究"是顺应高速公路建设管理精细化、规范化需求的必然

结果。

1.1.1.2　集团公司企业文化建设的要求

党的十八大报告明确提出了"文化强国"的理念。安徽省交通控股集团有限公司(后简称"集团公司")致力于安徽省高速公路建设与运营管理,提供安全、便捷、舒适的通行服务,形成了以路为主,多元化发展的经营模式。经过初期的艰难起步,到快速发展、境外上市、企业改制、多元发展,集团公司取得了丰硕的建设成果,积累了丰富的建设管理经验,也孕育了优秀的企业文化,形成了以"重道笃行、通达致远"为核心的价值理念。凝练企业文化,并将其融入、渗透、推广于项目管理,是提升集团公司高速公路建设管理整体水平,增强企业竞争力的需要。

(1)企业文化重在建设,贵在执行

项目管理根植于企业文化土壤中,企业文化对项目管理有导向、规范、凝聚、激励、创新、辐射等促进作用。企业文化为项目管理提供软环境,是项目管理的重要支柱。集团公司企业文化执行主要就体现在建设项目上,展现为工程项目的目标和管理优化。只有将集团公司的企业文化结合、融入、渗透于高速公路建设项目管理的各项工作之中,才能发挥其促进作用;才能使项目这样的临时组织机构在价值观上形成统一认识,加强团队凝聚力,最大限度地避免"内耗",保证团队内部个体力量与目标方向相同;在行动上整合团队个体,充分发挥团队成员的技能互补作用。

由此可见,一方面,只有将集团公司企业文化结合、融入、渗透于高速公路建设项目管理的各项工作之中,才能发挥作用;另一方面,先进的高速公路建设项目管理根植于集团公司企业文化,只有将企业文化与项目目标管理紧密结合才可能在创造经济效益的同时,实现集团公司企业价值最大化。

(2)先进的项目管理方法有助于集团公司企业文化的提升

通过先进的高速公路建设项目管理方法的实施,实现项目管理模式与集团公司企业文化理念的对接,使项目管理既有企业价值观的导向,又有制度化的管理方法,形成内化与固化结合,文化与管理一体,隐性与显性相容,刚性约束与柔性导向互补,从而不断推进集团公司企业文化提升。

(3)人文管理与科学管理的需要

同心动力咨询公司副总经理焦翠萍在对集团公司企业文化进行系统性研究后指出[3],集团公司长期以来形成了"机构精简、人员精干""务实负责""团结协作"等人文管理优势,注重发挥氛围、人员和团队力量来推动经营管理,但集团公司的管理理念和管理方式仍没有从传统模式中彻底转变,存在"分散有余、集中不足,粗放有余、精细不足,行政色彩较浓、企业意识不足"等问题,在规范控制导向上的各项管理措施的支持力度不足,主要体现在管理范式不完善和各职能模块的管理系统性不强两大方面。因此,现阶段文化管理的主要任务是构建"人文管理"与"科学管理"之间的平衡,应注重结构、机制和制度来推动经营管理。

1.1.1.3　集团公司管理创新的基本途径

总结和提升先进建设管理经验是集团公司管理创新的基本途径。高速公路建设管理是集团公司主营业务的重要组成部分,也是集团公司综合竞争能力的重要组成部分。在二十多年的管理实践中,集团公司提出并成功运用了诸多新的管理方法、管理手段与管理模式,有效地实现了公司与项目组织目标。将这些经验与方法总结与提升,并引入集团公司建设管理系统,是集团公司管理创新的基本途径,对持续稳定地提升集团公司高速公路建设管理水平,加快核心业务的发展、提高发展质量、降低发展成本,促进集团公司整体协调发展,发挥集团公司综合性优势意义重大。

正是在上述背景下,本书拟在系统总结集团公司建设管理实践经验的基础上,将目前最先进和广为认同的"卓越绩效"理念引入高速公路建设项目管理,构建科学、易行的高速公路建设卓越管理模式,实现集团公司企业文化与项目目标管理的融合与渗透。重点研究集团公司高速公路建设卓越管理模式构建,系统研究卓越管理模式实施方法体系与实施策略,为高速公路建设管理提供理论依据和方法指导。

1.1.2 研究目的与意义

(1)研究目的

本书在传统建设项目目标管理与控制理论基础上,紧密结合企业文化,以"卓越绩效"理念为指导,利用项目管理、系统论、控制论、行为科学、精益建设、成本控制、质量管理、投资经济学、信息技术等理论与先进技术,建立符合集团公司建设管理实际与发展需求的、充分体现集团公司特色的高速公路建设管理模式——高速公路建设卓越管理。

在"目标卓越、过程卓越、绩效卓越"的原则指导下,系统研究卓越管理模式实施的理论方法与关键技术,将项目目标管理中的安全、质量、成本、进度、环保等目标统筹起来,实现企业文化与项目目标管理的融合、渗透和多目标优化管理。

本书在总结已有企业文化建设与实施方案、项目目标控制理论与方法及卓越绩效等相关研究成果的基础上,全面总结与提升集团公司建设管理成就与经验,构建具有集团公司特色的高速公路建设卓越管理体系、方法与实施策略,实现企业文化与项目管理有效对接,在"重道笃行、通达致远"的核心价值理念指导下("文化为魂"),实现"以人为本、安全为天、质量为上、效益为重、生态为基、廉洁为要"的高速公路建设管理,在高速公路建设管理基层工作中实现"以人为本、过程管理、多方共赢"的集团公司高速公路建设卓越管理理念。本书研究力求达到理论正确、体系完善、方法合理、指导实践。

(2)研究意义

本书构建集团公司高速公路建设卓越管理模式,实现建设项目管理与企业战略目标的统一,项目管理与企业文化的融合。从而完善和丰富项目管理理论,为集团公司高速公路建设管理实践工作提供科学、易操作的管理方法,全面提升集团公司高速公路建设管理水平。

1.2 国内外相关研究综述

1.2.1 相关研究综述

1.2.1.1 管理体系研究

国内外关于管理体系的研究成果相对分散,主要的研究成果集中在各国根据其具体的国情及知识结构所建立的项目管理体系、由国际标准化组织所确立的质量管理体系、环境管理体系、职业健康安全管理体系以及由三大体系整合形成的一体化管理体系。

典型代表性的项目管理体系主要有英国商务办公室(OGC)开发的"受控环境下的项目管理"(PRINCE2)、美国项目管理协会(PMI)颁布的项目管理知识体系大纲(PMBOK)以及国际项目管理学会(IPMA)编制的《国际项目管理专业资质标准》(IPMA Competence Baseline)。在美国项目管理协会(PMBOK)基础上,由我国项目管理研究委员会(PMRC)组织编写了《中国项目管理知识体系》(C-PMBOK)。

由国际标准化组织所确立的质量管理体系、环境管理体系、职业健康安全管理体系主要包括国际标准化组织(ISO)在总结各国质量管理经验的基础上制定的质量管理体系(ISO 9000)、环境管理体系(ISO 14000)和职业健康安全管理体系(ISO 18000),以及为顺应企业整合管理需求而产生的一体化管理体系(IMS)。

我国学者根据我国企业及项目的发展情况以及发展需要,对管理体系开展研究工作。主要有:侯灵明(2004)[4]指出一套真正好并适合自身公司的项目管理体系,不仅可以对项目进行有效的管理,大大提高项目完成的效率,更能为公司积累并记录下丰富的项目经验,作为公司成长的一笔宝贵财富。而企业项目管理体系需要在企业发展战略指导下,通过对项目需求的全面分析,建立一整套全方位的制度与管理保障体系。钟震坤(2007)[5]提出项目管理体系就是设计项目管理流程与规范,它涉及组织机构设置,角色与职责,项目过程、管理过程与组织结构相结合的产物,而它的建立就是要解决项目管理流程和组织机构控制之间的关系。郑周千(2010)[6]认为管理体系是用来帮助企业顺利完成项目的一套科学、系统的方法和策略,需要从企业项目管理现状出发,依据项目管理体系化建设理论,从项目管理本质着手,对企业项目管理整体运行进行研究,保证体系的完整性、可执行性和持续改进性特点,等等。

1.2.1.2　卓越绩效

"卓越"一词用于管理领域源于 20 世纪 80 年代美国国家质量管理"波多里奇国家质量奖"评审标准"卓越绩效评价准则"(Criteria for Performance Excellence),其核心思想是强化组织的顾客满意意识和创新活动,追求卓越的经营绩效。该准则随社会环境变化,逐年变化和发展。[7] 2009—2010 版"卓越绩效评价准则"更加突出了绩效管理的全面性、整合性和系统性观点,强调以顾客为中心、组织核心竞争力、可持续性与社会责任三方面的评价。"卓越绩效"创建了一种世界级企业成功的管理模式,推进了企业全面质量管理的标准化、规范化和具体化。目前卓越绩效模式(Performance Excellence Model)已在企事业单位、医院和学校中成功运用,是当前国际上被广泛认同的一种组织综合绩效管理的有效方法。

卓越绩效管理模式的发展不仅为企业提高绩效提供了评价标准,也为一些寻求学习和发展机会的企业树立了标杆。美国一些学者对获得"波多里奇国家质量奖"的企业进行调查和研究,以便让其他企业学习其成功经验。Gwen Fontenot,Lucy Henke 和 Kerry Carson(2006)[8]通过案例分析说明了顾客满意度对企业绩效的重要性。他们认为公司的管理者首先要确定顾客对公司绩效水平的满意程度,然后根据顾客的整体感知程度对公司内部的管理方法再进行改进和提升。也有一部分学者研究了顾客满意度的评价方法和帮助企业进行相应改进行动的指南和措施。哈里·赫兹提出卓越绩效理论是一套综合的组织绩效管理方法,它既包括实施的方法,也可用于经营结果的评价。企业将方法和结果结合起来进而追求卓越目标的手段是:第一,想方设法地改进组织的创新价值,以此来满足顾客和相关方的需求,从而促进企业的持续发展,使企业在市场上具有一定的核心竞争力,即外部的期待;第二,通过提高组织内部的工作效率和有效性来达到卓越,即内部动力;第三,加强对组织内部员工的培训,促进组织和个人的学习,即动力提升。

2004 年 9 月,我国颁布了《卓越绩效评价准则》(GB/T 19580—2004),标志着我国质量管理进入了新的阶段。2012 年在 2004 版基础上增加了基本概念、术语,并调整了部分章节,颁布了《卓越绩效评价准则》(GB/T 19580—2012)[9]。许多质量管理专家与学者研究和探讨评价准则及实施方式。张东风等学者(2009)[10]在分析了国家标准《卓越绩效评价准则》的系统架构后,提出了组织如何成功地实施卓越绩效管理的方法和步骤,即按照领导决策、评价准则培训、建立推进组织、撰写组织概述、实施自我评价、制定并实施改进和创新计划、"学习循环"与"质量奖"申报的步骤进行。宋加升等(2009)[11]以系统的观点建立了动态管理模式,这一模式可以使企业发挥自身的长处,并找出自身的缺陷和不足之处,从而指导企业领导者及全体员工的行为,不断提升企业的经营质量,来适应外部的环境变动,增强企业的核心竞争能力,创造出卓越的经营绩效。李卫红(2011)[12]在卓越绩效评价准则的基础上构建制造业企业质量竞争力评价指标体系,认为卓越绩效评价准则不仅可以应用于追求卓越绩效企业的自我评价和"质量奖"的评价,而且可以推广应用到企业之间及产业中的质量竞争力评价。叶美芳(2014)[13]分析了卓越绩效及我国建筑企业及其特点,指出严格按卓越绩效评价准则的要求可改善企业的管理流程,卓越绩效理论适用于我国建筑企业。

尽管卓越绩效模式是当今世界现代管理的新理念与新方法,是许多成功企业的经验总结,激励和引导企业追求卓越,但由于建筑企业与项目管理的特殊性,使卓越绩效模式在建筑企业与项目管理中的应用受到一定限制。

1.2.1.3 项目目标管理

建设单位项目管理实际是建设单位项目管理人员按照工程建设的有关法规、技术规范的要求,根据已签订的工程承包合同、工程监理合同、其他合同及合同性文件,调动各方面的综合资源,对项目工程从开工至竣工的工程质量、进度、成本及其他方面的目标进行全面控制的管理过程。可见,工程项目管理是以实现目标为管理核心。

(1)质量管理

对质量管理的研究经历了质量检验、统计质量控制、全面质量管理与现代质量管理四个发展阶段。提出了统计过程控制理论、全面质量管理理论、PDCA 质量改进循环理论、"质量三部曲"、零缺陷理论、6σ 理论、质量经营理念与生态质量管理理论、卓越绩效管理理论等。20 世纪 80 年代,我国开始引入质量管理理论与应用方面的研究,如质量诊断理论、统计质量控制理论等,如沙庆林运用统计控制理论分析公路工程质量控制方法,编制了"公路工程质量检验评定标准""公路路基路面施工技术规范"等。20 世纪 80 年代后期,我国开始在建筑企业推行工程监理制度、质量认证制度。2003 年,我国颁布全国质量管理奖标准,其内容等同采用"波多里奇国家质量奖"标准的七大模块,仅权重分配有所不同;2004 年 9 月,我国颁布了《卓越绩效评价准则》(GB/T 19580—2004),标志着我国企业质量管理进入了新的阶段。

20 世纪 90 年代,精益生产思想作为一种普遍的管理哲学在各行业得到运用和发展,丹麦、澳大利亚等建筑业发达国家一直在推行精益建设管理模式。我国于 2002 年开始了精益建设方式的学习与研究。如哈尔滨工业大学建筑经济管理研究所进行了《精益施工生产体系与运行研究》的课题研究(2002.12—2005.7);侯景良、李远富、坚勋、戴栎、黄有亮等介绍了精益建设思想与界定相关概念;黄如宝、徐蓉、邱光宇、刘容桂等针对我国工程实际开展精益建设应用研究,等等。

(2)进度管理

进度管理主要是对进度控制的技术方法进行研究,如网络计划技术、计划评审技术、图形评审技术;相关算法的研究,如模糊数学、灰色理论、遗传算法、模拟退火算法、神经网络、系统动力学等方法在进度优化和资源均衡问题中的应用研究;以及先进技术与进度控制方法的结合问题研究,如 GIS、可视化技术、仿真技术等。

（3）成本管理

目前,成本管理已形成了系统的造价理论。在 20 世纪 30 年代,国外就开始了工程造价管理方法与应用研究,出现了全寿命周期造价管理理论与方法、全面造价管理理论与方法、战略资产管理理论与方法、全要素造价管理等。我国自新中国成立以来就开始了以定额为基础的概预算方法研究,推行估算—概算—预算—结算—决算为核心的造价控制体系。目前,已逐步实现了定额计价向清单计价的转变。学者们多从计量支付、变更索赔、清单计价方法等方面展开研究,取得了众多研究成果。

（4）安全管理

安全管理多集中于道路交通安全评价模型研究。典型的有瑞典 Ghazwan 博士建立的道路安全评价指标体系。国内对道路交通安全的评价研究成果主要有刘士奇和王建平等建立的公路交通安全评价指标体系;陆化普教授等建立的城市道路交通管理评价体系;张殿业构建的道路交通安全模型;邵祖峰建立的城市道路交通安全水平综合评价指标体系,等等。

（5）多目标综合管理

质量、成本、进度三大目标的综合管理研究起步于关键路径法（CPM）。此后,许多学者就三大目标定量集成理论模型开展研究。B. William 提出了工程进度和工程质量的相互影响关系,并建立了工期、成本、质量之间的多目标线性优化模型。Babu 和 Suresh 构建了三个相关线性规划模型,研究三大目标的权衡和集成管理。El-Rayes Khaled 与 Kandil Amr 针对公路工程的特点,建立了一个考虑多种模式的三大目标优化模型,应用非支配排序遗传算法对模型进行求解。Khang D. B. 和 Myint Y. M. 通过水泥厂建设工程项目实例来评价三大目标平衡线性模型的实用性,并对其面临的问题提供了可供参考的建议。杨湘和张连营应用遗传算法和模糊数学方法对工程项目资源进行均衡优化。王首绪等应用遗传算法的选择、变异、杂交等操作解决工程项目多目标优化问题。朱学军将神经网络与帕累托法则、遗传算法结合,研究神经网络结构试验问题,提高了多目标优化的计算效率。刘尔烈在项目管理中提出多目标协同优化。刘静运用协同进化多目标算法解决 VLSI 布图规划求解问题,并指出多目标协同进化算法可以运用于工业领域及工程建设中。王健、刘尔烈等和杨耀红、汪应洛等分别利用多属性效用函数理论和模糊多属性群决策效用函数理论建立了三大目标均衡优化模型,采用遗传算法得到了满意的决策方案。阮宏博构建了基于遗传算法 NSGA-Ⅱ的三大目标均衡优化模型,为多目标优化问题提供了参考方法。这些理论模型为工程实践多目标集成与协调管理提供了思路与方法指导。

1.2.1.4 企业文化与项目管理的关系

David L. Cleland 认为项目和项目管理是组织战略的重要组成部分,项目管理是组织战略调整的手段,而不是管理整体之外的一个分离的实体,并对项目管理中的战略问题及如何把项目管理有效地应用到组织的战略管理中进行了研究。A. P. Van Der Merwe 强调了新商业环境下的项目管理要求、发展战略、组织机构设计、业务流程和项目的相互浸透与相互融合。桂维民从战略管理的角度提出了企业战略项目管理模式。庄为民提出企业项目管理根植于企业文化的土壤中,企业文化为企业项目管理提供软环境,是企业项目管理的重要支柱。吴桂昌以河南四方项目管理公司为例,对项目管理企业文化的培育和建设提出了一些建议。程大群、陈可通对项目管理文化建设的 EPM 过程分析,用测量组织的项目管理成熟度的方法来衡量项目管理文化的程度,为我国企业项目管理文化的建立、改进提供了一种可借鉴的理论方法。

1.2.2　综合评述

1.2.2.1　理论研究评述

综上所述,现有的建设管理理论研究主要有以下特点:

(1)国内外在管理体系方面已作出了大量的研究。项目管理体系的制定与发布,对于促进项目管理专业化发展和提高项目管理人员的水平,都起到了积极的作用;对于项目管理人员的培训教育和资质认证也起到了重要参考作用。但目前的研究成果更多地存在于一般企业管理层面,对于公路建设项目管理体系研究并没有涉及太多。

(2)"卓越绩效"模式是当今世界现代管理的新理念与新方法,以质量为目标,是企业质量管理的有效模式,但对高速公路建设需要质量、成本、进度、安全多目标协调的项目管理并不具备普遍适用性。

(3)目标管理多从施工方角度和项目角度研究,从建设单位角度尚无针对目标管理的系统方法。

(4)现有目标管理研究成果多为三大控制目标的独立管理或控制方法研究。在质量管理方面,研究成果大都是一般理论的应用研究,尽管精益建设理论已成为建设管理的一种科学、普遍的方法,但国内对精益建设的研究还处于初步探索阶段,多为定义的探讨和精益建设的理论介绍等。在进度管理方面,以关键路线法(CPM)和计划评审技术法(PERT)为代表的传统项目管理进度计划方法,在工程实际中经常无法起到应有的作用。现有方法计算复杂,可操作性和可接受性不强,实际应用困难。而且进度计划对环境变化的适应性不足,缺乏柔性。在成本管理方面,现有理论研究成果主要是对清单计价理论的讨论,对成本控制方法的研究较少。

(5)关于三大目标协调管理和集成管理的定量分析研究成果丰富,多为多目标优化理论模型与求解方法研究,对实践做法与经验总结提升罕见。

(6)理论体系不够完善,对安全等其他因素考虑较少。尽管安全管理体系评价成果较多,但主要是对技术系统的安全性评价,如在安全生产审核许可和系统安全分析领域应用的生产技术和工艺的安全评价工作。对高速公路建设安全管理研究成果十分少见,且尚无一套完整、科学、客观的安全管理体系综合评价方法。

(7)仅在战略管理层面将企业文化与项目管理结合考虑,且多为实践问题与对策研究;对企业文化在项目层的实施方法、策略等研究成果罕见。

1.2.2.2　实践研究评述

尽管现有项目管理理论与实践成果较多,但理论对实践的指导作用并不显著,实践中仍存在以下不足:

(1)建设单位缺乏系统的建设项目管理方法,导致项目管理主要为事后考核,缺乏过程控制与管理方法。

(2)质量管理虽已受到建设各方的广泛重视,但质量管理主要基于技术规范,建设单位对项目质量的评定没有具体指导方法。

(3)进度管理形式化,没有实现真正意义上的动态控制,建设单位对项目进度管理多为进度计划与实际计划的对比分析。

(4)概算超估算,预算超概算,结算超预算的"三超现象"仍普遍存在。建设单位对投资控制的方法多集中在招投标中标价格控制和工程索赔及变更控制方面,未仔细分析影响造价的主要因素和变更费用的合理计算。

(5)建设单位对项目安全的管理通常是对施工企业配备的专职安全人员及其职责,以及施工现场安全施工措施配备等的考核,对安全管理流程、措施、资源管理等并无具体考核方法。

由此可见,建设单位对高速公路建设项目管理多为技术方法或实际情况与计划的比较,对建设管理与考核缺乏具体指导方法和理论依据。

针对上述现有理论研究成果和实际存在的问题,本书提出的高速公路建设卓越管理模式,将企业文化与项目管理结合,为提升项目管理理念、培养员工意识、打造企业核心竞争力提供理论与指导方法。

1.3 研究内容和技术方案

1.3.1 研究内容

根据上述有关本项目研究的背景和目标,本书拟对高速公路建设卓越管理模式构建与实施策略进行重点研究。研究工作主要从以下几方面开展。

1.3.1.1 分析企业文化与项目管理的关系

厘清企业文化与项目管理之间文化与管理、隐性与显性、柔性约束与刚性约束之间的关系。明确企业文化对项目管理的导向、规范、凝聚、激励、创新、辐射等促进作用与先进项目管理方法对企业文化提升的反促进作用,进而以企业文化为纲领构建卓越管理模式。

1.3.1.2 分析高速公路建设管理环境与管理目标

分析高速公路建设项目目标实现环境,具体包括内部环境和外部环境。内部环境包括企业资源、企业能力和企业文化;外部环境包括政治法规环境、经济环境和社会环境。

广泛调查高速公路建设项目管理目标,分析差异及其产生的原因,重点分析高速公路建设各参与方的主体行为利益倾向,明确主体之间的利益关系,充分考虑主体利益诉求。

1.3.1.3 科学地构建"高速公路建设卓越管理"模式

在环境分析基础上,以"卓越绩效"理念为指导,结合高速公路建设管理特点,在集团公司"重道笃行、通达致远"的核心价值理念指导下,构建紧密结合企业文化建设与项目目标管理执行于基层的高速公路建设卓越管理模式。通过该模式的实施,突出以人为本、过程管理、多方共赢的高速公路建设卓越管理理念。

运用卓越绩效理论、项目管理理论、系统管理理论、多目标优化、控制论等,强调以人为本、过程管理、多方共赢的高速公路建设卓越管理理念,建立"高速公路建设卓越管理"模型与方法,提供"高速公路建设卓越管理模式"理论支撑。

(1)前提——"安全为天"

本书将在高速公路建设卓越管理模式中突出安全管理的重要性,强调以项目"安全"目标实现为前提,实现"以人为本"的卓越绩效理念。分析高速公路建设项目的特点,通过广泛调查与数理分析来识别安全风险。以系统观为指导,加强安全意识培养,完善安全管理工作机制,力争实现全过程、全因素、全手段、全天候、全主体的安全卓越管理。

（2）核心——"质量为上"

高速公路建设质量直接影响其预期效益发挥，影响人民生命和财产安全。在高速公路建设管理中必须确保工程质量。本书将精益建设理论引入项目质量管理中，建立质量卓越管理模式。

（3）途径——"效益为重"

高速公路建设卓越管理关注建设过程，成本与进度管理是实现质量管理的途径。本书所研究的是在满足质量卓越管理前提下的成本卓越管理与进度卓越管理方法，重点研究满足以质量安全为前提的成本、进度管理方法，建立合理（柔性）进度关键链管理与价值链成本管理技术与方法，以实现建设卓越管理。

（4）保证——"廉洁为要"

廉洁自律对高速公路建设卓越管理来说至关重要，决定了高速公路建设管理的公平、公开与公正。本书从高速公路建设管理职责与工作程序出发，明确工作内容与责任，为高速公路建设卓越管理模式实施提供保证。

1.3.1.4 深入、详尽地阐述高速公路建设卓越管理模式的实施方案

详细、深入地阐述高速公路建设卓越管理模式的实施方案。以典型工程为依托，开展实证研究，完善高速公路建设卓越管理模式的实施方案。

构建包括时间维、过程维、要素维三维高速公路建设卓越管理模式的实施方案。以高速公路建设周期为时间维，识别前期计划、中期控制与后期评价的全过程高速公路建设卓越管理关键控制点。从过程维针对每个关键点，详细阐述卓越过程管理实施技术，主要包括计划技术、控制技术、跟踪技术以及响应技术。构建概念模型与数学模型，完善或设计相关工作流程。针对人员、材料、机械与设备三个要素提出高速公路建设卓越过程管理措施。

1.3.1.5 系统、全面地建立高速公路建设卓越管理绩效评价体系

借鉴相关领域的绩效评价方法，依据卓越管理模式基本要求，结合集团公司高速公路建设管理特点，构建高速公路建设卓越管理绩效评价指标体系与模型，并开展实证测评。

研究的内容体系见图 1-1。

1.3.2 研究方法

研究方法也称研究法，是表明研究的实施过程和操作方式的主要特征。由于研究方法本身处于一个不断地相互影响、相互结合、相互转化的动态发展过程中，所以对于研究方法的分类目前很难有一个完全统一的认识。

本书的研究需利用卓越绩效理论、项目管理理论、系统论、多目标优化理论、控制论、博弈论、行为科学、精益建设、成本控制、质量管理、投资经济学、信息技术等理论与先进技术。在研究过程中主要采用以下分析方法：

（1）经验总结法

总结推广先进经验是人类历史上长期运用的较为行之有效的研究方法之一。本书运用经验总结法，归纳、分析、总结集团公司高速公路建设管理实践活动中的成功做法，使经验系统化、理论化，并上升为标准化方法。

（2）文献研究法与实地调查法

```
┌─────────────────┐      ┌─────────────────┐
│ 国内外研究成果梳理 │      │ 国内外项目管理问题调查 │
└─────────────────┘      └─────────────────┘
         │                        │
┌─────────────────┐      ┌─────────────────┐
│ 集团公司高速公路建设 │      │ 集团公司高速公路建设 │
│ 管理环境与目标分析  │      │  经验调研与分析    │
└─────────────────┘      └─────────────────┘
         │                        │
┌───────────────────────────────────────────┐
│ 集团公司高速公路建设卓越管理内涵与外延界定      │
└───────────────────────────────────────────┘
```

"文化为魂"："重道笃行、通达致运"的核心价值理念

前提："安全为天"　卓越安全管理

企业愿景　核心："质量为上"　建设质量卓越管理　微笑服务 多方共赢

途径："效益为重"　卓越成本管理　卓越进度管理

高速公路建设卓越管理模式实施方法

过程维
计划
跟踪
控制
响应　前期计划 中期控制 后评价
　　　　　　　　　　　　　　　　　时间维
人员
材料
机械设备
要素维

高速公路建设卓越管理模式实施绩效评价

绩效评价指标体系

绩效评价指标修正方法

绩效评价方法

绩效评价结论分析与反馈

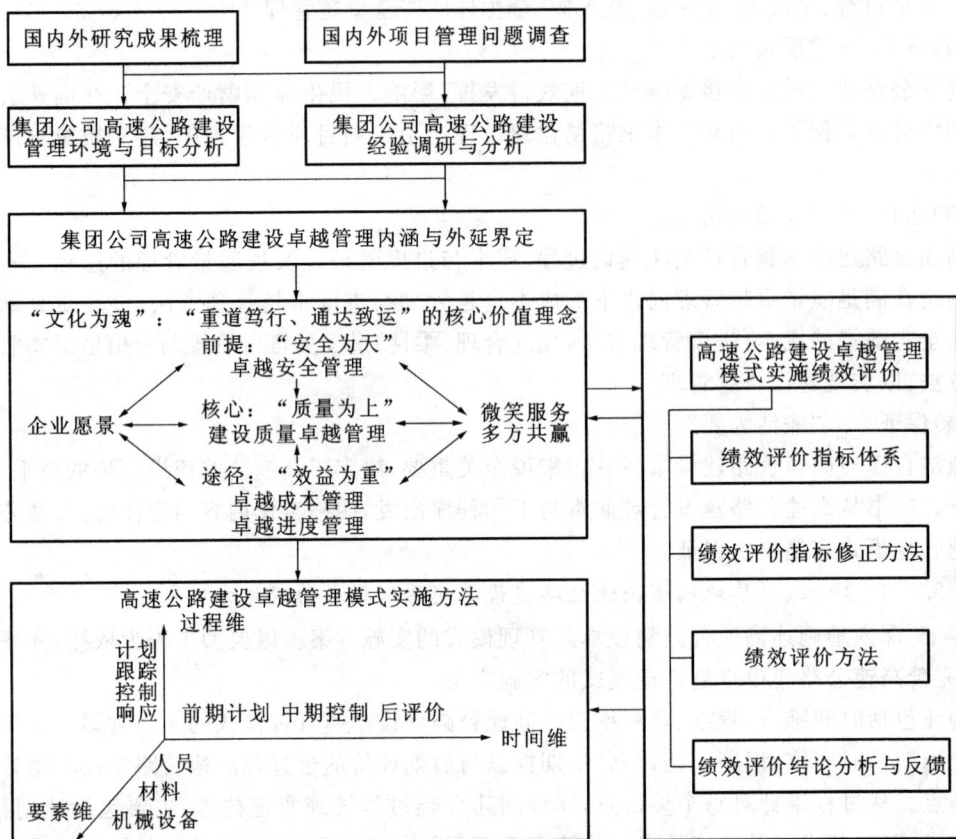

图 1-1　研究内容体系示意图

文献研究法被广泛用于各种学科研究中。根据研究目的,笔者广泛搜集国内外相关文献资料,全面地梳理相关学科发展与现有研究成果,为本书撰写提供研究基础与理论支撑。

调查法是科学研究中常用的基本研究方法。通过有目的、有计划、系统地实地调查,综合运用观察法、访谈法、问卷调查法等方式,搜集集团公司及其他典型省份高速公路建设管理现实状况或历史状况的材料,并对调查搜集到的大量资料进行分析、综合、比较、归纳。

（3）定性分析和定量分析相结合方法

定性分析法就是对研究对象进行"质"的方面的分析。具体地说,运用分析与综合、抽象与概括等方法,构建 PEST-RCC 分析模型,对获得的各种材料进行思维加工,从而客观分析集团公司高速公路建设管理环境,为后续研究奠定基础;构建集团公司高速公路建设卓越管理模式模型,以及卓越质量管理、卓越安全管理、卓越成本管理、卓越进度管理概念模型。

通过定量分析法,对研究对象的认识进一步精确化,更加科学地揭示规律,把握本质、理清关系。通过成本、进度、质量、资源数据的数理统计与分析来发掘其内在联系;运用复杂系统理论、风险管理理论与多目标决策方法,建立安全、质量、进度、成本卓越管理模型。具体来说,主要包括:在质量卓越管理研究中,构建高速公路建设规模合理性评价模型、设计质量后评价模型、设计监理质量后评价模型;在安全卓越管理中,构建安全风险评价与预警模型等;在进度卓越管理研究中,构建进度优化的 FCC 柔性控制模型、建设时机选择模型、进度风险评价与预警模型;在成本卓越管理中,构建价值链成本管理模型、主动监控模式下全面成本管理模型;在绩

效评价中,构建绩效评价指标选择模型与绩效综合评价模型,等等。

(4)实证研究法

实证研究法是检验所建立理论与方法的科学性、适用性与操作性的唯一途径。依托集团公司黄祁高速公路与望东长江公路大桥等在建、拟建项目的特殊环境条件,调查建设管理情况,将研究成果及时投入实际项目应用中,并现场跟踪应用情况,及时对理论与方法进行完善与调整,验证课题所建立的理论与方法。

1.3.3 技术路线

研究技术路线图如图 1-2 所示。

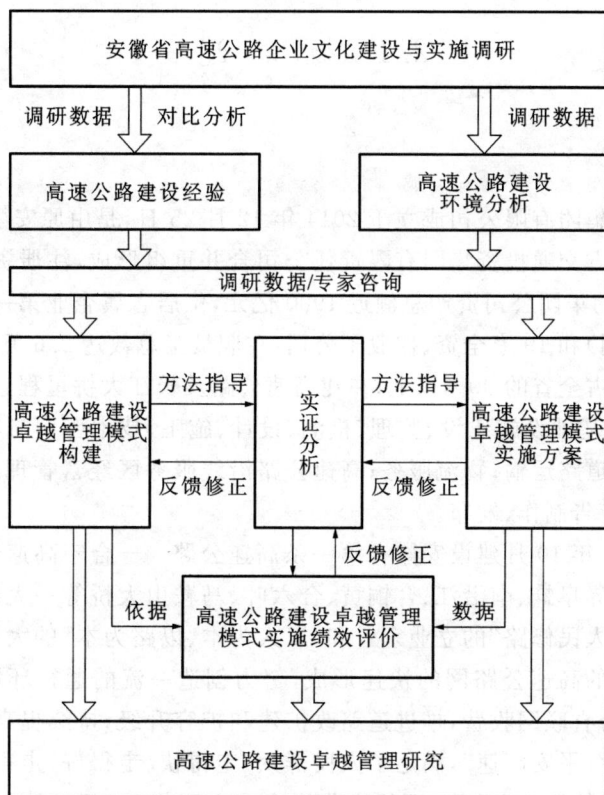

图 1-2 研究技术路线图

2 集团公司高速公路建设管理环境分析

高速公路建设管理环境是建设管理的基础条件,是确定建设管理模式与实施方法的主要考虑因素。通过构建 PEST 分析模型,从政治法规环境、经济环境、社会环境和科学技术环境四方面来分析外部环境;通过构建 RCC 分析模型,从资源、能力和文化三方面来分析内部环境。

2.1 概　　述

2.1.1　企业概况

安徽省交通控股集团有限公司成立于 2014 年 12 月 25 日,是由原安徽省高速公路控股集团有限公司和原安徽省交通投资集团有限责任公司合并重组形成,注册资本 160 亿元。截至 2014 年年底,重组后的集团公司资产总额近 1900 亿元,位居省属企业第一位;拥有 30 家公路运营管理处(管理公司)和 19 家全资、控股子公司,在职员工总数达 2.6 万余人;运营高速公路里程达 3400 多千米,占全省的 90% 以上;在建高速公路及长江大桥里程达 900 多千米。经营范围包括公路及相关基础设施建设、监理、检测、设计、施工、技术咨询与服务;投资及资产管理;房地产开发经营;道路运输;物流服务;高速公路沿线服务区经营管理;收费、养护、路产路权保护等运营管理;广告制作、发布。

集团公司从 1986 年 10 月建设安徽省第一条高速公路——合宁高速开始,相继建成了合芜、高界、合徐、合安、界阜蚌、南沿江、合铜黄、合六叶、马鞍山大桥等一大批交通大动脉,始终秉承"为政府融资,为人民修路"的立业宗旨和"以人为本、以路为本"的大服务理念,积极推进了安徽省"四纵八横"的高速公路网的快速形成,努力创造一流的通行环境,强化道路运营管养,积极推行省域和跨省联网收费,推进道路改扩建和扩容升级,持续提高了道路通行质量和效率,构建"畅通高速""平安高速",满足了人民群众"走得快、走得好、走得舒适"的出行需求。打造了享誉全国的"微笑服务"品牌,不仅内化为全员文明修养,而且外化为企业形象和竞争力,引领了交通行业文明服务新风尚。

集团公司积极把握新机遇,大力实施以路为主、四轮驱动(房地产业、路域经济、综合运输、金融投资)的"一主四驱"总体发展战略,努力实现"行业领先、国内一流、走出国门,具有重要影响力的大型国有资本投资运营控股集团"战略目标,更好地为安徽省经济社会发展提供坚实的交通支撑。

2.1.2　高速公路建设管理概况

2.1.2.1　管理主体

本书研究的高速公路建设卓越管理主体是集团公司,其由董事会、监事会和党委组成。董事会包括发展与战略委员会、预算管理委员会、审计委员会、薪酬与考核委员会,党委下设党办、工会、纪委、团委和组织人事部。董事会下设总经理 1 人,副总经理 2 人,其他高级管理人员若干。有办公室、人力资源部、监察审计部、财务部、投资发展部、收费管理部、工程养护部、信息监控中心、安全生产管理部、工程建设部和大桥设备管理部 11 个主要职能部门,组织机构图见图 2-1。

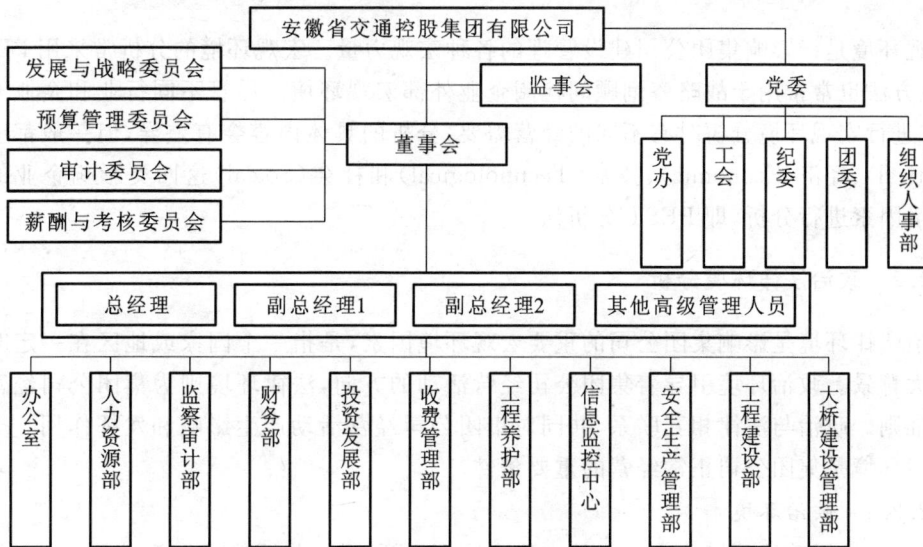

图 2-1 组织机构图

2.1.2.2 管理客体

本书研究的客体是高速公路建设,重点研究项目建设管理模式与方法。

集团公司按照"保通车、抓在建、促前期"思路,科学有序地组织高速公路建设在建和拟建高速公路及跨江大桥项目总里程逾 1000 千米,运营总里程 3477 千米(数据统计分析均截至 2014 年年底,下同)。

(1)在建工程

在建高速公路及跨江大桥项目 17 个,主要工程项目包括望(江)东(至)长江大桥北岸连接线、东至到九江高速公路安徽段、宁宣杭高速公路宁国至千秋关段、岳西至武汉高速公路安徽段、北沿江高速公路滁州至马鞍山段、扬绩高速公路溧阳至广德安徽段,在建工程里程 960 千米,概算总投资达 193.493 亿元。

(2)运营工程

集团公司运营管理包括合宁、合巢芜、高界、合徐、合安、连霍高速安徽段、宣广祠、宁连高速安徽段、合肥绕城高速北环段、北沿江、合淮阜、安景、马芜、六潜、阜周、周六、绩黄、蚌淮、芜雁、宣宁、黄祁、阜新高速安徽段等多条国道主干线和区域干线高速公路,以及安庆长江大桥、马鞍山长江大桥、205 国道天长段。截至 2014 年年底,高速公路运营总里程 3477 千米,占全省高速公路通车里程的 93%。

2.2　高速公路建设管理外部环境分析

2.2.1　PEST 分析模型概述

宏观环境是指影响集团公司建设管理的各种宏观力量。宏观环境的分析常采用 PEST 分析法,该方法也常常用于战略咨询顾问检阅企业外部宏观环境。尽管不同行业和企业有自身特点,在进行宏观环境分析时有不同的经营需要,分析的具体内容会有差异,但一般都应对政治(Political)、经济(Economic)、技术(Technological)和社会(Social)这四类影响企业的主要外部环境因素进行分析,即 PEST 分析法。

2.2.2　政治法律环境分析

政治法律环境是影响集团公司的重要宏观环境因素,是指一个国家或地区在一定时期内的政治大背景。政治环境引导着集团公司经营活动的方向,法律环境则为集团公司经营活动的行为准则。政治与法律相互联系,共同对集团公司经营活动产生影响和发挥作用。安定的政治法律环境是集团公司正常经营的重要条件。

2.2.2.1　政治环境

近年来,我国政治环境稳定。党的十八大顺利召开,进一步明确了将坚定不移地走中国特色社会主义道路,落实经济建设、政治建设、文化建设、社会建设、生态文明建设"五位一体"总体布局。

（1）政治制度

党的十八大提出政治体制改革中需深化行政体制改革,按照建立中国特色社会主义行政体制目标,深入推进政企分开、政资分开、政事分开、政社分开,建设职能科学、结构优化、廉洁高效、人民满意的服务型政府。深化行政审批制度改革,继续简政放权,推动政府职能向创造良好发展环境、提供优质公共服务、维护社会公平正义转变。稳步推进大部门制改革,健全部门职责体系。优化行政层级和行政区划设置,在有条件的地方可探索省直接管理县(市)改革,深化乡镇行政体制改革。创新行政管理方式,提高政府公信力和执行力,推进政府绩效管理。严格控制机构编制,减少领导职数,降低行政成本。推进事业单位分类改革,完善体制改革协调机制,统筹规划和协调重大改革。

政治体制改革将进一步厘清政府与企业管理职责,高速公路建设审批必将进一步规范、简化和完善,缩减审批时间,提高建设管理效率。

（2）经济体制

当代中国将"以科学发展为主题,以加快转变经济发展方式为主线""要适应国内外经济形势新变化,加快形成新的经济发展方式,把推动发展的立足点转到提高质量和效益上来"。核心问题是处理好政府和市场的关系,必须更加尊重市场规律,更好发挥政府作用。要毫不动摇地巩固和发展公有制经济,推行公有制多种实现形式,深化国有企业改革,完善各类国有资产管理体制,推动国有资本更多投向关系到国家安全和国民经济命脉的重要行业和关键领域,不断增强国有经济活力、控制力、影响力。毫不动摇地鼓励、支持、引导非公有制经济发展,保证各种所有制经济依法平等使用生产要素、公平参与市场竞争、同等受到法律保护。

提高高速公路建设的质量和效益,充分发挥建筑市场的主导作用,积极探索拓宽投融资渠道是经济发展的必然要求。

(3)行政审批改革

按照十八大深化行政体制改革、加快转变政府职能的要求,国务院开始推进行政审批制度改革,近期对行政审批项目进行了大幅调整。2013年5月15日,国发〔2013〕19号,国务院取消和下放117项行政审批项目等事项;国发〔2013〕27号,国务院决定再取消和下放50项行政审批项目;国发〔2013〕44号,国务院再取消和下放68项行政审批项目;国发〔2014〕5号,国务院再取消和下放64项行政审批项目和18个子项;国发〔2014〕16号,要求国务院各部委、各直属机构清理已向社会公开的国务院各部门行政审批事项汇总清单所列非行政许可审批事项;国发〔2014〕27号,国务院取消和下放45项行政审批项目,取消11项职业资格许可和认定事项,将31项工商登记前置审批事项改为后置审批;国发〔2015〕11号,国务院取消和下放94项行政审批项目,取消67项职业资格许可和认定事项,取消10项评比达标表彰项目,将21项工商登记前置审批事项改为后置审批,保留34项工商登记前置审批事项。

国务院清理行政审批项目,加大简政放权力度,加强对行政审批权运行的监督,为营造公平竞争、打破分割、优胜劣汰的建设市场环境提供制度保证,也必将进一步激发建设市场活力,增强发展动力。

(4)其他相关政策

高速公路消耗资源多,在建设过程中对生态环境的负面影响仍然存在。

能源政策方面,提出"节约资源是保护生态环境的根本之策。要节约、集约利用资源,推动资源利用方式根本转变,加强全过程节约管理,大幅降低能源、水、土地的消耗强度,提高利用效率和效益"。安徽省出台了《安徽省交通行业深入开展节能减排工作的意见实施方案》,建立了行业能源消耗监测体系,加强节能监督管理。

生态文明建设扎实展开,且地位突出,生态文明建设也逐步融入经济建设、政治建设、文化建设、社会建设各方面和全过程中。安徽省于2012年发布的《生态强省建设实施纲要》(皖发〔2012〕24号)对安徽省经济发展、资源与环境保护、社会进步等指标进行分析,综合考察生态安徽建设综合和谐度实现各目标的程度。

在能源政策要求下,需大力推进交通运输绿色、低碳发展。依靠理念、体制机制和科技创新,以节约资源、能源为重点,加强全过程节约管理,开发新技术、新材料、新工艺、新结构等以降低能源消耗。

商品流通领域的规范性影响高速公路建设投入的资源价格与供应,而物价稳定影响高速公路投资控制。物价政策方面,一方面我国将推进改革这一发展动力,妥善处理好资源性产品价格改革与民生、发展、稳定的关系,把握好改革的时机、节奏和力度。促进重要商品市场供需平衡,进一步降低流通成本,规范市场价格和收费秩序,努力保持价格总水平基本稳定。另一方面,积极改善民生、拉动内需。

2.2.2.2 法律环境

法律环境是指国家或地方政府所颁布的各项法规、法令和条例等,它是集团公司经营活动的准则。集团公司只有依法进行各种生产经营活动,才能受到国家法律的有效保护。

近年来,为适应经济体制改革和对外开放的需要,我国陆续制定和颁布了一系列法律法规,不断健全各项法律制度,推动中国特色社会主义法律体系不断完善。目前,中国特色社会主义法律体系呈现 3 个层次(以宪法为统帅,以法律为主干,以行政法规、地方性法规为重要组成部分),涵盖 7 大部门(宪法加上 7 大法律部门共 239 部法律),构成了我国现行法律体系的核心内容,组成了有机统一的整体。

根据综合运输、现代物流、城乡和区域客运一体化等新要求,安徽省推进修订、出台与国家法律相配套、与新形势要求相适应的法规、规章、办法,健全交通运输法规体系。为加强交通运输行业法制建设,出台了《安徽省道路运输管理条例》《安徽省农村公路条例》、"交通行政执法规范化工程"等法规制度。加强规划引领,印发《安徽省高速公路网规划》等一批行业发展规划。加强交通工程建设市场监管;强化服务标准化建设,规范服务标准和基础服务设施建设;建立主管部门、行业管理机构和行业协会相结合的市场监管机制;加强市场准入管理和动态管理;从各个环节规范新改建工程及监理的招标行为,初步建立了交通建设市场信用信息平台;建立市场诚信信息公示制度,建立查处违规违章行为的联动机制和信息通报制度;加强交通运输执法队伍建设,规范执法行为,推行查处分离,使基层执法行为得到进一步规范。

安徽省加强与国家有关部门的沟通汇报,积极争取国家有关部门对公路、内河水运、综合枢纽站场、信息化等建设项目的专项资金支持;督促和鼓励各级政府安排交通基础设施建设专项资金和其他财政性资金用于交通基础设施发展。研究设立省级交通建设融资平台,通过创新"省市共建"和"省市县共建"模式,拓宽资金筹集渠道。进一步拓展银行合作和信贷领域,积极争取并使用好国际金融组织贷款,鼓励社会资金投资交通建设,形成多元化、多层次、多形式的投融资方式。优化设计,降低造价,集约、节约使用土地,保障安全。

2.2.3 经济环境分析

经济环境分析主要从产业环境和竞争环境两方面展开。

2.2.3.1 产业环境

(1)宏观产业环境

宏观上,我国经济发展具有基本面良好、外部环境趋于改善、市场预期不断好转等有利条件,全面深化改革将进一步激发发展的内在动力和活力。

从安徽省来看,一方面,2014 年、2015 年是安徽省全面深化改革和全面建成小康社会的关键时期,《皖江城市带承接产业转移示范区规划》的批复将有力地促进区域公路交通运输需求与公路建设发展,交通运输将保持良好发展态势。交通运输将有力支撑经济社会持续健康发展,不断满足群众对安全便捷出行更高的要求,因此,需要在基础设施和运输服务等方面保持持续稳定发展。另一方面,长期以来支撑交通运输快速发展的要素条件和外部环境已经发生了变化。推进交通运输转型升级,提质增效面临不少困难和挑战。全面深化改革创新面临很多特殊困难和深层次问题,一些长期积累的矛盾和潜在风险也会逐渐暴露,将对交通平稳运行产生一定冲击。[14]

(2)公路交通运输需求

近六年,安徽省高速公路里程及公路运输完成情况见表 2-1。

由表 2-1 可知,公路旅客周转量和货物周转量承担比例,在总交通周转量中占一半以上,多年高达 70%,因此,公路在安徽省交通系统中占有举足轻重的地位。

表 2-1 安徽省公路运输完成情况

	2009 年	2010 年	2011 年	2012 年	2013 年	2014 年
高速公路里程(万千米)	0.28	0.29	0.30	0.32	0.35	0.375
旅客周转量(亿人·千米)	1302.63	1478.51	1627.16	1824.57	2118.5	1416.7
公路旅客周转量(亿人·千米)	891.2	1010.2	1151.6	1327.7	1534.0	799.4
公路旅客周转量占总周转量比	0.68	0.68	0.71	0.73	0.72	0.56
货运周转量(亿吨·千米)	6321.71	7153.41	8446.36	9817.83	11136.5	13486.1
公路货运周转量(亿吨·千米)	4237.2	5004.9	6123.2	7266.8	8433.0	7392.4
公路旅客周转量占总周转量比	0.67	0.70	0.72	0.74	0.76	0.55

注:2009—2012 年数据源于国家统计局分地区年度统计数据,2013 年、2014 年数据源于"安徽省 2013 年国民经济与社会发展统计公报"。

安徽省经济社会平稳快速发展,要求交通运输扩大供给规模。据预测,2015 年全省 GDP 将超过 2 万亿元,人均 GDP 超过 5000 美元。安徽省工业化、城镇化快速发展,居民收入水平不断提高,经济增长呈现消费、投资共同推动的格局,对交通运输的需求将保持持续增长态势。据安徽省交通运输"十二五"发展规划预测,到 2015 年,安徽省公路客运量达 23 亿人次,旅客周转量 1510 亿人·千米,比 2010 年分别增长 50%、50%,年均分别增长 8.45%、8.45%;公路货运量 29 亿吨,货物周转量 7130 亿吨·千米,比 2010 年分别增长 58%、42%,年均分别增长 9.6%、7.3%。预计"十二五"全省公路客货运量和客货周转量将保持较快发展速度,年均增长可达 9%～13%。要使经济社会持续平稳地快速发展,要求扩大交通基础设施供给规模,保持较快的发展速度。

但交通总量供给相对不足,仍是公路运输存在的主要问题之一[15]。与刚性上扬的交通运输需求相比,基础设施总量、设施条件和服务能力不足,不能完全满足经济社会快速发展的需求;干线公路总量偏少,高速公路网络不够完善,农村公路网化建设不足。

由此可见,经济社会快速发展对交通运输的旺盛需求没有变,对加强交通基础设施建设的重视程度没有变,交通运输保持良好发展态势的基本面没有变。

(3)公路交通建设投资

① 完成情况

我国公路交通建设投资持续上涨,近六年公路建设投资见图 2-2。

安徽省 2012 年完成公路建设投资 334 亿元,其中高速公路建设投资 153 亿元;2013 年完成公路建设投资 651.5 亿元,其中高速公路建设投资 188 亿元。计划 2014 年安排交通基础设施建设投资 600 亿元,高速公路通车里程突破 3750 千米,而 2014 年实际完成公路建设投资 15460.94 亿元,其中高速公路建设投资 7818.121 亿元。2015 年 1—4 月完成公路建设投资 166.79 亿元[16],公路建设保持良好发展态势。

② 融资情况

资金短缺是全国交通建设中普遍存在的难题。交通运输部坚持主题主线,坚持稳中求进总基调[17],按照全国交通运输工作会议的部署,稳步推进交通运输"十二五"发展规划的实施。交通运输经济运行态势总体平稳,为保持经济平稳较快发展、进一步改善民生、促进社会和谐稳定提供了有力保障。

安徽省交通建设投资保持平稳较快的增长势头,推进交通运输基础设施建设。创造性地

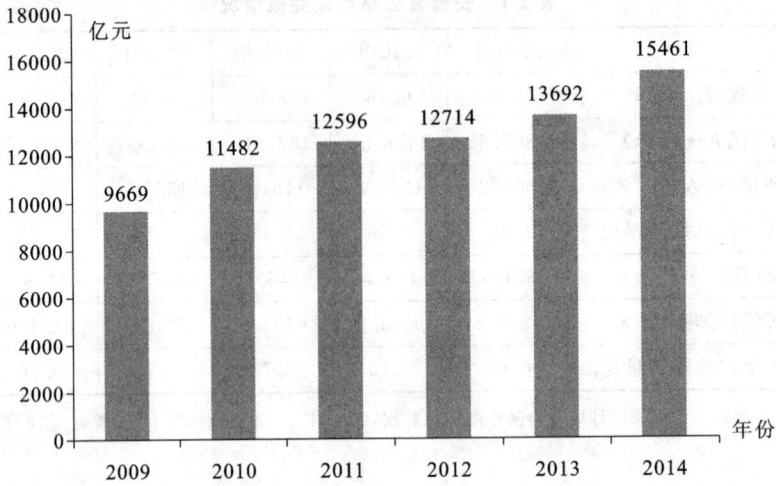

图 2-2　近六年公路建设投资

（数据来源：交通运输行业发展统计公报）

在高速公路、国省干线建设中实施省、市、县共建模式，全省 13 个市已经成立或明确成立市级交通投资公司，作为交通建设融资平台。安徽省交通运输厅还与四家金融机构签订了战略合作协议，目前已签署 1400 亿元的融资协议，构建了交通投融资长效机制。仅 2013 年安徽省交通建设投资完成情况就超出年度计划的 42.3%。

由此可见，安徽省政府重视高速公路建设，采取的总体融资策略是：国家和省级规划的高速公路以省属企业投资为主，所在市可以土地或资金等资产参股；其他高速公路以所在市为主，省属企业投资主体可参股；设立项目公司，负责项目的建设、经营和管理[18]。在有效融资保障下，安徽省交通运输基础设施建设提速号角已吹响。

2.2.3.2　竞争环境

2014 年 12 月 25 日，由原省高速公路控股集团有限公司和原省交通投资集团有限责任公司合并重组形成安徽省交通控股集团有限公司。2014 年 12 月以前，安徽省高速公路交通基础设施建设投资与管理主要由高速公路控股集团有限责任公司（以下简称控股集团公司）和交通投资集团有限责任公司（以下简称交投公司）完成。从成立时间、公司性质、公司资产、员工人数、经营范围等方面进行统计与对比分析，见表 2-2。

表 2-2　集团公司成立前情况统计

比较项目	控股集团公司	交投公司
成立时间	1992 年	2001 年
公司性质	国有独资公司	国有独资公司
公司资产	1128 亿元	630 亿元
员工人数	10000 余人	12363 人
经营范围	高速公路建设和运营、房地产、民航运输及机场建设	公路建设和路产运营、物流、道路客运、公路水路设计
公司数量	19 个公路运营管理处和 12 家全资（控股）子公司、1 个中外合资公司	子公司 24 家

比较项目	控股集团公司	交投公司
发展战略	"一二三四五"总体发展战略	一主(路产业)两翼(客运业、物流业)
完成高速公路投资占比	约占全省60%	约占全省1/3
完成的主要高速公路项目	合宁、合巢芜、高界、合徐、合安、连霍高速安徽段、宣广祠、宁连高速安徽段、合肥绕城高速北环段、北沿江、合淮阜、安景、马芜、六潜、阜周、周六、绩黄、蚌淮、芜雁、宣宁、黄祁、阜新高速安徽段等多条国道主干线和区域干线高速公路,以及安庆长江大桥、马鞍山长江大桥、205国道天长段。运营总里程2190千米,其中高速公路运营总里程2161千米,占全省高速公路通车里程的60%	阜蚌、铜黄、芜宣、黄塔桃、合六叶、庐铜、六武、蚌明、泗许宿州段、亳州段等高速公路,运营里程1100千米,约占全省高速公路总里程的1/3
在建高速公路项目	扬绩高速公路宁国至绩溪段、望(江)东(至)长江大桥北岸连接线、东至到九江高速公路安徽段、宁宣杭高速公路宁国至千秋关段、岳西至武汉高速公路安徽段、北沿江高速公路滁州至马鞍山段、扬绩高速公路溧阳至广德安徽段	泗洪至许昌高速公路淮北段和泗县段、合肥新桥国际机场专用公路、徐州至明光高速公路安徽段、北沿江高速公路马巢段以及济祁高速公路砀山段、利辛段,在建、待建高速公路1100多千米
企业文化	核心价值理念:"重道笃行、通达致远"	"徽道"文化体系

注:①"一二三四五"总体发展战略,是指高举一面旗帜,即高举科学发展大旗;坚持"为政府融资,为人民修路"的二为宗旨;强化"改革、开放、政策支持"三大支撑;发展"高速公路、房地产业、路域经济、股权投资"四大产业板块;抓好"党的建设、人才队伍建设、制度建设、企业文化建设和作风建设"五项建设。②数据统计截至2013年年底。③交投公司资料源于"安徽省交通投资集团有限责任公司2013年度第一期中期票据募集说明书"。

从表2-2不难发现,集团公司成立以前,控股集团公司是安徽省最大的交通基建与运营企业,成立较早;控股集团公司资产近交投公司的两倍,且运作情况良好;高速公路建设与运营管理经验丰富;在核心价值观的指引下,不断改革创新,卓有成效。控股集团有限公司和交投公司合并重组形成的集团公司,必将整合控股集团公司和交投公司的资金、资产、人力、技术等资源,成为安徽省交通发展的主力军和国有重点骨干企业,打造充满活力、富有效率、拥有核心竞争力的交通投资大企业集团;必将加快高速公路的投资建设和运营管理企业的发展,提升企业的市场占有率,整合多元化经营业务,拓展交通基础设施资本投资运营平台。

2.2.4 社会环境分析

社会环境主要包括人口规模与地理分布、社会文化、宗教信仰等。

(1)人口规模与地理分布

安徽省地处长江、淮河中下游,长江三角洲腹地,地跨长江、淮河、新安江三大流域,现辖16个地级市、62个县(市)、43个县级区和1509个乡镇、街道办事处,面积14万平方千米。2014年末(2014年11月1日零时为标准时点),全省常住人口6082.9万人[19]。2013年年底人口统计数据表明,安徽省有少数民族常住人口39.56万人,占全省总人口的0.66%,属少数民族散居省份。

（2）社会文化与宗教信息

安徽是中国史前文明的重要发源地之一，文化底蕴深厚，源远流长，曾培育出道教文化、建安文学、桐城派、北宋理学、徽文化等，涌现出老子、庄子、管子、曹操、华佗、包拯、朱元璋、李鸿章、胡适等一批著名历史人物。产生于淮河流域的老庄道家学派，与儒家学说一起构成中国传统文化两大支柱，徽文化是明清时期最有影响的文化流派。

安徽省宗教信仰主要有佛教、道教、伊斯兰教、天主教和基督教[20]。

2.2.5 科学技术环境分析

安徽省交通运输厅重视科技对交通运输的支撑与引领作用，大力支持和有序开展科学技术研究。

"十一五"期间，安徽省公路水路行业累计科技投入超过 3 亿元，其中安徽省交通运输厅直接科研经费投入达 5430 万元，直接或配套支持科研项目 262 个。在交通基础设施建、管、养、运和安全、节能环保等技术领域中取得了一批重大技术创新成果，多个项目获得省、部级科技进步奖，有 2 项地方标准上升为行业标准。交通科技创新实现新突破，交通信息化建设取得新进展。

"十二五"期间，深入推进科技创新。组织实施一批重点科技项目，在关键技术攻关方面取得突破。制定了《安徽省交通科技信用管理办法》，开展交通科技成果转化申报评估工作，完善管理标准和技术标准，初步建立了安徽省高速公路标准化体系。2015 年，围绕交通运输年度工作重点，做好行业关键技术攻关与成果推广应用，依托交通运输发展中的重点、热点和难点问题开展研究。开展以跨江跨河长大桥梁、山区隧道防灾、资源利用及环保技术为重点的关键技术开发及应用的支撑性科技专项研究项目；交通基础设施建、管、养、运技术，资源节约、环境保护与节能减排技术，交通运输科学决策支持技术等指导性研究项目；以及科技成果推广机制、模式与政策研究及推广应用与服务，交通建设、管理和服务领域中的相关标准的制（修）订等科技成果推广与标准化建设项目。

综观安徽省交通运输厅科技项目，选题紧密围绕省交通建设主要工作中的重点、难点和热点问题，源于实践、立足应用、加强推广。科技成果为安徽省高速公路建设提供了重要的支撑与保障，及时、有效地解决了高速公路建设实践中的技术与管理问题。

2.2.6 外部环境评述

现阶段国家产业政策和行业管理体制为集团公司生产与经营提供了良好的社会、经济与科学技术环境。政治与经济体制改革将进一步厘清政府与企业管理职责。

高速公路建设审批项目的调整与取消，必将使行政审批工作进一步规范、简化和完善，缩减审批时间，提高建设管理效率；高速公路建设提高质量和效益，充分发挥建筑市场的主导作用，积极探索和拓宽投融资渠道是发展的必然要求。

高速公路消耗资源多，建设过程中对生态环境的负面影响仍然存在，需要进一步加强节能管理与创新，推进交通运输绿色、低碳发展。经济社会快速发展对交通运输的旺盛需求没有变，对加强交通基础设施建设的重视程度没有变，交通运输保持良好发展态势的基本面没有变，政府支持力度大。

安徽省是我国重要的公路运输枢纽地区，近年来公路运输需求不断增加，为集团公司的发展带来了机遇与挑战；集团公司运营管理的高速公路里程数在安徽省高速公路网中占有较高的比例,行业地位突出;公司所属路段是国家以及安徽省高速公路网规划的重要组成部分,线位优势明显。

2.3 高速公路建设管理内部环境分析

内部环境分析从企业资源(Enterprise Resource)、企业能力(Enterprise Capability)、企业文化(Enterprise Culture)三个层面展开。

2.3.1 企业资源分析

从实物资源、人力资源、财务资源、无形资产四方面分析集团公司企业资源。

2.3.1.1 实物资源

集团公司是安徽省最大的交通基建企业和主要的高速公路运营管理企业,经营范围主要是投资和运营省内高速公路、开发经营房地产、参与民航运输及机场建设。总资产近1900亿元,拥有30家公路运营管理处(管理公司)和19家全资、控股子公司。运营高速公路总里程3477千米,占全省高速公路的93%。

在高速公路产业的带动和支撑下,集团公司延伸产业链条,拓宽发展空间,形成了"房地产业、路域经济、综合运输、金融投资"四大板块。房地产业:总建筑面积近770万平方米,在京、沪、深等一线城市均有窗口公司。路域经济:包括设计咨询、广告、服务区、加油站、监理、检测等依托高速公路发展起来的相关产业。其中,皖通高速是我国第一家H股上市公路企业,也是为数不多的公路类A+H股上市公司;高速传媒位列全国高速公路广告企业十强之首;省交通规划设计研究总院公司是省内规模最大、综合实力最强的勘察设计企业,目前正在进行股改上市。综合运输:包括客运和物流企业,省汽运公司市场规模居全省第一;迅捷物流公司是我省规模较大的第三方物流企业、"全国4A级"物流企业。金融投资:主要有典当、小贷、融资租赁以及参股的金融投资。

2.3.1.2 人力资源

集团公司拥有在职员工2.6万余人,员工专业素质高,学历、职称、年龄等结构合理,发展趋势良好。控股集团公司与交投公司合并重组成立集团公司,人力资源优势凸显。

2.3.1.3 财务资源

基于数据采集难度与可比性,在此仅从财务效益、资产运营、偿债能力和发展能力四方面统计分析控股集团公司财务资源,见表2-3。

表 2-3 控股集团公司近年财务资源情况表

指标	年份	2010	2011	2012	2013.9
财务效益	净资产收益率	3.01	5.17	2.24	2.89
	毛利率(%)	53.19	47.38	41.69	39.52
资产运营	流动资产(亿元)	119.93	142.65	152.83	161.02
	非流动资产(亿元)	589.09	646.85	878.16	917.32

续表 2-3

指标 \ 年份		2010	2011	2012	2013.9
偿债能力	资产负债率(%)	80.17	79.05	66.37	66.69
发展能力	运营收入(亿元)	68.95	91.46	126.61	109.72
	利润总额(亿元)	7.71	213.68	13.84	14.35
	总资产报酬率(%)	4.21	4.82	4.28	3.29

控股集团公司负债规模较大,有息负债占比较高,面临一定资本支出压力。非流动资产以固定资产、在建工程和无形资产为主,流动资产对流动负债的保障程度一般。随着安徽省高速公路网规划的推进,在未来两年安徽省高速公路建设和运营业务将保持稳定发展,高速公路资产规模将不断增加,负债规模也将进一步上升。集团公司通行费收入将持续增长,公司营业收入也将持续保持增长。综上所述,集团公司财务状况稳定。

2.3.1.4 无形资产

(1)信誉

控股集团公司 2011 年度至 2014 年度的企业信用评级为 AAA 级。评级结果反映了公司面临良好的外部环境、公司所属路段线位优势明显、行业地位突出、公路桥梁运营业务收入增长较为稳定等优势;同时也反映了公司资本支出压力加大、负债规模增长较快等不利因素。综合分析,公司不能偿还到期债务的风险极小。预计集团公司高速公路建设和运营业务将保持稳定发展,公司整体收入将保持增长。

(2)品牌

控股集团公司率先开展"微笑服务",打造"微笑高速"品牌。通过标准制定、综合培训、严格考核、强化督导、推广经验来打造品牌。一方面,通过卓有成效的"微笑服务"激励约束措施,使员工感受企业的人文关怀,"严中有情,情中有爱",有力地促进和谐企业建设;另一方面,切实改善了员工形象,提高员工素质,树立安徽省高速公路良好的"窗口"服务意识,提升了企业形象。"微笑服务"已成为集团公司的金字招牌和一面生动的旗帜。

由控股集团公司打造的享誉全国的"微笑服务"品牌,主持起草的《高速公路收费人员微笑服务标准》已作为安徽省地方标准颁布实施。

2.3.2 企业能力分析

(1)企业资产运作能力

控股集团公司资产规模增长较快,总资产年均复合增长率为 20.59%。控股集团公司资产以非流动资产为主,占总资产的 80% 以上。非流动资产以固定资产、在建工程和无形资产为主。根据《省国资委关于安徽省高速公路控股集团有限公司清产核资有关事项说明》(皖国资产权〔2012〕879 号),2013 年 9 月末在建工程规模为 158.52 亿元,占非流动资产的 17.28%,且在建工程规模逐年上升,主要为在建道路桥梁。无形资产主要为土地使用权。随着安徽省高速公路网规划的推进,集团公司将继续承担大规模的高速公路建设任务,集团公司高速公路资产规模还将不断增加,同时负债规模也将进一步上升。

通行费仍为集团公司营业收入和利润的主要来源。2010 年以来,通行费收入一直保持增长。但受到部分老路段通行量饱和及路网分流的影响,控股集团公司通行费收入的增长幅度有所下降。

在保持高速公路建设运营业务核心地位的同时,集团公司围绕高速公路进行路域经济开发,积极推进沿路广告、加油站、服务区等业务,同时积极开拓房地产市场,推进多元化战略。由于房地产开发收入及汽油、柴油、润滑油购销收入有所增加,已成为集团公司营业收入的重要补充,增强了企业盈利能力。

由此可见,集团公司依托高速公路资源,积极开拓交通运输行业相关产业市场,资产运作能力强。

(2)投融资能力

截至 2013 年 9 月末,控股集团公司在建和拟建的高速公路(含桥梁)总里程为 739.81 千米,计划投资总额 575.53 亿元。其中,在建公路里程 589.61 千米。计划完成额 452.07 亿元。由于在建和拟建高速公路项目规模较大,集团公司存在较大的融资需求。

集团公司作为安徽省最重要的高速公路建设和运营主体,得到安徽省政府的大力支持、外部融资渠道畅通、与国家开发银行的多家银行保持良好合作关系,同时积极利用债券市场发行各类债务融资工具来筹集资金,有效拓宽了建设资金来源。

(3)创新能力

集团公司积极开展工程建设、养护、管理等各方面的科研工作,研究开发和推广应用新技术、新材料、新工艺,近年来取得了一系列的成绩。

由控股集团公司主持完成的 12 个科技项目在 2012 年、2013 年脱颖而出,先后荣获 16 项重要科技奖项。其中,《超薄沥青混凝土在特大水泥混凝土桥面中的应用研究》等 2 个项目获得安徽省科学技术三等奖,《公路隧道光纤组合发光涂料节能照明技术研究》《安徽省高速公路服务区可持续节能减排系统综合应用研究》等 4 个项目获中国公路学会科技进步三等奖。《合宁高速公路扩建关键技术研究》获 2011 年安徽省科技进步三等奖、2011 年中国公路学会科技进步二等奖;《高速公路沥青路面预防性养护成套技术研究》获 2011 年安徽省公路学会科技进步二等奖、2011 年中国公路学会科技进步二等奖;《高速公路沥青路面混合料设计与施工技术研究》获 2011 年安徽省科技进步三等奖;《旧水泥混凝土路面性能评价和沥青加铺层成套技术研究》《125kHz 高速公路多义性路径识别无源 RFID 系统》分获 2011 年安徽省公路学会科技进步二等奖;《印尼布敦岩沥青在高速公路沥青路面工程中的应用研究》《大跨高墩连续刚构桥施工监控技术研究》《安徽省公路桥梁盐损害防治技术研究》《安徽省高速公路养护工程定额》分获 2011 年安徽省公路学会科技进步三等奖;《公路隧道光纤组合发光涂料节能照明技术研究》《安徽省高速公路服务区可持续节能减排系统综合应用研究》等 4 个项目获 2013 年度中国公路学会科技进步三等奖;《高速公路沥青路面混合料设计与施工技术研究》《超薄沥青混凝土在特大水泥混凝土桥面中的应用研究》分别获 2011 年度和 2013 年度省政府科技进步三等奖。

此外,集团公司依托淮河特大桥引桥、马鞍山大桥、望东大桥等实体工程开展了根式基础系列研究,目前已形成计算理论、设计方法、施工工艺、配套设备及检测技术等成套成果,原创专利科研成果"根式基础"被交通运输部列为 2014 年度交通运输建设科技成果推广项目,推广应用前景广阔。

以新技术、新材料、新工艺研究为基础,将科技成果推广应用于集团公司高速公路建设,系统总结科研成果与实践经验,编制高速公路施工标准工法。科研工作服务于高速公路建设、运营、管理的能力不断提升。

2.3.3　企业文化分析

控股集团公司始终秉承"为政府融资,为人民修路"的立业宗旨,大力践行"微笑服务,温馨交通"的服务理念,积极实施"以路为主、四轮驱动,适度推进多元化"的总体发展战略,努力创新"以人为本、科学人文"的管理机制,以"高速先行,引领安徽崛起;微笑服务,促进社会和谐"为使命,致力于安徽省高速公路建设与运营服务;以"重道笃行,通达致远"为核心价值,承担社会责任和企业责任。

面对新的发展机遇,公司把握机遇,提出"高举一面旗帜,坚持二为宗旨,强化三个支撑,发展四大板块,抓好五项建设"的总体发展思路,明确了"建设现代化、多元化、跨地区、跨行业发展的大型综合性集团公司"的发展目标。

通过多年的建设管理实践、文化沉淀与企业文化建设,反映集团公司企业文化建设经验的《"微笑文化"的构建和笃行》《安徽高速集团核心价值观践行》两文分别被收录进全国重点图书《交通运输文化建设案例集锦》《交通运输行业核心价值观践行》之中,成为中国交通企业管理协会向全国交通行业推广的文化建设典范案例。

集团公司于2014年12月25日成立,整合控股集团公司与交投公司的优秀企业文化,提出以"重道笃行,通达致远"为核心价值观,以"成就投资典范,追求卓越服务,创造乐活时空"为愿景,以"高速先行,引领安徽崛起;微笑服务,促进社会和谐"为使命的集团公司企业文化建设目标。

2.3.4　内部环境评述

集团公司作为安徽省最大的交通基建企业和主要的高速公路运营管理企业,建设经验丰富,市场份额大,信誉良好,"微笑服务"已成为代表企业形象的旗帜。总资产近1900亿元,且下属路产质量较好,经营状况良好。高速公路建设和运营业务持续稳定增长,财务状况稳定。拥有员工2.6万余人,员工专业素质高,学历、职称、年龄等结构合理,发展趋势良好。创新能力强,企业文化鲜明,行业地位突出。

2.4　本章小结

本章从内部环境和外部环境两个角度分析集团公司高速公路建设管理环境。

通过构建PEST分析模型,从政治法规环境、经济环境、社会环境和科学技术环境四方面来分析外部环境,得出结论:现阶段国家产业政策和行业管理体制为集团公司生产和经营提供了良好的社会、经济与科学技术环境。安徽省是我国重要的公路运输枢纽地区,近年来公路运输需求不断增加,为集团公司发展带来了机遇与挑战;集团公司行业地位突出,线位优势明显。

通过构建RCC分析模型,从资源、能力和文化三方面来分析内部环境,得出结论:集团公司作为安徽省最大的交通基建企业和主要的高速公路运营管理企业,具有建设经验丰富、市场份额大、下属路产质量较好、经营状况良好、企业文化鲜明等显著优势,行业地位突出。

3 高速公路建设目标分析与卓越管理模式的构建

3.1 高速公路建设管理概念与特点

3.1.1 高速公路建设管理概念

高速公路建设管理是以高速公路项目为对象,对其建设过程中的所有活动进行决策、计划、组织、协调和控制的过程[21]。高速公路建设管理有广义与狭义之分。广义的高速公路建设管理包括对高速公路项目前期工作、施工建设过程以及项目后评价的全过程管理。该定义多为交通主管部门采用,是指其所进行的具有一定行政性质的宏观管理工作。狭义的高速公路建设管理是从准备施工到竣工验收全过程中,对有关具体业务,如组建项目管理机构、施工管理的基础工作、质量管理、材料设备管理、技术管理、成本管理等,进行的管理。该定义多为各种经济利益主体所采用,是指其对高速公路建设有关的经济活动进行的微观经济管理工作。

本书中高速公路建设卓越管理模式属于狭义高速公路建设管理范畴。在此,将高速公路建设管理界定为:集团公司为向社会提供高效、快捷、舒适、经济、安全的通行服务,按照国家、地方、行业相关法律法规进行的高速公路建设管理活动的集合。综合考虑我国基本建设程序和目前集团公司高速公路建设管理工作制度中对管理阶段的划分,将高速公路建设管理活动划分为前期、中期、后期三个阶段。前期是指开工前的项目管理,主要包括工程(预)可行性研究、勘察设计、工程招投标等;中期是指施工阶段的项目管理;后期是指竣工验收阶段管理与项目后评价等。

3.1.2 高速公路建设管理特点分析

(1)管理工程的重复性与管理对象的一次性

集团公司主营业务之一是安徽省内高速公路建设管理,包括每个项目全寿命周期中前期决策、设计、交易、施工等主要工作。在一定程度上,高速公路建设管理工作具有一定的重复性,需要对建设管理程序、工作方法等加以规范。

另一方面,高速公路建设管理通常以项目为载体和核心,高速公路建设项目不同于一般的工业产品,具有一次性与价值高额性的特点,由于建设活动的不可逆性,一旦出现问题,将造成巨大经济损失与社会影响。

尽管集团公司建设管理工作具有重复性,但由于对象的一次性特点,每个高速公路建设项目的管理环境、管理要素、管理重点会有所不同,对集团公司建设管理提出了更高的要求,只能成功,不能失败。

(2)管理的复杂性与协调性

高速公路建设包括路基路面工程、桥梁工程、隧道工程、交通机电工程、绿化工程、信息管理等,各项工程需要专业性很强的施工队伍和专业人员参与,技术难度大、交叉作业点多。

　　由于参建单位的不同,人员组成复杂、流动性大,各方技术水平和管理能力差异大。此外,高速公路建设项目涉及规划、国土、交通运输等主管部门,投资商、设计、监理、施工等参建单位,沿线厂矿、居民等。建设管理中不仅需要解决参建各方的内部协调问题,还需要处理好与政府主管部门、金融组织、社会团体、服务单位、新闻媒体与周边群众的外部协调问题。由此可见,高速公路建设项目管理复杂,需协调的工作多。

　　(3)管理目标的多重性与一致性

　　第一,高速公路建设是多目标管理,包括质量目标、成本目标、工期目标、安全目标、绿化环保目标、职业健康目标等。

　　第二,由于高速公路建设满足需求不同,例如,有的高速公路建设项目急需解决某交通瓶颈,要求尽早建成投入使用;有的高速公路建设项目技术难度大,属于技术攻关项目,重点要求解决技术难题,建设项目目标管理上存在差异。

　　第三,由于各参建单位的利益出发点不同,项目目标具有多重性和一致性。对集团公司来说,追求的是项目建成后的投资效益、社会效益和环境效益;而对施工方和材料供应商来说,追求的是企业利润。

　　由于高速公路建设项目的顺利完成是保证各参建方利益实现的前提,所以在某种程度上说,项目目标具有一致性。可见,高速公路建设管理本身是目标一致性与多重性的矛盾统一。

3.2　高速公路建设管理目标分析

　　高速公路建设管理的基本载体是项目,而项目管理的核心任务是实现项目建设目标。按照建设工程项目管理的内涵,建设工程项目管理目标可以分为质量、进度、投资、安全等目标。

　　目标管理作为高速公路项目管理中重要的工作内容,是一切建设管理工作的龙头。因其涉及内容繁杂、利益方众多、建设周期长、不确定因素多等,项目目标管理效果影响因素多且复杂。可以说,目标确定的科学性在一定意义上直接决定项目建设的成败。

3.2.1　建设目标及其管理内容

3.2.1.1　质量与质量管理

　　"百年大计,质量第一"是建设工程项目管理的基本原则。质量目标是工程建设项目目标的核心,质量控制是建设工程项目管理的重要内容。2000年,国务院发布的《建设工程质量管理条例》(国务院令第279号)[22],明确规定了从事工程建设的各部门、各单位,以及相关人员的职能及义务,强调了质量管理的重要性。2006年,原建设部和国家质量监督检验检疫总局联合发布了《建设工程项目管理规范》(GB/T 50326—2006)[23],进一步强化了质量管理的重要性。国家在政策及法律法规上给予了质量管理强有力的支持,它同时也体现了质量管理的重要性。

　　(1)质量

　　"质量"一词已成为物理学、产品生产、地理学、音乐、工程等很多领域的专用术语,各领域对质量均有不同界定,且各派意见不一,观点很难统一。质量定义从最初的满足标准,扩展为满足客户需求,再发展为客户满意。归纳起来,高速公路建设质量有狭义与广义之分。

　　从狭义概念角度来说,质量为符合性实体质量,高速公路建设质量可定义为:"高速公路建设符合国家相关的法规、技术标准规范,满足用户(社会)出行与运输需求而具备的使用功能。"

随着质量管理理论和工程实践的发展,迫切需要工程建设主体不断转变观念,追求卓越,全面提升企业价值,提高企业竞争力。在此背景下,从更宽泛的角度定义高速公路建设质量是"对高速公路建设项目性能的明确要求,以及为达到这些性能而进行的工作的质量,即质量形成过程质量。"

(2)质量管理

根据《建设工程项目管理规范》(GB/T 50326—2006),质量管理是为确保工程项目的质量特性满足要求而进行的计划、组织、指挥、协调和控制等活动。在《质量管理体系 基础和术语》(GB/T 19000—2008)中,质量管理的定义是:指导和控制组织的有关质量的相互协调的活动。

基于上述定义,高速公路建设质量管理就是指为确保高速公路建设项目按照国家现行有关法律、法规、技术标准和设计文件及建设项目合同中对高速公路建设项目的安全、使用、经济美观等特性的综合要求而进行的质量策划、质量控制、质量保证和质量改进等活动。

3.2.1.2 进度与进度管理

(1)进度

高速公路建设进度是指高速公路建设实施过程中的进展情况。在高速公路实施过程中要消耗时间(工期)、劳动力、材料、成本等才能完成项目任务,高速公路项目的进度目标是一个综合的指标,其不仅指工期目标,而且必须把高速公路项目工期与劳动消耗、成本、工程实物、资源等目标统一起来考虑,全面地反映项目的进展状况。

高速公路项目建设的进度构成可分为可行性研究的进度、设计与计划的进度、建设实施的进度、交竣工验收进度。

(2)进度管理

高速公路项目进度管理就是项目管理者制订一个进度计划,加强进度控制,使之不偏离项目运行的轨道,顺利交接,按时完成的过程,包括进度计划编制过程和进度控制过程。进度计划编制过程主要包括项目活动定义、活动排序、活动历时估算、制订进度计划等环节;进度控制过程包括绩效测量、偏差分析、采取纠偏措施等环节。即项目管理者围绕项目总目标的要求编制进度计划,付诸实施,并且在实施过程中不断检查计划的实际执行情况、分析进度偏差原因、进行相应调整和修改;通过对进度影响因素实施控制及各种关系协调,综合运用各种可行方法、措施,将项目的计划工期控制在事先确定的目标工期范围之内,以保证质量为前提,在兼顾费用目标的同时,努力缩短建设工期。

3.2.1.3 安全与安全管理

当前推进"质量、环境、职业健康安全一体化管理"已经成为工程项目建设领域发展的新趋势,也是一个需要从战略上不断探索、实践上不断创新的重大战略课题。安全管理居高速公路建设的各项管理工作之首,有关国际资料统计表明,高速公路建设对安全生产的投入产出比是1∶80,所以安全管理被视为最值得投入的高回报项目活动。

(1)安全

广义的安全包含两个方面的含义:一方面是指高速公路建筑物本身的安全,即质量是否达到了合同要求、能否在设计规定的年限内安全使用,设计质量和施工质量直接影响到工程本身的安全,二者缺一不可;另一方面则是指在高速公路项目施工过程中人员的安全,特别是合同有关各方在现场工作的人员的生命安全。《安全条例》中的"安全生产"以及本书中所指的"安全管理"均属后者。

（2）安全管理

高速公路建设安全管理是指在高速公路建设的各项施工活动中将所面临的、对人类的生命财产和环境可能产生的损害控制在能够接受的水平以下的状态。可见，高速公路安全管理实际上就是对国家和人民的生命财产和环境负责，是实现高速公路建设效益的最大化。

3.2.1.4　成本与成本管理

高速公路建设是通过建设方的投资和一系列建设管理活动以及其他利益相关者的勘察设计、咨询、施工等技术经济活动来实现的。高速公路建设项目投资（成本）控制的成效直接影响建设项目的投资效益。

（1）成本

成本的定义与分类方法众多。可以从工程造价的角度，将高速公路建设成本定义为：有计划地建设某项工程，预期开支或实际开支的全部固定资产投资和流动资产投资的费用。即有计划地进行某建设工程项目的固定资产再生产建设，形成相应的固定资产、无形资产和铺底流动资金的一次性投资费用的总和。

按照现行的公路工程基本建设项目概预算编制办法，高速公路建设投资由建筑安装工程费用，设备、工具、器具和家具购置费用，工程建设其他费用，预备费及运营用的铺底资金组成。也可以借鉴世界银行的分类标准，将高速公路建设投资分为直接成本、间接成本、应急费、建设成本上升费用四部分。

（2）成本管理

高速公路建设成本管理是指以高速公路建设项目为对象，为保障建设项目实际发生的成本不超过项目预算而开展的项目成本估算、项目预算编制和项目预算控制等方面的管理活动。高速公路建设成本管理也是为确保项目在批准的预算内按时、按质、经济高效地完成项目的既定目标而开展的一种项目管理过程。高速公路建设成本管理的目标是充分利用有限的资源，使建设项目获得最佳投资效益和增值。

高速公路建设成本管理贯穿于建设项目的前期决策规划、勘测设计、施工和竣工交付使用的建设管理全过程。

3.2.1.5　目标关系分析

（1）质量与安全

质量与安全密切相关。一方面，原材料质量、施工质量和工作质量是安全的最基本、最起码和最重要的要求，任何问题都可能导致安全事故发生。另一方面，不安全条件和环境可能导致操作者心情紧张、心理压力大，从而影响操作的规范性，产生工作质量问题，导致安全事故发生。

但是安全与质量是不同范畴的两个不同概念。"质量第一"是从关心产品成果的角度强调，质量与数量相对；"安全第一"是从保护生产因素的角度提出的，安全与生产相对。安全为质量服务，质量需要安全保证。只有正确处理好质量与安全这两者之间的关系，才能确保高速公路施工项目生产稳步向前。

在高速公路建设过程中安全管理不容忽视，它伴随在整个高速公路建设项目质量形成过程中。工程质量的好坏直接影响安全事故的发生与否，质量被视为维持企业生存的唯一途径，安全则是企业长久发展的"卫士"。

但是,从大量的安全事故产生的原因来看,不难发现这个事实:安全事故多发生在施工生产过程中,而且安全问题的根源就是质量问题。例如,操作人员在施工过程中违反生产工艺规程、检验规程、设备操作规程、安全操作规程,可能导致安全事故;操作人员对发生的质量问题处理不当,也可能导致安全事故。尽管处置不当和违规操作二者不同,但由本书所定义的高速公路建设质量是"对高速公路建设项目性能的明确要求,以及为达到这些性能而进行的工作的质量,即质量形成过程质量",可以发现处置不当和违规操作都属于工作质量问题。因此,质量是导致安全问题的根本原因。

(2)质量与进度

质量与进度是工程项目管理中的两个主要目标:质量控制是按性能指标要求,即确保工程项目质量达到要求;进度控制是按时间指标要求,即确保工程项目如期完工。就高速公路建设项目而言,进度目标和质量目标对立统一。一方面,过分地强调进度目标,盲目提前工期,一定会降低质量目标或者增加投资目标;另一方面,如果工程项目进度计划制订得既可行又优化,使工程进展具有连续性、均衡性,则不但可以使工期缩短,而且有可能获得较好质量和投入较低的费用。两者的相关性具体表现在图 3-1。

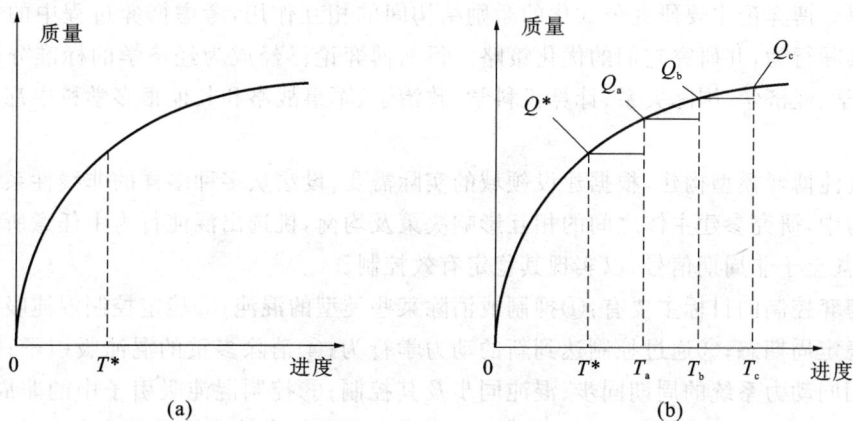

图 3-1 工期-质量曲线

图 3-1 中 T^* 表示的是最佳工期目标,此工期是在费用目标最低,且可以保证工程项目的质量目标的前提下确定的。图 3-1(a)中的曲线是根据工程实际中的经验得出的,对工期与质量相互关系的一个定性描述,为了方便分析,做出了图 3-1(b)。

设 T_a、T_b 为大于 T^* 的两个任意工期值,且 $T_b > T_a$,T_c 为临界工期,即当 $T \leqslant T_c$ 时,工期越长,工程项目的质量越好,就是人们常说的"慢工出细活"。当 $T > T_c$ 时,工期拖得过分长,工程项目的质量不仅不会有所提高,甚至会受到影响。令工期为 T^* 时所对应的质量为 Q^*,工期为 T_a 时所对应的质量为 Q_a,工期为 T_b 时所对应的质量为 Q_b,工期为 T_c 时所对应的质量为 Q_c,$\Delta Q_1 = Q_a - Q^*$,$\Delta Q_2 = Q_b - Q_a$。

根据经验,可以得出结论:$\Delta Q_1 > \Delta Q_2$,亦即当工期偏离最佳工期 T^* 越多,质量提高得越少;当工期达到某个临界值 T_c 时,延长工期不会提高质量;当工期超过临界值 T_c 时,延长工期反而还有可能导致质量下降。

因此,集团公司从事高速公路建设管理的最终目的应是获得满足质量要求的高速公路项目,以提供安全、舒适、便捷的交通服务。在此过程中不可避免地需要消耗时间,而进度管理是实现质量管理的基本途径。

(3)质量与投资(成本)

高速公路建设项目的建设标准、质量标准决定建设成本;反之,建设成本必然会直接影响建设质量。长期的实践使人们对质量与成本二者间的辩证统一关系的认识日益清晰。一方面,过高地追求高速公路建设质量会增加成本,建设质量不合格会造成成本的增加。另一方面,可靠的建设质量是获得项目收益的保证,高速公路的功能是为人们在出行时提供快速省时通道,虽然通过降低建设质量来节省成本开支能实现短期的开源节流,但是从高速公路建设项目投资长远来看,只有可靠的建设质量才能保证项目长久的存在和项目收益的时间的延长,否则,将会导致通行量减少、高速公路养护费及维修费增加、后期成本增加、投资收益减少的局面。

3.2.2　高速公路建设目标管理博弈分析

3.2.2.1　混沌博弈概述

博弈论又被称为对策论(Game Theory),它既是现代数学的一个新分支,也是运筹学的一个重要学科。博弈论主要研究公式化的激励结构间的相互作用,考虑博弈过程中的个体的预测行为和实际行为,并研究它们的优化策略。目前博弈论已经成为经济学的标准分析工具之一,在生物学、经济学、国际关系、计算机科学、政治学、军事战略和其他很多学科中都有广泛的应用。

通过混沌博弈模型构建,根据建设领域的实际需要,设法从多种多样的非线性系统所产生的混沌行为中,研究参建主体之间的相互影响决策及均衡,挑选出混沌行为中任意所需的各种周期信号,甚至于非周期信号,以实现其稳定有效控制。

混沌博弈控制的目标主要有:①抑制或消除某些类型的混沌;②稳定控制混沌吸引子中所期望的不稳定周期态;③通过控制达到新的动力学行为;④消除多重的混沌吸引子;⑤实现两个或多个相同动力系统的周期同步、混沌同步及其控制;⑥控制混沌吸引子中的非周期态、周期态及其同步的可能应用。从理论上说,通过对动力系统的参数或结构的改变和控制,可以影响混沌发生的条件,从而消除或抑制混沌现象,控制的效果依赖于参数或变量的控制任务,可以是完全抑制混沌或利用混沌系统的敏感性,迅速将它的轨线指向所期望的状态。

3.2.2.2　质量与安全监管混沌博弈

安全涉及的主要参与方为建设单位、施工方和监理方,其关系见图3-2。对于高速公路建设,施工方的主要目标是降低成本、增加收益,尽可能多地取得工程利润,而建设单位的目标是以尽可能少的费用完成尽可能多的、高质量的工程。施工方在施工质量、技术方案、专业知识以及施工中人、物、环、财的转化上占据主动地位,相比之下建设单位是一个弱势群体。为此,建设单位委托监理方对施工方进行监管以减少工程质量降低,保证工程安全可靠。

(1)局中人

施工方和监理方作为工程质量和安全的直接经办方,影响尤为重要。为此,选取施工方与监理方作为博弈局中人来研究基于建设单位角度的质量与安全博弈。

(2)博弈假设

假设一:监理方是道德可信的监理队伍,并没有接受施工方贿赂等违法、违规行为,这可以

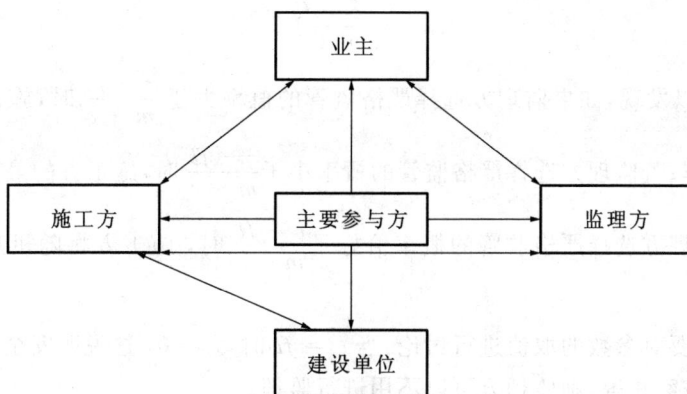

图 3-2　工程主要参与方结构关系

通过建立一种激励与监督机制,使监理方的监理人员有高度的责任感,从而能维护建设单位和国家利益;监理方满足技术能力要求,只要工程质量有问题,就一定能发现。

假设二:两个局中人同时行动或者不同时行动,但对方的行动自己并不知情,两者所掌握的信息是共同知识,即完全信息,双方在博弈中能够知道对方的得益、行为目标、策略空间。

假设三:监理方与施工方没有发生"共谋",双方是一个非合作博弈。

假设四:监理方和施工方都是完全理性的决策者,把追求自己利益最大化作为行动的主要目标。

基于博弈理论,建立监理方与施工方的安全监管博弈模型,需要对博弈双方的博弈过程进行描述,如表 3-1 所示。

表 3-1　监理方与施工方的博弈策略矩阵

监理方	施工方	
	执行	不执行
监督	监督,执行	监督,不执行
不监督	不监督,执行	不监督,不执行

根据事先确定的主要参数,建立监理方与施工方的博弈收益关系,如表 3-2 所示。

表 3-2　监理方与施工方的博弈收益矩阵

施工方	监理单位	
	监督	不监督
执行	$r-c,s$	$r-c,h$
不执行	$r-fl-m-c,s$	$r-fl,h-fn$

施工方选择按安全规章运作的概率是 x,不按安全规章运作的概率是 $1-x$;监理方选择监督的概率是 y,则不选择监督的概率是 $1-y$。给定 y,可以求得施工方执行安全规章($x=1$)的期望收益为 U_1,不执行安全规章($x=0$)的期望收益为 U_2:

$$U_1 = y(r-c)+(1-y)(r-c) = r-c \tag{3-1}$$

$$U_2 = y(r-fl-m-c)+(1-y)(r-fl) = r-fl-(m+c)y \tag{3-2}$$

令 $U_1=U_2$,则有:

$$y = \frac{c - fl}{m + c} \qquad\qquad (3-3)$$

由式(3-3)可以发现,如果监理方选择严格监管的概率大于 $\frac{c-fl}{m+c}$ 时,施工方的最优选择是按安全规章运作;若监理方选择严格监管的概率小于 $\frac{c-fl}{m+c}$ 时,施工方的最优选择是不按安全规章运作;若监理方选择严格监管的概率恰好是 $\frac{c-fl}{m+c}$ 时,施工方将随机选择是否按安全规章运作。

在这里,有必要对参数的取值进行讨论:当 $c = fl$ 时, $x = 0$,这说明安全成本投入和造成的事故经济损失数额相等,则监理方可以不用进行监理。

同理给定 x ,可以求得监理方选择监管的期望收益 V_1 和 V_2 分别为:

$$V_1 = xs + (1-x)(s+m) = s + (1-x)m \qquad (3-4)$$
$$V_2 = xh + (1-x)(h-fn) = h - (1-x)fn \qquad (3-5)$$

令 $V_1 = V_2$,则有:

$$x = 1 - \frac{h-s}{m+fn} \qquad\qquad (3-6)$$

由式(3-6)可以得出,如果施工方选择按安全规章运作的概率大于 $1 - \frac{h-s}{m+fn}$ 时,监理方的最优选择是不监管;如果施工方选择按安全规章运作的概率小于 $1 - \frac{h-s}{m+fn}$ 时,监理方的最优选择是监管;当施工方按安全规章运作的概率恰好等于 $1 - \frac{h-s}{m+fn}$ 时,监理方将随机选择是否监管。

(3)局中人的行动策略

施工方作为整个施工过程的执行者,建设工程安全保障能否落实,关键取决于施工方能否按安全规章去运作。监理方在考虑工程整体利益、自身利益和安全监管成本的前提下来选择是否实行安全监理。在此博弈中,局中人的行动为离散变量。安全施工必须投入一定的资金,包括安全设施、维护费用和工人的培训等。若安全投入过高,施工方为了自己的利益,势必会产生减少或取消安全投入的动机。因而,施工方有两种可供选择的策略。一个是严格按照有关法律、法规及标准办事,按安全规章运作,另一个就是不按安全规章运作,以获得额外利益。监理方作为监管部门,执行监管势必会有一定的费用支出,包括监管人员的正常执法器材费用等。是否监管取决于监管成本和发生事故的严重程度。若监管费用过高、发生安全事故严重程度较小时,监理方很可能会选择不执行监管。监理方的行动策略集合为:要么按照监理规划、大纲,严格执行监管,尽全力完成监管任务,要么不执行监管或不严格监管。

(4)博弈的得益

① 施工方的收益假设

当施工方按安全规章运作时,施工方投入 c ,其中安全投入不但包括购买必要安全设施的费用,还包括安全培训的费用,用于消除安全事故隐患,则施工方的收益为 $r-c$,其中 π 为施工方正常生产经营(不包括安全投入成本和建设单位的外在影响时的利润水平)的所得利润。

当施工方不按安全规章运作时,工程发生事故的概率为 f,发生事故时施工方将损失 l。若监理方进行监管时发现施工方不按安全规章运作将对施工方处罚款 m,并勒令其补充安全投入 c,则施工方的收益为 $r-m-fl-c$。若监理方未进行监管则施工方不缴纳罚款,施工方的收益为 $r-fl$。

② 监理方的收益假设

当监理方进行正常监管时,从中获得收益为 s。

当监理方不进行监管时,工程若发生事故则监管方将处罚款 n。施工方按安全规章运作时,监理方的收益为节省的安全监管费用 h,其中 $h>2s$。施工方不按安全规章运作时,监理方的收益为 $h-fn$。

(5)混沌控制

监理方与施工方随不对称信息由小到大地逐渐变化,双方的策略在开始时相对保守,效用分别有小幅增减,后趋于平稳,到信息深入时,博弈效用开始大幅度变化,并最终到达不稳定的混沌区域。通过对控制参数的扰动或对状态变量加入外部的控制信号,可在给定的时间内引导在不稳定不动点(也称为均衡点或固定点)领域内的不稳定轨道沿着连接轨道和不动点的直线进入不动点。在原博弈系统中加入外部控制信号:

$$e_n = \begin{bmatrix} e_1(t) \\ e_2(t) \end{bmatrix} = (\eta I - J)\begin{bmatrix} q_1(t)-q_1^* \\ q_2(t)-q_2^* \end{bmatrix} \tag{3-7}$$

其中,η 为反馈控制系数,$\eta < 1$;q_1^*,q_2^* 分别是不动点处两博弈方的效益比,$q_1(t) = \dfrac{U_1}{V_1}$,$q_2(t) = \dfrac{U_2}{V_2}$,则加入上述反馈控制信号后得到的质量-安全混沌博弈模型:

$$\left.\begin{aligned} X &= \frac{1}{6}\left(-4y-4z-0.6+2\sqrt{y^2+z^2+2yz+1.2y+1.2z+12.69-3r}\right)+(nI-J)(x-x^*) \\ Y &= \frac{1}{6}\left(-4x-4z-1+2\sqrt{x^2+z^2+2xz+2x+2z+13.45-3r}\right)+(nI-J)(y-y^*) \end{aligned}\right\} \tag{3-8}$$

其中,J 是 $r=0.40,\alpha=0.63$ 时原系统的 Jacobian 矩阵:

$$J = \begin{pmatrix} 0 & -0.5017 \\ -0.4960 & 0 \end{pmatrix} \tag{3-9}$$

此时,系统的不稳定不动点为 $(0.4830,0.4848)$,即 $q_1^*=0.4830$,$q_2^*=0.4848$,则外部控制信号为:

$$e_n = \begin{pmatrix} \eta & 0.5017 \\ 0.4960 & \eta \end{pmatrix}\begin{pmatrix} x-0.4830 \\ x-0.4848 \end{pmatrix} \tag{3-10}$$

由前面分析 $r=0.40,\alpha=0.63$ 时原系统的两个 Lyapunov 指数分别为 $\lambda_1=0.1125$,$\lambda_2=-0.6467$,系统处于混沌状态,此时初始效用取为 $(0.2,0.5)$,从效用随反馈控制系数的变化情况看,所加外部控制信号起到了控制系统混沌的作用,在 $\eta=[-1,0.0442]$ 时,受控系统中博弈效益稳定。

3.2.2.3 质量与成本混沌博弈

由于高速公路建设项目工序繁多、协作面广,因此,如何合理而有效地组织,并在有限资源的条件下相互协调,以最少的成本、最好的质量迅速地完成整个工程项目,就成为了一个突出的问题。现利用博弈理论解决高速公路建筑产品公差设计问题,将工程问题转换为博弈理论的数学模型,见图 3-3。

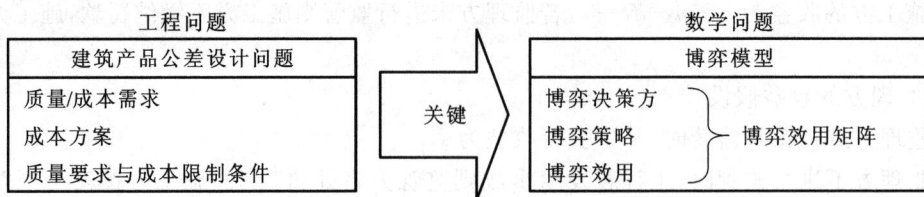

图 3-3　建筑产品公差设计问题到博弈数学模型的转换

博弈方的质量需求为 P_1,成本需求为 P_2;P_1 和 P_2 的策略空间分别为 $\{\alpha_1,\alpha_2\}$ 和 $\{\beta_1,\beta_2\}$,分别表示质量方案空间和成本方案空间。表中内容代表当选定某一(质量,成本)方案组合时的质量水平和成本水平。基于博弈理论的成本博弈模型如表 3-3 所示。

表 3-3　质量与成本博弈模型

博弈方 P_1:质量需求	博弈方 P_2:成本需求	
	β_1	β_2
α_1	$u_1(\alpha_1,\beta_1),u_2(\alpha_1,\beta_1)$	$u_1(\alpha_1,\beta_2),u_2(\alpha_1,\beta_2)$
α_2	$u_1(\alpha_2,\beta_1),u_2(\alpha_2,\beta_1)$	$u_1(\alpha_2,\beta_2),u_2(\alpha_2,\beta_2)$

将高速公路建设过程中建筑产品的偏差模型和施工成本模型作为优化目标函数并联立,构建基于"质量-成本"均衡的高速公路建筑产品公差设计优化模型如下:

$$\min \begin{cases} T_0 = T_0(T_1,T_2,\cdots,T_n) \\ C = C(T_1,T_2,\cdots,T_n) \end{cases} \tag{3-11}$$

$$\mathrm{s.\,t.} \begin{cases} l_i \leqslant T_i \leqslant h_i \quad (\text{其中},1 \leqslant i \leqslant n) \\ l_0 \leqslant T_0 \leqslant h_0 \end{cases}$$

式中,$L = (l_1,l_2,\cdots,l_n)$ 和 $H = (h_1,h_2,\cdots,h_n)$ 为各关键控制特征公差的约束向量,l_0 和 h_0 为功能要求约束。

公差设计变量的取值方案可以表示为:

$$X_i = (T_1^{(i)},T_2^{(i)},\cdots,T_n^{(i)}) \tag{3-12}$$

式中,$i=1,2,\cdots,l,l$ 为总方案数;$T_j^{(i)}(j=1,2,\cdots,n)$ 为第 i 方案下,各公差设计变量的取值。表 3-4 为所有公差设计变量取值方案下的两博弈方效用。

表 3-4　所有公差设计变量取值方案下的两博弈方效用

所有公差设计变量的取值方案	效用函数 u_1	效用函数 u_2
X_1	$u_1(X_1)$	$u_2(X_1)$
X_2	$u_1(X_2)$	$u_2(X_2)$
$\vdots$	$\vdots$	$\vdots$
X_l	$u_1(X_l)$	$u_2(X_l)$

由于多目标优化问题的设计变量对于各优化目标函数来说是共有的,而博弈模型中各决策主体的策略是独立且不受他方干扰的,因此需要根据博弈方及其策略之间的映射要求,对建

筑产品公差设计问题的设计变量进行分组，从而形成隶属于各个博弈方的策略空间。假设设计变量数目为 n，则第 i 个博弈方 P_i 的策略可以表示为如下的向量形式：

$$s_i = (s_{i,1}, s_{i,2}, \cdots, s_{i,k_i}) \in S_{i,1} \times S_{i,2} \times \cdots \times S_{i,k_i}$$

式中，s_i 代表博弈方 P_i 的策略，$s_{i,j}$ 和 $S_{i,j}(i = 1, 2, \cdots, k_i; \sum_{i=1}^{2} k_i = n)$ 分别为 P_i 的策略分量以及策略分量空间。

将式(3-7)外部控制信号引入质量-成本博弈模型，求解其混沌边界，$\eta = [-1, 0.0374]$ 时，受控系统中博弈效益稳定。

3.2.2.4　质量与进度混沌博弈

对于工程建设项目，怎样使质量目标和进度目标协调而使工程质量目标和进度目标得以实现，是解决质量目标与进度目标矛盾的关键所在。适度均衡地加快施工进度，可以使实际工期在计划工期内得到合理的提前，并且保证施工质量。严格控制质量目标，可以避免返工，实际进度会加快；反之，则会因返工而造成工期延后，施工成本增加，降低工程施工效率，增加建设项目的经常性维护费用，导致进度目标不能实现。

为实现工程中系统进度与质量两要素之间的协调度，考虑要素 $S_i, i \in [1, m]$，假设其发展过程中的序参量变量为 $e_i = (e_{i1}, e_{i2}, \cdots, e_{in})$，其中 $n \geqslant 1, \alpha_{ij} \leqslant e_{ij} \leqslant \beta_{ij}, j \in [1, n]$。假定 $e_{i1}, e_{i2}, \cdots, e_{ik}$ 的取值越大，系统的有序程度越高，其取值越小，系统的有序程度越低；假定 $e_{ik+1}, e_{ik+2}, \cdots, e_{in}$ 的取值越大，系统的有序程度越低，其取值越小，系统的有序程度越高，因此给出如下系统有序度的定义：

$u_i(e_{ij}) \in [0, 1]$ 其值越大，e_{ij} 对系统有序的"贡献"越大。然而，在实际的系统中，还会有若干 e_{ij}，其取值过大或过小都不好，而是集中在某一特定点周围最好，对于这类 e_{ij}，可以通过调整其取值区间 $[\alpha_{ij}, \beta_{ij}]$ 使其有序度满足定义。

从总体上看，序参量变量 e_i 对系统 S_i 有序程度的"总贡献"可通过 $u_i(e_{ij})$ 的集成来实现，采用线性加权和法进行集成，即：

$$u_i(e_i) = \sum_{j=1}^{n} \lambda_j u_i(e_{ij}) \left(\lambda_j \geqslant 0, \sum_{j=1}^{n} \lambda_j = 1\right)$$

根据复合系统的定义及特征，可以得出以下结论：第一，由质量控制、进度控制、成本控制、安全控制组成的系统也是一种复合系统。这个系统是由有相对独立性，并有其各自的特定功能和运行目标的子系统质量控制系统、进度控制系统、成本控制系统、安全控制系统组成的。第二，该复合系统具有：① 目的性，表现为：协调此系统具有明确的目的性，即实现系统的协调发展；② 整体性，表现为：整体目标最优不等于单个系统目标最优之和，任何强调工期最短、质量最好、安全最高、成本最低都是片面的，项目管理追求的是四者的优化和平衡；③ 全方位性，表现为：该系统的协调是系统结构协调、组织管理协调、内外部协调的统一；④ 动态性，表现为：项目进度控制是随着项目的进行而进行的，在项目质量控制的实施过程中，使工程项目质量控制按照质量标准进行，即使发生偏离，纠偏措施也能使质量逼近或达到质量目标；⑤ 层次性，表现为：质量控制、进度控制、成本控制、安全控制之间的协调。

将式(3-7)外部控制信号引入质量-进度博弈模型，求解其混沌边界，当 $\eta = [-1, 0.0493]$ 时，受控系统中博弈效益稳定。

3.2.3 高速公路建设管理目标关注度调查与分析

（1）高速公路建设管理目标

高速公路建设管理目标的合理设定是高速公路建设管理的核心工作。高速公路建设涉及多目标，具体包括质量目标、成本目标、工期目标、安全目标、绿化环保目标、职业健康目标等。高速公路建设参与主体多，主要包括集团公司、施工方、设计方、监理方、建设物资供应方等。

（2）目标关注度调查与分析

为充分了解集团公司管理层与基层、参建各方高速公路建设管理目标差异，厘清目标之间的逻辑关系，合理构建高速公路建设卓越管理模式，针对总公司，项目办，标段项目部（施工单位），设计、监理、检测、咨询、物资供应方等分别设计建设管理目标的关注度问卷调查表，在黄祁高速公路项目办组织下，发放问卷调查表。并对黄祁高速公路建设项目各标段进行实地访谈调研。高速公路建设管理目标的关注度调查结果统计如表 3-5 所示。

表 3-5　集团公司高速公路建设参与方目标管理关注度调查统计表

	集团公司	项目办	施工方	设计方	监理方	物资供应方
工程质量	■	■	■	■	■	▲
工程费用	□	□	■	▲	□	□
工程进度	□	■	□～▲	△	□	■
施工安全	■	■	■	△	■	△
环保与健康	▲	▲	▲	△	▲	△

说明：■非常关注，□比较关注，▲一般关注，△不关注。

尽管黄祁高速公路各参与方从其企业自身利益出发，建设目标关注度有所不同，但通过问卷调查，仍发现项目管理目标在一定程度上具有一致性，主要表现在：

①项目管理目标间有一定制约关系，不能孤立看待。

②尽管工程项目各阶段工作属性不同，但集团公司处于主导地位。如目标冲突，应以集团公司项目管理目标为先；参与各方将加强协调与沟通，积极调整自身，平衡目标。

③由于项目建设一般历时长，某些外界或内部动态因素的影响会导致不同阶段管理目标发生变化，应积极采取相应措施，适时调整。

④参与各方均对工程安全和质量给予高度关注，认为在质量与安全目标存在冲突时，以安全为重；当进度与成本等目标与质量冲突时，以质量为重。这恰好反映了集团公司"安全为天，质量为上"的建设管理理念。

综上所述，从集团公司高速公路建设管理的角度，在合理制定质量标准的前提下，为达到质量要求需要耗费资源，可见成本也是达到质量要求的基本途径。从集团公司高速公路建设管理角度，**质量是企业发展的永恒主题，质量是导致安全事故的根本原因，而进度与投资（成本）是实现质量要求的基本途径**。这也正体现了集团公司"安全为天，质量为上，效益为重"的建设理念。

3.3 高速公路建设卓越管理模式概念模型构建

3.3.1 高速公路卓越管理相关概念界定与分析

3.3.1.1 高速公路建设卓越管理

就其本义，"卓越"指高超出众，即杰出的、超出一般的。本书将"卓越"定义为"彰显集团公司企业特色和个性化的，优于一般的"。

现代管理学认为，科学化管理有三个层次。第一个层次是规范化，第二个层次是精细化，第三个层次是个性化。

高速公路建设卓越管理是在现有高速公路建设项目全寿命周期管理体系基础上，紧密结合集团公司高速公路建设管理需求的，建立以集团公司企业文化核心价值理念"重道笃行、通达致远"为纲领，以建设标准化为基础，以多目标协调管理为核心，以绩效评价为基本手段的高速公路建设管理模式，将"以人为本、安全为天、质量为上、效益为重、生态为基、文化为魂、廉洁为要"的高速公路建设管理理念落实于集团公司高速公路建设管理中。

高速公路卓越管理是体现集团公司企业文化特色的，符合集团公司高速公路建设管理需求的，在传统管理模式基础上加以改进的建设管理模式。显然，高速公路卓越管理是持续的、全面的、高效的、具有个性特征的管理，属第三层次。

3.3.1.2 卓越质量管理

以广义高速公路建设质量概念为基础，结合集团公司高速公路建设管理职责与企业文化，将高速公路建设卓越质量管理定义为：集团公司以企业文化为纲领，在高速公路建设质量方针指导下，结合建设项目实际，准确定位卓越质量管理目标，基于精益建设思想，运用先进质量管理方法对建设项目进行全寿命周期的质量指挥、组织、控制和协调，以实现质量管理卓越绩效的活动。

(1)定位卓越质量管理

定位卓越质量管理目标是指集团公司根据国家相关的法规、技术标准规范，通过用户需求调查，结合企业发展战略，对高速公路建设实体质量、工作质量和人本质量提出明确而具体的要求。

① 实体质量目标

高速公路建设实体质量目标定位并非越高越好，质量标准越高，建设投资越大，允许的最大通行能力也越大。在实际需求达不到最大通行能力时，由于质量问题而导致成本增加；但质量标准太低，允许的最大通行能力有限，在高速公路投入运营不久会出现拥挤度过高而不能有效满足用户(社会)需求的情况，带来改建成本的增加。因此，质量目标必须在现行法律、技术标准与规范约束下，结合企业发展战略需求，通过对用户(社会)需求的现状调查，科学地预测未来，使高速公路建设质量目标满足未来市场需求。

② 工作质量目标

从集团公司角度，任何工程必须在满足工程实体质量目标的前提下考察资源消耗。高速公路建设是一个系统工程，如果建设进度不均衡、成本不合理，势必影响工程实体质量，带来安全隐患。由此可见，成本和进度管理是实现质量目标的重要途径与有效保证。具体来说，工作质量是指在满足工程实体质量目标的前提下,确定合理工期和合理进度及其执行情况。

③ 人本质量目标

企业文化只有实践于集团公司承建的高速公路项目,并逐步形成建设质量文化,才能把职工个人目标引导到所确定的高速公路建设总体目标上来,将职工个人利益与高速公路建设联系起来,形成一种行为规范来约束员工的行为,并激励员工为实现自我价值和建设目标而勇于奉献、不断进取;可以塑造良好的高速公路建设形象,提升企业价值。人本质量目标主要体现为"以人为本",一方面是员工的价值观和质量意识目标;另一方面是高速公路集团公司与参建各方的合作共赢目标。人本质量是高速公路建设更高层次质量目标的重要标志。

(2)全寿命周期的卓越过程管理

从立项、勘察、设计、施工、竣工交付使用到维护是一个复杂的系统过程。集团公司单靠施工阶段的最终竣工验收是难以确保工程质量的。应当将目标、工作、过程和结果结合起来,即目标与过程、工作要素与根源、过程与结果相结合,体现"高速公路建设全寿命期管理"思想,才能真正确保工程的质量。

全寿命周期的卓越过程管理是指高速公路集团公司依据质量卓越管理目标,制订质量计划,从立项、勘察、设计、施工到竣工交付使用严格执行计划,并进行有效质量控制与跟踪,对质量偏差及时做出响应和调整的闭循环管理。

① 质量计划

质量计划即如何通过各种质量相关活动来保证项目达到预期的质量目标的书面说明。质量计划需完成的工作主要有:明确质量目标;诊断和改善集团公司质量管理的各过程的具体步骤、流程;在高速公路建设全寿命周期的不同阶段,高速公路集团公司质量管理相关职责、权限和资源的具体分配;编制采用的具体的标准化程序和指导书;制定随高速公路建设的进展进行质量动态管理,更改和完善质量管理计划的标准化程序。

② 质量控制

以精益建设为理论基础,通过施工作业流程分析,运用访谈与问卷调查等方法获得建设质量关键控制点资料;经统计分析确定高速公路建设中集团公司需要监测的质量关键控制点;设计集团公司质量管理动态提示程序与方法;编制集团公司质量过程管理标准化程序和指导书。

③ 质量跟踪

集团公司应全面、系统地收集和整理高速公路建设质量的信息,统计质量控制点信息,以分析、评价高速公路建设质量水平和存在的问题。

④ 质量响应

当发现高速公路建设质量存在问题时,及时向有关单位反馈,提出相关措施,包括警告、处罚、停止等,并对计划进行相应调整,实现质量反馈和质量动态管理。

(3)质量卓越管理特点分析

目前质量管理的主要模式有 ISO 9000 模式、全面质量管理模式、卓越绩效模式等。这三种模式与本书提出的"卓越质量管理模式"一样以质量管理为核心,但适用范围、理论基础等有所不同。现将上述三种模式与"卓越质量管理模式"进行比较,以分析卓越质量管理模式特点与适应性,见表3-6。

表 3-6　卓越质量管理模式特点分析表

	ISO 9000 模式	全面质量管理模式	卓越绩效模式	卓越质量管理模式
相同点	①以质量管理为核心内容; ②采用比较(对比)分析; ③都为企业的持续改进提供基础,提高组织质量管理水平服务			
差 异	服务对象	施工与生产企业(承包商)			集团公司(建设单位)
	目的	认证	过程管理	绩效评价	监管与引导
	方法	符合性标准。通过对比标准发现偏差	过程控制理论,计划与实际情况比较,实现动态过程管理	诊断式评价,以发现组织优势与改进对象	过程管理与绩效评价方法的系统性理论
	研究对象	企业管理	项目管理	企业管理	企业管理与项目管理的有机结合
	理论基础	质量管理与控制论		质量管理与绩效评价	质量管理、企业战略管理、精益建设、多目标优化与控制、企业文化

3.3.1.3　卓越安全管理

(1)卓越安全管理概念

高速公路卓越安全管理是指集团公司坚持"安全为天、质量为上"的原则,在高速公路建设项目的全寿命周期中,以保证项目质量为出发点,通过严格的施工安全管理制度、技术规范等"硬实力"的约束,以及施工安全文化、职业道德操守等"软实力"的影响,形成标准化、规范化的施工工艺和生产流程,最大程度地减少安全事故的发生,降低因安全风险带来的各种损失,从而促进高速公路建设质量和安全的协调管理,实现组织的卓越安全管理目标。

高速公路卓越安全管理强调质量与安全的相关性和广义质量的决定性;坚持"质量是导致安全问题的根本原因"这一观点,加强对影响安全因素的控制,以顺利实现工程安全管理目标。

从集团公司角度出发,协调、平衡项目各参与方的利益需求,以安全为前提,以质量为最终目标,对高速公路建设项目的质量和安全进行卓越管理,达到卓越绩效。

(2)卓越安全管理特点分析

① 质量与安全的融合性

当前推进"质量、环境、职业健康安全一体化管理"已经成为工程项目建设领域发展的新趋势。在高速公路建设项目管理中,安全与质量管理两者是相辅相成、相互统一的。工程质量的好坏直接影响安全事故的发生与否,质量被视为维持企业生存的唯一途径,安全则为施工企业长久发展的"卫士"。只有正确处理好质量与安全这两者之间的关系,才能确保高速公路施工项目生产稳步向前。

② "卓越"理念的贯穿性

最初"卓越"一词出现在"美国国家质量奖"中,在当时强大的产业竞争压力下,成为美国工商业的救命稻草。之后,渐渐扩展到医疗保健和教育机构等领域,并在全球成熟发展并成功运用到各个领域。工程领域运用卓越绩效评价需要创新。本书提出的卓越管理模式,是在卓越绩效基础之上,引出卓越管理的概念,通过卓越目标制定和卓越过程管理,达到卓越绩效的结果。因此,具有浓厚的"卓越管理"色彩。

③ 传统模式的传承性

管理模式是一套具体的管理理念、管理内容、管理程序、管理制度、管理方法和管理体系等的管理工具,组织在运行的过程中自觉遵守其规则。构建高速公路建设项目卓越安全管理模式也是创造这样一种工具,需要高速公路建设项目组织按照其理念、内容、程序、制度、方法和体系去组织质量和安全等建设管理工作。

3.3.1.4 卓越进度管理

(1)卓越进度管理概念

从集团公司建设卓越管理角度,将高速公路建设卓越进度管理定义为:集团公司坚持"质量第一"的原则,准确定位卓越进度管理目标和科学确定合理进度计划,并通过科学合理地安排施工组织,严格执行高速公路项目工期,确保高速公路项目在预定的工期内完成项目的所有工作任务,实现项目优质高效和企业绩效卓越目标。

高速公路建设卓越进度管理强调工程建设进度要服从质量安全;坚持"一切服从于质量"的观点,充分调动项目参与者的工作积极性,合理安排工程施工组织,加强对影响质量安全等关键工作的管理,顺利实现工程进度管理目标。高速公路项目卓越进度管理概念模型如图 3-4所示。

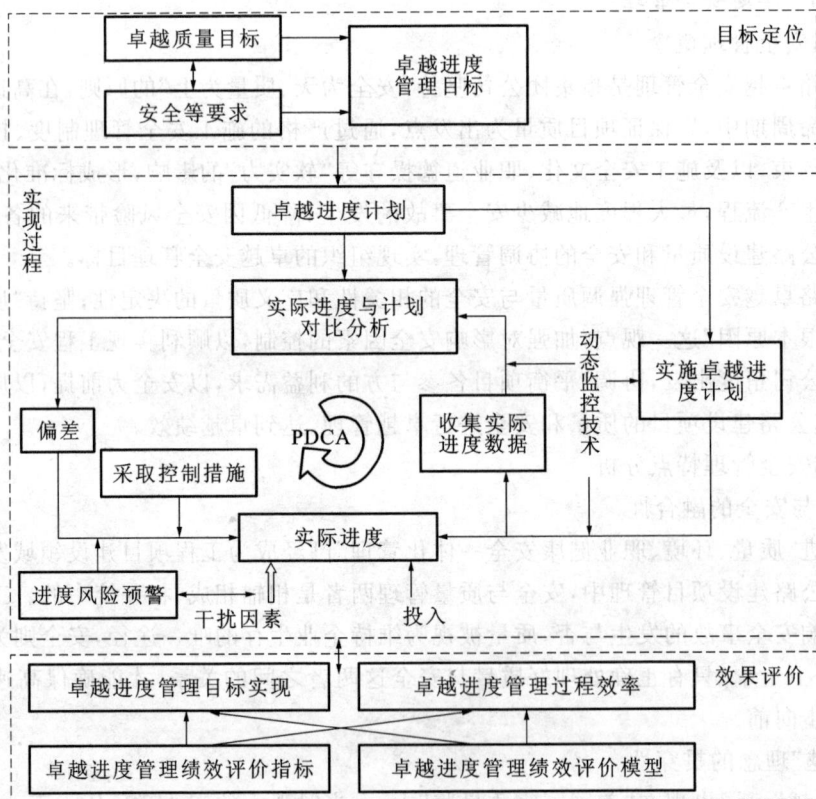

图 3-4　卓越进度管理概念模型

在高速公路建设卓越进度管理概念模型中,卓越进度管理目标定位是卓越进度管理的重点和中心,项目卓越进度管理过程活动都是围绕着进度管理目标展开的。进度控制是将编制的合理进度计划付诸实施,并不断检查计划的实际执行情况、分析进度偏差原因、采取措施纠偏,将项目的实际进度控制在事先确定的进度目标范围之内;卓越进度管理效果评价与反馈是高速公路建设卓越进度管理的反馈控制器,体现了卓越进度管理理念的完整性和开放性,保证卓越进度管理得以不断完善和发展。

(2)卓越进度管理主要工作内容

① 指标确定

首先确定两个绩效指标,一是目标质量和目标进度的确定,二是进度相关指标的分析,然后确定技术方案的选择及工期的调整,如图 3-5 所示。

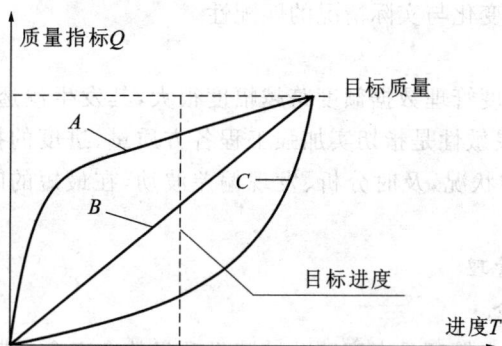

图 3-5　质量与进度权衡图

质量和进度大体上是呈正比关系的,但 A、B、C 三条曲线的斜率不一样,曲线 A,$\Delta Q/\Delta T$ 开始最大,随着 T 的增大而逐渐减小,因此在开始时增加时间可获得较大的质量提高,而随着时间的增加,质量提高的程度越来越弱,目标进度是否应该坚持,取决于质量达到的水平。对于曲线 A,当其在目标进度点时,实际质量水平已达到目标质量的 90% 左右,可以选择坚持目标进度而牺牲 10% 的质量要求。对于曲线 C,当坚持目标进度时,质量水平不到目标值的 50%,这就必须延长工期,对工期的计划进行动态调整。对于曲线 B,则取决于最低质量满意度是多少。

② 偏差分析

制定进度差异分析和趋势分析程序,寻找造成任一目标偏离的原因和影响因素,对进度存在问题进行分析,找出解决办法,不仅对工程关键路线,而且对整体工程质量进行分析、评价。

③ 进度柔性控制和调整

在高速公路建设项目实施过程中,由于各种因素的影响,使得工程施工在某个阶段或某个环节的实际进度往往与计划进度存在偏差,及时收集整理现场进度资料,通过对实际进度指标的分析和比较,及时发现偏差,这是进行卓越进度控制和调整的前提和基础。在卓越进度控制中,必须要对各种因素进行调查、分析、预测,并在进度计划中予以体现,其实质就是一种不断地计划、执行、检查、分析、调整的循环过程。

④ 支持管理决策。即有效地进行进度调整方案的综合评价,追求高效益、短工期、高质量、可操作的统一。

(3)卓越进度管理特点

① 集成性

每一种管理系统都有一些具体的管理技巧与方法,将全面质量管理理论、进度控制理论、生态高速公路理论、安全质量标准化理论结合在一起,形成各种管理思想与技巧、手段的集成,能产生更深远的影响。

② 系统性与协调一致性

质量与进度相互作用、相互渗透、相互影响与制约，如果在高速公路建设项目实施过程中忽略了系统观，只能得到局部最优而不是质量进度整体最优。所以，要以系统性、整体性的原则指导卓越进度管理模式的选择与实施，协调一致，寻找系统的稳定平衡点。

③ 匹配性

匹配性是指一种卓越管理模式与高速公路建设现行进度管理系统的兼容性。这种匹配性是一种动态匹配性，不仅要考虑到与高速公路建设项目总体进度要求的匹配性，还要考虑到工程建设环境和条件的客观变化与实际情况的匹配性。

④ 灵敏性

高速公路建设项目进度管理数据额度跨越幅度很大，其发生渗透到各个项目部的各个方面，且随时都在发生中。灵敏性是指切实加强工程各方质量、进度的控制，动态掌握工程实际质量满意度和实际进度的状况，及时分析、发现偏差波动，在最短的时间里收集各种数据、信息，并做出相应的调整。

3.3.1.5　卓越成本管理

(1)卓越成本管理概念

高速公路建设卓越成本管理是在高速公路建设项目的全寿命周期内，以企业文化为纲领，以系统理论为指导，在满足既定质量标准要求的前提下，通过科学的投资决策、合理的投资规划、有效的目标控制和规范的资产运营，以实现公司价值的可持续与均衡增长。高速公路建设卓越成本管理概念模型如图 3-6 所示。

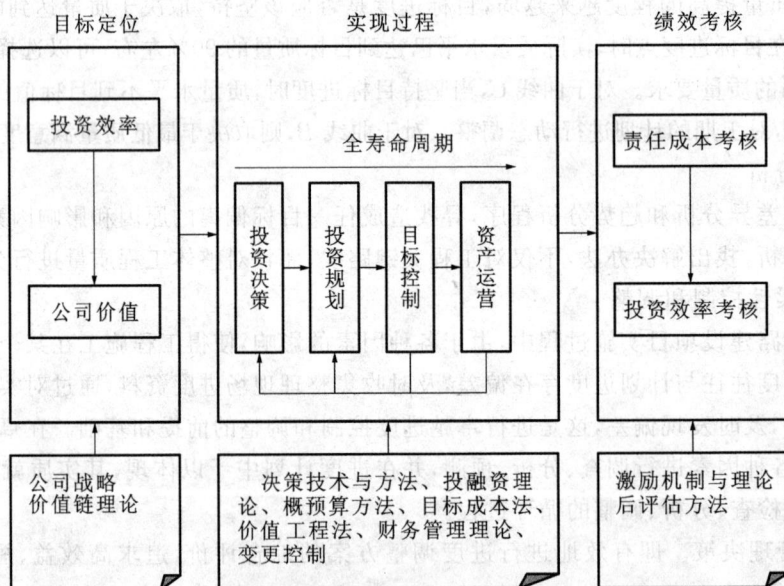

图 3-6　卓越成本管理概念模型

卓越成本管理的实现过程，总体上可以看作是在高速公路建设项目全寿命周期内，在满足既定建设质量目标的前提下，为了高速公路建设卓越成本管理的目标，对高速公路建设项目投入产出进行综合管理的过程。

（2）卓越成本管理阶段

卓越成本管理主要涉及建设项目全寿命周期的投资决策、投资规划、目标控制和资产运营四个阶段。

① 投资决策

投资决策是指集团公司为了实现高速公路建设预期的投资目标，运用一定的科学理论、方法和手段，通过一定的程序对高速公路建设项目投资的必要性、投资目标、投资规模、投资方向、投资结构、投资成本与收益等经济活动中的重大问题所进行的分析、判断和方案选择。投资决策是高速公路建设项目实施过程中的重要环节和过程。本阶段主要通过项目决策策划、投资机会研究、可行性研究等工作，重点论证建设项目的必要性、可行性以及建设规模与标准的合理确定、项目建设组织方式等重大问题。

② 投资规划

高速公路建设项目投资规划是管理规划的重要组成部分，是建设项目投资费用管理的纲领性文件。按照《建设工程项目管理规范》（GB/T 50326—2006）的规定，投资规划主要通过投资目标分析与论证、投资目标分解和投资风险分析等工作，解决投资管理的目标、内容、组织、资源、方法和控制措施等问题。

③ 目标控制

高速公路建设项目管理的核心任务是目标控制。投资控制的目标是通过有效的投资控制工作和具体的投资控制措施，在满足进度和质量要求的前提下，力求高速公路建设项目实际投资不超过计划投资。目标控制必须建立目标控制系统和相应的控制工作流程与相关制度，按照系统控制、PDCA全过程控制、全面控制等原理，在目标规划与计划、目标控制的组织基础上，综合运用组织、技术、管理等措施，达到控制的目标。

④ 资产运营

资产运营是实现集团公司价值最大化的根本保证。一般来说，资产运营是指以资产增值最大化为根本目的，以价值管理为特征，通过集团公司全部资本与生产要素的优化配置和产业结构的动态调整，对集团公司的全部资本进行有效运营的一种经营方式。此处主要研究以公司价值最大化为目的的公司经营活动。资产运营的主体是集团公司，旨在通过不断调整资产配置，提高资产使用效率和效果，实现集团财务目标。资产运营应该遵循的原则包括资产合理配置、成本效益最优、风险收益均衡等。

3.3.1.6 相关概念关系分析

集团公司高速公路建设卓越管理基于标准化管理、目标管理、卓越绩效及文化管理，但与它们又有差别。

（1）卓越管理与标准化管理

标准化是为在一定范围内获得最佳运行状态而对实际的或潜在的活动及其结果规定共同的和重复使用的规则、导则或特殊的文件的过程。标准化是制度化的最高形式。

标准化管理（Standardization Management）是对管理工作中重复性的事务以科学理论、技术成果和实践经验为依据，选择最优方案，通过简化、协调、统一、优化，升华为标准，使无序的多样化的生产方式和管理活动达到有序的规范化管理。标准化管理的目标是减少工作中的随意性，将人为化的项目管理转变为制度化的项目管理。更直观地说，标准化就是改变员工做人、做事的方式，使管理工作成为一种习惯和生活方式。标准化管理主要包括组织机构、管理制度、现场管理和信息管理的标准化。

标准化管理是高速公路建设卓越管理的客观要求,高速公路建设管理必须推行标准化管理。这是由于高速公路建设规模大、技术复杂、质量要求高,而建设从业人员总体素质偏低、队伍不稳定,材料类别多、质量不稳定,施工机械化水平、专业化程度不高,施工过程不规范,迫切需要对建设活动和管理活动加以规范,制定和发布建设技术标准、管理标准、作业标准,标准作业与管理程序等,并贯彻执行,使管理中的隐性问题显性化、复杂的管理客体简单化、繁杂的重复性实践程序化、未来的不确定性规则化,形成以集团公司为核心、参建各方各负其责、协同推进的建设标准化管理体系,实现管理层次的清晰化、管理职责的明确化、作业的规范化。

(2)卓越管理与目标管理

目标管理(Management by Objective)是以目标为导向,以人为中心,以成果为标准,而使组织和个人取得最佳业绩的现代管理方法。目标管理亦称"成果管理",俗称责任制,是指在企业个体职工的积极参与下,自上而下地确定工作目标,并在工作中实行"自我控制",自下而上地保证目标实现的一种管理办法。

高速公路建设管理具有目标管理的基本特性。集团公司高速公路建设管理实际上是按照工程建设的有关法规、技术规范的要求,通过项目策划和项目控制,实现企业发展目标、总体发展战略以及项目目标。简单地说,高速公路建设管理是在一定资源、环境的约束条件下为达到既定目标而进行有组织的活动。

既定的建设项目目标包括质量目标、成本目标、工期目标、安全目标、绿化环保目标、职业健康目标等。集团公司必须围绕目标制定项目管理全过程的实施计划,且在实施过程中采取各种控制方法和手段不偏离目标(计划),创造良好的工程质量,获得最佳经济效益。目标管理基本流程见图3-7。

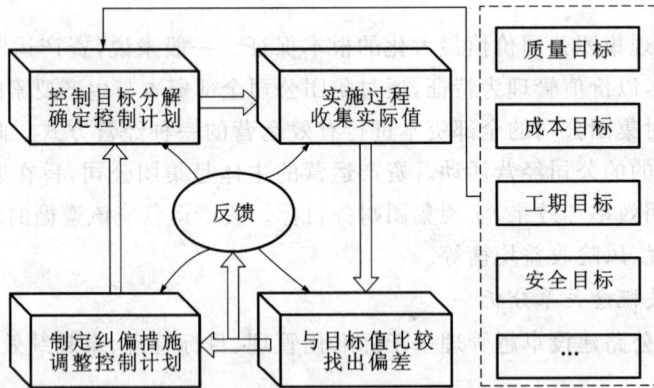

图 3-7　高速公路建设目标管理基本流程图

高速公路建设卓越管理必须以实现目标为管理核心,调动各方面的综合资源,统筹考虑高速公路建设目标之间的统一关系,对工程项目从开工至竣工的工程质量、进度、成本及其他方面的目标进行全面控制和管理,力求资源配置最优,综合效益最大化。

(3)卓越管理与绩效管理

卓越绩效(Excellence Performance)是通过综合的组织绩效管理方法,使组织和个人得到进步和发展,提高组织的整体绩效和能力,为顾客和其他相关方创造价值,并使组织持续获得成功。定义中所指的"综合的组织绩效管理方法"就是卓越绩效,以质量管理为核心,是当前国际上广泛认同的一种组织综合绩效管理的有效方法与工具。

卓越绩效是以质量为中心,通过诊断式评价企业绩效来发现组织优势与改进对象。卓越绩效模式自创立以来,经过近三十年的发展,反映了现代经营管理的先进理念和方法,是国际上许多卓越企业成功经验的总结。

对于高速公路建设管理企业而言,卓越绩效模式无疑是极具指导和借鉴意义的管理模式与方法。因此,卓越绩效是高速公路建设管理追求的目标之一。但是对于具有典型单件性特点的建设项目管理,具有除质量以外的安全、进度与成本等多目标管理特点,卓越绩效模式的应用有一定局限性。

(4)卓越管理与文化管理

文化管理(Culture Management)是基于管理学、组织行为学理论的一种"以人为本"的管理模式。通过企业文化的培育,来实现文化管理模式的提升,与公司战略、人力资源、生产、经营、营销等管理条件、管理模块相匹配,使员工形成共同的价值观和共同的行为规范,变被动管理为自我约束,在实现社会价值最大化的同时,实现个人价值的最大化。可见,人的角色塑造是文化管理最核心的价值追求。

企业文化是从企业的历史、现状和未来的发展中概括提炼出来的,结合本企业实际,具有本企业特色的价值观念。只有将企业文化结合、融入、渗透于建设管理的各项工作之中,才能发挥作用。而先进建设管理根植于企业文化,只有将企业文化与建设管理实践紧密结合才可能在创造经济效益的同时,实现企业价值最大化。由此可见,高速公路建设管理与文化管理相辅相成。

第一,高速公路企业文化为建设管理提供软环境,对建设管理有导向、规范、凝聚、激励、创新、辐射等促进作用。

第二,建设管理为企业文化建设的延伸点、载体、阵地,是企业文化的执行层。一方面,只有将企业文化结合、融入、渗透于项目管理的各项工作之中,企业文化才能发挥作用。而高速公路企业文化执行主要就体现在建设项目管理中,表现为工程项目的目标和管理优化。另一方面,企业文化需要在建设管理中与施工承包商、咨询/监理等参建单位的企业文化以及政府文化、地方文化等外部环境融合的基础上发展和丰富。

3.3.2　高速公路建设卓越管理模式构建原则与目的

3.3.2.1　构建原则

(1)系统性原则

系统性原则也称为整体性原则,它要求把对象视为一个系统,以系统整体目标的优化为准绳,协调系统中各分系统的相互关系,使系统完整、平衡。高速公路建设管理模式的构建,强调系统整体功能的发挥,充分体现战略层、管理层和执行层的多层次,质量、安全、进度、成本等多目标协同管理思想。概括起来就是三层次、四目标的系统化。

(2)循序性原则

高速公路建设卓越管理模式的构建是一项复杂的系统工程,是一个长期的动态过程,不可一蹴而就。随着建设环境变化,模式需要随之调整并不断发展与完善,只有这样才能体现卓越管理体系的灵活性与生命力。

(3)适应性原则

　　高速公路建设管理涉及参与方多、素质差异大,涉及专业门类繁多,施工作业场所分散,点多、线长、面广,管理过程复杂多变,导致建设管理具有长期性、技术复杂性、多方协调性、目标多重性等特点。作为建设项目管理载体的工程项目,由于建设时间、地域的差异而具有独特性。因此,在高速公路建设管理模式构建中,应充分考虑模式的广泛适用性与建设项目管理的针对性,将两者有机结合,使管理模式在执行过程中,能根据项目的实际情况进行适当调整。主要表现在管理内容的可拓展性、管理目标的调整性和管理方法的灵活性等方面。

3.3.2.2　构建目的

（1）企业文化的基层化

　　卓越管理体现了化神奇为平凡的精神,即将集团公司企业文化融于日常高速公路建设管理中。企业文化是一种价值观念,是一种强大的精神动力、精神支柱,通常会依靠企业文化培训等活动来加以宣传,以便深入人心。但高速公路建设管理是一种持续的努力,不能依靠短期的宣传达到优良的管理效果。因此,文化建设重在建设,贵在执行。彼得·杜鲁克也曾经说过,"管理得好的工厂,总是单调乏味,没有任何激动人心的事件发生。"可见,优秀的建设管理需要把企业文化扎扎实实地落实到建设管理工作中,在日常工作中建立、优化体系,实施标准化管理,达到建设管理目标,即将企业文化融合、渗透于建设项目目标管理、最终落实到执行层面的标准化管理上,实现卓越管理。

（2）多层次、多目标与多要素的协同管理

① 多层次的协同管理

　　卓越管理模式体现了三个不同层次建设管理的融合,即战略层、管理层和执行层,见图3-8。

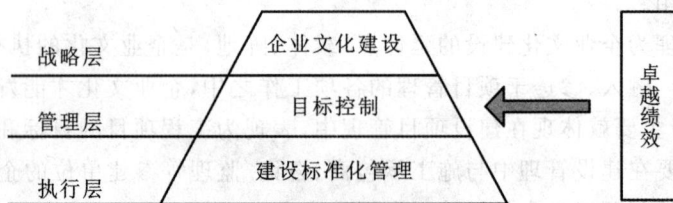

图 3-8　高速公路建设卓越管理层次结构图

　　通过卓越管理模式的实施,实现建设管理与企业文化的有效对接,通过文化建设、多目标协调管理和标准化管理,实现战略层、管理层、执行层的协同管理,达到卓越管超出一般的、持续的、全面的、高效的管理目标。

② 多目标的协同管理

　　通过卓越管理将局部管理统筹为系统的整体管理,需进行多目标控制。在实践工作中,建设单位高速公路建设项目目标管理多采用实际情况与计划的简单比较方法,理论界对目标控制方法的研究过于理论化,缺乏对实践工作的操作性指导。由于可操作方法的匮乏,必然导致项目目标管理不能达到最优管理效果。

　　在广泛调研基础上,厘清了集团公司高速公路建设目标管理主次及目标之间的相关关系,构建卓越管理模式,研究满足质量与安全前提下的目标管理要点与方法。

③ 多管理要素的协同管理

　　成本管理期望对投资资金需求、资金来源、计量支付、现金控管、财务风险能够增加掌握度;质量管理期望对设计、施工质量有所掌握;安全管理要对施工人员安全、机械设备安全、材料质量安全有所掌握等。但由于高速公路建设管理的范畴复杂、主体多、作业环节多,导致不可控因素太多。卓越管理力求寻找各目标管理要点,探索各要点的管理方法,逐渐攻关,力争做到让变数成常数,找到一条可以化不确定为可掌控的标准化管理模式。

综上所述,通过高速公路建设卓越管理模式的构建与实施,将集团公司企业文化融于高速公路建设日常管理,实现战略层、管理层与执行层的协同管理,以及安全、质量、成本、进度等多目标的协调管理,多要素的标准化管理,从而实现高速公路建设卓越管理从就事论事的应对逐渐转变为程序规范化办事,实现组织化、整体化、可持续性的管理。

3.3.3 高速公路建设卓越管理模式概念模型设计

3.3.3.1 概念模型结构

基于前述集团公司内外部环境分析和高速公路卓越管理概念界定,以及高速公路建设管理目标关注度调查结果,以卓越绩效理论、项目管理理论、系统论、控制论等理论为基础,构建以集团公司企业文化为纲领,以建设标准化为基础,以多目标协调管理为核心,以绩效评价为基本手段的高速公路建设卓越管理概念模型,涵盖两个层次(Two Levels)、三个原则(Three Principles)和四个模块(Four Modules),如图 3-9 所示。

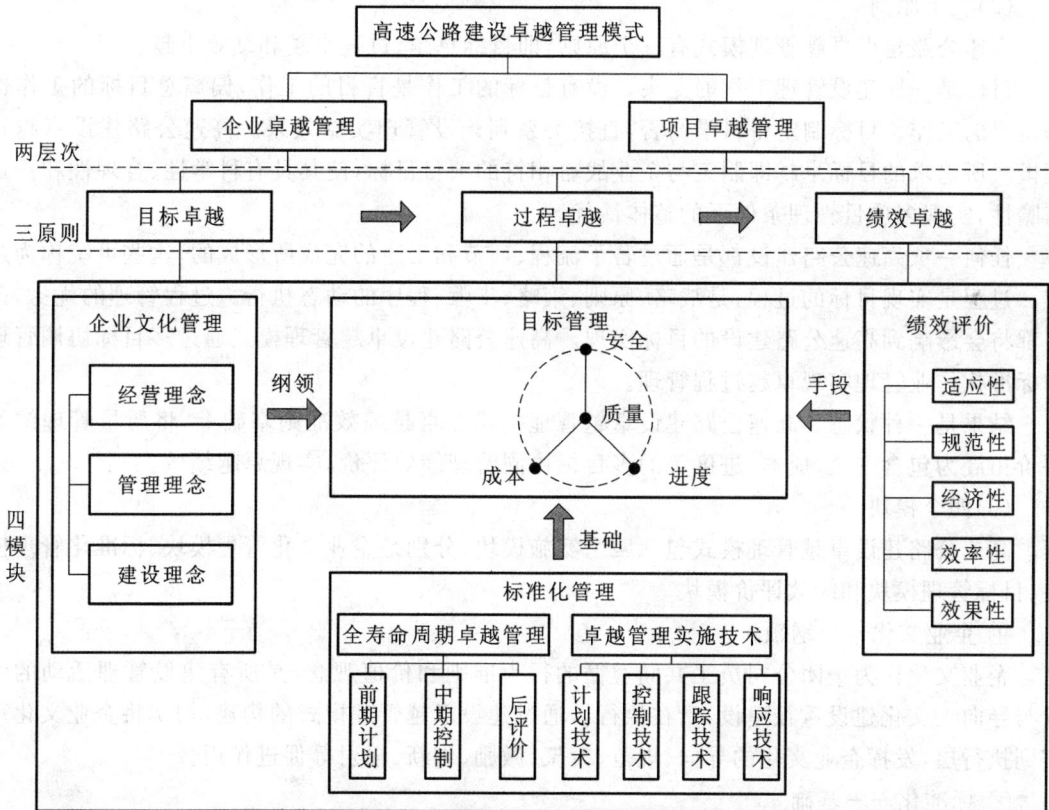

图 3-9 高速公路建设卓越管理模式总体架构

3.3.3.2　概念模型结构说明

（1）两个层次

高速公路建设卓越管理模式涉及企业卓越管理和项目卓越管理两个层次。投资建设和运营管理省内高速公路是集团公司的主营业务，项目管理是集团公司建设管理的重要组成部分。由于研究对象为集团公司建设管理，以项目为载体，将项目管理主要手段与方法在实际工程项目中进行运用、演化与提升。项目管理是动态的资源管理，目的是以最少的资源投入，实现项目建设目标，即追求项目效益的最大化。因此，高速公路建设卓越管理模式是以企业管理角度，将企业文化与项目管理结合，研究项目管理方法。

第一，将集团公司企业文化中经营理念、管理理念、建设理念与项目建设目标管理相结合，并落实到项目建设标准化管理中，从而实现企业层与项目管理层的紧密衔接。

第二，总结、提升集团公司建设项目管理经验，将管理业务活动以流程管理形式固化为标准，从而提高集团公司建设管理水平与执行效率。

第三，将企业管理效率思想引入项目管理中，进行项目目标管理效果分析的同时，进一步进行项目目标管理的效率分析。

第四，构建卓越管理绩效评价体系，从项目自评和企业评价两个层次开展卓越绩效评价工作，以客观反映项目建设管理水平，寻求绩效提升途径。

（2）三个原则

高速公路建设卓越管理模式有三个原则，即目标卓越、过程卓越和绩效卓越。

目标是一切建设管理工作的龙头。没有目标的工作是盲目的工作，偏离总目标的工作也是盲目的工作。目标制定得科学与否，直接关系到建设管理实施效果。高速公路建设卓越管理模式所追求的目标卓越即制定与企业战略相符的项目目标，使其具有科学性、合理性和一定前瞻性，实现多项目管理条件下的整体最优。

任何一项高速公路建设都是通过若干流程、环节和工序的完成所形成的，这些可统称为过程。过程是实现目标的过程，是战略、原则、策略、步骤、程序的动态执行。过程管理的优劣，最终都将会影响到高速公路建设的目标实现。高速公路建设卓越管理模式通过多目标协调管理和标准化作业管理实现卓越过程管理。

结果是一种状态。高速公路建设卓越管理模式在卓越绩效准则基础上，将质量管理绩效评价拓展为包含安全、成本、进度等的多目标协同管理绩效评价，实现卓越绩效。

（3）四个模块

高速公路建设卓越管理模式包括四个实施模块，分别是企业文化管理模块、标准化管理模块、目标管理模块和绩效评价模块。

① 企业文化——纲领

企业文化作为集团公司员工共同遵循的行为准则和价值观念，是所有建设管理活动的纲领与导向。文化建设重在建设，贵在执行。通过建设卓越管理模式的构建，切实将企业文化落实到执行层，发挥企业文化的导向、规范、凝聚、激励、创新、辐射等促进作用。

② 标准化——基础

标准化管理是当今世界许多大型企业集团普遍采用的一种先进管理模式，是对目标要素的集成管理。标准化管理是高速公路建设管理的客观要求，是高速公路建设管理的基础性工作。"标准化"在本书中是指在一定范围内获得最佳秩序，对现实问题或潜在问题制定共同使用和重复使用的条款的活动。其任务是解决现实或潜在的问题,目的是构建卓越建设管理,将企业文化及管理目标切实到执行层面;形式是制定和实施涉及项目管理各种活动的标准条款;途径和手段是将集团公司高速公路建设经验加以总结、规范并推广,逐步形成集团公司高速公路建设卓越管理标准化体系和方法。

经验总结主要是指高速公路建设全寿命周期的卓越技术控制总结。全寿命周期卓越管理包括前期计划、中期控制和后评价;卓越管理实施技术包括计划技术、控制技术、跟踪技术和响应技术。

③ 目标——核心

高速公路建设管理是多目标协调管理,需要合理地处理安全、质量、进度与成本等目标的关系。通过前期调研,将四大目标系统化,构建了"以安全为前提,以质量为核心,以成本和进度控制为基本途径"的基本思想,研究以确保质量与安全为前提的进度与成本管理。该系统反映集团公司建设理念:"安全为天,质量为上,效益为重,生态为基,廉洁为要"。

④ 绩效评价——手段

借鉴卓越绩效模式的评价方法,以结果评价为基本手段。卓越绩效评价从适应性、规范性、经济性、效率性和效果性五个方面进行评价。

适应性包括三层含义。一方面,高速公路建设须满足社会发展需求。另一方面,高速公路建设应适应集团公司战略发展、投资期望以及企业文化发展要求,体现企业员工价值观,即高速公路建设应与自然环境和企业人文环境相协调。适应性是建设管理的起点。

规范性指高速公路建设必须符合国家相关的法规、技术标准、规范及功能要求。规范性是建设管理的基础。

经济性指高速公路建设全寿命周期项目建设管理投入与产出应匹配,力求成本最低。这就需要高速公路建设管理应保持资源投入、进度等的均衡,科学建设是达到建设目标的有效途径与保证。此外,高速公路建设最终要实现社会经济效益与集团公司投资期望,也是经济性的体现之一。

效率性是高速公路建设管理工作在单位时间内的投入与所取得的效果之间的比率。效率是一个经常用来衡量管理水平的标准。

效果性是高速公路建设管理达成目标程度以及与参建各方的合作满意程度。效果性是高速公路建设卓越管理的重要标志,是促进社会和谐发展的客观要求。

3.3.4 高速公路建设卓越管理模式实施管控体系

在已构建的集团公司高速公路建设卓越管理模式下,以现代项目管理理论为支撑,构建高速公路建设卓越管理管控体系。

(1)确定项目管理目标与项目文化建设方案;

(2)运用问卷调查和专家访谈法,以高速公路建设周期为时间维,识别全过程高速公路建设卓越目标管理关键控制点;

(3)从过程维针对每个关键控制点,系统研究卓越过程管理实施技术,主要包括前期计划、中期控制与后评价,以及计划技术、控制技术、跟踪技术以及响应技术;

(4)提出高速公路建设卓越过程人员、材料、机械与设备三要素管理措施,将实施技术与要素管理方法标准化。

集团公司高速公路建设卓越管理管控体系见图 3-10。

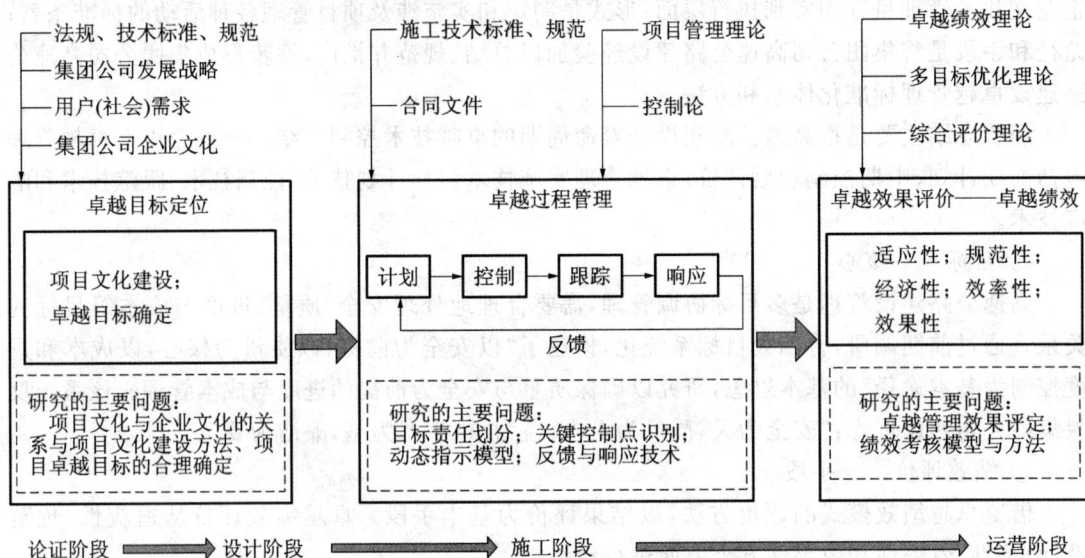

图 3-10　高速公路建设卓越管理模式实施管控体系图

3.3.5　高速公路建设模式实施需重点解决的问题

(1)企业文化与建设管理目标的对接——卓越理念与卓越目标定位——前提

企业文化与建设管理目标的有效对接,即卓越理念与卓越目标定位,是集团公司高速公路卓越管理模式构建和实施的前提。在厘清企业文化与项目管理之间文化与管理、隐性与显性、柔性与刚性约束的关系基础上,在"重道笃行、通达致远"核心价值理念指导下,构建紧密结合集团公司企业文化,系统研究项目文化建设方法、程序与途径,分析确定高速公路建设卓越目标。

(2)卓越管理模式在执行层的标准化——卓越过程管理——重点

将管理程序与活动规范化、标准化是集团公司高速公路建设卓越管理模式实施的重点。通过"标准化"将企业文化及管理目标切实落实到执行层面,"标准化"是执行能力的保证。为此,识别卓越过程管理关键控制点,对关键控制点的责任主体、相关组织机构、作业流程等进行现状分析与诊断,发现问题,寻求改进和完善机会,提出理论方法与作业指导、对策建议。

(3)卓越管理模式绩效评价方法——卓越绩效评价——保证

卓越绩效管理正日益成为一种世界性标准,它将质量管理系统化、标准化、程序化和规范化,已成为促进组织和个人进步和发展,提高组织的整体绩效和能力的重要手段。借鉴卓越绩效模式的评价方法,规范高速公路建设管理卓越绩效评价内容,制定集团公司高速公路建设管理卓越绩效评价标准,构建评价指标体系,研究综合评价方法,设计评价程序,对高速公路建设管理卓越绩效进行考核和评价,并将评价结论及时反馈,促进建设管理卓越绩效的不断提升。

3.4　本章小结

本章在高速公路建设管理概念界定与特点分析基础上,从理论上阐述了质量、安全、成本、进度之间的关系,并通过混沌博弈模型分析确定了稳定有效控制边界条件。通过高速公路建设管理目标关注度调查,明确四大目标关系。

在此基础上,定义高速公路建设卓越管理相关概念,分析了高速公路卓越管理与标准化管理、目标管理、卓越绩效及文化管理之间的关系与差别。

以系统性、循序性、适应性为原则,以企业文化基层化,多层次、多目标与多要素的协同管理为高速公路建设管理的目标,构建了以集团公司企业文化为纲领,以建设标准化为基础,以多目标协调管理为核心,以绩效评价为基本手段的高速公路建设卓越管理概念模型,涵盖企业管理和项目管理两个层次,目标卓越、过程卓越和绩效卓越三个原则和企业文化管理、目标管理、标准化管理和绩效评价四个模块。提出高速公路建设卓越管理模式实施的管控体系与需重点解决的问题,明确了课题研究逻辑框架。

4 高速公路项目建设卓越目标定位

一个国家、一个民族要有核心价值理念,其重要性不言而喻。建设工程也一样,建设理念是一种无形的力量,指引着项目的建设方向,鼓舞建设者不断努力、创新,克服困难。因此,高速公路建设卓越管理模式所追求的项目建设卓越目标包含两个层次:第一层,项目建设核心理念的确定与形成,即项目文化建设;第二层,与集团公司企业战略相符的,并具有科学性、合理性和一定前瞻性的项目建设目标的确定。

4.1 项目文化概述

4.1.1 项目文化的概念

从管理发展的总体趋势看,文化管理是对科学管理的新发展,是管理适应现代社会经济发展大趋势的必然选择。管理实践应当充分体现文化管理的基本精神。文化管理是人本管理的最高层次,其本质是以人为本,通过共同价值观的培育,在系统内部营造健康和谐的文化氛围,使全体成员融入系统中来,变被动管理为自我约束,在实现社会价值最大化的同时,实现个人价值的最大化。

项目是集团公司经营管理中相对独立的经济运行体,是企业利润、社会效益的直接创造单元。由于项目的一次性和临时性,使项目文化与企业文化有很大不同,它更强调文化的整体性、协调性和适应性。由于项目活动种类繁多,项目目标、组织背景、规模大小、任务繁简等迥异,人们对项目文化的概念理解各不相同。概括起来,项目文化可分为广义和狭义定义两类。狭义的项目文化特指项目参建各方的项目文化,是各企业文化在项目上的传承与发展。而广义的项目文化是指以建设单位为核心的,由参建各方共同参与的项目文化。在广义项目文化概念基础上,系统研究集团公司高速公路建设项目的项目文化建设方法与途径。

4.1.2 项目文化与企业文化的关系分析

项目文化服从于企业文化,又不完全等同于企业文化。项目文化继承于企业文化,又是企业文化的交融与延伸。具体表现在以下方面。

(1)项目文化是企业文化的重要组成部分

项目是建设管理企业的基本单元,任何管理活动都是以工程项目管理为载体的。工程项目管理必须符合企业管理的战略规划、核心价值理念与愿景追求。因此,项目管理的核心价值理念是企业核心价值理念在具体工程项目上的体现,项目文化与企业文化密不可分。项目文化孕育于企业文化之中,是企业文化在项目管理中的体现,是企业文化的基层文化。项目文化的产生要晚于企业文化,继承于企业文化。

(2)项目文化是企业文化形成、发展、创新的基石

企业文化是在项目文化基础上的统一与提炼。建设、管理企业文化是由企业在工程项目

管理实践中总结历史、依据现状、预测未来,概括提炼出来的、具有企业特色的价值观念。

企业文化通过项目文化体现其导向、激励、凝聚、创新、辐射等作用。先进建设管理根植于企业文化,只有将企业文化与工程项目管理实践紧密结合,融入、渗透于工程项目管理的各项工作之中,才能充分体现企业文化引领作用,促进项目成员发挥积极性、营造良好的项目建设环境,在创造经济效益的同时,实现企业价值最大化。

(3)项目文化是企业文化的延伸

项目成员来自特定的组织,他们在项目建设过程中必然受到固化于他们内心的原企业文化的理念、价值观、行为规范等影响,从而表现出无意识的模式导向作用。通过项目实施将建设单位、设计单位、施工单位、监理单位、供货单位等参建单位的企业文化,以及政府文化、地方文化等外部文化融合,发展形成项目文化,使参建各方在良好的文化氛围中相互交流、沟通,避免不必要的摩擦和矛盾,使项目团队工作更加协调。因此,项目文化是以项目管理为载体,是多企业文化的丰富和发展。

4.1.3　项目文化管理的特征与作用

4.1.3.1　项目文化管理的特征

(1)复杂性

项目文化管理对象复杂。一方面,项目文化是工程项目参建各方多个企业文化的融合。另一方面,项目文化是以人为本的管理模式,而项目人员构成复杂,文化程度参差不齐。因此,项目文化建设需要依靠工程项目全体成员的共同努力才能建立和完善起来,项目文化管理难度大。

(2)多样性

项目文化是参建各方企业文化在具体工程项目目标下的融合、协调与延伸发展。尽管高速公路建设项目管理都强调质量、进度、成本、职业健康与安全、环境保护等目标,但由于项目具有一次性特点,建设条件、环境、参建方有差异,导致项目目标管理存在差异,形成了不同的项目文化管理内容。因此,不同工程项目的文化管理较企业管理内容更具多样性。

(3)不稳定性

由于项目的流动性、项目管理组织的临时性,使得项目文化具有明显的不稳定性。特别是物质文化的建设,无论是宣传方式还是生产环境,也无论是文化阵地建设还是文化资源挖掘,均具有流动性,导致项目文化的不稳定性。

(4)显性文化的统一性

企业文化和项目文化都既有外在的显性文化,又有参建各方的内在隐性文化。但在同一高速公路建设项目中,参建各方必须形成统一形象,尽管每个参建方的企业文化在企业核心价值观、企业理念、企业精神、愿景目标等方面各自不同,但作为该建设项目的项目文化,需要通过显性文化来统一。

4.1.3.2　项目文化管理的作用

项目文化是项目的生命源泉,具有导向、激励、凝聚、约束、创新、辐射等作用。

(1)导向作用

项目预期目标的成功实现离不开项目成员对项目价值观念、目标体系、制度和行为规范的认同和遵循,需要参建各方全体成员的凝聚力和责任感。项目文化建设在促成这些内容实现的过程中产生着不可替代的巨大导向作用,是项目管理的一种强大推动力。这种导向作用主要体现在以下两方面。

① 管理哲学和价值观念的指导

管理哲学决定了项目管理的思维方式和处理问题的法则,这些方式和法则指导项目管理者进行正确的决策,指导项目成员采用科学的方法从事工程项目建设生产活动。共同的价值观念规定了价值取向,使项目成员对事物的评判形成共识,有着共同的价值目标,项目管理者和项目成员为着这个共同的价值目标去行动。

② 指引项目生产经营活动

项目建设目标实现是项目存在的根本,完美的项目文化会基于参建各方企业文化,结合项目实际目标而形成,并在这一目标的指导下从事建设管理活动。

(2)激励作用

项目文化的激励作用是指项目文化本身所具有的通过各组成要素来激发参建各方员工的动机与潜在能力、塑造项目团队精神、培养共同价值,它属于精神激励的范畴。具体来说,项目文化能够为项目成员提供良好的项目组织环境,满足项目成员的精神需要,调动项目成员的精神力量,使他们产生归属感、自尊感和成就感,从而充分发挥他们的巨大潜力。此外,通过项目文化建设,有利于提升集团公司管理水平和管理层次,促进集团公司科学、快速发展。

(3)凝聚作用

集体力量的大小取决于该组织的凝聚力,取决于该组织内部的协调状况及控制能力。项目文化的凝聚功能通过共同的价值观这一黏合力,使项目成员在项目建设目标、生产管理流程、合作沟通等基本方面达成共识,从根本上保证了参建各方人际关系的和谐性、稳定性和健康性,从而将参建各方聚合起来,团结一心、奋发向上,产生一种巨大的向心力和凝聚力。

(4)约束作用

项目文化的约束功能是指项目文化对项目成员的思想、心理和行为具有约束和规范的作用。这种约束不是强制性的约束,而是一种软约束,是项目成员的行为准则和道德规范。通过项目成员的思想和行为形成来自心理的、自我约束的控制作用。

(5)创新作用

一方面,项目文化是参建各方企业文化的交融与发展,本身就是文化上的创新。项目文化为技术创新、管理创新、机制创新、建设生产创新提供了试验田,有利于提高项目成员的工作热情和工作效率,强化项目成员的归属感,铸就创新技术力量,促进新理念、新思维、新方法的形成,提高创新效率。

(6)辐射作用

项目文化有着强大的辐射影响作用。通过项目文化的价值观念、道德规范、行为方式的感染和渗透作用,通过项目文化建设中的宣扬和示范努力,可以使项目的外部公众充分理解和认同项目所追求的目标和价值取向,争取公众的支持,为项目营造一个有利的外部环境。通过项目产品和服务,使用户感受到项目成果中蕴藏的项目文化内涵;通过项目成员参与其他项目,将原项目文化的有益收获和体验带入新项目,指导新项目的项目文化建设,提高建设的成效。

4.2 集团公司项目文化建设途径与方法

4.2.1 项目文化特征分析与互动模型

（1）项目文化特征分析

高速公路项目文化的典型特征之一是由于高速公路建设项目团队的任务导向和多方参与，项目主要参建方的企业文化在项目发展过程中不断地互相渗透，共同对高速公路项目文化产生影响，导致高速公路项目文化具有不同于参建各方的公司或总部的企业文化的特征。因此，高速公路项目文化不仅是施工现场各方的企业文化交互的混合体，更会随着项目主要参建方的管理人员和全体员工的态度、信念、价值观和行为等输入而逐渐变化，抓住这个动态发展和演变的过程是理解高速公路项目文化特征的关键。

（2）项目文化互动模型构建

基于高速公路项目文化特征分析，构建高速公路项目文化互动模型，见图4-1。

图 4-1 高速公路建设项目文化互动模型

图中的三个箭头代表来自三个项目主要参建方对项目文化的输入，这三方的输入的总和共同代表高速公路项目文化。同时，在高速公路项目文化形成和演变的过程中，三方的企业文化对项目文化的贡献会在高速公路建设项目的工作环境和管理环境下动态变化并相互影响，"互动模型"将这种持续的相互影响关系称为动态交互机理。

4.2.2 项目文化建设主体

项目文化建设是指高速公路建设项目文化相关理念的形成、塑造、实施、传播、评价等过程。集团公司是项目文化建设的核心主体，而参建各方是项目文化建设的重要主体，项目成员是项目文化建设的实质主体。

（1）核心主体——项目办公室

高速公路建设项目由多个参建方共同完成，集团公司是各参建方的中心，项目团队由集团公司选择和组建，拥有项目所有权和最终决策权，对项目文化建设起主导作用。在项目文化建设中，集团公司成立的项目办公室（后简称：项目办）在实质上起到组织发动、提倡引导、率先垂范等作用,其"头羊效应"是项目文化建设得以顺利推进的关键。因此,在项目文化建设中,项目办是核心主体,责无旁贷地承担着项目文化建设的责任和使命。

(2)重要主体——参建各方

尽管参建各方在高速公路建设项目中担负着不同的职能,但在这些不同的职能之上,有一个共同的任务,就是实践和传播企业文化。这是因为项目文化是在项目推进过程中由参建各方协同工作,相互信任、相互理解过程中逐步形成的;尽管在高速公路建设项目中参建各方有明确的分工,从事不同的工作,都要承担经济责任、政治责任和社会责任,但所遵从和传递的项目精神、项目价值观是相同的,实践、打造、传播先进的项目文化就是履行这些责任的重要表现。因此,参建各方是项目文化建设的重要主体。

(3)实质主体——项目成员

项目文化建设的实质主体是全体项目成员。首先,项目成员是项目构成的第一资源和第一要素,是项目文化的建设者和创造者,项目文化从项目成员中提取,项目成员创造项目文化,而项目文化又改造项目成员。其次,全体项目成员是项目文化的载体,项目文化表现在项目成员的意识、观念、思想、思维中,更体现在项目成员在高速公路项目建设过程中所表现出的行为方式、办事规范、作风、习惯和精神风貌。由此可见,项目文化根源于项目成员,又由全体高速公路建设项目成员体现,所以项目文化建设的根本主体是全体项目成员。

4.2.3 项目文化建设基本原则

(1)讲求实效,突出特色

项目文化建设一定要符合高速公路建设项目实际、符合项目目标要求。一切从实际出发,不搞形式主义,制定切实可行的项目文化建设方案,借助必要的载体和抓手建立并完善项目文化体系。

项目文化具有很强的应用性和实践性,是一定社会文化、企业文化背景下的文化融合与延伸,是结合具体高速公路建设项目管理实际的管理文化。每个高速公路建设项目都有不同的特点,在项目文化建设中必须运用创新的方法思考和实践,培育出具有项目自身特色的项目文化,促进高速公路项目建设目标的实现和集团公司企业文化的发展。

(2)以人为本,系统运作

以人为本就是把人视为项目管理的主要对象和最重要的资源。项目文化建设中必须以人为中心,充分反映项目成员的思想文化意识,尊重和理解项目成员,激发项目成员工作热情,调动其积极性和创造性,才能使项目管理更加科学、更加有凝聚力,才能使文化得以形成和发展。

高速公路建设项目具有一次性特点,导致项目文化均具有临时性和周期性,而项目文化又是渐进形成的,因此项目文化建设更需要在短时间内发掘、确定和建立,并发挥作用。这就需要运用系统的方法,做好文化建设整体设计,分阶段、分步骤,有序推进,有效落实。

(3)传承与创新兼顾

项目文化建设要为实现集团公司企业战略发展目标,传承企业文化的核心价值、行为准则、管理制度等,积极传播和践行企业文化的优良传统、作风和精神。

在项目文化建设中,只有充分认识到参建各方企业文化的优势和长处,主动适应其他参建方的企业文化,以及地方文化和市场文化,解决不同文化环境中思维模式、行为方式和价值取向之间的矛盾,才能促使参建各方尽快求同存异,围绕共同的高速公路项目建设目标形成合力。

4.2.4 项目文化建设途径与方法

4.2.4.1 建设程序

项目文化建设是一项复杂的系统工作,需要在总体设计上有一个完整、科学的基本思路。根据集团公司企业文化建设的经验和成果,本书给出项目文化建设基本思路:以参建各方企业文化为基本出发点,以国家政治文化、中国传统文化、地方习俗等为补充,以高速公路建设项目目标实现为根本要求,以参建各方共赢和项目成员全面发展为主线,以项目核心价值观和项目精神构塑为核心,以高速公路项目建设活动为基础,实施项目文化建设。具体建设过程包括以下六个步骤:

(1)初定

首先,分析高速公路项目建设目标要求,然后分析参建各方的企业文化发展情况,包括已形成的企业精神、经营哲学、价值观、道德风尚等,参建各方的人员素质情况,项目存在的主要矛盾,项目所处地区及其人文环境等。在此基础上,诊断项目文化建设的环境、已有文化的适用性和先进性等。经过上述分析与筛选之后,针对高速公路建设项目特点,设计适应项目发展要求的项目文化发展的大致轮廓,制定纲要。再请项目成员反复研讨,提出修改意见。最后由集团公司聘请企业文化、项目文化管理专家共同拟定出项目文化建设初步方案,并在项目生产建设中推广和试用。

(2)定格

在项目文化建设初步方案推广和试用中,若项目核心价值观、项目管理制度等方面的具体内容被证明是符合项目实际且科学、可行、有效的,并能为项目成员所接受,就应及时地进行定格设计。所谓定格,就是用简明扼要、精练、确切的语言表述项目文化,进而形成系统、准确的项目文化。

项目文化的定格由参建各方负责人进行组织,广泛发动项目成员,自上而下、自下而上地反复酝酿、讨论、确定。定格过程既是项目成员参与决策的过程,也是自我启发、自我教育的过程,还是成员与领导之间价值观念沟通的过程。

定格后的项目文化,除了科学、准确,便于记忆、流传和推广外,还需要将项目文化内容进一步加工改造,使之口语化和条理化。这样不仅使项目文化迅速推广,还便于理解和掌握。

(3)强化

通过各种方式和途径对项目文化进行宣传,进一步强化项目成员的项目文化意识,力争使项目文化人人皆知,并化作个人的自觉行动。

在加强宣传工作的过程中将项目文化渗透到项目每一项规则制度、政策、工作规范、标准和要求当中,使项目成员从事每一项生产建设活动时都能够感受到项目文化的作用。

(4)调整

项目文化宣传推广一段时间后,需要邀请参建各方管理人员、企业(项目)文化专家共同讨论研究,有计划、有针对性地对高速公路项目文化进行适当调整,发现不足,解决存在的问题,强化优点,使项目文化设计更加合理、内容更加丰富、措施更加准确、作用更加突出。

(5)提高

项目文化可以提高高速公路建设项目参建各方管理人员和全体项目成员的整体素质及文化水平,指导项目生产建设活动。不断地把感性上升为理性、把实践经验提升为理论、把少数人的先进思想普及为项目成员的普世观念,实现项目文化与项目成员综合素质之间的相互促进、相互作用和共同提高。

(6)发展

项目文化的培育和形成需要一定时间,不能一蹴而就。项目文化的发展是建立在项目文化的普及和提高基础之上的。通过初定、定格、强化、调整,提高阶段的积累,项目文化特质得以保存,并在高速公路项目建设中连续传递,经过积累不断沉淀,凝合为适合项目建设目标的、体现参建各方企业文化核心价值的、具有特色的项目文化。

4.2.4.2　项目物质文化建设

项目物质文化建设是开展项目文化建设的基础。项目物质文化建设包括项目活动环境建设、项目技术设备文化建设、项目产品文化建设等内容。

(1)项目活动环境建设

创造一流的高速公路项目建设环境有利于营造和谐的氛围,能在紧张的施工生产之中激发项目成员的斗志。项目活动现场包括项目驻地、工地现场、厂房等生产与生活环境。项目活动现场的布局、卫生、秩序等情况将直接影响到项目成员的效率和情绪,需要结合集团公司和项目特色加强规划和管理。安徽省质量技术监督局 2012 年发布了《安徽省高速公路工地标准化建设指南》(DB 34/T 1663—2012),对高速公路建设项目办驻地、监理驻地、项目经理部驻地、实验室、施工便道与便桥、拌合站、预制加工场地、材料存放场地等提出具体而明确的要求,对项目活动环境建设起到了规范性作用。

(2)项目技术设备文化建设

技术、设备是高速公路建设项目活动的物质基础,是项目物质文化的重要保证。新技术、新设备、新材料、新工艺、新产品的开发和应用,生产进程和生产的机械化、自动化都直接关系到项目物质文化和精神文化的发展水平,要根据高速公路建设项目实际需求适时引进新技术和新设备,开发新工艺、新技术。

(3)项目产品文化建设

高速公路建设项目投资成果并不仅仅是经交工验收合格的高速公路项目和提供的便捷的运输服务,还有通过这些高速公路项目和运输服务所体现出来的科技水平、管理水平,及其所反映出来的文化和精神。高速公路项目的特色和人性化设计,以及优质的服务会给司乘人员以美的文化享受。为此,高速公路建设项目文化建设要加强文化设计,尤其是高速公路本身或运输服务的文化情调、文化功能、文化心理和文化精神等的设计。

4.2.4.3　项目行为文化建设

要在持续强化项目成员共同行为规范的基础上,结合高速公路建设项目不同专业、岗位和人员的工作性质、特点,建立完善的从项目管理层到项目基层、从管理者到项目成员的行为规范,真正把文化渗透到项目生产建设管理的各个方面,实现行为自觉化。

(1)项目办行为文化

高速公路建设项目办是项目文化建设的核心力量。如果项目办不能把参建各方的企业文化差异归集到一起,没有共同的核心价值,就凝聚不了项目团队的力量。而项目参建各方间的文化差异直观表现就是对项目团队目标和运作方式的不同期望。因此,项目办行为文化建设,主要是沟通协调各方,直面差异、相互交流与讨论,使整个高速公路建设项目团队达成一致的战略共识。

（2）项目负责人行为文化

高速公路建设项目办主任即项目负责人，是项目团队重大决策、决议、规章制度的贯彻落实的直接操作者，是高速公路建设项目的主要责任人之一，是项目管理的基石和项目团队的灵魂。项目办主任的知识结构、经验水平、管理素质、组织协调能力、领导艺术，甚至个性和情绪都对项目管理的成败有着决定性的影响。

项目办主任处在项目执行管理的中心位置，依据共同的核心价值，制定各种规则、程序、工作模式来培育项目文化以作为项目完成的支持因素。因此，项目办主任也是项目文化的重要倡导者、培育者和宣传者。项目办主任不但要有实践经验、领导能力、凝聚能力、沟通能力，更重要的是其对高速公路建设项目的认知，以及对高速公路建设项目管理所投入的精力与情感。

（3）项目成员行为文化

项目成员是高速公路建设项目生产建设活动的直接操作者，是生产建设一线的项目团队直接代言人，体现着整个高速公路建设项目的精神风貌和外在形象。

项目成员必须以积极的态度努力工作，以勤劳、敬业的精神来规范自己的行为。项目团队应该是科学、完善的正式群体，鼓励项目成员从事高速公路建设项目目标所规定的行动，并使自己的行动指向于项目目标。同时，允许非正式群体的存在并积极引导，使其为改善人际关系和提高生产效率服务。项目办还应在群体中提倡并强化积极向上、团结奋斗的风气和行为，使项目成员感受到项目团队的压力，从而产生一种积极的从众行为，促进项目行为文化的建立和改善。

4.2.4.4 项目制度文化建设

制度是激励与约束项目成员为实现高速公路项目建设目标而努力工作的重要保证。项目制度文化建设主要包括项目的组织制度文化和规章制度文化两方面。

（1）组织制度文化

高速公路参建各方一般通过合同等契约形式与集团公司相联系，通过合同的规则、程序和安排来规范集团公司与其他各方之间的责、权、利关系，形成区别于其他组织形式的组织结构。

高速公路建设项目组织机构是项目文化的载体。但不同的高速公路建设项目有不同的项目目标和资源条件，有特定的工作分解结构，有不同的参与人员，需要不同的沟通、汇报方式等，有特定的组织构架。高速公路建设项目组织机构反映出该项目的管理风格、氛围、传统、理念等文化内容，代表了项目管理中相应的价值观和目标取向，并且通过项目团队特有的工作原则、控制体系和沟通方式等强化项目文化。

高速公路项目文化建设还必须关注项目中的非正式组织，重视非正式组织的作用。一方面，非正式组织通过情感和内部规则使组织内成员产生归属感和工作动力，可以起到提高成员士气和工作效率等积极作用。并且非正式组织是项目文化的传播网络，对项目文化的认同、巩固和内化以及强化项目文化的效力都有着推动作用。另一方面，非正式组织有可能因其目标、利益与项目团队相冲突而阻碍正式组织的运作，压制成员的才能和发展，产生危害性影响。项目办应通过项目文化的培养与实施，使非正式组织接受、认同项目的目标、价值观、规则以及项目团队精神等，促使非正式组织发挥积极作用。

（2）规章制度文化

规章制度是高速公路项目文化建设中必须使用的工具和手段，是为了实现高速公路项目建设目标而对项目成员的行为给予一定限制的文化。具体而言，按照依法治企、科学管理、规范经营的要求，修订和完善符合高速公路建设项目核心价值理念和实际的各项管理制度、操作规程、工作标准和考评办法,把"项目文化"的基本理念体现到高速公路建设管理的各个环节,达到"事事有制度,人人有专责,岗岗有规范,项项有标准",制定包括岗位职责、工作程序、职业道德等在内的项目管理人员行为规范、员工行为规范。

4.2.4.5 项目精神文化建设

项目精神文化是项目文化建设的核心,是项目团队成员(包括参建各方人员)共同一致、彼此共鸣的内心态度、意志状况和思想境界。项目精神文化建设必须围绕核心价值观,充分调动项目成员的积极性,尽可能最大利用他们的创造性使之为项目尽职尽责。

(1)团队核心价值观

团队核心价值观表达了高速公路建设项目团队的价值取向,是对如何完成工作、实现目标的行为的界定,起着行为导向、评价原则、评价标准的作用。核心价值是高速公路建设项目团队的最基本和持久的信念。

项目办应根据高速公路建设项目特点,倡导并培养适合于项目的价值观,让价值观整合项目团队的各种冲突和人际关系,决定项目活动的建设生产特色和管理风格,规范项目成员的行动,让价值观成为全部项目成员的精神支柱。

(2)项目核心管理人员精神文化建设

项目核心管理人员主要为项目办主任和参建各方项目负责人。他们是影响项目成功的最关键人物。项目精神文化建设的重点是要抓好项目核心管理人员的文化素质和项目的凝聚力建设,以点带面。

核心管理人员的素质是由个人的品格素质、能力素质和知识素质组成的。首先,核心管理人员必须有良好的道德品质,当参建各方之间出现利益冲突、项目经济效益与社会利益发生冲突时,绝不能一味考虑自身利益。其次,必须有诚实的态度,不弄虚作假,要有坦率和光明正大的心境,要勇于负责并且言而有信。第三,处理好各种社会关系,如项目团队内部、项目与企业、项目与环境之间的关系等。项目核心管理人员需要丰富工作内容、加强民主管理,激励和调动项目成员的工作积极性和创造性。

(3)项目成员精神文化建设

项目成员是高速公路项目文化实施的基本力量。项目成员来自各地,出自不同企业,他们的成长环境、受教育程度、教养习惯、性格特征等存在诸多不同,形成了不同的个人价值观。个人价值观和项目核心价值观是相融、互补或排斥的,形成了错综复杂的文化交融或文化冲突,直接影响到高速公路项目文化能否为每一位项目成员所接受。此外,项目成员在高速公路建设项目中的地位、岗位、收入、前景、人际关系等都不同程度地影响到项目成员对项目文化的认同范围和程度。

项目成员精神文化建设,首先要让每一位项目成员都明确自己的工作范围和职责;其次要加强培训,针对项目成员的文化需求,适时对他们进行岗位培训和专项文化教育,如质量、安全等教育,提升项目成员的综合素质;第三,创造健康融洽的环境,开展丰富多彩的业余生活,特别要抓好项目成员的休闲文化和专业文化建设;第四,积极发挥党员的旗帜和模范作用;第五,培育和塑造模范成员,使他们成为项目精神文化的化身,推动各项工作有效开展。

此外,还需坚持以人为本,尊重项目成员、理解项目成员、充分发挥项目成员的主观能动性,增强项目凝聚力。项目成员把全部精力和时间都用在高速公路项目的生产建设上,促进项目目标的顺利实现。

4.3 望东长江公路大桥项目文化建设实践

4.3.1 项目概况

望(江)东(至)长江公路大桥(后简称望东大桥)是全国高速公路网的重要节点工程,也是构成安徽西南高速公路网的关键性工程。北接安庆市,南连池州市,坐落于雷池故地望江县和尧舜之乡东至县之间,上距九江长江大桥 105 千米,下距安庆长江大桥 65 千米,是八百里皖江上游的第一座长江大桥。望东大桥的建设,对推进皖江城市带承接产业转移示范区建设,促进沿江地区资源开发和南北联动发展具有十分重要的意义,也将改变望江没有高速公路的历史。

望东大桥由主体工程、望江接线及东至接线三部分组成,其中长江大桥长 4.035 千米,两岸接线长 32.875 千米,投资概算 50.38 亿元,建设工期 4 年。工程类型包括路基土石方工程、涵洞工程、通道工程、防护与排水工程、桥梁工程(特大桥 1 座,大中小桥 18 座)和隧道工程。其中,特大桥为五跨半漂浮体系斜拉桥,桥长 3.608 千米,跨江主桥长为 1250 米,主跨 638 米,标准桥面宽 34.5 米,主梁为钢箱梁,下部为群桩基础,桥塔采用国内首创的流线型花瓶式主塔,塔高 188 米,是目前国内外跨度最大的组合梁斜拉桥;南山隧道 164 米,龙头岭隧道(987.5 +1964)米;互通立交 4 处。

4.3.2 项目特点

(1)结构形式多样

望东大桥是安徽省唯一融合长江大桥、特长隧道、高填深挖路基和多个互通的复杂工程,工程类别涵盖路、桥、隧,且桥隧比达 44.4%。

大桥采用主跨为 638 米的双塔 PK 箱组合梁斜拉桥,是目前在建、已建的最大跨径组合梁斜拉桥。大桥主桥采用钻石型桥塔,缩短了上横梁的长度及承台等基础尺寸,塔柱比例协调,轻盈且不失稳重。下塔柱处 7.1 米悬臂为目前国内大桥最大悬臂设计,对桥塔的强度、刚度要求较高,桥塔受力较为复杂。

南岸主墩处于大坡率裸露岩面上,采用异型钢围堰整体翻转施工,为世界首创最大规模围堰整体翻转施工。

(2)地质与水文状况复杂

全线地貌多变、地质复杂,地形自北向南依次为微丘区、平圩区、山岭区。沿线大部分位于岩溶发育区。主桥主墩、辅助墩、过渡墩处均出现大小不一的溶洞。两岸路基段存有较长的不良地质,软基处理概算达 1.6 亿元。隧道围岩地质较差,多为Ⅳ、Ⅴ类。

主桥桥址处水下地形差异大,水文条件较为复杂,北主墩位于长江中心,水位最大落差达13.16 米,河床冲刷严重,给基础施工及大型设备的使用带来较大难度。

(3)高填深挖路基质量控制难度大

项目全线路基填筑形式多样,土质、石质及土石混填形式共存,最大填土路基高 16 米,最大填石路基高 20 米,纵横填挖交界众多,路基填筑质量和沉降控制难度大。

(4)施工环境复杂

大桥位于马当河道的束口段,江面较窄,所处江段属于风毁重灾区。据统计,全年水上施工区域六级以上大风天多达 3600 小时以上,望东大桥工种多、工序多,风毁风险大。

南山隧道采用了创新的连拱肋式设计,在保证了隧道结构安全稳定的同时,很好地顺应了山区陡峭地形,最大程度地避免了山坡开挖,改变传统隧道的封闭性,体现了工程安全、经济、环保、节能的协调统一性。

综上所述,望东大桥具有工期短、投资大、地位重要、社会影响大、结构形式多样、施工作业环境复杂、技术难度大等特点,这些特点导致了望东大桥建设管理极其复杂,对建设管理人员业务知识、专业能力要求较高,给集团公司大桥建设处和望东大桥项目办建设管理带来了新的挑战。

4.3.3 项目建设管理愿景与核心价值观

4.3.3.1 项目建设管理愿景

望东大桥是安徽省目前跨度最大的斜拉桥。项目自 2008 年立项建设以来,受到省市领导、集团公司及各参建单位的广泛关注与重视,希望将其建设成全国一流的优质工程。在集团公司"重道笃行,通达致远"的核心价值观指导下,集团公司大桥建设处结合望东大桥建设需求,提出望东大桥建设管理愿景——数字大桥、人文大桥、科技大桥。

(1)数字大桥

简单地说,数字大桥就是借助现代计算机技术、网络技术、通信技术等先进手段对望东大桥进行现代化建设与管理。

(2)人文大桥

一方面,需要凸显望东大桥建设的文化意义与文化价值;另一方面,在建设过程中,需要坚持和不断创新集团公司"以人为本、科学人文"的管理机制。

(3)科技大桥

望东大桥是国家级重点工程,在国际上属跨度最大的组合梁斜拉桥。望东大桥工程规模大、综合建设条件复杂、工艺和科技含量高。

4.3.3.2 项目建设核心价值观确定

抓好项目文化建设是推动高速公路建设管理体制变革,运用项目管理技术,不断提高项目管理水平的需要。

在望东大桥初步设计中,交通运输部公路局副局长陈胜营就指出[24],"将强化安全和耐久意识,将耐久作为工程建设的第一目标。同时根据工程建设需要来创新,在创新的基础上达到工程最优、质量最好",把望东大桥建设成全国一流的优质工程。省委副书记、代省长李斌也曾指出[25],"相关各地和建设单位牢固树立'百年大计'的意识,坚持质量第一,严格建设标准,努力把望东长江公路大桥建设成为经得起历史检验,让人民群众满意的精品工程。"可见,望东大桥建设管理的核心目标是安全和质量。

围绕望东大桥建设目标,集团公司大桥建设处和望东大桥项目办把项目文化建设寓于实施项目目标创建过程中,寓于安全和质量管理之中,提出"安全(Safety)、优质(High Quality)、高效(High Efficiency)、创新(Innovation)"的核心价值观。在工程中创建精品,在精品中体现品牌,在品牌中提升集团公司企业竞争力,力图实现项目工程经济效益和社会效益的结合,长远利益和短期利益的结合。

4.3.4　项目文化建设方案

4.3.4.1　物质文化建设

（1）产品文化建设

作为八百里皖江上游的第一座长江大桥,望东大桥是安徽省的门户桥梁。为体现望东大桥的特色和文化内涵,在整体设计上融入了具有安徽特色的元素——黄梅戏风情与文化。桥塔曲线造型创意来源于七仙女拂袖长空的形象,营造出天上人间的和谐景象,同时为满足于结构需要,桥塔顶部采用古币形状的双横梁,如同双手托举的明珠,寓意前程似锦的愿景,双塔肢与上横梁又体现"二龙戏珠"的设想,在满足桥梁结构安全、经济、适用的前提下,实现八百里皖江"一桥一景、亦桥亦景"的设计构想。

（2）项目活动环境建设

在《安徽省高速公路工地标准化建设指南》(DB 34/T 1663—2012)基础上,结合望东大桥建设管理目标,编制了《安徽省望东长江公路大桥施工标准化管理指南(工地建设)》(后简称"标准化管理指南"),提出了更高的标准化管理要求。

标准化管理指南对项目经理部、监理、中心实验室的机构设置、人员配备标准、驻地建设、标示标牌的最低标准与要求作出了明确限定,并对需注意的其他事项,如安全、活动场所建设、中心实验室认证等作出明确规定。

针对施工设施,包括拌合站、钢筋加工场、预制场、小型构件预制场等给出规划要求与设置原则,以及对机械、设备与配合车辆的配备,场地建设、标示标牌、生产能力和规模、安全文明施工的具体要求。对工地实验室的设置、名称、人员配备、建设标准、标示标牌作出具体规定。

对原材料、半成品、成品存放场及库房选址、建设,以及金属材料、半成品与成品、周转材料、装配式构件的码放与存放,火工品及危险品、油库安全管理、材料存放等进行了具体规定。

对施工便道、便桥建设原则与技术质量要求、标示标牌、安全文明施工也提出了具体要求。

标准化管理指南针对望东大桥路基工程、桥梁工程、隧道工程的现场文明施工提出详尽且具体的要求,对加强施工现场管理、创建良好的工程建设与活动环境、排除安全隐患、确保工程质量起到了重要约束与保障作用。

（3）项目技术设备文化建设

望东大桥施工环境复杂,项目办组织参建单位从设计方案、工艺、设备几个方面进行技术设备的改进和研发,以确保施工安全。如设计阶段,借助计算机制图、结构分析,使用三维虚拟技术对大桥主体结构施工过程进行模拟;施工阶段,利用计算机网络对施工现场实行遥控管理,并开发机械设备自动防止不安全行为的功能,实现机械设备、施工工艺出现意外故障时自动转换到安全状态的功能;在建设过程中实现大桥建设内部信息化管理,无纸化办公,建立望东长江公路大桥门户网站作为宣传窗口,加强外部沟通。

通过技术设备的改进、研发以及信息技术的使用,确保了施工安全,保证了项目物质文化和精神文化的发展。

4.3.4.2　行为文化建设

（1）项目办行为文化

项目办行为文化建设,主要是沟通协调各方,直面差异、相互交流与讨论,使整个高速公路建设项目团队达成一致的战略共识。望东大桥项目办以安全和质量为核心目标开展项目文化建设,在"安全、优质、高效、创新"的核心价值观指导下,统一参建各方战略共识,凝聚项目团队的力量。

中交第二航务工程局有限公司、中交路桥建设有限公司、中交第四航务工程局有限公司、中交第三公路工程局有限公司、中交第一公路工程局有限公司五个施工单位,安徽省高等级公路工程监理有限公司、山东格瑞特监理咨询有限公司、西安方舟工程咨询有限责任公司、武汉大通公路桥梁工程咨询监理有限责任公司、江苏华宁工程咨询监理有限公司、安徽省高等级公路工程监理有限公司等监理公司以企业文化为引领,结合项目"安全、优质、高效、创新"的核心价值观,形成各具特色的标段文化。列举如下:

安全第一——预防为主;遵章守纪——尽职尽责;

安全施工——规范操作;坚守岗位——尽职尽责;

合理安排——精心施工;履行节约——反对浪费;

钻研业务——提高技能;爱岗敬业——奉献求实;

与时俱进——再创辉煌;遵守职责——严于律己;

团结进取——与时俱进;遵纪守法——禁赌禁黄;

科学管理——文明施工;讲究卫生——美化环境;

与时俱进——开拓创新;文明用语——真诚协作;

科学管理——合理安排;合理安排——过程控制;

百年大计——质量第一;文明施工——优化环境;

团结进取——真诚协作;艰苦奋斗——发扬传统;

爱护公物——人人有责;团结友爱——真诚协作;

艰苦奋斗——争创一流;勤学苦练——提高技能;

团结进取——严谨务实;勤于思考——善于管理;

一人安全——全家幸福;求实创新——优质高效;

兢兢业业——实事求是;不搞特权——照章办事。

(2)项目负责人行为文化与成员行为文化

望东大桥项目指挥部、项目办主任,带领项目办全体管理人员,围绕共同的核心价值观,投入诸多精力与情感编制完成了望东大桥项目文化手册、建设管理人员工作日志,以培育项目文化,督促全体管理人员践行项目文化。

① 望东大桥项目文化手册

核心价值观:安全、优质、高效、创新。

建设管理目标:安全目标,杜绝一般及以上生产安全事故、安全生产伤亡"零容忍";质量目标,杜绝一般及以上质量事故、分部工程优良率达到100%、争创全国优秀工程;进度/投资目标,科学计划、进度提升、严格控制、合理安排;人文目标,保护生态环境、建设人文大桥;廉政目标,做廉洁员工,建阳光大桥。

"八为"建设方针:安全为天,质量为上,效益为重,生态为基,廉洁为要,文化为魂,科技为先,员工为本。

"六元"建设理念:精品工程,安全工程,创新工程,生态工程,廉洁工程,人文工程。

"五全"管理方法:全过程管理,全方位管理,全专业管理,全手段管理,全员化管理。

"五化"管理模式:观念人本化,队伍专业化,施工标准化,手段信息化,管理精细化。

② 建设管理人员工作日志

建设管理人员工作日志采用工作分解结构(WBS)的基本原则,确定目标并层层分解落实。首先制定年度建设管理目标,将其层层分解为每月目标、每周目标。采用 PDCA 基本原理,通过制订目标实现途径的计划,并将其与实际情况比较,发现偏差,及时采取对策并进行调整,以实现最终年度目标。

建设管理人员工作日志还同时配有管理常识、管理小故事、管理格言等,将建设管理人员的素质培训人本化、日常化。

通过建设管理人员工作日志的编制和使用,督促建设管理人员自查、自省、自我评价,以提升个人工作能力,提高工作完成质量;从而落实指挥部制度与建设目标、明确工作职责、完善考核体系、强化内部管理水平;最终构建闭合的、关联的、科学的制度系统,加强制度间的联系和对接,形成长期的良性机制,实现望东大桥"安全、优质、高效、创新"的建设管理核心价值。

4.3.4.3 制度文化建设

作为特大型桥梁工程建设项目,望东大桥需要结构明确、科学合理的组织机构;需要严谨、详细的工作流程和管理制度。项目办以项目全过程为导向,以"全方位管理、全手段管理、全员化管理"为思路,以"制度化、流程化、常态化、特色化"为手段,明确机构各部门设置,编制了各部门职责,充分发挥集体力量,合理配置资源,将质量控制、安全生产、精细化管理、标准化建设及新材料、新技术、新工艺的引入等各项关键工作纳入制度系统,以机制落实首件工程许可制、安全生产责任制、岗前安全提示、"单元预警法"、"三阶段安全风险分析与预防"等。

4.3.4.4 精神文化建设

在集团公司的统一部署下,项目办深入开展了学习党的十八届三中全会及"四风建设"活动,扎实开展了"群众路线主题教育实践"活动,加强了"八项规定"的教育活动。提高员工的政治敏锐性和政治鉴别力,树立科学的世界观、人生观和价值观。仅 2013 年,通过组织"看"新闻、"学"内容、"谈"体会形式,开展有关专题学习交流会 3 次,全体党员每人撰写学习"八项规定"心得体会 2 篇。

加强业务学习与培训。望东大桥项目办是一个年轻的管理队伍,在特大型桥梁这种对业务技术、管理水平要求极高的建设项目面前,加强业务学习,努力提升业务工作能力;组织了"向书本学、向专家学、向马桥学、向一线员工学"活动,开展了各种形式的业务培训。

加强党风廉政建设。制定了《望东长江公路大桥廉洁从业若干规定》,设立举报电话、举报信箱,开设宣传栏,张贴宣传漫画,制作宣传图版,开展《中国共产党员领导干部廉洁从政若干准则》学习活动。同时,在施工一线开展廉政教育活动,加大重点环节监督力度,为大桥建设的反腐倡廉工作提供了有力保障。

举行了丰富多彩的文体活动。以建立文化大桥为己任,以各类员工群体活动为抓手,加强项目成员精神文化建设。坚持每年开展全线运动会、联欢会等系列活动,增强凝聚力,建立和谐稳定的建设氛围。仅 2013 年,就举办 1 次项目全线趣味运动会、5 次篮球赛、6 次足球赛及各类文体活动数次。坚持以人为本,尊重项目成员、理解项目成员,努力为每一位员工创造乐活时空,充分发挥项目成员的主观能动性,增强项目凝聚力。

4.4 高速公路建设卓越目标确定

4.4.1 卓越管理目标确定原则

（1）战略导向原则

高速公路建设卓越管理体系是一个多目标系统，集团公司建设卓越管理目标的制定必须要以公司的发展战略为根本，坚持"安全为天，质量为上，效益为重，生态为基，廉洁为要，文化为魂"的基本建设理念，突出多目标协同管理思想，以工程质量为中心，以进度和投资控制为实现质量目标的手段，以安全为实现质量目标的保障，以促进社会经济发展、环境保护、人才培养、技术创新、管理创新和廉政建设是项目建设为社会目标。在分清项目目标关系的基础上，寻求实现项目管理活动的总体效率和效果的最优途径。

（2）分层分类差异化原则

在满足现行国家、地方法律法规、技术规范等要求基础上，根据各高速公路项目建设需求的差异，分层分类考虑具体高速公路建设项目的目标设置，卓越管理目标的提出应在体现该高速公路建设特点的同时，突出关键性要求。

（3）现实性原则

卓越管理目标的设立必须是通过努力可以达到的。如果目标的设置与高速公路建设组织资源不匹配、与项目团队能力不匹配，无论项目团队如何努力都难以实现，那么必定会导致项目团队的反感和目标管理的失败。

4.4.2 项目类别划分

项目类别划分方式有很多，如按照建设性质分为新建项目、扩建项目、改建项目、迁建项目、恢复项目；按建设规模分为大型项目、中型项目、小型项目；按在国民经济中的作用分为生产性项目、非生产性项目；按建设过程分为筹建项目、施工项目、投产项目、收尾项目、停缓建项目；按工作阶段分为前期工作项目、预备项目、新开工项目、续建项目；按隶属关系分为中央项目（直属项目）、地方项目等。

公路建设项目桥隧工程结构复杂，目标控制难度大，从表4-1可见一斑。

表4-1 2006—2010年交通运输行业生产安全事故数量及死亡人数[26]

年度	全年总计		桥梁工程		隧道工程		桥隧事故占全年事故百分比	
	事故数（起）	死亡人数（人）	事故数（起）	死亡人数（人）	事故数（起）	死亡人数（人）	事故数（起）	死亡人数（人）
2006	122	140	58	71	12	13	57%	60%
2007	120	234	54	142	14	30	57%	74%
2008	75	110	28	49	10	15	51%	77%
2009	76	119	39	60	10	19	64%	66%
2010	52	97	26	49	4	10	58%	61%
合计	445	700	205	371	50	87	57%	63%

　　因此,综合考虑集团公司高速公路建设管理难度和社会影响程度,建议将集团公司承建的高速公路建设项目分为重点项目和一般项目。

　　重点项目:国家干线、对社会经济有重大影响、迫切需求的高速公路建设项目,或者在技术和管理上有重大创新要求的大桥、特大桥、长隧道、特长隧道工程项目。其中,技术创新包括设计创新、四新技术应用等;管理创新包括融资模式创新、管理模式创新、管理方法与手段创新。

　　一般项目:非重点项目的高速公路建设项目。

4.4.3　高速公路建设卓越管理目标确定依据与过程

4.4.3.1　卓越质量管理目标

(1)现行质量评定标准

① 公路工程竣(交)工验收办法及实施细则

　　《公路工程竣(交)工验收办法》(交通部令 2004 年第 3 号)、《公路工程竣(交)工验收办法实施细则》(交公路发〔2010〕65 号)都对竣(交)工验收质量评定作出了明确规定。

　　工程质量等级应按分部工程、单位工程、合同段、建设项目逐级进行评定,分部工程质量等级分为合格、不合格两个等级;单位工程、合同段、建设项目工程质量等级分为优良、合格、不合格三个等级。

　　分部工程得分大于或等于 75 分,则分部工程质量为合格,否则为不合格。

　　单位工程所含各分部工程均合格,且单位工程得分大于或等于 90 分,质量等级为优良;所含各分部工程均合格且得分大于或等于 75 分,小于 90 分,质量等级为合格;否则为不合格。

　　合同段(建设项目)所含单位工程(合同段)均合格,且工程质量鉴定得分大于或等于 90分,则工程质量鉴定等级为优良;所含单位工程均合格,且得分大于或等于 75 分、小于 90 分,工程质量鉴定等级为合格;否则为不合格。

　　不合格分部工程经整修、加固、补强或返工后可重新进行鉴定。但出现过重大质量事故,造成大面积返工或经加固、补强后造成历史性缺陷的工程,其相应的单位工程、合同段工程质量不得评为优良,并视其对建设项目的影响,由竣工验收委员会决定建设项目工程质量是否可评为优良。

　　工程各合同段交工验收结束后,由项目法人对整个工程项目进行工程质量评定,工程质量评分采用各合同段工程质量评分的加权平均值。交工验收工程质量等级评定为合格和不合格,工程质量评分值大于或等于 75 分为合格,小于 75 分为不合格。不合格的工程应返工整改,直至合格。交工验收提出的工程质量缺陷等遗留问题,由项目法人责成施工单位限期完成整改。

　　由竣工验收委员会负责对工程实体质量及建设情况进行全面检查。竣工验收委员会由交通运输主管部门、公路管理机构、质量监督机构、造价管理机构等单位代表组成。大中型项目及技术复杂工程,应邀请有关专家参加。国防公路应邀请军队代表参加。项目法人、设计单位、监理单位、施工单位、接管养护等单位参加竣工验收工作。竣工验收工程质量评分采取加权平均法计算,其中交工验收工程质量得分权值为 0.2,质量监督机构工程质量鉴定得分权值为 0.6,竣工验收委员会对工程质量评定得分权值为 0.2。竣工验收工程质量评分大于或等于90 分为优良,小于 90 分且大于或等于 75 分为合格,小于 75 分为不合格。

② 公路工程质量检验评定标准

分项工程质量检验内容包括基本要求、实测项目、外观鉴定和质量保证资料四个部分。只有在其使用的原材料、半成品、成品及施工工艺符合基本要求的规定，且无严重外观缺陷和质量保证资料真实并基本齐全时，才能对分项工程质量进行检验评定。

涉及结构安全和使用功能的重要实测项目为关键项目，合格率不得低于90%（属于工厂加工制造的交通工程安全设施及桥梁金属构件不低于95%，机电工程为100%），且检测值不得超过规定极值，否则必须进行返工处理。应规定关键项目质量评定的方法，不符合要求时，该分项工程评定为不合格。

进行分部工程和单位工程评分时，采用加权平均值计算法确定相应的评分值。分项工程评分值不小于75分者为合格，小于75分者为不合格；机电工程、属于工厂加工制造的桥梁金属构件不小于90分者为合格，小于90分者为不合格。评定为不合格的分项工程，经加固、补强或返工、调测，满足设计要求后，可以重新评定其质量等级，但计算分部工程评分值时按其复评分值的90%计算。各分部工程全部合格，则该单位工程评为合格；所属任一分部工程不合格，则该单位工程为不合格。

合同段和建设项目工程质量评分值按《公路工程竣（交）工验收办法》计算。合同段和建设项目所含单位工程全部合格，其工程质量等级为合格：所属任一单位工程不合格，则合同段和建设项目为不合格。

（2）卓越质量分层分类目标确定

① 实体目标

对集团公司而言，实体质量目标就是要求高速公路建设质量必须符合国家和交通运输部有关标准、规范的要求和市场需求，确保建设质量。依据现场调研情况，针对不同类型项目的卓越管理参考目标建议如表4-2所示。

表 4-2　集团公司高速公路建设卓越质量管理参考目标

项目类别	卓越质量管理参考目标
重大项目	全部分部工程质量评分值高于85分（分部工程优良率达100%）
一般项目	全部分部工程质量评分值高于70分（单位工程合格率达100%），且一次合格率不低于95%

② 工作质量目标——合理成本与工期确定

工作质量是对高速公路建设经济性能和持续性能等的明确要求。高速公路建设工作质量体现在为满足质量而耗费的最大资源限制目标，主要为资金和交付期，即成本与进度目标。具体目标见卓越进度、成本管理目标。

③ 人本质量目标

人本质量是卓越质量管理模式对质量管理的深层次要求，以集团公司企业发展战略为纲领，在企业文化指导下，需要满足集团公司员工和参建各方共赢的需求。为打造和谐愉快的工作环境，制定合理的薪酬分配体系和晋职制度，激发员工的自我发展与奉献精神，努力使员工以积极、感恩、乐观的心态享受工作的快乐和所带来的成就；最大限度地向下委派质量管理权利和职责，增强全员"质量为上"意识，充分调动各级人员的积极性，推动全员参与；营造和谐共赢的外部环境，构建与参建各方持久稳定的合作关系，兼顾参建各方的利益，实现共创价值，共同发展。

4.4.3.2 卓越安全管理目标

（1）现行安全管理标准

《建筑工程安全生产管理条例》（国务院令第 393 号）、《建筑施工企业安全生产管理规范》（GB 50656—2011）都明确规定了参建各方、建设行政主管部门的安全管理责任，生产安全事故的应急救援与调查处理程序与方法，以及法律责任。

《公路水运工程安全生产监督管理办法》（交通部令 2007 年第 1 号）对公路水运工程建设活动的安全生产条件、主体责任等作出明确规定。

安徽省交通运输厅委托省公路建设行业协会组织 9 家高速公路建设单位和施工单位，联合编制《安徽省高速公路工地标准化建设指南》《安徽省高速公路施工标准化指南》和《安徽省高速公路建设管理标准化指南》，作为安徽省地方标准颁布实施，其中对安全工地提出了明确的标准化建设方案。

《安徽省公路水运重点工程建设项目安全生产管理指南》《安徽省公路水运重点工程项目建设质量管理指南》对重点工程建设项目安全生产管理、驻地建设、工地实验室、场站建设、施工现场环境管理等提出了具体的指导性意见。

《生产安全事故报告和调查处理条例》（国务院令 2007 第 493 号）将生产安全事故按造成的人员伤亡或直接经济损失分为特别重大事故、重大事故、较大事故和一般事故。

① 特别重大事故是造成 30 人以上死亡，或者 100 人以上重伤（包括急性工业中毒，下同），或者 1 亿元以上直接经济损失的事故；

② 重大事故是造成 10 人以上 30 人以下死亡，或者 50 人以上 100 人以下重伤，或者 5000 万元以上 1 亿元以下直接经济损失的事故；

③ 较大事故是造成 3 人以上 10 人以下死亡，或者 10 人以上 50 人以下重伤，或者 1000 万元以上 5000 万元以下直接经济损失的事故；

④ 一般事故是造成 3 人以下死亡，或者 10 人以下重伤，或者 1000 万元以下直接经济损失的事故。

2013 年，国家安全监管总局又印发了"关于生产安全事故调查处理中有关问题规定的通知"（安监总政法〔2013〕115 号）对事故等级鉴定作出补充规定。按照死亡人数、重伤人数（含急性工业中毒，下同）、直接经济损失三者中最高级别确定事故等级。因事故造成的失踪人员，自事故发生之日起 30 日后（交通事故、火灾事故自事故发生之日起 7 日后），按照死亡人员进行统计，并重新确定事故等级。事故造成的直接经济损失，由事故发生单位依照《企业职工伤亡事故经济损失统计标准》（GB/T 6721—1986）提出意见，经事故发生单位上级主管部门同意后，报组织事故调查的安全生产监督管理部门确定；事故发生单位无上级主管部门的，直接报组织事故调查的安全生产监督管理部门确定。

（2）现行质量事故管理办法

通常按造成损失严重程度来进行质量事故等级划分，分为质量问题、一般质量事故、重大质量事故。[27]

质量问题：质量较差、造成直接经济损失（包括修复费用）在 20 万元以下。

一般质量事故：质量低劣或达不到合格标准，需要补强，直接经济损失（包括修复费用）在 20 万～300 万元之间的事故。一般事故分为三个等级：直接经济损失在 150 万～300 万元之间的事故为一级一般事故，直接经济损失在 50 万～150 万元之间的事故为二级一般事故，直接经济损失在 20 万～50 万元之间的事故为三级一般事故。

重大质量事故:分为三级。凡具备下列三个条件之一者为一级重大质量事故,死亡人数在 30 人以上,直接经济损失 1000 万元以上,特大型桥梁主体结构垮塌;凡具备下列三个条件之一者为二级重大质量事故,死亡人数在 10 人以上 29 人以下,直接经济损失 500 万元以上不满 1000 万元,大型桥梁主体结构垮塌;凡具备下列三个条件之一者为三级重大质量事故,死亡人数在 1 人以上 9 人以下,直接经济损失 300 万元以上不满 500 万元,中小型桥梁主体结构垮塌。

(3)卓越安全分层分类目标确定

综合考虑政府部门对安全管理与质量事故管理的相关要求,以及集团公司高速公路建设管理经验与制度,针对不同类型项目的规模与特点、使用的技术、工艺与设施设备,制定不同的卓越管理目标,参考目标如表 4-3 所示。

表 4-3　集团公司高速公路建设卓越安全管理参考目标

项目类别	卓越安全管理参考目标
重大项目	杜绝一般及以上生产安全事故及质量事故,事故损失控制在 1000 万元以内,且杜绝死亡事故,防止职业病的发生
一般项目	杜绝重、特大生产安全事故及重大质量事故,遏制较大生产安全事故,减少一般生产安全事故及质量事故,杜绝安全责任事故与死亡事故,防止职业病的发生

4.4.3.3　卓越进度管理目标

(1)基本思想

高速公路建设卓越进度管理目标的定位就是以"安全为天,质量为上,效益为重"为指导思想,采用科学的方法确定进度目标,编制具有可操作性的卓越进度管理规划,确保项目达到预定的质量标准前提下,保证项目工期最优和所耗费用最少。较为全面的、可靠的进度目标必须要综合考虑工时(时间)、实物量、成本消耗三方面的目标因素。

① 建设工期目标

高速公路建设活动的工期(持续时间)是进度的重要指标,常用已经使用的工期与计划工期相比较来描述工程完成程度。

② 完成的实物量目标

按高速公路建设项目完成的实物量目标来反映项目的完成进度和任务,比较符合客观实际。即用项目实际进展完成的数量目标表示。而已完成工程的价值量(挣得值)是常用的进度指标,它将不同种类的工程活动统一起来,能够较好地反映工程的实际进度状况。

③ 发生的成本目标

常采用劳动工时的消耗、工程成本等资源消耗指标来反映高速公路项目进度。用成本目标的发生来反映建设项目进度目标时,还应考虑高速公路建设项目进展中客观存在的返工、窝工、停工等原因而增加的成本,以及材料价格、人工工资提高而造成的成本增加和工程变更或范围变化而最终影响成本的增加。

高速公路建设卓越进度管理目标定位过程如图 4-2 所示。

卓越进度管理规划是对项目进度管理全过程中的各种管理过程、管理要素和管理职能进行策划并形成规划文件的活动,目的是确定高速公路卓越进度管理的目标、依据、内容、组织、

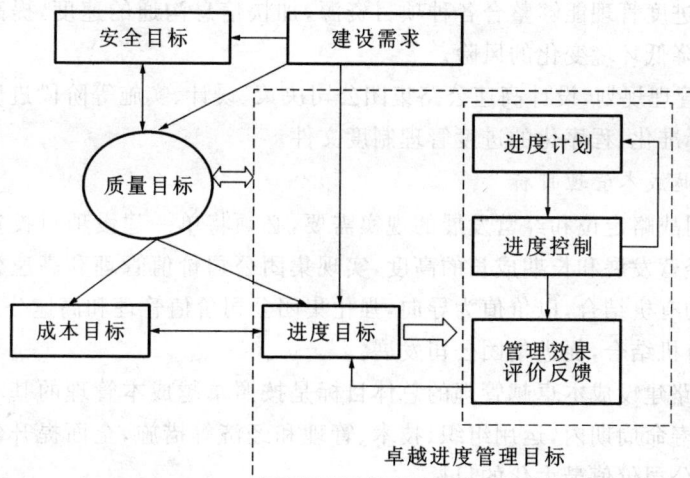

图 4-2　高速公路建设卓越进度管理目标定位过程

资源、方法、程序和控制措施,以确保进度管理正常有序地进行。卓越进度管理规划包括如何编制合理的进度计划,并如何动态监测工程项目进度计划的执行情况,采用哪些控制手段保证项目及各工程活动按计划及时开始,按时完成。

高速公路建设卓越进度管理目标内容包括:①明确目标体系;②制订计划,计划要包括三个要素:工作标准、完成时间和资源配置;③分析计划,进行任务分解,讨论计划执行过程中可能存在的困难和危机;④制订解决方案,针对可能出现的困难和危机制订应急方案;⑤控制反馈,制订计划执行过程中的控制方案。

(2)卓越进度分层分类目标确定

综合考虑政府部门对建设工程项目的建设需求、工程项目的特点,针对不同类型项目对卓越进度管理目标的控制程度进行规定,参考目标如表 4-4 所示。

表 4-4　集团公司高速公路建设卓越进度管理参考目标

项目类别	卓越进度管理参考目标
重大项目	合理确定总工期、分部工程年度控制进度计划、分部工程季度控制进度计划、分部工程月控制进度计划
一般项目	合理确定总工期、主要分部工程年度控制进度计划、主要分部工程季度控制进度计划

高速公路建设卓越进度管理目标确定需完成的工作主要有:

① 在满足质量安全目标的条件下,明确卓越进度管理目标——合理进度、卓越质量。

卓越进度管理目标就是确定合理进度,实现进度柔性化管理,进而达到卓越质量目标。因此卓越进度管理与传统的进度管理相比,具有以下特点:

动态性:卓越进度管理以权变思想为指导,使柔性进度动态地适应质量、安全等因素的变化,保障各环节时时处于一种平衡的关系中,保证工作顺畅进行。

灵活性:对市场环境、质量、安全等变化具有快速反应能力和适应能力,灵活制订决策,使卓越进度管理始终与环境的发展变化协调一致。

主动性:建立自我调整和不断自我完善的机制。

系统性:每一个组织单元之间相互配合与衔接,形成一个有机的整体。

高效性:卓越进度管理能够整合各种项目资源,加快信息沟通的速度,提高决策的有效性和效率,尽可能地降低环境变化的风险。

②　编制进度管理规划,设计高速公路集团公司决策、设计、实施等阶段进度管理的具体步骤、流程,并形成标准化、程序化的进度管理制度文件。

4.4.3.4　卓越成本管理目标

基于集团公司战略定位和经营发展的现实需要,必须将单一建设项目投资管理工作上升到整个集团公司经营发展和长期成长的高度,实现集团公司价值管理和高速公路单个建设项目建设成本管理的有机结合,以价值为导向,强化集团公司价值管理和高速公路单个建设项目建设成本管理的有机结合,促进集团公司发展。

因此,高速公路建设成本卓越管理的总体目标是按照卓越成本管理的基本途径和实现手段,在建设项目全寿命周期内,运用组织、技术、管理和经济等措施,全面提升建设项目投资效率,最终实现集团公司价值最大化的目标。

尽管对公司价值有多种解释,但究其本质,公司价值就是创造利润。对于投资者而言,唯有创造出丰厚利润的公司才是有价值的公司。从集团公司在国民经济发展中所承担的社会责任等方面考虑,针对不同项目类型确定卓越成本管理参考目标如表4-5所示。

表 4-5　集团公司高速公路建设卓越成本管理参考目标

项目类别	卓越成本管理参考目标
重大项目	合理确定总投资、提升集团公司竞争力、增加集团公司品牌价值
一般项目	合理确定总投资、严格把控投资

4.5　本章小结

本章针对高速公路建设卓越管理模式所追求的两个层次项目建设卓越目标定位进行研究。

第一层,项目建设核心理念的确定与形成,即项目文化建设中,界定了项目文化概念,分析了项目文化与企业文化关系、项目文化的特征与作用。结合集团公司的实际情况,提出项目文化建设的基本方法,包括项目文化建设主体、基本原则、建设程序和建设途径等。以望东大桥项目文化建设为例,系统总结了望东大桥项目文化建设经验,详细阐述了望东大桥项目文化建设的基本途径与方法。

第二层,项目建设目标的确定,从集团公司建设管理难度和社会影响程度的角度,将高速公路项目分为重点项目和一般项目。在分析现行质量、安全、进度、投资(成本)管理要求基础上,结合集团公司高速公路实践经验与要求,提出了每类高速公路建设项目的卓越质量目标、卓越安全目标、卓越进度管理目标、卓越成本目标。

5 高速公路建设卓越过程管理关键控制点识别

5.1 卓越过程管理基本思路

任何一项高速公路建设都是通过若干流程、环节和工序的完成所形成的,这些可统称为过程。过程是实现目标的一系列操作步骤,是战略、原则、策略、步骤、程序的动态执行。过程管理的优劣,最终都将会影响到高速公路建设的目标实现。

过程管理是管理体系中常用的管理方法,它强调从日常工作中提炼出关键的工作活动,形成可以重复的工作过程,将其固化、量化和优化,最终实现工作的持续改进,以达到管理目标。

为实现高速公路建设卓越管理目标,实施卓越过程管理的步骤如下:

(1)根据高速公路建设卓越管理目标体系,以高速公路建设全寿命周期为主线来识别关键过程控制点。关键过程控制点是指影响高速公路建设卓越管理目标实现的关键过程或薄弱环节,以下简称"关键控制点"。

(2)针对关键控制点提出优化、简化、调整方案。

(3)编制"高速公路建设卓越过程管理实施指南",实现关键控制点的制度设计,即优化、简化、调整方案的规范化、标准化管理方法。

5.2 关键控制点识别与关键控制链确定

5.2.1 方法描述

通过问卷调查和专家访谈的形式进行关键控制点的识别。一方面,通过专家的感性认识和经验对高速公路建设管理过程中关键工作进行判断;另一方面,依靠现有理论与实证研究资料对各种控制点的统计及经验进行分析,归纳、整理后从中寻求控制点。

关键控制点的识别是以集团公司高速公路建设项目全寿命周期为主线,分析影响质量、安全、进度、成本管理效果的主要卓越过程环节,从作业过程环节对目标实现的影响程度和对集团公司主要过程环节管理满意度两个角度进行调查,以便总结集团公司高速公路建设管理先进经验,抓准存在的主要问题,提出解决方法与策略。

5.2.1.1 问卷调查

问卷调查与"高速公路建设管理目标关注度调查"同时进行,主要对象包括集团公司、黄祁项目办、黄祁项目施工单位、黄祁项目监理单位和建设物资供应单位。问卷调查表由黄祁项目办组织下发。

5.2.1.2 专家访谈

专家访谈具体实施情况如下:

(1)组成调研小组

组成四个调研小组,分别进行质量、安全、进度、成本管理专题调研。

(2)拟定调查提纲

编制问卷调查表和专家访谈表,要求问卷调查表简明、无歧义、易填写,专家访谈问题要明确具体,数量不宜过多,并提供必要的背景材料,访谈问题留有一定空间供专家发挥以便引发头脑风暴。

(3)选择调查对象

所选的专家具有广泛的代表性,熟悉业务,有特长、一定的声望、较强的判断力和洞察能力。选定的专家人数每组 5~8 人。

(4)三轮意见征询

第一轮是提出问题,要求专家们根据个人理论知识与经验判断填写调查表格,并在规定的时间内回复,对征询所得的意见运用 ABC 分析法进行分析与处理,初步确定卓越过程管理控制点。

第二轮是集团公司高速公路建设管理各部门专家深度访谈,讨论第一轮得到的控制点,结合集团公司实际情况删减和补充控制点。

第三轮是与集团公司专家会谈,针对专家意见的分歧集中进行讨论和意见征询,确定最终控制点。

5.2.2　过程环节分析

5.2.2.1　集团公司高速公路建设管理职责

集团公司对高速公路建设项目管理工作涉及项目实施阶段的全过程,其主要职责是项目策划、资金筹措、项目建设的实施等,具体如下:

(1)负责高速公路建设项目的科学规划与决策,以确定合理的建设规模和适应市场需要的项目建设方案;

(2)负责高速公路建设项目的融资并合理安排投资使用计划;

(3)制订高速公路建设项目全过程的全面工作计划并进行监督、检查,组织工程设计、施工,在计划投资范围内,按质按期完成建设任务;

(4)将高速公路建设任务分解,确定履行合同,对高速公路建设项目的财务、进度、工期、质量、安全进行监督、检查、控制,并进行必要的协调工作;

(5)做好高速公路建设项目生产准备和竣工验收,按期投入运营。

5.2.2.2　基于项目全寿命周期各过程环节分析

以集团公司高速公路建设项目全寿命周期为主线,分析高速公路建设管理工作的主要作业过程环节。

(1)前期管理(开工前的项目管理)

这一阶段项目管理的核心任务是高速公路项目立项的分析与决策、项目目标的确立、施工图的优化以及承包商的选择。具体内容包括以下几方面:

① 项目策划:进行项目可行性研究,对项目方案进行初步确定,确定项目的质量、进度、投资等目标。

② 设计管理:编制设计任务书,提供各项设计参数,审核工程初步设计,对项目设计进度管理,对设计施工图组织各类技术、经济专家进行审核,确定图纸的功能合理、造价经济、技术

先进。

③ 手续办理:办理工程手续,包括签订设计合同、供水手续、供电手续、消防手续、规划许可证、工程招标手续、施工合同、监督手续、施工许可证等。

④ 确定项目实际计划:编制项目管理规划、项目总进度计划、项目实施用款计划,并对施工组织设计、监理规划、材料设备供应计划进行审批。

⑤ 审核施工图预算,进行现场管理等工作。

(2)中期管理(施工阶段的项目管理)

① 现场目标控制

质量目标控制:对承包商、材料供应商的工作进行管理,对工程的质量情况进行检查,对工程的验收进行监督,组织工程竣工验收,对不符合合同质量标准的行为进行纠正,确保质量目标的实现。

进度目标控制:审批承包商总进度及分段进度计划,对形象进度与实际进度进行对比,要求承包商做好进度分析与纠偏,对影响进度的原因进行记录与分析。

投资目标控制:进行成本核算,准确反映工程的实际造价,充分利用价值原理,提出可合理降低工程造价的建议。按照合同约定,对承包商提出的工程款支付申请进行审查,确保工程款按合同拨付,避免拨付不合理费用或超拨工程款。

安全目标控制:监督承包商的安全管理体系正常运行。

② 承包商的管理:审查承包商组织机构人员的相关资格,检查其管理体系的健全性。审查分包单位的资质和业绩,并审查总包单位与分包单位的分包合同。

③ 设备、材料供应商的管理:编制初步的设备采购进度计划,确定主要设备的采购周期,安排落实进度里程碑。将采购进度计划与施工进度计划衔接起来,协调设计、采购、施工进度计划之间发生的矛盾。以"同类产品比质量、同等质量比价格、同等价格比服务、同等服务比结算、同等结算比信誉",优化选择供应商。

④ 设计管理:对设计代表的工作进行监督管理;在工程图纸确定以后,对承包商、设计单位提出的图纸变更进行技术审查和投资审查,分析工程变更的合理性。

⑤ 合同管理:严格按程序合理办理工程签证;预防、杜绝承包商及设备、材料供应商等的索赔;一旦承包商提出工程索赔,及时按合同进行处理;对于承包商的违约,编制索赔协议书,向承包商提出索赔。当双方存在争议时应提供充分的事实材料作证。

(3)后期管理(竣工验收阶段的项目管理)

① 组织工程竣工验收,编制竣工验收报告,办理建设工程竣工备案手续。

② 组织竣工交接。

③ 参加工程结算,为结算提供详细的依据,对结算结果进行审核。

④ 整理工程档案材料。

⑤ 在工程保修期间,组织项目后评估。

通过集团公司高速公路建设管理职责分析和全寿命周期的各主要过程环节分析,明确了集团公司高速公路建设管理内容,分解影响各卓越管理目标的过程环节。按质量、安全、进度、成本的管理效果,对所有过程环节进行划分和归类,见表5-1。

表 5-1　集团公司高速公路建设卓越管理过程环节

	质量	安全	进度	成本
前期策划	建设标准选择 建设规模确定 咨询单位选择		总体进度计划制定 建设时间选择	融资方案选择
设　计	设计单位选择 设计质量审查	设计安全性要求	设计进度控制	投资控制
施　工	施工单位选择 施工过程质量把控 设计(工程)变更审查	安全意识培育 安全管理组织 安全费用管理 安全风险与责任管理 安全措施落实监管 应急机制	进度目标分解 进度目标控制	用款计划制订 计量支付管理 设计(工程)变更审查
竣工验收	验收质量把控			费用结算

5.2.3　专家调查表设计与统计

（1）问卷调查表设计

将表 5-1 中列明的集团公司高速公路建设卓越管理过程环节按照影响目标程度及对集团公司相关建设管理工作的满意度分别进行评分。在问卷调查表中留有扩展栏，供专家填写其认为重要的其他过程环节，形式见表 5-2。

对目标的影响程度按 0～10 标度打分，3 分及以下表示基本无影响，3～5 分表示影响较小，5～7 分表示影响程度一般，7～9 分表示影响较大，9 分及以上表示影响非常大。

满意度分值为 0～100。100 分表示对此过程环节非常满意，集团公司在此过程环节中管理工作成效突出，在行业中处于领先水平；60 分及以下表示对此过程环节非常不满意，集团公司在此过程环节中管理工作迫切需要完善与加强。

表 5-2　集团公司高速公路建设卓越管理过程环节专家调查表

评估指标	分项指标	影响程度	满意度
质量	建设标准选择		
	建设规模确定		
	咨询单位选择		
	设计单位选择		
	设计质量审查		
	施工单位选择		
	施工过程质量把控		
	设计(工程)变更审查		
	验收质量把控		

评估指标	分项指标	影响程度	满意度
安全	设计安全性要求		
	安全意识培育		
	安全管理组织		
	安全费用管理		
	安全责任管理		
	安全措施落实监管（风险管理）		
	应急机制		
进度	总体进度计划制订		
	设计进度控制		
	建设时机选择		
	进度目标分解		
	进度目标控制		
成本	融资方案选择		
	投资控制		
	用款计划制订		
	计量支付管理		
	设计（工程）变更审查		
	费用结算		

填表说明：①各目标内进行过程环节的重要性与满意度评分，不考虑目标间重要性比较；

②过程环节的目标重要性与满意度评分可相同；

③如有重要的其他过程环节，请补充并评分。

（2）专家意见统计与排序

共有 22 位专家就上述 27 个过程环节进行打分，计算平均分，并分别按重要性、满意度及综合评分进行统计与排序，见表 5-3。

表 5-3　集团公司高速公路建设卓越管理过程环节专家打分统计表

评估指标	分项指标	影响程度排序	满意度排序
质量	建设标准选择	6	1
	建设规模确定	5	4
	咨询单位选择	5	1
	设计单位选择	4	1
	设计质量审查	5	4
	施工单位选择	3	1
	施工过程质量把控	1	3
	设计(工程)变更审查	5	5
	验收质量把控	2	2
安全	设计安全性要求	3	1
	安全意识培育	2	3
	安全管理组织	4	3
	安全费用管理	3	3
	安全责任管理	4	2
	安全措施落实监管(风险管理)	1	4
	应急机制	5	2
进度	总体进度计划制订	2	1
	设计进度控制	5	1
	建设时机选择	4	3
	进度目标分解	3	2
	进度目标控制	1	4
成本	融资方案选择	1	2
	投资控制	3	2
	用款计划制订	4	1
	计量支付管理	5	2
	设计(工程)变更审查	2	4
	费用结算	5	3

5.2.4　关键控制点分析

5.2.4.1　关键控制点选择的总体思路

第一,考虑过程环节对卓越目标的影响程度;第二,考虑过程环节执行的法律法规、行业标准等的完善性;第三,考虑集团公司目前对相关工作的满意度。综合考虑三方面因素确定关键控制点。

通过专家访谈,将识别的关键控制点进行汇报与讨论,本着总结先进经验和进一步提升管理水平的原则,确定关键控制点。

5.2.4.2　关键控制点的选定

(1)质量卓越过程管理关键控制点

过程环节对质量卓越管理目标实现的影响程度由强到弱依次为:施工过程质量把控、验收质量把控、施工单位选择、设计单位选择、建设规模确定、咨询单位选择、设计质量审查、设计(工程)变更审查、建设标准选择。由于参建单位选择,包括施工单位、设计单位、咨询单位等的选择,其具体工作有健全且严格的法律法规等的要求,目前集团公司执行严格,过程环节的满意度高,因此不作为关键控制点。建设标准选择、设计(工程)变更审查、验收质量把控需遵循现有公路建设法律法规,包括《公路工程技术标准》(JTG B01—2014)、《公路工程质量检验评定标准　第一册　土建工程》(JTG F80/1—2004)、公路工程竣(交)工验收办法等,且过程环节满意度较高,因此也不作为关键控制点。

综合考虑过程环节影响卓越目标程度和目前工作满意度,选择建设规模确定、设计质量审查、施工过程质量把控作为质量卓越过程管理关键控制点。

(2)安全卓越过程管理关键控制点

过程环节对卓越安全管理目标实现的影响程度由强到弱依次为:安全措施落实监管(风险管理)、安全意识培育、设计安全性要求、安全费用管理、安全管理组织、安全责任管理、应急机制。设计安全性要求、安全管理组织、安全责任管理、应急机制等管理工作有具体依据,且过程环节满意度较高,因此也不作为关键控制点。

综合考虑过程环节影响卓越目标程度和目前工作满意度,选择安全意识培育、安全措施落实监管(风险管理)、安全费用管理作为安全卓越过程管理关键控制点。

(3)进度卓越过程管理关键控制点

过程环节对卓越进度管理目标实现的影响程度由强到弱依次为:进度目标控制、总体进度计划制订、进度目标分解、建设时机选择、设计进度控制。

综合考虑现有工作的满意度,选择建设时机、进度目标控制作为进度卓越过程管理关键控制点。

(4)成本卓越过程管理关键控制点

过程环节对卓越成本管理目标实现的影响程度由强到弱依次为:投资控制、设计(工程)变更审查、融资方案选择、用款计划制订、计量支付管理、费用结算。

综合考虑现有工作的满意度,选择投资控制、设计(工程)变更审查作为成本卓越过程管理关键控制点。

5.2.5　关键控制链的确定

基于上文问卷调查与统计分析确定的卓越过程管理关键控制点,以高速公路建设管理作业过程为主线,以目标管理划分维度,形成各目标管理关键控制链。综合所述,如表5-4所示。

表 5-4　集团公司高速公路建设卓越过程管理关键控制链

卓越管理目标	卓越过程管理关键控制链
质量	建设规模确定→设计质量审查→施工过程质量把控
安全	安全意识培育→安全措施落实监管→安全费用管理
进度	建设时机选择→进度目标控制
成本	投资控制→设计（工程）变更审查

5.3　本章小结

　　本章从集团公司高速公路建设管理职责和高速公路建设全过程管理工作内容两方面分析高速公路建设管理的过程环节。以实现卓越管理目标为最终目的，通过问卷调查获取过程环节对卓越目标实现的影响程度，及现阶段集团公司过程环节管理工作的满意度。综合考虑过程环节影响程度，过程环节执行的法律法规、行业标准等的完善性和集团公司目前相关工作满意度、专家意见，选定关键控制点。在此基础上，以高速公路建设管理作业过程为主线，以目标管理划分维度，形成各目标管理关键控制链，作为卓越过程管理对象，来系统研究控制方法。

6　高速公路建设质量卓越过程管理

6.1　集团公司高速公路建设质量管理现状

6.1.1　宏观管理现状

宏观上看,我国工程质量管理工作已经基本确立了工程质量管理的框架体系,已经初步建立起了一整套适应市场经济体制并且和世界接轨的工程质量管理制度,管理体制不断完善,法制不断健全,理论与实践界各种研究不断深入,技术和手段不断更新。

安徽省交通运输厅以加强工程质量监管为主线,促进落实现代工程管理要求,持续推进质量管理体系建设。在建高速公路工程积极推行标准化建设管理,促进质量提高。实行"首件两会制",明确技术标准、管理标准和检验标准。同时,严格"示范、首件、总结、推广"程序,制定作业指导书,做到施工工艺标准化。按照标准化工地管理办法,对小型构件进行集中工厂化预制,做到模板统一、材料统一、配比统一、队伍统一这"四个统一",并采用整体塑料模具预制。这些办法与措施的实施,促使全省高速公路工程实体质量和结构物外观质量稳步提升,驻地、场站建设及施工过程标准化深入推进,新技术、新工艺广泛应用。

6.1.2　微观管理现状

(1)"科学设计＋精细施工＋严格监管＋科技创新"的质量管理体系

集团公司作为投资主体,既是资金的持有人,又是高速公路建设项目的所有者,按照项目法人责任制的原则,不仅要对高速公路项目建设的过程负责,还要对高速公路项目建设的成败和项目运行的好坏负责;既要对筹措高速公路项目的建设资金负责,还要对建设过程、运营过程及还款付息,直至发挥投资效益承担责任。而高速公路项目的高质量是实现集团经营管理目标的物质保证,因而高速公路项目质量对集团公司具有举足轻重的作用。

经过多年的高速公路建设管理的沉淀与积累,集团公司已形成了"科学设计＋精细施工＋严格监管＋科技创新"的质量管理体系,制定了严格的涉及全建设管理周期质量保障制度。

(2)专业化的质量管理团队

培养了高效的专业化管理团队,对集团公司承担的高速公路建设管理任务进行集中统一管理,有效保证了高速公路建设质量。

(3)完善的制度体系

紧紧围绕建设优质高速公路工程的目标,制定了质量与技术管理制度、质量控制流程、技术管理控制流程,明确了项目办、监理单位、中心实验室等各参建主体各自的质量管理职责,明确了工程质量缺陷处理与质量事故处理程序、方法,技术管理的主要内容与技术质量管理考核办法等。

此外,还制定了包括前期管理、招投标管理、工程变更管理、物资设备采购供应管理、安全管理、征地拆迁管理、机电工程管理、房建工程管理、档案与信息管理等办法与工作流程,通过完善的制度来规范质量管理工作,达到质量的有效控制。

6.1.3　问题诊断

(1)建设规模的合理评定

通过关键控制点的识别发现,在前期质量管理中,建设规模确定仍主要依赖于高速公路网规划和预测远景交通量。这是因为交通量是唯一可以明确量化的指标,长期以来,交通量是建设规模确定的决定性要素。而实际工作中,高速公路网规划通常是宏观战略规划,又较为粗糙,远景交通量的预测非常复杂且难以达到准确。由此导致路网等级结构不合理、功能与需要脱节等建设规模不合理现象的发生。

建设规模对投资控制、未来运营效益影响重大。有资料表明,在方案确定阶段时,可以节约的资金相当于全部节约资金的75%～85%[28]。近些年,国家发改委国家投资项目评审中心在投资项目评审中(大多是政府投资项目),主要通过初步设计审查,完善、优化技术和工程方案,调整初步概算,增减后累计节省投资200多亿元,平均每年为国家节省投资50多亿元。沿海一些城市在政府投资项目前期评审中,主要通过初步设计和初步设计概算审查,核减投资增减平衡后,缩减率达20.84%。[29]

因此,研究建设规模合理性评价方法,在交通流量分析基础上增加建设法规、技术标准要求、路网匹配性分析、生态环境脆弱区域环境保护等因素,综合考察建设规模的合理性,为集团公司完善前期决策管理提供参考。

(2)设计质量的审查

国内外的建设实践证明,在设计阶段节约投资的可能性高达88%,其节约资金为全部节约资金的30%,而施工阶段节约资金仅为全部节约资金的10%左右,设计阶段是控制高速公路建设成本的关键。

从全国工程项目的质量统计情况来看[30],质量事故原因见表6-1。因"设计"原因导致的质量事故高达40.1%。此外,我国公路工程设计还存在不少问题,如建设单位工程建设核心理念与需求不十分明确,建设单位与设计单位沟通不足,导致设计单位难以把握公路建设定位与需求;设计方案深度不足或不符合现场条件,造成工程变更多;设计人员对国家标准规范理解不透、经验不足,造成项目无法通过施工验收;设计人员对市场和施工环节不了解,提出的设计方案导致无法采购和进行施工;设计单位领导重视不足,设计工作完全靠单个设计人员能力,由于工作量大导致大都套用标准图,可能造成本可避免的设计缺陷,等等。

表 6-1　质量事故原因调查

质量事故原因	设计责任	施工原因	材料原因	使用原因	其他
所占百分比(%)	40.1	29.3	14.5	9.0	7.1

目前,设计质量主要由勘察单位、设计单位负主要责任,建设单位负监管责任。集团公司作为安徽省高速公路建设单位,更多的是依靠规范的设计招标程序,根据"双院制"原则选择有资质、有经验、有能力的设计单位完成设计任务,借助各方参与的图纸会审进行质量复核,具体包括集团公司建设工程部或/及大桥建设管理部组织内审、省交通运输厅组织的预审、交通运输部或发改委组织审查,依靠设计审查机构对勘察设计阶段的勘察设计文件实行监督管理。此外,通过工作制度的建立,规范初步设计、施工图设计的工作流程。本书在集团公司现有设

计质量管理经验基础上总结设计质量管理方法体系,完善具体流程并提出建议,为集团公司控制和提高高速公路设计质量提供参考。

(3)施工过程质量把控

施工是高速公路建设项目从概念到实体的重要转化阶段,也是实体形成的关键阶段。因此,施工过程的质量把控是施工阶段的重点任务。

目前集团公司为确保工程质量制定了相关制度与管理办法,但这些制度与办法更多的是通过明确参建各方职责以控制工程质量,被动地依赖于监理单位、试验检测单位的管理来落实质量管理工作。

为实现质量卓越管理目标,必须加强施工过程质量把控。在集团公司高速公路建设工程实践中,项目办不断开拓创新,建立了良好的过程质量把控方法,取得了良好效果。本书总结了集团公司望东大桥项目变被动质量控制为主动质量管理的质量预控建设管理经验,以期推广运用,取得更大、更好的实施效果。

6.2 建设规模合理性评价

6.2.1 基本概念

(1)建设规模

建设规模一般是指高速公路建设项目前期决策中所确定的路基宽度、线路长度、占地面积、结构物类型、设计时速等,它反映了劳动力、劳动手段和劳动对象等生产力要素在高速公路建设项目中的集中程度。

建设规模应与经济、环境和社会相协调。如果拟建高速公路建设规模不足,必将成为制约高速公路快速通道形成的瓶颈,但是如果高速公路建设规模过剩,必将导致占地面积过大、建设与养护成本增加、高速公路利用率不足等问题,导致投资浪费。

由此可见,在高速公路项目前期加强建设规模的合理审查,严格建设标准制定、技术方案论证等,对投资控制、未来运营效益发挥以及路网形成具有重要意义。高速公路项目建设规模要适度,一方面建设规模要满足交通需求,并有一定前瞻性,避免工程建成不久就需要改建或扩建,造成损失和影响运营;另一方面防止建设规模过剩,防止过早投资、建设规模过大,造成资源闲置与浪费。

(2)建设规模合理性评价

高速公路建设项目应根据公路建设发展的需要,综合考虑环境资源、资金等技术经济条件,本着科学、合理和经济的原则,确定建设规模。因此,建设规模合理性评价是集团公司前期决策的重要工作之一,目的在于分析评价拟建高速公路项目建设规模是否适度,是否存在过度超前、富余设计、规模不足等问题。

6.2.2 评价指标体系构建

综合考虑建设法规、技术标准要求,路网匹配性分析,生态环境脆弱区域环境保护要求,从政策、路网、技术、环境四方面构建了集团公司高速公路项目建设规模合理性评价指标体系,如图 6-1 所示。

```
建设规模合理性
├─政策、标准符合性
│  ├─战略符合性
│  ├─建设标准与工程规范符合性
│  └─企业发展需求符合性
├─路网匹配性
│  ├─技术等级匹配性
│  ├─设计时速匹配性
│  └─交通量匹配性
├─技术方案合理性
│  ├─线路方案合理性
│  │  ├─据点选择合理性
│  │  └─控制点选择合理性
│  └─技术方案合理性
│     ├─技术方案的先进性
│     ├─技术方案的适用性
│     ├─技术方案的安全性
│     └─技术方案的经济性
└─环境与资源保护
   ├─土地利用合理性
   │  ├─用地指标的符合性
   │  └─用地方案论证的充分性
   ├─资源保护
   │  ├─资源消耗合理性
   │  └─节能方案论证的充分性
   └─环境保护──────"三废"处理设计的合规性
```

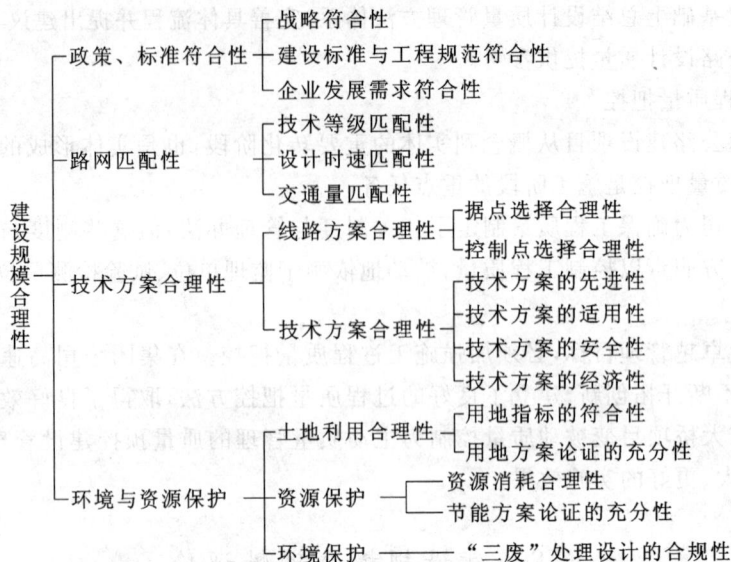

图 6-1　集团公司高速公路建设规模合理性评价指标体系图

6.2.2.1　政策、标准符合性

(1)战略符合性

通常集团公司高速公路建设管理任务源于国家、安徽省公路网发展规划要求,高速公路建设规模首先应符合国家、地方公路网发展战略规划要求,设计规模符合其路网的功能定位。

(2)建设标准与工程规范符合性

高速公路建设规模必须符合国家和安徽省制定的行业、产业发展需求,以及国家和安徽省颁布的高速公路建设标准及工程规范。

(3)企业发展需求符合性

高速公路建设规模符合集团公司项目所在地和企业实际及发展需要。

6.2.2.2　路网匹配性

高速公路网是由多条高速公路线路组成的网络系统。各高速公路项目(线路)之间如果不匹配,就不能最大限度地发挥各高速公路项目的运输能力,达到最优运营效果。

(1)技术等级匹配性

在《公路工程技术标准》(JTG B01—2014)中,根据任务、功能和适用的交通量将公路分为高速公路、一级公路、二级公路、三级公路、四级公路五个等级。

公路技术等级匹配性是指拟建公路在公路网中与相连公路之间的技术等级组成情况。不同技术等级公路的组合会形成不同的公路网等级结构,提供不同的运输能力。

建议根据项目的地区特点、交通特性、路网结构来确定拟建高速公路在路网中的地位和作用,明确高速公路功能,选择合适的技术等级。一般来说,拟建公路技术等级应不低于相连公路等级。对于高速公路建设项目而言,若相连公路均为低等级公路(非高速公路),则需加强交通流量匹配性论证,考虑是否可以降级处理,以节约投资。

(2)设计时速匹配性

《公路工程技术标准》(JTG B01—2014)中对高速公路的设计时速分为 120km、100km、80km 和 60km 四个标准。高速公路一般选用 120km/h 的计算行车速度,当受到条件限制时,可选用100km/h或80km/h的计算行车速度。对个别特殊困难路段,允许采用60km/h的计算行车速度,但应经过技术经济论证。

按不同计算行车速度设计的各路段长度不宜过短,高速公路不宜小于15km。在需要改变计算行车速度时,应设置过渡段。计算行车速度变更点的位置,应选择在驾驶人员能够明显判断路况发生变化而需要改变行车速度的地点,如村镇、车站、交叉道口或地形明显变化处,并应设置相应的标志。

建议以技术等级为主,结合地形条件选用设计时速。

(3)交通量匹配性

高速公路项目投资建设是国民经济、社会发展和综合交通运输系统形成的客观要求。高速公路建设规模取决于区域经济和社会的发展对公路交通的需求。远景交通量是描述社会经济发展对拟建高速公路需求程度的主要量化指标。高速公路建设规模应最大限度地满足拟建线路远景交通需求,且利用效率高。

为此,需比较远景交通量与最大设计通行能力来判断交通量的匹配,并采用饱和度这一指标进行量化分析。

饱和度[31]是反映道路服务水平的重要指标之一,其计算公式为最大交通量与最大设计通行能力之比,是高速公路衡量利用效率的常用指标,计算方法见式(6-1)。

$$s_k = \frac{\sum q_{ki}L_i}{\sum C_iL_i} \tag{6-1}$$

式中 s_k——拟建高速公路项目通车第k年饱和度;

q_{ki}——第k年第i段的远景交通量;

C_i——第i段的最大设计通行能力;

L_i——第i段里程。

当饱和度介于0~0.6之间,说明道路通畅、服务水平好;当饱和度介于0.6~0.8之间,说明道路稍有拥堵,服务水平较好;当饱和度在0.8~1.0之间,说明道路拥堵,服务水平较差;当饱和度大于1.0,说明道路严重拥堵,服务水平极差。

在前期决策中,在运营分析年度内,70%左右年度的饱和度介于0.6~0.8,认为远景交通量与最大设计通行能力匹配性好。

6.2.2.3 技术方案合理性

高速公路建设项目前期决策的核心内容之一是项目建设方案论证。通过对各种建设方案进行比选、分析、论证,才能确定建设规模是否合理。技术方案论证的重点是线路方案、重大技术方案等。一方面论证技术方案是否满足建设需求,另一方面论证技术方案设计是否有富余。

(1)线路方案合理性

高速公路建设方案是由一系列的据点和控制点组合而成的线路方案,即线路的基本方向。因此,需要从据点选择和控制点选择两个方面考察线路方案的合理性。

① 据点选择合理性

根据政治、经济因素,路网规划所确定的线路必须通过的地点称为据点。一般而言,高速公路线路基本方向是以实现直达运输为主,并适当照顾沿线重要的经济点,尽量缩短线路长度,满足地方经济发展和居民出行需要。因此,据点合理性要从拟建高速公路的功能需求,即拟建高速公路在公路网中的位置和作用出发,考察重要经济点、居民点、运输枢纽(铁路车站、码头等)等据点选择合理性。

② 控制点选择合理性

根据自然条件、工程经济条件约束,线路应穿过或避开的地点称为控制点。在线路方案制定时需要充分考虑高速公路建设对生物多样性和旅游资源开发的影响。

安徽省境内江河密布,低山相间排列,地形地貌呈现多样性,山地、丘陵、平原 3 种地形基本各占安徽省面积的 1/3,自然地理环境与气候环境复杂多样,生态资源、旅游资源丰富。

根据《全国自然保护区名录》,安徽省境内有国家一级重点保护野生动物白鳖豚、云豹、豹、原麝等 20 种,国家二级重点保护野生动物短尾猴、猕猴、江豚等 72 种。截至 2009 年年底,安徽省已建各级、各类自然保护区 100 处,总面积达 499051.9 公顷,占全省面积的 3.59%。其中,按级别划分,拥有牯牛降、鹞落坪、天马、扬子鳄、升金湖等国家级自然保护区 6 处,面积达 155497.7 公顷;拥有滁州皇甫山、绩溪清凉峰、歙县清凉峰等省级自然保护区 28 处,面积达 271421.6 公顷;市级自然保护区 4 处,面积达 17117.0 公顷;县区级自然保护区 62 处,面积达 44348.9 公顷。按管理部门划分,林业部门建设和管理的有 97 处,总面积达 441900.9 公顷,分别占全省自然保护区数量和面积的 97.0% 和 88.5%;属环保部门管理的数量和面积分别为 3.0% 和 11.5%。[32]安徽省已初步建立起分布于江淮两岸、大别山区、皖南山区的布局较为合理的自然保护区网络,有效地保护了全省 70%~80% 的野生动植物种类和境内许多极为重要的有代表性、典型的森林生态系统和湿地生态系统。此外,全省建立了 244 处保护小区。[33]

自然风景旅游区之所以能够成为旅游资源,通常与其特殊的地形、地貌有关。安徽省地势西南高、东北低,地形地貌南北迥异,复杂多样。长江和淮河自西向东横贯全境,将全省划分为淮北平原、江淮丘陵和皖南山区三大自然区域。淮河以北地势坦荡辽阔,为华北大平原的一部分。中部江淮之间,西耸崇山,东绵丘陵,山地岗丘逶迤曲折,丘波起伏,岗冲相间;长江两岸和巢湖周围地势低平,河湖交错,平畴沃野,属于著名的长江中下游平原。南部以山地、丘陵为主,皖南山区层峦叠峰,峰奇岭峻。境内主要山脉有大别山、黄山、九华山、天柱山。全省共有河流 2000 多条,湖泊 110 多个,著名的有长江、淮河、新安江和全国五大淡水湖之一的巢湖。旅游资源丰富,且根据地形地貌呈现不同的分布。最主要、最著名的风景区都分布于皖南山区和江淮丘陵一带。截至 2014 年 10 月 11 日,拥有国家 5A 级旅游景区 7 个,其中黄山风景区还被列为世界地质公园、世界文化与自然遗产;拥有国家 4A 级旅游景区 69 个。

高速公路建设对生物环境有破碎作用和阻隔效应,在线路布设中会不可避免地穿越部分生态脆弱区、自然保护区、风景名胜区等,高速公路线路方案的合理确定面临更多难题与挑战。因此,在高速公路建设规模确定时,一方面不能破坏珍稀动植物的栖息地,并留出必要通道,以减少或减轻项目建设造成的自然环境和物种多样性的破坏;另一方面,还必须充分认识地形、地貌特征及其可能对高速公路建设带来的危害,按照风景名胜区管理条例及有关规定进行土地征用和保护,尽可能利用已有路段,减少新增用地,减少人工痕迹;同时以景观生态学理论为依据,注意高速公路与周围环境的协调。

(2)技术方案合理性

技术方案是指为高速公路建设拟定的建设方案、设计方案、施工方案等,包括路基、桥涵、隧道、服务区、机电、交通安全设施等。技术方案合理性论证主要分析技术方案的先进性、适用性、安全性、经济性。

① 技术方案的先进性

高速公路建设项目的技术方案应适应国情和企业实际情况,并非越先进越好。先进的工艺需要与设备、操作技术、管理水平等相配合和适应,任何一个因素不匹配都可能导致整体水平下降和投资的增加。一般来说,项目建设规模越大,对技术方案的先进性要求越高。因此,在进行技术方案的先进性评价时,一方面要考虑技术方案先进性能否满足高速公路建设目标要求,另一方面还需要重点考察技术方案是否存在先进性富余。

② 技术方案的适用性

高速公路建设需要在可能利用的多种技术中,选择出最符合本国、本地区、本企业实际情况的技术。适用性主要体现在以下几方面:采用的技术与政策法规的适应性;采用的技术与可获得原材料及燃料等的适应性;采用的技术与可获得设备的适应性;采用的技术与技术人员素质及管理水平的适应性。

③ 技术方案的安全性

安全性是高速公路建设项目投入使用的必要条件。安全性主要体现在两个方面。一方面,项目建设技术方案本身应具备安全性,这包括技术方案的采用设备有良好的安全性,并且技术方案在实施过程中能够确保安全生产建设;另一方面,使用技术方案建设生产的高速公路实体能够达到高速公路建设质量要求以及耐久性要求。

④ 技术方案的经济性

高速公路建设技术方案在注重先进性、适用性、可靠性的同时,应着重分析所采用的技术方案是否经济合理,是否有利于节约高速公路建设投资和降低全寿命周期成本,提高经济效益。

6.2.2.4　环境与资源保护

(1)土地利用合理性

土地是有限的、不可替代的自然资源,是农业的基本生产资料,是国家建设的重要物质基础。高速公路建设项目用地已有严格的法律、法规及相关规定,主要有《中华人民共和国土地管理法》《中华人民共和国土地管理法实施条例》《建设用地计划管理办法》《公路工程项目建设用地指标》等。建议高速公路建设土地利用合理性评价从以下方面展开。

用地指标的符合性:落实国家的用地政策,严格遵循《公路工程项目建设用地指标》中关于建设项目用地指标,以确定建设用地的合理性。

用地方案论证的充分性:高速公路建设应尽可能以利用荒地、劣地,少占用耕地,特别是基本农田保护区的土地为原则进行用地方案论证。建议集团公司在前期决策中重点从以下方面开展用地方案论证:路堤高度设计合理性、取土坑(场)选择合理性、沿线设施的规模设计的合理性。

(2)资源保护

资源消耗合理性:在高速公路建设资源保护评价中,对高速公路项目工程建设方案的能耗、水耗指标进行分析评价,审查建设方案是否符合节能、节地、节水、节材政策及有关专项规划的有关要求,考察拟定建设规模下节能的技术、措施及投资安排的合理性。

节能方案论证的充分性:在提高资源利用效率、降低资源消耗等方面,重点考察节能、节水措施与对策的可行性。

(3)环境保护

"三废"处理设计的合规性:考察高速公路项目工程建设方案的"三废"处理措施能否达到国家规定的排放标准。

6.2.3 评价方法

6.2.3.1 AHP-模糊综合评价法概述

利用 AHP-模糊综合评价法对高速公路建设规模合理性进行评价,该方法将定性描述和定量计算进行有效的结合,能将人为的主观性判断降低,使合理性判断做到有理有据,提高评级结果的信度和效度。AHP-模糊综合评价模型分为两部分:第一部分,层次分析法;第二部分,模糊综合评价。基本思路见图 6-2。其中,模糊综合评价是在层次分析法的基础上进行的,两者相辅相成,共同提高了评价的可靠性与有效性。

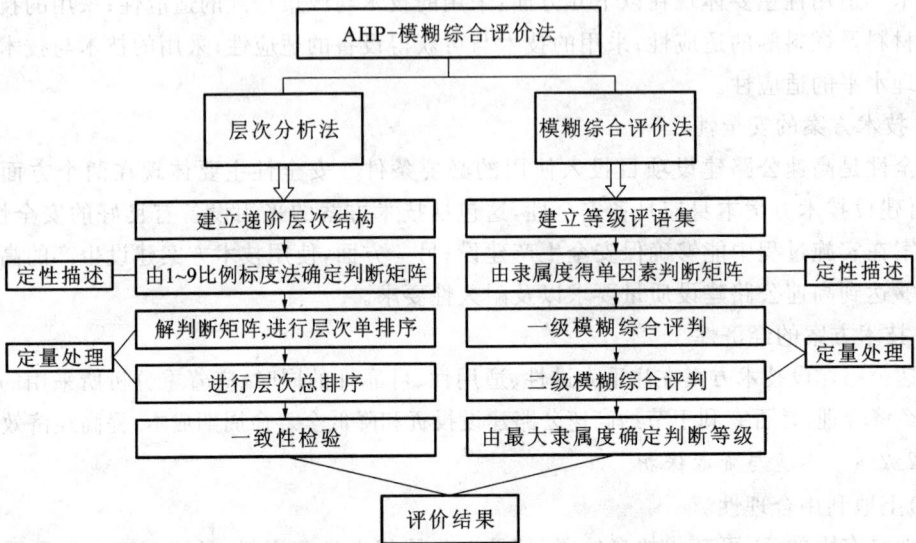

图 6-2 AHP-模糊综合评价法模型

6.2.3.2 基于 AHP 法指标权重计算

近年来,层次分析法在赋权方面已得到广泛的应用,取得了令人满意的成果。层次分析法将决策问题的有关元素分解成目标、准则、方案等一个有序的递减层次结构,在此基础上进行定性分析和定量分析相结合的多目标决策分析方法。该法可以将复杂的问题层次化。在高速公路建设规模合理性评价中,建议采用层次分析法来确定各类指标的权重值。

(1)建立层次模型

根据高速公路建设规模合理性综合评价的总目标,把指标按层次分解为一个递阶层次结构,见图 6-1。最高层为高速公路建设规模合理性评价的总目标,即目标层;政策、标准符合性,路网匹配性,技术方案合理性,环境与资源保护构成准则层;准则层再细分为若干子目标。相邻上下层之间存在着特定的逻辑关系,将上层次的每一个元素与同它有着逻辑关系的下层元素用直线连接起来,就构成了递阶层次结构。

将同一层次的指标作为比较和评价的准则,对下一层次的某些指标起支配作用,同时它又是从属于上一层次的指标。在建立层次结构模型后,上下层次之间元素的隶属关系就被确定了。

(2)构造判断矩阵

针对上一层某元素,运用 Saaty 提出的 1～9 标度法构造判断矩阵(各级标度的含义见表 6-2),对同一层次元素之间相对重要性的比较求矩阵特征向量和特征根,并进行一致性检验,得出准则层指标权重。具体做法如下。

表 6-2 各级标度

标度	说 明
1	两元素相比较,同等重要;
3	两元素相比较,一元素比另一元素稍微重要;
5	两元素相比较,一元素比另一元素明显重要;
7	两元素相比较,一元素比另一元素重要得多;
9	两元素相比较,一元素比另一元素极端重要;
2、4、6、8	取上述两相邻判断的中值;
上述数值倒数	若元素 i 与元素 j 相比较得判断 r_{ij},则元素 j 与元素 i 相比较得判断 $r_{ji} = 1/r_{ij}$

对于同一层次中的元素,可得两两比较矩阵 $\boldsymbol{A}$,可表示为:

$$\boldsymbol{A} = \begin{bmatrix} a_{11} & a_{12} & \cdots & a_{1n} \\ a_{21} & a_{22} & \cdots & a_{2n} \\ \vdots & \vdots & \vdots & \vdots \\ a_{m1} & a_{m2} & \cdots & a_{mn} \end{bmatrix}_{m \times n} \tag{6-2}$$

元素 a_{ij} 表示元素 i 和元素 j 相对于上一层次元素进行比较时,元素 i 和元素 j 相对重要性的数值表现。其具有性质:

$$a_{ij} > 0; a_{ij} = \frac{1}{a_{ji}}; a_{ii} = 1$$

为判断矩阵阶数。

面对多位专家提出的不尽相同的权值,采取下面这三个原则进行取舍或平均:专家原则,充分考虑专家意见;当意见分歧较大时取众数原则;当某一种意见占主导地位时;取中数原则。

(3)一致性检验

判断矩阵的一致性是推求指标权重(正规化特征向量的分量)的前提。判断矩阵为了满足一致性,必须有 $\lambda_{\max} = n$,且其余特征根为 0,其中 n 为判断矩阵的阶数。

计算判断矩阵的最大特征值:由矩阵理论可知,判断矩阵 $\boldsymbol{A}$ 有最大特征根,其值由式(6-2)求得:

$$\lambda_{\max} = \sum_{i=1}^{n} \frac{(AW)_i}{nW_i} = \frac{1}{n} \sum_{i=1}^{n} \frac{\sum_{j=1}^{n} a_{ij}W_j}{W_j} \tag{6-3}$$

式中 $\lambda_{\max}$—— 判断矩阵 $\boldsymbol{A}$ 的最大特征值;

$(AW)_i$—— 向量 AW 的第 i 个分量。

在一般情况下,可以证明判断矩阵的最大特征根为单根,且 $\lambda_{\max} \geqslant n$。在 AHP 法中,引入 CI(判断矩阵最大特征向量以外其余特征根的负平均值)作为度量两两判断偏离一致性程度的指标,其计算式见式(6-4)。

$$CI = \frac{\lambda_{\max} - n}{n - 1} \tag{6-4}$$

当 $CI = 0$ 时,$\lambda_{\max} = n$,判断矩阵具有完全一致性;当 CI 值越大,即 $\lambda_{\max} - n$ 值越大,说明判断矩阵一致性差。具体做法是将一致性指标 CR 代替一致性偏离程度指标 CI 作为判断矩阵一致性的检验指标，CR 计算公式见式(6-5)，即：

$$CR = \frac{CI}{RI}$$

(6-5)

RI 值是用于消除由矩阵阶数所造成判断矩阵不一致的修正值数，具体数值见表 6-3。

表 6-3　平均随机一致性指标数

n	1	2	3	4	5	6	7	8	9
RI	0	0	0.58	0.90	1.12	1.24	1.32	1.41	1.45

当 $CR \leqslant 0.10$ 时，认为判断矩阵一致性可以接受，否则须重新构造判断矩阵。通常情况下，判断矩阵具有可接受的一致性，否则就需要对判断矩阵进行调整。

(4)各指标的权重计算

判断矩阵一致性检验合格后，根据 $AW = \lambda_{\max} W$ 求解特征根，求出正规化特征向量的分量 W_i，即为相应指标的权重。本文采用方根法求解，主要步骤如下。

计算矩阵每一行元素的乘积 M_i：

$$M_i = \prod_{j=1}^{n} a_{ij} \quad (i = 1,2,\cdots,n)$$

计算 M_i 的 n 次方根 $\overline{W}_i$：

$$\overline{W}_i = \sqrt[n]{M_i}$$

对向量 W 归一化处理，得到式(6-6)：

$$W_i = \frac{\overline{W}_i}{\sum_{i=1}^{n} \overline{W}_i}$$

(6-6)

得到特征向量 $W = [W_1,W_2,\cdots,W_n]^{\mathrm{T}}$，即为相应指标的权重。据此计算方法得到各级指标权重。

建议利于 MATLAB 软件计算判断矩阵的最大特征根及其对应的特征向量，并计算权重系数。

6.2.3.3　模糊评价集及模糊隶属函数建立

评价集就是评判者对评判对象可能做出的各种评价结果组成的集合。高速公路建设规模合理性评价是一个模糊概念，是用经典数学无法解决的。将评价集划分为三个等级，如表 6-4 所示。

表 6-4　评语等级和评语对应的情况

V_i	V_1	V_2	V_3
评语	非常符合 / 非常匹配 / 非常合理	符合 / 匹配 / 合理	不符合 / 不匹配 / 不合理

用隶属度分别描述各子因素相对于评判集 U 的隶属程度，得出单因素模糊评判矩阵 R_i，即：

$$R_i = \begin{bmatrix} v_{i1} \\ v_{i2} \\ \vdots \\ v_{ik} \end{bmatrix} = \begin{bmatrix} r'_{11} & r'_{12} & r'_{13} \\ r'_{21} & r'_{22} & r'_{23} \\ \vdots & \vdots & \vdots \\ r'_{k1} & r'_{k2} & r'_{k3} \end{bmatrix}$$

其中，r'_{1j} 表示第 i 个一级评价指标下的第 1 个二级指标隶属于第 j 个评价等级程度，i 为一级指标的数目，k 为第 i 个一级指标下的二级指标的数目，n 为评判集中评语的数目，r'_{1j} 的意义及求法如下：

首先由各位评价委员对每个被评价的子因素进行评定，然后通过统计整理的方法得到相对于子因素 v_{ij} 的若干个评语：其中包括 v_{ij1} 个 u_1 级评语，v_{ij2} 个 u_2 级评语，以及 v_{ijn} 个 u_n 级评语，则子因素层指标 v_{ij} 隶属于第 u_k 级评语的程度即隶属度为：

$$r'_{ij} = \frac{v_{ijk}}{\sum\limits_{k=1}^{n} v_{ijk}} = \frac{v_{ijk}}{v_{ij1} + v_{ij2} + \cdots + v_{ijn}} \tag{6-7}$$

则子因素层指标 v_{ij} 的隶属度向量为：$r'_i = (r'_{i1}, r'_{i2}, \cdots, r'_{in})$，由此就可以得到 R_i。

建议采用专家调查法确定评价矩阵，将制定好的三级评价等级标准与建设规模合理性评价体系一并递交给由经验丰富的实践管理人员与专家学者组成的评审委员会。以专家投标数，依照三级评价等级划分，计算得出模糊隶属函数矩阵。

6.2.3.4 模糊综合评价运算

一级模糊综合评判：

$$B_i = W_i \circ R_i = (w_{i1}, w_{i2}, \cdots, w_{in}) \circ \begin{bmatrix} r'_{11} & r'_{12} & r'_{13} \\ r'_{21} & r'_{22} & r'_{23} \\ \vdots & \vdots & \vdots \\ r'_{k1} & r'_{k2} & r'_{k3} \end{bmatrix}$$

式中，"$\circ$"表示模糊关系的合成，为了综合考虑各个因素的影响，尤其是不要忽略小权重因素的影响。

$$b_i^k = \sum_{j=1}^{n} w_{ij} \cdot r_{ij}^k \quad (i = 1, 2, \cdots, m; k = 1, 2, \cdots, p)$$

式中，b_i^k 表示评判对象按第一层次中所有因素评价时，第 i 个一级指标第 k 个等级的隶属度。

二级模糊综合评判：

$$B = W \circ R = A \circ \begin{bmatrix} W_1 \circ R_1 \\ W_2 \circ R_2 \\ \vdots \\ W_m \circ R_m \end{bmatrix} = (b^1, b^2, b^3) \tag{6-8}$$

式中　B——模糊综合评价的结果；

　　　W——模糊评价因素权重集合。

当 $\sum\limits_{j=1}^{p} b_j \neq 1$，需做归一化处理。令 $b = b_1 + b_2 + b_3 = \sum\limits_{k=1}^{3} b_k$，归一化得：

$$B' = \left(\frac{b_1}{b}, \frac{b_2}{b}, \frac{b_3}{b} \right) = (b^{1'}, b^{2'}, b^{3'}) \tag{6-9}$$

从高速公路建设规模合理性评价的最终结果可以直观地反映出高速公路建设规模合理性等级。

6.2.4 案例分析

以黄山-祁门高速公路建设项目为例进行方法说明。黄祁高速是国家规划公路网杭州至武汉高速公路的重要组成部分,是安徽省高速公路网规划"四纵八横"中的"八横"之一,同时也是交通运输部规划的"7918"国家高速公路网杭州至瑞丽公路网的加密。

(1)数据调研和专家咨询

首先,将涉及规模的评价指标设计成问卷,将各相关因素的两两比较设计成咨询表。该项目调查问卷共有 20 份,咨询表有 10 份,将问卷和咨询表发放给工程管理人员、设计规划部门管理人员和相关研究领域的专家,让其独立完成调查问卷。经统计,问卷回收 20 份,回收率100%,有效问卷 18 份,有效率为 90%,咨询表收回 9 份,回收率 90%,有效表 9 份。完成统计表填写(表 6-5),构建评价模糊矩阵和判断矩阵。

表 6-5　评语等级和评语对应的情况

评价指标	非常符合/非常匹配/非常合理	符合/匹配/合理	不符合/不匹配/不合理
战略符合性	14	4	0
建设标准和工程规范符合性	14	4	0
企业发展需求符合性	4	12	2
技术等级匹配性	3	14	1
设计时速匹配性	3	14	1
交通量匹配性	13	3	2
据点选择合理性	15	2	1
控制点选择合理性	4	13	1
技术方案的先进性	4	11	3
技术方案的适用性	1	16	1
技术方案的安全性	17	1	0
技术方案的经济性	2	11	5
用地指标的符合性	15	2	1
用地方案论证的充分性	1	3	14
资源消耗合理性	4	13	1
节能方案论证的充分性	1	2	15
"三废"处理设计的合理性	2	15	1

根据表 6-5,构建模糊评判矩阵为:

$$R_1 = \begin{bmatrix} 0.79 & 0.21 & 0 \\ 0.79 & 0.21 & 0 \\ 0.23 & 0.69 & 0.08 \end{bmatrix}, R_2 = \begin{bmatrix} 0.15 & 0.82 & 0.03 \\ 0.15 & 0.79 & 0.06 \\ 0.74 & 0.15 & 0.10 \end{bmatrix}, R_3 = \begin{bmatrix} 0.82 & 0.13 & 0.05 \\ 0.21 & 0.74 & 0.05 \end{bmatrix}$$

$$R_4 = \begin{bmatrix} 0.23 & 0.63 & 0.14 \\ 0.05 & 0.92 & 0.03 \\ 0.92 & 0.08 & 0 \\ 0.10 & 0.62 & 0.28 \end{bmatrix}, R_5 = \begin{bmatrix} 0.82 & 0.09 & 0.09 \\ 0.05 & 0.18 & 0.77 \end{bmatrix}, R_6 = \begin{bmatrix} 0.20 & 0.76 & 0.04 \\ 0.05 & 0.13 & 0.82 \end{bmatrix}$$

$$R_7 = \begin{bmatrix} 0.08 & 0.87 & 0.05 \end{bmatrix}$$

其中,R_1 为政策、标准符合性模糊评价矩阵,R_2 为路网匹配性模糊评价矩阵,R_3 为线路方案合理性模糊评价矩阵,R_4 为技术方案合理性模糊评价矩阵,R_5 为土地利用合理性模糊评价矩阵,

R_6 为资源保护模糊评价矩阵，R_7 为环境保护模糊评价矩阵。

汇总因素间重要性咨询表格，综合后形成判断矩阵：

$$S = \begin{bmatrix} 1 & 5 & 3 & 3 \\ 1/5 & 1 & 1/3 & 1/3 \\ 1/3 & 3 & 1 & 1/3 \\ 1/3 & 3 & 3 & 1 \end{bmatrix}, S_1 = \begin{bmatrix} 1 & 5 \\ 1/5 & 1 \end{bmatrix}, S_2 = \begin{bmatrix} 1 & 5 & 3 \\ 1/5 & 1 & 1/3 \\ 1/3 & 3 & 1 \end{bmatrix}$$

$$S_{01} = \begin{bmatrix} 1 & 1/3 & 3 \\ 3 & 1 & 5 \\ 1/3 & 1/5 & 1 \end{bmatrix}, S_{02} = \begin{bmatrix} 1 & 5 & 3 \\ 1/5 & 1 & 1/3 \\ 1/3 & 3 & 1 \end{bmatrix}, S_{11} = \begin{bmatrix} 1 & 1/3 \\ 3 & 1 \end{bmatrix}$$

$$S_{12} = \begin{bmatrix} 1 & 1/3 & 1/7 & 1/5 \\ 3 & 1 & 1/5 & 1/3 \\ 7 & 5 & 1 & 3 \\ 5 & 3 & 1/3 & 1 \end{bmatrix}, S_{21} = \begin{bmatrix} 1 & 3 \\ 1/3 & 1 \end{bmatrix}, S_{22} = \begin{bmatrix} 1 & 3 \\ 1/3 & 1 \end{bmatrix}$$

其中，S 为准则层建设规模合理性对下一层的判断矩阵，S_1 为准则层技术方案合理性对下一层的判断矩阵，S_2 为准则层环境与资源保护对下一层的判断矩阵，S_{01} 为政策、标准符合性对下一层的判断矩阵，S_{02} 为路网匹配性对下一层的判断矩阵，S_{11} 为路线方案合理性对下一层的判断矩阵，S_{12} 为技术方案合理性对下一层的判断矩阵，S_{21} 为土地利用合理性对下一层的判断矩阵，S_{22} 为资源保护对下一层的判断矩阵。

（2）利用 MATLAB 软件求解权重

借助 MATLAB 程序进行权重计算，主要计算界面见图 6-3。

```
>> disp('请输入判断矩阵A(n阶)');
A=input('A=');
[m,n]=size(A);                    %获取指标个数
RI=[0 0 0.58 0.90 1.12 1.24 1.32 1.41 1.45 1.49 1.51];
R=rank(A);                        %求判断矩阵的秩
[V,D]=eig(A);                     %求判断矩阵的特征值和特征向量，V特征值，D特征向量；
tz=max(D);
B=max(tz);                        %最大特征值
[row,col]=find(D==B);             %最大特征值所在位置
C=V(:,col);                       %对应特征向量
CI=(B-n)/(n-1);                   %计算一致性检验指标CI
CR=CI/RI(1,n);
if CR<0.10
disp('CI=');disp(CI);
disp('CR=');disp(CR);
disp('对比矩阵A通过一致性检验，各向量权重向量Q为：');
Q=zeros(n,1);
for i=1:n
Q(i,1)=C(i,1)/sum(C(:,1)); %特征向量标准化
end
Q                                 %输出权重向量
else
disp('对比矩阵A未通过一致性检验，需对对比矩阵A重新构造');
end
```

图 6-3　MATLAB 权重计算程序界面图

计算结果如下：

① 对于判断矩阵 S、S_{01}、S_{02} 来说，计算结果为：

$$A = \begin{bmatrix} 0.508 & 0.075 & 0.151 & 0.265 \end{bmatrix}, CI = 0.066, CR = 0.073$$

$$A_{01} = \begin{bmatrix} 0.258 & 0.673 & 0.105 \end{bmatrix}, CI = 0.019, CR = 0.033$$

$$A_{02} = \begin{bmatrix} 0.637 & 0.105 & 0.258 \end{bmatrix}, CI = 0.019, CR = 0.033$$

② 对于判断矩阵 S_1、S_{11}、S_{12} 来说，计算结果为：

$$A_1 = \begin{bmatrix} 0.83 & 0.17 \end{bmatrix}, A_{11} = \begin{bmatrix} 0.25 & 0.75 \end{bmatrix}$$

$$A_{12} = \begin{bmatrix} 0.055 & 0.118 & 0.565 & 0.262 \end{bmatrix}, CI = 0.039, CR = 0.043$$

③ 对于判断矩阵 S_2、S_{21}、S_{22} 来说，计算结果为：

$$A_2 = \begin{bmatrix} 0.637 & 0.105 & 0.258 \end{bmatrix}, CI = 0.019, CR = 0.033$$

$$A_{21} = \begin{bmatrix} 0.25 & 0.75 \end{bmatrix}, A_{22} = \begin{bmatrix} 0.25 & 0.75 \end{bmatrix}$$

(3)计算综合评价结果

$$B_{11} = A_{11} * R_3 = \begin{bmatrix} 0.3625 & 0.5875 & 0.0500 \end{bmatrix} \quad B_{12} = A_{12} * R_4 = \begin{bmatrix} 0.5645 & 0.3509 & 0.0846 \end{bmatrix}$$

$$B_1 = \begin{bmatrix} 0.3965 & 0.5477 & 0.0559 \end{bmatrix} \quad B_{21} = \begin{bmatrix} 0.2425 & 0.1575 & 0.6000 \end{bmatrix}$$

$$B_{22} = \begin{bmatrix} 0.0875 & 0.2875 & 0.6250 \end{bmatrix} \quad B_{23} = \begin{bmatrix} 0.08 & 0.87 & 0.05 \end{bmatrix}$$

$$B_2 = \begin{bmatrix} 0.2670 & 0.3513 & 0.4607 \end{bmatrix} \quad B_{01} = \begin{bmatrix} 0.7596 & 0.2680 & 0.0084 \end{bmatrix}$$

$$B_{02} = \begin{bmatrix} 0.3022 & 0.5693 & 0.0280 \end{bmatrix} \quad B = \begin{bmatrix} 0.5392 & 0.3546 & 0.1369 \end{bmatrix}$$

将 B 归一化处理得综合评分：

$$E = \begin{bmatrix} 1 & 2 & 3 \end{bmatrix} * B' = 1.66$$

因此，定级为 E2，表明该项目建设规模合理。

6.3 设计质量把控

高速公路工程设计方案是否可行、工艺是否先进、公用工程及设备是否配套、建筑结构是否安全可靠等因素，不仅决定着高速公路建设项目的使用价值和功能以及经济效益，还事关人民生命财产安全，可见设计质量是决定整个高速公路建设项目质量的关键，意义重大。

6.3.1 设计质量管理的内容

工程设计是依据国家的标准和规范，围绕工程建设理念与建设目标，运用相关的科学知识和工程经验，对拟建的高速公路项目的技术、经济、环境等条件进行综合分析、判断，并编制有技术依据的设计文件，是有目标地创造高速公路项目构思和计划的过程。

设计质量管理是在高速公路项目的前期策划中，确定项目质量目标和水平，通过对高速公路项目所需的技术、经济、资源、环境等进行综合分析和论证，使质量目标和水平逐渐物化的过程，它构成了高速公路项目的内在质量。

集团公司设计质量管理是指集团公司通过对高速公路项目设计质量的持续监督与控制，定期收集有关设计工作质量、设计成果质量等方面的信息，在分析整理的基础上找出可能存在的质量问题，对项目设计行为及时调控，以稳定和提高项目设计质量的过程。

为确保设计质量，建议完善设计质量策划、设计监理制度建设、开展设计质量后评价这三方面的设计质量管理工作。

6.3.2 完善设计质量策划

项目质量策划就是集团公司根据已确定的高速公路建设卓越管理理念、建设核心目标及其他有关要求,确定高速公路建设项目所实现的具体的质量目标以及如何实现该目标的过程。设计策划重点是建立质量目标,安排和制订开展各项设计活动的计划,明确设计质量管理机构及其活动内容与职责分工,并将工作成果形成文件,通常为设计质量监控计划。

6.3.2.1 设计质量目标

工程设计是高速公路性能的灵魂,不仅要满足高速公路建设质量、安全、经济性等基本目标,还要满足审美需求等附加目标。尤其是在经济技术快速发展的今天,对高速公路建设提出了更多美感与时代感要求。

(1)基本目标

基本目标包括项目设计质量目标和工作质量目标。其中,设计质量目标主要是指通过设计方案应确保高速公路建设项目的质量目标、安全目标、成本目标等,符合相关法律、法规要求。工作质量目标主要是指对设计成果的要求。

具体来说,基本目标主要包括:① 符合已批复的项目建议书、工可报告、项目占地等的内容要求。② 符合相关的公路规范标准及技术要求。③ 符合有关的质量管理体系及工程建设的法律、法规。④ 符合施工现场条件,技术方案可行,能够确保进度和质量。

设计工作目标主要有:① 提交的成果资料,设计图纸齐全、技术要求明确、计算准确;反映建设过程中及建成后所需要的有关要求、数据和资料等。② 符合设计进度要求。③ 符合限额设计投资要求,节约投资卓有成效。

(2)附加目标

① 符合美观设计与生态协调设计等需求与目标。② 对施工期提出的设计服务要求。在设计质量策划阶段,集团公司应与建设主管部门加强沟通,深刻理解高速公路项目建设意图,由工程建设部或大桥建设管理部组织有关专家讨论,科学合理地确定明确的设计质量目标,尤其是附加目标。

6.3.2.2 设计质量监控过程流程设计

设计质量策划的另一项重要工作是安排和制订开展各项设计活动的计划,明确设计质量管理机构及其活动内容与职责分工;明确设计阶段、适合设计阶段的评审、验证和确认活动及程序。

基于集团公司高速公路建设项目设计质量管理职责,运用 TQM、ISO 9000 族标准的过程方法和管理的系统方法,结合项目质量管理理论,在集团公司编制的前期管理工作流程基础上,设计了集团公司高速公路建设项目设计质量监控过程流程,见图6-4。

图中右侧是高速公路建设项目设计管理工作流程,左侧是集团公司担负的相关设计质量管理工作。

6.3.2.3 编制设计质量监控计划文件

作为高速公路建设项目设计质量管理和控制的重要文件,主要内容应包括:

(1)设计质量目标以及对设计质量控制的要求;

(2)项目概况;

(3)项目设计任务范围;

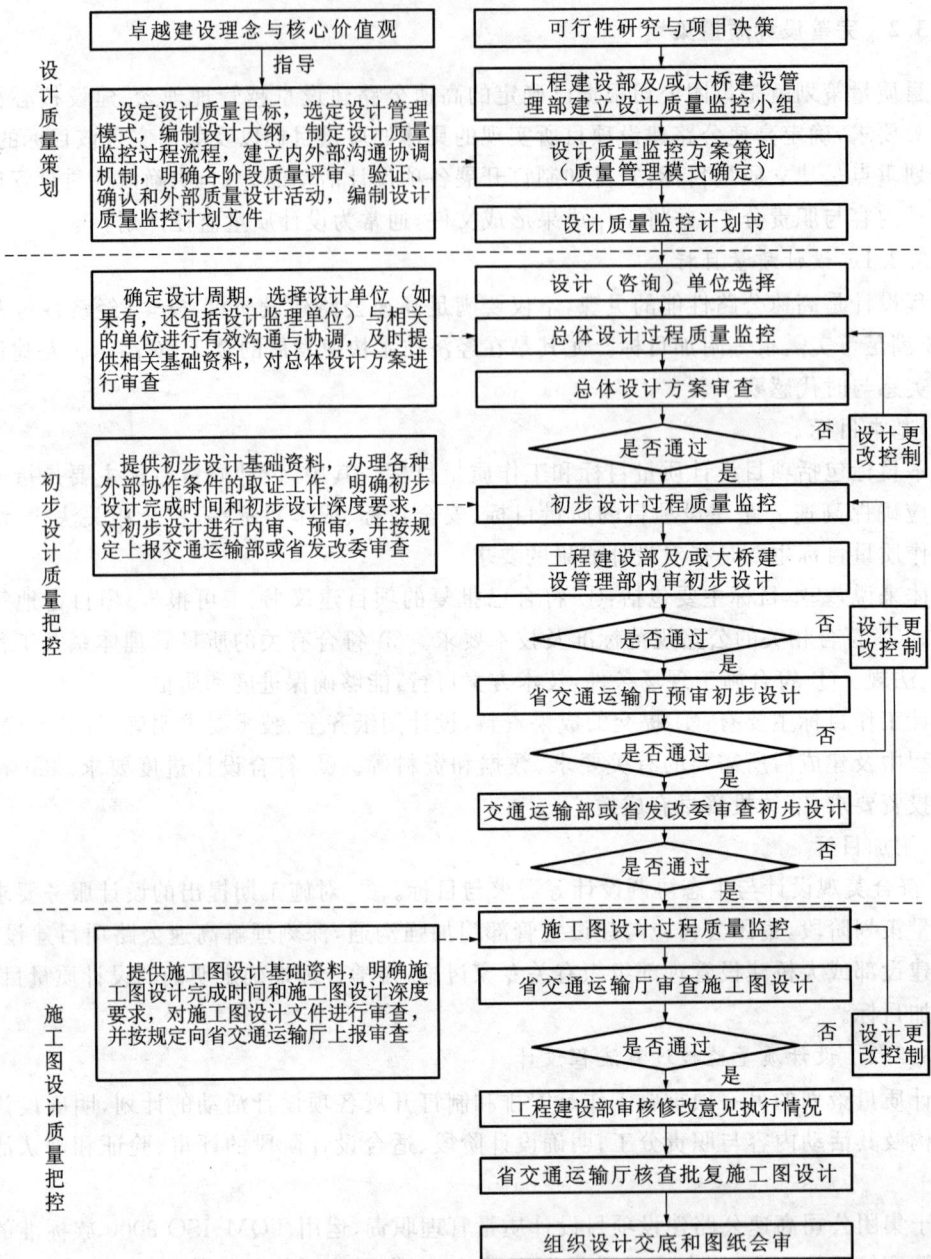

图 6-4　集团公司设计质量监控过程流程图

（4）设计管理模式的选用与设计质量监管机构设置；

（5）设计质量监控主要任务与过程流程。

只有合理地制订公路设计项目质量管理计划，才能为项目的顺利开展奠定基础。

6.3.3　设计监理

6.3.3.1　设计管理模式及设计监理发展情况

（1）设计管理模式

　　集团公司作为高速公路建设项目质量的最终责任人,应依据项目规模以及自身工程技术力量和设计管理水平选择适合于本项目的设计管理组织模式。目前设计管理主要有以下三种组织模式:一是建设单位直接管理或聘请专家协助管理模式;二是委托项目(工程)管理公司进行管理,即由建设单位委托专业的项目(工程)管理公司代表建设单位对工程设计进行全过程管理;三是引入设计监理作为设计过程的制约机制。

　　三种模式选择的依据和准则不尽相同,当建设单位总体技术力量及设计管理水平较强时,可选择模式一。若建设单位工程技术实力及设计管理水平较弱或建设管理任务过于繁重时,可选择模式二、三。模式二中,建设单位不直接参与设计过程管理,而由专业的项目(工程)管理公司代表建设单位对设计进行全过程管理。模式三中,建设单位和咨询公司以及设计单位均签订相关合同,由咨询公司提供设计管理服务,并对设计单位进行监督和协调。目前,模式三设计管理模式已成为大势所趋。

　　(2)设计监理发展情况

　　据《美国工程师新闻纪录》的资料,2002年度全球建设投资总量已达4万亿美元,其中工程咨询业的营业额达4000亿美元以上[34],设计咨询服务业发达。

　　设计监理在我国最早于1994年华中电管局所属的阳逻电厂开始,随后1997年原电力部发布的《火力发电、输变电工程监理招标程序及招标文件范本》(电综〔1997〕607号)中,将设计阶段监理列入了必备内容,规定了监理服务内容,包括设计阶段监理和施工监理两个部分。

　　经过试点与实施,设计监理的市场价值已初步显现,得到广大建设单位的认可。中国建设监理协会曾于2004年对石油、化工、轻工、水电、电力、船舶、民用建筑七个行业及上海、湖南两省市进行设计阶段监理开展情况调研[35]。调查表明:1998年以后国内有一定数量的监理企业开展设计阶段监理业务,这些监理单位大部分具有设计院的背景,任务来源较为稳定。在民用建筑方面,北京、上海、深圳等地开展设计阶段监理工作较早。特别是上海市住建委出台了许多地方性文件,对设计监理工作开展起到了重要的指导作用,如《关于开展工程建设设计阶段监理试点工作的通知》《设计阶段监理技术质量工作深度规定》《上海市工程勘察设计阶段监理实施细则》。

6.3.3.2　设计监理与"双院制"

　　目前集团公司初步设计采用"双院制",是指将设计单位的初步设计委托给另一家具备审查资质的设计单位进行审查,并由其提供咨询报告,然后将初步设计及其咨询报告提交政府审查机构,召开专家审查会,最终确定初步设计审查结果,出具审查意见。

　　"两院制"不同于设计监理。设计监理是设计阶段的全过程监督管理,其工作是长期的、自始至终的一个过程,对工程的了解比较一贯、全面、深入。而目前"两院制"的设计咨询是针对初步设计结果的咨询服务,它是短期的,仅针对某些待解决的疑难问题给予肯定或否定的回答。可见,设计监理与"两院制"服务对象不同,服务期限不同,服务内容与目的也有所不同。

6.3.3.3　设计监理职责

　　在国家原建设部1995年颁发的《工程建设监理规定》和《建设工程监理范围和规模标准规定》(2001年国家建设部令第86号)中规定必须实行监理的工程都包括工程设计监理。[36]尽管如此,但都没有工程设计监理的明文规定。从现有设计监理实施经验来看,设计监理工作职责主要有:

　　(1)根据高速公路项目建设要求和有关批文、资料,编制设计大纲或方案竞赛文件,组织设计招标或方案竞赛、评定设计方案。

（2）协助建设单位进行勘察、设计资质审查，优选勘察、设计单位；办理勘察设计合同，并督促检查合同的实施。

（3）审查设计单位所编制的进度计划的合理性，并定期检查设计工作的实际完成情况，如发生偏差，制定纠偏方案和措施，确保设计工作进度。

（4）审查设计方案、图纸和概预算。保证各部分设计符合决策阶段确定的质量要求，符合有关技术法规和技术标准的确定；保证有关设计文件、图纸符合现场和施工的实际条件，其深度应能满足施工的要求；保证工程造价符合投资限额。

（5）对设计工作进行协调控制，保证各专业设计之间能互相配合、衔接，及时消除质量隐患，按期完成设计任务。

（6）组织设计文件和图纸的报批、验收、分发、保管、使用和建档工作。

综上所述，由设计监理协助集团公司控制工程设计全过程质量，使设计单位在设计过程中不断融入设计监理的意见和建议，可保证设计成果的适用性、可行性、安全性、经济性及先进性。设计监理的重点不是设计程式、设计规范实施和实现的监督，而是设计内在的经济合理性和科学性的求证。

6.3.3.4　设计监理管理

若采用设计监理制度，需重点完善下述管理工作。

（1）设计监理单位选择

设计监理单位的选择是设计监理管理模式能否成功的关键。由于设计监理的技术难度大、专业性强，要求监理人员必须具备丰富的专业知识、设计经验和协调沟通的能力。因此，开展设计监理咨询服务的企业需要与之业务范围相匹配的资源。为此，设计了设计监理能力评价指标体系，见图6-5。

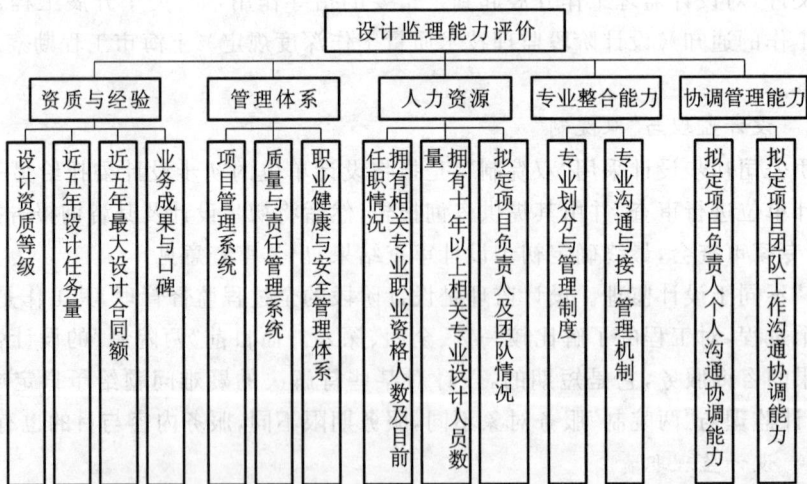

图6-5　设计监理能力评价指标体系

顶层为目标层，即目标设计监理单位的综合能力。第二层为评价要素层，由资质与经验、管理体系、人力资源、专业整合能力、协调管理能力等关键要素构成。第三层为评价指标层，是对要素能力的分解，分为设计资质等级、近五年承担设计任务量等14个指标。

特别需要说明的是,设计工作涉及多专业的交叉作业,因此专业整合能力及其界面管理能力是考察设计监理能力的重中之重。设计监理服务需要与相关单位进行有效沟通和协调以获取设计所需基础资料,需要与集团公司加强沟通,准确把握建设与设计意图,还需要与相关主管单位与部门协调,按规定程序协助集团公司进行设计内审、预审和审批。因此,项目负责人的个人沟通能力以及项目团队的工作协调能力是决定设计监理工作效果的关键因素。为此,建议在目前设计监理市场不成熟,尚未有相关法律、法规与执业管理办法的情况下,尽可能选择设计资质等级高的本地设计单位担任设计监理。

(2)设计监理费用——成本加酬金

① 现状分析

有统计发现,设计监理取费还不足施工监理取费的 10%[37],严重影响了在工程实践中引入设计监理的积极性。目前,建筑工程项目仍存在设计监理的组织管理机制不健全、取费依据不足、设计质量评价无标准等问题,阻碍了工程项目中设计监理制的推广实施。

上海市建设委员会在 1997 年发布了《关于开展工程建设设计监理试点工作的通知》[沪建建(97)第 0327 号],关于取费的相关规定有:第一,设计监理费以工程估算价的 0.35%～0.7%计取,具体取费率可按工程项目的性质、规模、难易程度以及服务的工作范围,由合同双方在上述取费幅度内协商确定,并在合同中予以明确;设计监理合同签订后,除非项目内容发生重大变化,否则设计监理费用不随工程造价的变化而变化。设计监理费可在工程项目总概算的建设项目不可预见费内列支。第二,设计监理单位如因其出色的(有创造性,高技术含量)工作,通过优化设计方案(设计单位配合)而显著地节约工程项目直接投资的,建设单位可提取投资节约数的 3%～10%作为设计监理单位和设计单位的奖励(以奖励设计监理单位为主)。对于明显降低项目建成后运行费用或完善其功能的,建设单位亦可参照本办法予以设计监理单位和设计单位适当奖励。这是国内仅有的、明确提出过设计监理的取费标准且施行过的条例。

② 成本加酬金合同

建议设计监理采用成本加酬金合同。成本加酬金合同也称为成本补偿合同,最终合同价格将按照实际成本再加上一定的酬金的方式进行计算。将设计监理取费分为两部分,一部分反映设计监理人员的基本工作量,对应的薪酬为基本薪酬,即成本。另一部分反映监理工作的成效,对应的薪酬为奖励薪酬,这部分取费即形成激励取费机制。

基本薪酬来自于工程项目设计监理公共资金管理库,此库由政府设计监理主管部门监管,该库的资金由所有本地高速公路建设项目报建时一并缴纳的公共监理费累积,按项目整体工程设计费的一定比例收取。基本薪酬由政府设计监理主管部门根据完成工作量直接发给设计监理方。

酬金部分通常有以下几种方式:固定酬金、固定比例费用、奖金等。在目前咨询市场发展条件下,为了激励开展设计监理工作,建议设计监理取费规则可以采用奖金形式。奖励薪酬源于设计监理方对设计质量的监理成效,把通过设计监理工作而优化节减投资额的 5%～10%作为奖励薪酬。由集团公司根据设计监理报告提供的节减数据经复核审计后的确认结果,向设计监理方发出奖励薪酬。

(3)设计监理规范合同

规范的合同文件是明确设计监理任务和职责的重要依据。为避免纠纷,顺利完成设计监理任务,确保工程设计质量,设计监理合同应主要包括如下内容:

①　工程概况。

②　适用的法律、法规、规章和监理依据，明晰设计监理依据。设计监理依据包括设计监理任务书、投资项目估算说明书、国家颁布的最新设计标准和规范、设计方案的优化准则，以及其他与设计项目有关的资料。

③　设计监理的范围和内容。

④　设计监理单位的权利、义务与责任。明确设计监理在质量、进度、成本等方面的控制目标与职责。

⑤　集团公司的权利、义务与责任。

⑥　合同生效、变更与终止条件。

⑦　违约行为处理。

⑧　监理报酬及支付方式。

⑨　争议解决方式。

6.3.4　设计质量后评价

后评价是在项目已经完成并运行一段时间后，对项目的目的、执行过程、效益、作用和影响进行系统、客观的分析和总结的一种技术经济活动。设计质量的持续提高，需要通过后评价手段对设计过程进行检查总结，分析设计质量目标是否达到，设计质量策划是否合理，设计质量过程控制是否有效，通过分析评价找出成败的原因，总结经验教训，并通过及时有效的信息反馈，为未来项目实施质量管理提供参考。显然，设计质量后评价可以与设计单位、设计监理单位信用评价系统相结合，促进建设市场的健康发展。

虽然建设单位为工程项目的投资和受益者，应对设计质量最为关注，但是现阶段我国由建设单位主导的设计质量评价开展得却很少。分析其产生原因，主要有我国咨询市场的不发达，建设单位自身素质参差不齐，建设单位对设计质量的控制能力差别很大[38]等。

为了完善集团公司设计质量管理工作，实现卓越管理目标，提出了对设计工作实施后评价制度，包括设计质量后评价和设计监理后评价。

6.3.4.1　设计质量后评价指标体系构建

基于设计质量管理的基本任务和要求，结合《工程咨询成果质量评价办法（试行）》的通知（协办字〔2000〕09号），构建设计质量后评价指标体系，见图6-6。

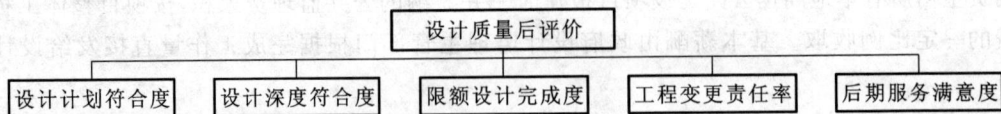

图6-6　设计质量后评价指标体系

（1）设计计划符合度

在评价设计的质量时，是否按照设计计划进行设计专业间的互提资料和完成设计是一个重要的衡量指标。高速公路项目涉及专业多，专业分工细，参与设计的专业人员多，专业间的协调和衔接十分关键。因此，设计工作是一个讲究团体合作的工作，一个人不按计划完成任务很可能导致其余的设计任务都不能按时开展，从而影响建设单位的工期，或者导致其余的设计任务没有足够的时间完成，从而影响设计质量。

在设计过程中定期检查设计的进展情况及相关设计质量,即将设计计划调出,将设计计划书和在设计过程中留下的相关资料、表格进行逐项对比和评判。设计计划一般由设计负责人根据项目合同及集团公司制定的设计质量策划书或设计质量监控计划文件制定,在计划中要明确设计质量要求和进度计划。

(2)设计深度符合度

设计深度符合度主要指设计成果要符合相应阶段规定的设计深度、设计成果规范。在设计工作过程中,设计阶段成果需要在各专业间互提,这些阶段设计成果必须满足下阶段设计工作要求的深度。如果不满足,则需填写相关界面管理表格,完整记录情况。这些记录都将作为设计深度后评价的依据。

设计深度符合度可以按照国家规范的要求核查,也可以根据设计经验核查,主要审查设计出图的内容是否已经在完成的图纸中完整地反映。专业出图的图纸张数也在一定程度上反映了设计深度。如果与类似项目相比图纸张数的差异太大,则可以判断其设计深度达不到规定要求。因此,建议在设计过程中,定期检查设计的进展情况及应完成的出图数量,作为后评价依据。

(3)限额设计完成度

限额设计是设计改革的重要内容之一,是在确保高速公路建设规模前提下,根据批准的设计任务书下达的工程投资总额,通过优化设计和加强管理等各种有效措施,提高设计质量,降低工程造价,把技术与经济、质量与效益统一起来。限额设计是加强投资控制,扭转以往设计中概算超估算、修正预算超概算等投资失控现象的重要手段。目前,越来越多的高速公路建设项目采用限额设计,以便更有效地控制投资。限额设计成为一种发展的趋势,也对设计单位提出了更高的要求。

投资限额完成度后评价主要通过比较施工图预算与投资限额,判断施工图设计是否是按照限额设计的要求完成并分析偏差产生的原因。

(4)工程变更责任率

由于高速公路建设具有复杂性、长期性和动态性,任何高速公路工程施工承包合同都不可能预见和覆盖项目实施过程中所有可能的变化,因此,工程变更是不可避免的。而且工程变更对合同价格和合同工期具有很大的"破坏性"。

依据变更内容一般可将工程变更划分为工作范围变更、施工条件变更、设计变更、施工变更和技术标准变更等。若由于设计图纸矛盾、方案不合理、设计图纸错误导致在施工前或施工过程中,对设计图纸进行修改或补充,都属于设计方变更责任。

建议用工程变更责任率来考察设计质量。工程变更责任率即由设计方责任导致的工程变更所造成的费用增减与变更总额的比值。

(5)后期服务满意度

在实际施工环境中,为加强施工单位和监理单位对设计方的意图、设计图纸的理解,需要设计方提供后期服务。后期服务的内容主要包括施工图设计交底、图纸会审、设计变更和现场服务等。施工图设计交底是为了让施工单位和监理单位更好地贯彻设计意图,正确理解设计的特点和疑难点,特别是关键部位的质量要求。图纸会审则是设计方和施工方根据施工图中的问题,共同寻求解决办法,使图纸中的质量隐患问题在发生前就得到妥善处理。根据现场反馈的情况,需要进行设计变更的应尽快出具施工图修改单,因设计变更涉及设计图纸的修改,设计变更必须由设计单位审查并签字确认,以避免对工期的影响。通常设计变更时间短、工作量大。

建议设计方后期服务质量评价主要通过设计人员填写的后期服务工作卡来评价服务的内容和处理方法是否得当,根据施工图修改单判断是否及时解决了施工生产中出现的问题,以综合评判后期服务工作量与服务及时性。

6.3.4.2　设计监理质量后评价指标体系构建

通过设计监理的把控,使高速公路设计不管在形式上还是在实质上均达到集团公司要求。基于设计监理的咨询服务性质和工作内容要求,构建设计监理质量后评价指标体系,见图6-7。

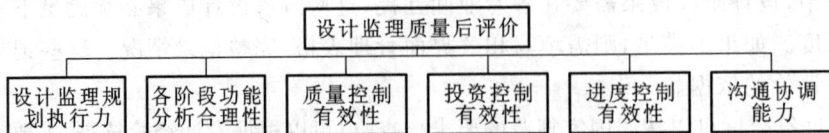

图 6-7　设计监理质量后评价指标体系

（1）设计监理规划执行力

设计监理规划是开展设计监理活动的纲领性文件。在评价设计监理质量时,应考察设计监理方是否按照设计监理规划进行设计工作的检查和设计成果的优化。

可以通过设计监理规划和在设计过程中留下的相关资料、表格进行逐项对比,做出评判。

（2）各阶段功能分析合理性

从基本目标看,设计的最终目标就是为满足设计规范、实现工程功能。但是规范通常无法确定设计意志和设计思维,而高速公路工程功能的实现也是多层次的。这就要求设计监理在懂得并熟悉规范的基础上,在设计思维和方法论、设计规则和优化论上具有较强能力,以分析功能的必要性,确保必要功能,去除不必要功能,并在不增加或略微增加造价的情况下,尽可能优化功能。

各阶段功能分析合理性可以通过设计的各阶段中设计监理在功能分析与确定中所起到的作用,其建议与意见对功能确定的价值,来进行评判。

（3）目标控制有效性

设计监理的最终目的是设计目标的实现与相关工作的管理与控制。

① 设计质量

设计监理的首要任务是保证设计质量。首先,设计监理需要检查设计的编制依据、采用的技术标准和规范是否正确、是否满足城市规划及公用设施等有关部门的规定和批复,以及设计规范、标准及有关部门的规定。如果是设计不遵循规定,轻则影响工程的实施,重则带来严重的后果。其次,接口管理是质量管理的关键环节。由于高速公路建设涉及专业多,需要多专业交叉作业,若不能很好解决设计接口问题,必然导致施工阶段的诸多问题。因此,设计监理须规范和协调各设计方或设计专业的设计工作,满足工程的整体性要求。最后,设计监理需要督促设计单位进行多方案比较,确保使用功能达到集团公司在项目决策阶段的建设规模的要求,满足安全可靠、经济合理、技术先进、设备领先等要求。必要时还需要设计监理组织和邀请专家进行评审咨询,以及科研试验,以对设计方案的关键问题进行分析和论证,对设计单位向集团公司提交的方案论证结论进行审核并提出评审优化意见。

② 投资控制

投资控制是设计监理的核心任务之一。高速公路需要在一定投资限额下达到最佳功能及其水平。高速公路设计监理需要对高速公路功能与投资之间进行经济性与科学性论证。而高速公路设计的经济合理性和科学性是潜在的。这要求设计监理在熟悉并透彻理解设计规范和规程后,对设计思维、设计方法、设计优化等方面有深入的研究,从设计意识的层次上,把握设计方法、设计程式和设计规则,检查采用的设计标准和主要的技术参数、基础处理方案和结构造型方案是否安全可靠和是否有浪费,计算的方法、公式和参数是否正确,通过经济比较确定最佳方案。

③ 进度控制

进度包括两层含义:一是指设计文件形成的周期及其交付时间,二是指由设计决定的工程对象的施工难易程度,进而决定可能完成的施工周期。从设计工作本身来讲,良好的进度控制就是设计成果按时交付。在关注设计进度的同时,也应对设计采用的结构形式、施工方法、原材料等对未来施工工期的影响加以关注和预测。设计成果按期交付,设计所采用的结构形式、施工方法、原材料等对施工周期的影响和对施工难度的充分预计可为控制施工周期创造条件等。

显然,设计监理对进度控制也包括了设计工作进度,即按计划提交设计成果,确保在各专业间互提;其次是对设计决定的工程施工难度与工期的论证的充分性,确保施工方案能按预期顺利实施。

(4)沟通协调能力

设计监理只有融入设计工作的每个环节,才可能深入、有效地开展监理工作,达到设计监理目的。设计监理需要与集团公司充分沟通才能准确把握集团公司高速公路建设意图。其次,设计监理需要不断与设计单位沟通,以检查和落实设计优化方案,监督和督促设计单位更好地完成设计任务。此外,设计监理还要沟通协调设计单位与集团公司的关系,但沟通协调各设计专业之间的关系,需要各专业专家协调与联系,与相关主管单位及部门协调,按规定程序协助集团公司进行设计内审、预审和审批。由此可见,沟通协调能力是体现设计监理工作效果的关键因素之一。

沟通协调能力的评价可以通过其组织的沟通协调会议及问题解决的及时性等进行评价。

6.4 施工过程质量把控

6.4.1 施工过程质量把控体系构建

(1)总体思路

由于工程实体质量是在施工过程中形成的,而且施工过程中质量的形成受各种因素的影响最多,变化最复杂,质量控制的任务与难度也最大。因此,施工过程的质量把控是质量控制的重点。

施工过程是由一系列相互联系与制约的工序所构成的,工序是人、材料、机械设备、施工方法和环境等因素对工程质量综合起作用的过程。对施工过程的质量把控,必须以工序质量控制为基础和核心,落实在各项工序的质量监控上。因此,施工过程质量把控的总体思路是:以工序质量控制为核心,以要素控制为重点,以预警为手段,以应急机制为保障。

(2)过程质量把控体系

集团公司为确保工程质量制定了《质量与技术管理制度》以及各专业质量管理办法,如《物资设备采购供应管理办法》《机电工程管理办法》《机电工程缺陷责任期设备维修管理办法》《房建工程管理办法》《缺陷责任期管理办法》《试运营高速公路缺陷责任期管理办法》等,为集团公司开展项目质量管理工作提供了依据。这些制度和管理办法更多的是通过明确参建各方职责以控制工程质量,被动地依赖于监理单位、试验检测单位的管理来落实质量管理工作。在高速公路建设工程实践中,集团公司基层管理单位项目办开始不断总结建设管理经验,勇于实践与创新,变被动质量控制为主动质量管理,并取得良好效果。

在总结集团公司和项目办建设管理经验基础上,构建了集团公司过程质量把控体系,见图6-8。

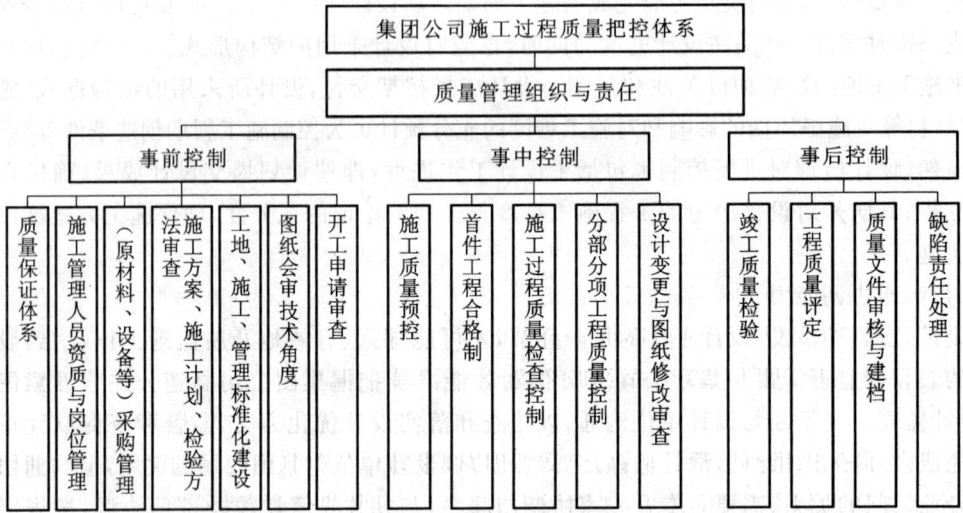

图6-8　集团公司施工过程质量把控体系

6.4.2　施工质量预控

6.4.2.1　概念

质量预控最早由美国拉斯·斯特朗公司推出,是一种基于工序质量控制的质量控制新方法。

在集团公司高速公路建设管理实践中,高速公路建设过程质量预控就是以工序为主线,识别影响工序质量的控制点,事先分析在施工过程中可能发生的质量问题和隐患及其原因,并预先提出相应的措施与对策,防止在施工过程中发生质量问题。

质量预控是以质量管理体系 PDCA 戴明循环为理论框架,进行的全员参与、全要素和全过程质量控制。质量预控的核心工作是质量控制点的识别以及预控措施的制定,以及预控措施的实施监管。

6.4.2.2　质量预控管理机构设置

质量预控管理负责人为集团公司工程建设部和大桥建设管理部,由其负责组织和成立质量预控管理委员会。

质量预控管理委员会成员由项目办技术质量部、总监办、各项目部总工、驻地监理工程师及特邀专家组成。

由项目办具体负责高速公路建设项目质量预控方案制定,包括控制点的识别、质量保障措施的制定与实施等。控制点的识别和质量保障措施由项目办组织参建单位编制,报质量预控管理委员会审查。

6.4.2.3 控制点的识别

（1）选择原则

质量控制点是指为了保证工序质量而确定的重点控制对象、关键部位或薄弱环节。设置质量控制点是保证达到工序质量要求的必要前提。要识别质量控制点必须充分掌握施工工序及其技术标准。可作为质量控制点的对象涉及面很广，结构部位、影响质量的关键工序、操作、施工顺序、技术参数、材料、机械、自然条件、施工环境等均可作为质量控制点来控制。原则上应选择那些保证质量难度大、对质量影响大或是发生质量问题时危害大的对象作为质量控制点。具体来说，质量控制点选择的原则是：

① 施工过程中的关键工序或环节以及隐蔽工程。例如预应力结构的张拉工序、钢筋混凝土结构中的钢筋架立等。

② 施工中的薄弱环节或质量不稳定的工序、部位或对象，例如地下防水层施工。

③ 对后续工程施工或对后续工序质量或安全有重大影响的工序、部位或对象，例如预应力结构中的预应力钢筋质量（如硫、磷含量）、模板的支撑与固定等。

④ 采用新技术、新工艺、新材料的部位或环节。

⑤ 尚无足够把握的、施工条件困难的或技术难度大的工序或环节。例如复杂曲线模板的放样等。

（2）质量预控关键点清单

望东大桥项目办实施质量预控制度，制定了质量预控关键点清单，基本格式形式见表6-6。

表6-6 质量预控关键点清单格式

_____公路_____合同段

公路质量预控关键点清单

编制时间：   年   月   日

本月施工进度总体安排：

本月施工质量控制重点：

序号	预控关键点	发生可能性	致因	表现形式	致因类型	防控措施
1						
2						
...						

编制人：   审核人：

发生的可能性建议采用概率描述，但在相关资料统计难以获取经验（主观）概率的情况下，可以采用模糊等级描述。以望东大桥项目施工质量预控为例，采用发生概率的等级评定制，将发生概率分为四个等级，分别为：可能性很小，意外发生；可能发生，但不经常；相当可能发生；

经常发生。

6.4.2.4 质量预控方案的制定

(1)质量预控要素

在确定控制点后,还应分析可能导致工序质量问题产生的影响因素。施工阶段的质量控制,是一个由投入物质量控制到施工过程质量控制到产出物质量控制的全过程。由于高速公路施工也是一种物质生产活动,因此质量预控要从导致质量问题的本质出发,即从要素角度,分析其对质量控制点的影响。五大因素分别为人、材料、机械、方法和环境。通过对要素实施全面控制,达到控制质量的目的。需控制的五要素见图6-9。

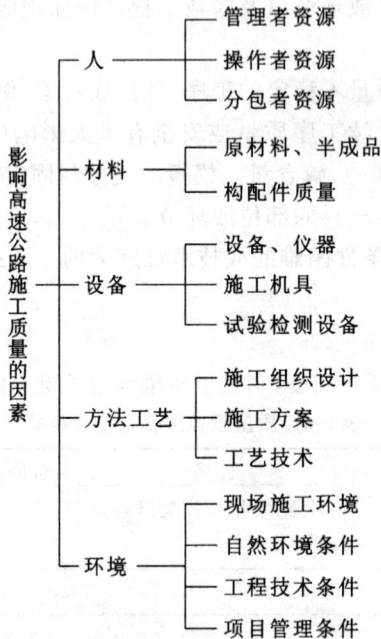

影响高速公路施工质量的因素

- 人
  - 管理者资源
  - 操作者资源
  - 分包者资源
- 材料
  - 原材料、半成品
  - 构配件质量
- 设备
  - 设备、仪器
  - 施工机具
  - 试验检测设备
- 方法工艺
  - 施工组织设计
  - 施工方案
  - 工艺技术
- 环境
  - 现场施工环境
  - 自然环境条件
  - 工程技术条件
  - 项目管理条件

图6-9　4M1E施工过程质量因素

(2)质量预控方案制定

以工序为主线,分析工序常见质量问题及其产生的原因类别,通过对产生质量问题的本质性因素的控制,达到控制质量的最终目的。

概括起来,主要防控措施是:

① 明确责任人,严格审查施工单位与监理单位责任人员上岗情况,以及施工单位工序作业人员持证上岗情况;关键工序作业人员培训合格情况;加强安全意识培养。

② 严格制定并实施材料管理制度,对材料质量标准、材料性能、材料的适用范围予以明确,对进场原材料、成品、半成品、构配件等进行有关规定检验、见证取样、送检或开箱检查;严格审查供应商营业资格与资质。

③ 充分考虑施工现场条件、工程特点、结构形式、机械设备性能、施工工艺和方法、施工组织管理能力,合理配备机械设备,确保机械设备健康;机械发生异常的应急处置机制审查。

④ 充分考虑施工现场条件、工程特点、结构形式选择的施工方法与工艺流程;检查作业人员是否按照作业指导书规定进行施工;审查施工组织设计确保施工安排合理。

⑤ 营造良好的施工现场技术环境、管理环境和劳动环境。基于精益建设理论,加强看板

管理,设置醒目的质量预控标志牌,时刻提醒现场人员,使质量管理理念责任于心。

6.4.2.5 质量预控方案的制定实施效果

通过编写施工质量预控报告书来进行实施效果与经验的总结。根据望东大桥项目办实施质量预控制度以来的经验,施工质量预控报告书应包括以下主要内容:

(1)本月施工内容总结;

(2)本月施工内容常见质量问题分析;

(3)本月施工质量预控及实施,包括质量控制点及其预控措施,质量预控措施实施情况;

(4)未预计的质量问题及措施;

(5)质量评定;

(6)下月施工质量预控关键点及预控措施。

6.4.3 望东大桥施工质量预控与实施效果

6.4.3.1 望东大桥质量预控总体实施情况与实施效果

望东大桥首先系统性地运用质量预控方法进行过程质量的控制。以项目办为核心,集中设计、咨询、监理、施工以及试验检测单位的技术优势,以精细化管理为基础,将整个工程分解为上万个细小质量预控关键点单元,对每个关键点编号组库后,利用数学分析手段进行预控关键点属类划分。针对不同属类,以"首件制"实施为基础,全方位、全过程控制为手段,制度化建设为保障,信息化平台为载体,提出对应预控方案。同时,开展质量风险预控可靠性评估,并对现有国家规范、规程质量评定标准进行补充。通过控制点编码化、属类化,控制方法预警化、信息化,控制体系流程化、系统化,评价体系数据化来确保实现质量管理中事后补救为主到预防为主的转换,达到以"预防、预控"为主、科学管理、数据判断的目的。项目办共组织开展质量预控会议 8 次,会议定义了质量预控的管理措施、内容格式及申报要求,分析质量预控关键点 50余项,编制专项防范措施 210 余项。从目前实施效果看,质量预控制度实现了事前控制、全员参与、全要素和全过程控制。

6.4.3.2 冲击转孔桩施工质量预控与实施效果

(1)工程概况

本项目路线全长 38.063km,其中长江大桥长 3.305km。望东长江公路大桥土建工程WDQ-03 合同段起讫桩号为 K13+766～K15+051,其中主桥起讫桩号 K13+766～K14+391,引桥起讫桩号 K14+391～K15+051,全长 1285m。具体的设计情况如表 6-7 所示。

表 6-7 望东长江公路大桥 WDQ-03 标桩基设计情况一览表

序号	墩号	桩径(ϕ)	桩长	数量(根)	混凝土标号	桩底地层、桩型
1	南岸主桥墩(45#)	300cm	26m	32	C30	嵌岩桩
2	南岸辅助墩(46#)	300cm	13m	8	C30	
3	南岸过渡墩(47#)	300cm	19m	8	C30	
4	南岸引桥(48#～62#)	220cm	最长 33.5m	60	C30	
5	南岸引桥(63#)	160cm	20m	8	C30	
6	基桩总数量					116 根

工艺要求:主墩、过渡墩和引桥墩基桩采用大冲击钻施工工艺。

(2)编制依据

① 安徽省望东长江公路大桥土建工程《招标文件》;

② 安徽省望东长江公路大桥土建工程 WDQ-03 标段招标图纸及说明;

③《公路工程技术标准》(JTJ B01—2003);

④《公路桥涵施工技术规范》(JTG/F 50—2011);

⑤《公路路基施工技术规范》(JTJ F10—2006);

⑥《公路土工试验规程》(JTG E40—2007);

⑦《公路工程施工安全技术规范》(JTG F90—2015);

⑧《公路工程质量检验评定标准》(JTG F80/1—2004)。

(3)适用范围

适用于 48#~62# 墩桩基以中风化灰岩作为桩基持力层,桩端进入中风化灰岩不小于 3.5m;63# 桥台桩基以中风化泥灰岩作为桩基持力层。

45# 墩索塔基桩所处地层河床为裸露中风化灰岩,单轴饱和抗压强度为 56MPa,岩层表面基本无覆盖层,整体性较好,局部夹泥层,成孔桩长(约 12m)较短,不适宜采用大扭矩回旋钻机施工,主墩基桩采用大直径冲击钻施工工艺。

(4)施工方法及工艺要求

主墩、过渡墩和引桥墩基桩采用大冲击钻施工工艺。

(5)钻孔桩质量控制点识别

冲击钻的钻孔(包括清孔时)施工时常见的施工事故与施工难点主要有坍孔、桩位偏差、掉钻落物、糊钻和埋钻、扩孔和缩孔、钻孔漏浆、对有填充溶洞的处理、对无填充或半填充空溶洞的处理(表 6-8)。

表 6-8　望东长江公路大桥 WDQ-03 标桩基质量控制点汇总表

序号	控制点	产生原因	预防和处理方法
1	坍孔	① 泥浆相对密度不够及其他泥浆性能指标不符合要求,使孔壁未形成坚实泥皮。 ② 由于出渣后未及时补充泥浆(或水),或河水、潮水上涨,或孔内出现承压水,或钻孔通过砂砾等强透水层,孔内水流失等造成孔内水头高度不够。 ③ 护筒埋置太浅,下端孔口漏水、坍塌或孔口附近地面受水浸湿泡软,或钻机直接接触在护筒上,由于振动使孔口坍塌,扩展成较大坍孔。 ④ 在松软砂层中钻进进尺速度太快。 ⑤ 水头太高,使孔壁渗浆或护筒底形成反穿孔。 ⑥ 清孔后泥浆相对密度、黏度等指标降低,用空气吸泥机清孔泥浆,吸走后未及时补浆(或水),使孔内水位低于地下水位。 ⑦ 清孔操作不当,供水管嘴直接冲刷孔壁、清孔时间过久或清孔停顿时间过长。 ⑧ 吊入钢筋骨架时碰撞孔壁	① 在松散粉砂土或流沙中钻进时,应控制进尺速度,选用较大相对密度、黏度、胶体率的泥浆或高质量泥浆。 ② 发生孔口坍塌时,可立即拆除护筒并回填钻孔,重新埋设护筒再钻。 ③ 如发生孔内坍塌,判明坍塌位置,回填砂和黏质土(或砂砾和黄土)混合物到坍孔处以上 1.0~2.0m,如坍孔严重时应全部回填,待回填物沉积密实后再行钻进。 ④ 清孔时应指定专人补浆(或水),保证孔内必要的水头高度。供水管最好不要直接插入钻孔中,应通过水槽或水池使水减速后流入钻中,可避免冲刷孔壁。应扶正吸泥机,防止触动孔壁。不宜使用过大的风压,不宜超过 1.5~1.6 倍钻孔中水柱压力。 ⑤ 吊入钢筋骨架时应对准钻孔中心竖直插入,严防触及孔壁

序号	控制点	产生原因	预防和处理方法
2	桩位偏差	① 桩孔测量定位:根据桩位测量导线点、桩位设计坐标,由专业测量技术人员,用全站仪,采用极坐标法,进行桩位测量定位,并做好标记,再用其他已知点校核。 ② 埋设护筒:根据放样桩位打设钢筋护桩,护桩插入土层不少于 50cm 并用混凝土包裹防护以预防位移;护筒中心与桩位中心用十字线交叉法对准,即对准桩位中心先做十字线交叉(交叉点对正桩位中心),在钢筋护桩上做固定点标记,此固定点标记不得碰动,护筒入坑后再以定点处拉十字线对准护筒中心,其中心偏差小于 2cm;用水平尺校正垂直,其倾斜度小于 1/100。 ③ 钻机就位:用十字线交叉标示护筒中心并固定,桩位中心以十字线交叉固定,其交叉点即钻锥中心以线连铅垂中心对正护筒中心,其偏差均不超过要求	
3	桩孔倾斜	① 钻机就位应做到周正、水平、稳固,机座全部承压,保证钻锥中心与护筒中心成一垂线,其偏差不得大于 2cm。 ② 冲击钻进时,宜采用小冲程开孔,高频率反复冲砸,使初成孔坚实、竖直、圆顺,孔壁不坍不漏,具有良好的导正作用,待钻进深度超过钻锥全冲程后,方可进行正常钻进。 ③ 冲击钻进过程中如遇较大和坚硬的漂卵石、碎石等,冲击面不平整而易导致偏孔时,应先投入黏土、大小片石等将冲击表面平整后再冲击钻进	
4	掉钻落物	①卡钻时强提强扭,操作不当,使钻杆或钢丝绳超负荷或疲劳断裂。 ② 钻杆接头不良或滑丝。 ③ 电动机接线错误,钻机反向旋转,钻杆松脱。 ④ 转向环、转向套等焊接处断开。 ⑤ 操作不慎,落入扳手、撬棍等物	① 开钻前应清除孔内落物,零星铁件可用电磁铁吸取,较大落物和钻具也可用冲抓锥打捞,然后在护筒口加盖。 ② 经常检查钻具、钻杆、钢丝绳和联结装置。 ③ 掉钻后应及时摸清情况,若钻锥被沉淀物或坍塌土石埋住,应首先清孔,使打捞工具能接触钻杆和钻锥
5	糊钻和埋钻	糊钻和埋钻常出现于正反循环回转钻进中,糊钻的特征是在细粒土层中钻进时进尺缓慢,甚至不进尺出现憋泵现象	对正反循环回转钻,可清除泥包,调节泥浆的相对密度和黏度,适当增大泵量和向孔内投入适量砂石解决泥包糊钻,选用刮板齿小、出浆口大的钻锥;严重糊钻时,应停钻,清除钻渣。对钻杆内径、钻渣进出口和排渣设备的尺寸进行检查计算
6	扩孔和缩孔	① 扩孔比较多见,一般表局部的孔径过大。在地下水呈运动状态、土质松散地层处或钻锥摆动过大时,易于出现扩孔,扩孔发生原因与坍孔相同,轻则为扩孔,重则为坍孔。 ② 缩孔即孔径的超常缩小,一般表现为钻机钻进时发生卡钻、提不出钻头或者提外鸣叫的迹象。缩孔的原因有两种:一种是钻锥焊补不及时,严重磨耗的钻锥往往钻出较设计桩径稍小的孔;另一种是由于地层中有软塑土(俗称橡皮土)遇水膨胀后使孔径缩小。各种钻孔方法均可能发生缩孔	① 若孔内局部发生坍塌而扩孔,钻孔仍能达到设计深度则不必处理,只是混凝土灌注量大大增加。若因扩孔后继续坍塌影响钻进,应按坍孔事故处理。 ② 为防止缩孔,前者要及时修补磨损的钻头,后者要使用失水率小的优质泥浆护壁并需快转慢进,并复钻两三次;或者使用卷扬机吊住钻锥上下、左右反复扫孔以扩大孔径,直至使发生缩孔部位达到设计要求为止。对于有缩孔现象的孔位,钢筋笼就位后须立即灌注,以免桩身缩径或露筋

续表6-8

序号	控制点	产生原因	预防和处理方法
7	钻孔漏浆	① 在透水性强的砂砾或流沙中,特别是在有地下水流动的地层中钻进时,稀泥浆向孔壁外漏失。 ② 护筒埋置太浅,回填土夯实不够,致使刃脚漏浆。 ③ 护筒制作不良,接缝不严密,造成漏浆。 ④ 水头过高,水柱压力过大,使孔壁渗浆	① 冲击钻机可加稠泥浆或回填黏土掺片石、卵石反复冲击,增强护壁。 ② 属于护筒漏浆的,应按前述有关护筒制作与埋设的规范、规定办理。如接缝处漏浆不严重,可由潜水工用棉、絮堵塞,封闭接缝。如漏水严重,应挖出护筒,修理完善后重新埋设
8	对有填充的溶洞的处理	① 对有充填的溶洞,充填物较好时,一般不需要特殊处理,可直接钻进,填充物为流塑性黏土时,采用抛片石、黏土等挤密填充。 ② 对有填充的侧壁溶洞,钻进时钻头容易跑偏,成孔困难,可先向孔内抛填片石、黏土等,稳定后再向下钻进,如此循环,直至成孔。如果反复抛填片石无效或效果不大时,为保证桩基垂直度满足规范要求,在溶洞处采取超前灌注措施,即对桩底软弱部分用低标号混凝土加固,提高其强度,使孔底土层间强度差距减小,便于冲击成孔。 ③ 对于地质钻探已标明的小型溶洞及溶槽、溶沟、小裂隙等,或者钻孔过程中泥浆泄露,及时向孔内投加黏土、片石、水泥,以加大泥浆质量和密度,并依靠冲击在桩侧形成片石夹黏土的维护墙,保证泥浆不流失,保持孔内泥浆高度,使得冲钻顺利进行
9	对无填充或半填充空溶洞的处理	① 对较小的溶洞,凿穿溶洞顶板前,用低冲程、轻锤钻进,选用前端突出的钻头,凿穿溶洞后,泥浆下降较慢时用黏土回填,泥浆下降缓慢后继续补浆、钻进,同时采取4:1的比例投入片石和硬黏土,必要时加入适量水泥,待其凝固到一定强度后再依次往下钻孔压浆。若泥浆损失很快,用片石、黏土加水泥拌匀,按照2:2:1的比例回填,必要时采用混凝土进行封堵,并及时补浆,待浆面稳定,填充物达到一定强度后再进行钻进。 ② 对串珠状溶洞、连续溶洞群,凿穿溶洞顶板前,用小钻凿穿溶洞顶板,泥浆下降缓慢后继续补浆、钻进,如果泥浆面持续下降,泥浆比重降低,可采用抛填片石、黏土、水泥等充填,必要时可掺水泥砂浆、混凝土等进行封堵,基本稳定后再进行下道工序。当再次打穿下一层溶洞发生漏浆时,重复上述工作,直到完成一个桩基为止。 ③ 对于大溶洞或者存在有多层溶洞的桩基,采用内护筒跟进施工方法。内护筒采用2.0m一节,直径大于设计直径10cm,首先用冲锤进行扩孔,用吊车起吊钢护筒,控制好钢护筒的位置,用冲锤加压往下沉入,每冲进一定深度,内护筒要及时跟进,以防止漏浆坍塌
10	成孔	① 为防止意外,冲孔前必须备好材料,一旦泥浆泄漏,能及时向孔内投放黏土、水泥和片石,依靠冲击在溶洞内形成片石夹黏土的围护结构,保护孔内泥浆高度,使冲钻顺利进行。 ② 加大泥浆量和密度。 ③ 当岩面倾斜较大,钻头摆动撞击护筒或孔壁时,回填片石,使孔底形成一个平台后再转入正常冲孔。 ④ 接近岩溶地段时采取轻锤冲击、加大泥浆密度的方法成孔,防止卡钻和掉钻

序号	控制点	产生原因	预防和处理方法
11	钢筋笼上浮	① 混凝土的灌注速度。在钻孔灌注桩水下混凝土灌注过程中,当孔内混凝土顶面接近钢筋笼的底口 1.0m 左右时,应降低混凝土的灌注速度。因为混凝土在上升过程中有极大的向上的压力,在孔内混凝面与钢筋笼的下部接触并上升这个过程中,如果孔内混凝土面上升的速度过快,混凝土对钢筋笼向上的压力就有可能大于钢筋笼在孔内的自重。当混凝土对钢筋笼向上的压力大于钢筋笼在孔内的自重时,就会引起钢筋笼上浮。为此,在灌注该段落内水下混凝土时,要放慢混凝土的灌注速度,使其对钢筋笼向上的压力小于孔内钢筋笼的自重。当混凝土上升到钢筋笼底口 4.0m 以上时,提升导管,使其底口高于钢筋笼底部 2.0m 以上,才能恢复正常灌注速度。 ② 混凝土坍落度控制。在灌注水下混凝土时,一定要控制好混凝土的坍落度,以 18～20cm 为宜。混凝土坍落度过小,会增大混凝土与钢筋笼的摩阻力,引起钢筋笼上浮。混凝土坍落度过大,则混凝土强度难以保证。为此,在灌注时务必要严控混凝土的坍落度,对坍落度不符合要求的混凝土坚决弃之不用。 ③ 泥浆比重的控制。在灌注水下混凝土之前,一定要严格测设孔内的泥浆指标,特别是泥浆比重。泥浆比重过大,则钢筋笼在孔内受到的浮力就会增大。这就会使得钢筋笼在孔内的实际自重会大大减小,钢筋笼在泥浆中的自重减小就会导致上浮的机会增大。泥浆比重过小,则起不到泥浆护壁的作用。泥浆比重以 1.05～1.10 为宜
12	水下浇筑混凝土灌注	① 导管掉落预防措施。导管吊点处应拴接牢固,导管接头处螺纹套环要拧紧,避免导管在灌注过程中掉落造成断桩。 ② 导管堵塞的预防措施。混凝土灌注时间过长,上部混凝土已接近初凝,形成硬壳,而且随时间增长,泥浆中的残渣将不断沉淀,从而加厚了积聚在混凝土表面的沉淀物,导致混凝土灌注极为困难,造成堵管。因此,要尽可能提高混凝土灌注速度,开始灌注混凝土时尽量积累大量混凝土,产生较大的冲击力可以克服泥浆阻力。快速连续浇筑,使混凝土和泥浆一直保持流动状态,可防导管堵塞;在灌注混凝土过程中,应匀速向导管料斗内灌注,如突然灌注大量的混凝土,则导管内空气不能马上排出,可能导致堵管。混凝土的质量是堵塞导管的主要原因,必须把好质量关。还有混凝土和易性不好或离析导致石子聚集在一起,混凝土流动性差,导致堵管。导管使用后应及时冲洗,保证导管内壁干净光滑。如发生堵管,在导管上部可用钢筋疏通,在下部提拔导管上下振击。 ③ 导管漏水的预防措施。导管使用前须做密封试验,灌注前检查导管是否有漏水、弯曲等缺陷,发现问题要及时更换。在灌注过程中发现漏水应加快灌注速度,并加大混凝土埋深,使导管内混凝土高于漏水处,并且在导管接头地方加垫防水密封垫圈,接头一定要紧固。 ④ 导管拔出混凝面的预防。必须严格按照规程用规定的测深锤测量孔内混凝土表面高度,并认真核对灌入量,保证提升导管时不出现失误。 ⑤ 如果误将导管拔出混凝面,必须及时处理。孔内混凝土面高度较小时,终止浇筑,进行清孔或重新成孔;孔内混凝土面高度较高时,可以用二次导管插入法,其一是导管底端加底盖阀,插入混凝土面 1.0m 左右,导管与料斗内注满混凝土时,将导管提起约 0.5m,底盖阀脱掉,即可继续进行水下浇筑混凝土施工。由于要克服泥浆对导管的浮力,混凝土面较深时,不宜采用;此方法使用时,必须由有经验的工程师现场指导,导管长度、吊预制混凝土球阀铁丝长度、铁丝抗拉强度、混凝土面实际位置等数据,必须在事先准确确定。提升导管要准确可靠,灌注混凝土过程中随时测量导管埋深,并严格遵守操作规程

续表 6-8

序号	控制点	产生原因	预防和处理方法
12	水下浇筑混凝土灌注	⑥ 混凝土上返不流畅的预防措施。混凝土配合比中水胶比、砂率、粗骨料最大粒径都应严格控制,混凝土坍落度控制在 18～22cm,要有良好的流动性、和易性,用料上优先采用中粗砂,级配较好的碎石,集料的最大粒径不应大于导管内径的 1/6～1/8 和钢筋最小净距的 1/4,同时不应大于 40mm(本工程采用的粒径为 5～25mm)。为提高混凝土的和易性及增加初凝时间,在正常的混凝土配合比中添加缓凝型高效减水剂,并在尽可能短的时间内灌注完毕。 ⑦ 导管被混凝土埋住或卡死的预防措施。导管插入混凝土中的深度应根据搅拌混凝土的质量、供应速度、灌注速度、孔内护壁泥浆状态来决定,一般情况下,以 2.0～6.0m 为宜。如果导管插入混凝土中的深度较大,供应混凝土间隔时间较长,且混凝土和易性稍差,极易发生"埋管"事故。如果预料到不能及时供应混凝土(如超过 1h),混凝土输送距离远等因素时,除混凝土中加缓凝剂外,导管插入混凝土中的深度不宜太小,据以往经验,以 5.0～6.0m 为宜,每隔 15min 左右,将导管上下活动几次,幅度以 2.0m 左右为宜,以免使混凝土产生初凝假象。 ⑧ 桩身有夹渣、夹泥、蜂窝等事故的预防措施。在混凝土灌注过程中,须不断测定混凝土面上升高度,并根据混凝土供应情况来确定拆卸导管的时间、长度,以免发生桩身夹渣、夹泥、蜂窝等事故。泥浆过稠,如泥浆比重大且泥浆中含较大的泥块,增加了灌注混凝土的阻力。因此,在施工中经常发生导管堵塞、流动不畅等现象,有时甚至灌满导管还是不行,最后只好提取导管上下振击,由于导管内储存大量混凝土,一旦流出其势甚猛,在混凝土流出导管后,即冲破泥浆最薄弱处急速返上,并将泥浆夹裹于桩内,造成夹泥层;灌注混凝土过程中,因导管漏水或导管提漏而二次下沉也是造成夹泥层的原因。 ⑨ 桩顶空心。产生桩顶空心的因素有:导管插入混凝土中的深度较大,混凝土坍落度小,桩顶空心呈不规则漏斗形,其深度、位置与导管拔出时的位置、桩顶混凝土状态有关。导管埋得太深,拔出时底部已接近初凝,导管拔出后混凝土不能及时充填,造成泥浆填入。防止桩顶空心灌注结束前导管插入混凝土中的深度不超过 6.0m;灌注结束后,导管拔出混凝土之前,导管上下活动几次,幅度不超过 50cm。尽可能缩短灌注时间,避免使桩顶混凝土产生假凝现象、降低桩顶混凝土的流动性

(6)质量保证措施

① 组织保证措施

为创优良工程,建立和健全全面质量保证体系,实施全面、全员、全过程的质量管理。建立项目部领导下的质量管理小组,实施质量管理技术负责制,设立技术负责领导下的技术质量管理组,对施工全过程的技术和质量监控把关,负责制定事故整改措施,组织和指导技术攻关,开展质量控制(QC)小组活动,提高施工技术水平和施工质量。

牢固树立质量第一、信誉至上的思想,组织全员认真学习设计图纸、施工组织设计,熟知质量要求和技术方法、措施,明确岗位职责,自觉做好本岗位工作。

搞好信息反馈,及时总结经验教训,加强教育,以利改进工作,强化质量意识,确保工程质量达标。

② 技术保证措施

A. 严格控制钢护筒质量

对钢护筒的制作质量进行严格的监控;严把材料关,主材和焊接材料的型号和质量必须满足设计要求,并应附有出厂合格证书;焊接时应按照工艺试验所规定的方法、程序、参数和技术措施进行,以减少焊接变形和内应力,保证质量;合理选择钢护筒的焊接时机,做好防雨、防冻措施;钢护筒所有焊缝采用坡口双面焊,焊缝应饱满,无气孔、砂眼,并应严密不渗水;钢护筒制作精度要求:直径误差小于 5mm,椭圆度小于 10mm,轴线倾斜度不大于 1/500;在钢护筒运输过程中做好钢护筒的保护工作,如设置钢护筒内支撑、柔性垫层等,防止钢护筒在运输过程中出现变形;在钢护筒沉桩吊装过程中做好钢护筒的保护,防止出现激烈碰撞。在锤击沉桩过程中,采用合适锤击能量的打桩锤,以低挡慢锤进行锤击,防止钢护筒底口变形。

B. 严格控制钢护筒平面位置和垂直度

定期对全站仪和常规测量仪器进行检查、维护、保养,保证定位系统准确无误;严格落实施工测量的"互检"制度,确保测量数据、测量放样的准确无误。

C. 严格控制钢筋笼的加工质量

严把材料关,使钢筋、直螺纹接头和焊条的品种、规格和技术性能符合设计和国家现行标准的要求;严格控制钢筋笼的主筋连接,保证钢筋顺直,使连接接头长度满足设计和规范要求,接头处螺纹丝口完整程度和长度要满足要求,接头处不产生弯曲现象;钢筋笼的主筋连接前应进行现场条件下的连接工艺试验,试验合格后方可进行钢筋笼的正式生产;严格控制钢筋笼的钢筋数量,使其满足设计要求。在制作过程中做好监控,确保钢筋表面无裂纹,无锈蚀、油渍及焊渣等污物,确保主筋、加劲箍筋的接头不处于同一截面内,接头最多不超过同一截面的50%,同一根钢筋的接头间距和接头数量符合设计和施工技术规范的要求;绑扎螺旋箍筋时铅丝朝向桩芯内部,防止铅丝伸入保护层内形成腐蚀通道。绑扎过程中使螺旋箍筋与主筋紧贴,使钢筋骨架牢固、稳定,避免钢筋笼滚动或碰撞造成钢筋笼变形、松动;做好加工底座的放样、制作,保证钢筋骨架用的加工底座、限位设施和端头定位钢板的位置正确,底座标高一致,并且加固牢固使之与场地有可靠的固定;最好过程控制,使成品钢筋笼顺直,尺寸准确,其直径、主筋间距及螺旋箍筋间距的施工误差满足规范要求;钢筋笼制作的允许偏差值:主筋间距偏差允许值为 ±10mm,螺旋钢筋间距偏差允许值为 ±20mm,钢筋骨架外径允许偏差为 10mm,整体成型,小分节钢筋骨架长度允许偏差为 ±5mm,应在制作过程中严格控制。

D. 严格控制钢筋笼的安装质量

均匀设置钢筋笼的吊点,保证钢筋笼竖直吊装时不偏心、不倾斜。钢筋笼吊运时应防止扭转、弯曲;在钢筋笼的四周利用混凝土保护层垫块来确保钢筋笼保护层的厚度;钢筋笼下放时利用手拉葫芦进行微调、对接缓慢下放,避免碰撞孔壁。在钢筋笼的接长、安放过程中,始终保持骨架垂直;确保钢筋笼直螺纹接头的连接与制作时一致,直螺纹接头连接好后严格检查其连接质量,边下沉边割掉钢筋笼内加劲箍筋的十字撑。

E. 严格控制水下混凝土质量

严格控制材料质量,所有材料必须有出厂质量保证书和检验、复检报告;混凝土所用的水泥,采用符合招标文件规定的水泥品种和强度等级,并必须得到监理工程师的认可,对水泥质量有怀疑或生产时间超过 3 个月时,应重新取样检验;砂石中的杂质含量不应超过规范要求;外加剂的使用量应符合生产厂家的规定,并经试验验证,外加剂中不准含有氯化钙。严格按照检测频率对原材料进行检测,并提供真实详尽的检测试验报告。

(7)质量预控实施效果

通过指挥部进行的 7 次全面专项质量检查,大桥成桩 253 根,倾斜度均在 1/150 之内,满足规范 1% 要求;已完成系梁、承台保护层厚度合格率达 92%。

6.5　本章小结

　　基于高速公路建设卓越过程管理关键控制点识别结论,本章分析了集团公司建设质量宏观与微观管理现状,总结提炼出集团公司高速公路建设质量管理经验:"科学设计＋精细施工＋严格监管＋科技创新"的质量管理体系、专业化的质量管理团队、完善的制度体系。并在高速公路建设规模确定、设计质量把控、施工过程质量把控的经验基础上,提出改进方案。

　　在建设规模合理性问题中,提出应综合考虑建设法规、技术标准要求,路网匹配性与生态环境脆弱区域环境保护要求,从政策、路网、技术、环境四方面建立了集团公司高速公路项目建设规模合理性评价指标体系,构建了 AHP-模糊综合评价模型,并运用案例进行方法说明。

　　在设计质量把控中,提出从完善设计质量策划、逐步引入质量监理和加强设计质量后评价三方面完善设计质量管理,以达到质量卓越过程管理目标。① 在完善设计质量策划中明确了质量目标,有基本目标和附加目标;在集团公司编制的前期管理工作流程基础上,设计了集团公司高速公路建设项目设计质量监控过程流程;明确了设计质量监控计划文件的内容。② 分析设计管理模式,分析"双院制"与设计监理的异同,分析监理职责;建议采用设计监理,并提出需重点完善的工作与途径,包括设计监理单位评价和选择方法、设计监理费用与合同类型选择、设计监理规范合同编制等。③ 在分析引入设计质量后评价体系必要性的基础上,构建了包括设计计划符合度、设计深度符合度、限额设计完成度、工程变更责任率、后期服务满意度的设计质量后评价指标体系,以及包括设计监理规划执行力、各阶段功能分析合理性、目标价控制有效性和沟通协调能力的设计监理质量后评价指标体系。

　　在施工过程质量把控中,总结了集团公司施工过程质量把控的总体思路:"以工序质量控制为核心,以要素控制为重点,以预警为手段,以应急机制为保障",构建了集团公司过程质量把控体系;总结望东大桥质量预控管理经验,包括质量预控管理机构设置、控制点的识别、质量预控方案的制定、质量预控方案的制定实施效果等。

7 高速公路建设安全卓越过程管理

7.1 集团公司高速公路建设安全管理现状

7.1.1 宏观管理现状

随着市场经济体制的不断完善和人民生活水平的普遍提高,建筑业成为发展最快的行业之一。建筑市场竞争日益激烈,效益成为各企业竞争的目标,向管理要效益也已经成为各企业家的共识。安全是效益的前提,为此,多年来党和政府高度重视安全生产工作,确定了"安全第一,预防为主"的安全生产方针,颁布了一系列安全生产法律、法规和标准规范。以《安全生产法》为基本框架,颁布多项配套法规,主要包括《建设工程安全生产管理条例》(国务院令第 393号)、《安全生产许可证条例》(国务院令第 397 号)、《特种设备安全监察条例》(国务院令第 373号)、《工伤保险条例》(国务院令第 375 号)、《中华人民共和国职业病防治法》(主席令第 52号)、《工作场所职业卫生监督管理规定》(国家安监总局令第 47 号)、《安全生产违法行为行政处罚办法》(国家安监总局令第 15 号)、《公路安全保护条例》(国务院令第 593 号)、《安全评价机构管理办法》(国家安监总局令第 22 号)、《安全生产培训管理办法》(国家安监总局令第 44号)、《劳动防护用品监督管理规定》(国家安监总局令第 1 号)、《生产经营单位培训管理规定》(国家安监总局令第 3 号)、《注册安全工程师管理办法》(国家安监总局令第 11 号)等。通过一系列安全生产法律法规和标准规范的实施,确保了广大劳动者的安全和健康,控制和减少了各类事故,提高了安全生产管理水平,促进和谐社会的建立。

安徽省人民政府在"安徽省人民政府关于印发安徽省交通运输'十二五'发展规划的通知"中明确了"安全第一、预防为主、综合治理"的方针,要求处理好安全与生产、安全与效益、安全与发展的关系,健全体制机制,完善安全设施,加强安全管理。2009 年安徽省安监局调查机械、冶金、有色、建材、轻工、纺织、烟草、商贸八大行业的"安全生产"现状,有重点地督促企业认真做好重大隐患和重大危险源的排查治理工作,建立和完善了重大隐患治理和重大危险源监控制度[39]。安徽省安全生产监督管理局 2013 年下发"关于开展职业病危害现状评价工作的通知"(皖安监健〔2013〕48 号),研究制定了《安徽省用人单位职业病危害现状评价导则(试行)》和《职业病危害现状评价报告内部审查表》等,对职业病的防治提供依据。

在高速公路建设领域,安徽省交通运输厅严格遵循交通运输部安全规范要求,积极开展交通运输企业安全生产标准化建设工作,严格执行"三阶段风险分析与防控""单元预警法""一校、一会、一志"等,认真进行隐患排查,围绕"平安工地"建设开展安全检查工作,特别是以隧道工程、高墩大跨径桥梁工程、高填深挖路基工程安全生产情况,特种设备安全管理,防汛安全,三阶段风险防控情况和夜间施工为重点,采用现场检查、人员询问、查阅资料等形式,深入细致地开展建设生产安全监管工作。开展各类安全生产活动,如"安全生产月"专项活动、安全生产环境保护监理等培训活动近百次。此外,针对特殊自然气候等给予提前预警,如汛期、热带风暴等防御工作的紧急通知的颁布与执行。安全管理措施与活动的开展卓有成效。

7.1.2 微观管理现状

7.1.2.1 "思想重视＋制度保证＋技术支撑＋严格监督"的安全管理体系

通过多年的高速公路建设管理的沉淀与积累,集团公司已形成了"思想重视＋制度保证＋技术支撑＋严格监督"的安全管理体系,力求达到思想认识上警钟长鸣、制度保证上严密有效、技术支撑上坚强有力、监督检查上严格细致。

(1)思想重视

集团公司围绕"党政同责、一岗双责、齐抓共管"要求,坚持将安全生产工作纳入到集团公司日常管理工作中。坚持"安全第一、预防为主"的方针,加强施工人员安全教育,提高对安全工作重要性的认识,思想上、行动上重视与落实好安全措施,严格遵守各项安全规范,做到防患未然。

(2)制度保证

贯彻国家、行业、地方政府颁布的有关安全、质量、环保的法律、规范、标准及各项管理规章制度。结合集团公司实际,以隐患排查和整改落实为抓手,完善安全生产制度。为了明确安全生产职责,规范安全生产行为,建立和维护安全生产秩序,依法管理安全,制定安全责任制、组织与会议、教育、检查、隐患治理、标准化建设、专项方案与应急预案、特殊工种管理、农民工管理、特种设备管理、事故处理、信息报告、档案管理等一系列安全管理制度,形成常态化安全隐患排查治理机制。明确了项目办、总监办、监理组、项目部的安全管理职责,制定了安全生产学习教育及例会制度、事故报告、应急救援制度和安全生产档案管理制度等。通过严格执行制度,坚持"以人为本,安全发展",把安全措施落实到各个施工环节,有效防范和坚决遏制安全事故的发生。

(3)技术支撑

总结与吸收过去高速公路建设项目管理成功经验,结合在建项目特点和新形势要求,构建科学的管理方法体系。

科学技术手段和管理手段随着经济的快速发展也在不断地更新换代,有许多技术手段,如自动化技术、信息技术等,已经被应用于高速公路施工安全管理。施工安全管理信息系统通过对相关信息的采集和处理、储存和传输,为需要的部门提供可靠的数据信息保障,保证了信息的可靠性及及时性。通过人工智能等高级管理手段,有效地替代施工人员从事的危险劳动,同时能够把数据信息及时地反馈给管理人员,供施工生产中参考。此外,施工安全情况的模糊评判方法也作为一种新型的管理方法得到较广泛的认可与应用,成为新型管理技术的代表,这种评判方式较传统的分数等级制更为合理,也更加科学[40]。

集团公司根据高速公路建设工程特点、规模、结构复杂程度、工期、施工现场环境、劳动组织、施工方法、施工机械设备、变配电设施、架设工具以及各项安全防护措施等,运用工程技术手段和管理手段消除物、人的不安全因素,确保本质安全,以保证高速公路建设项目施工安全推进。通过科技手段创新监管模式,建立了安全顶层设计、安全双控管理与信息化视频监控等安全管理模式。实现对安全问题的系统性、科学性预测与预控,确保高速公路建设项目施工安全推进。

(4)严格监督

① 监管机构设置

集团公司制定各级人员、职能部门的安全生产责任制(项目办、总监办、监理组、项目部),明确安全生产管理机构和职能部门的安全职责。实行集团公司—项目办—施工队的阶梯式(塔式)监督管理。在签订的安全生产责任书中明确责任目标、具体的奖惩条款及额度，在生产过程中予以落实，由集团公司年终进行考核，予以奖惩。集团公司的高速公路建设监管体系见图7-1。

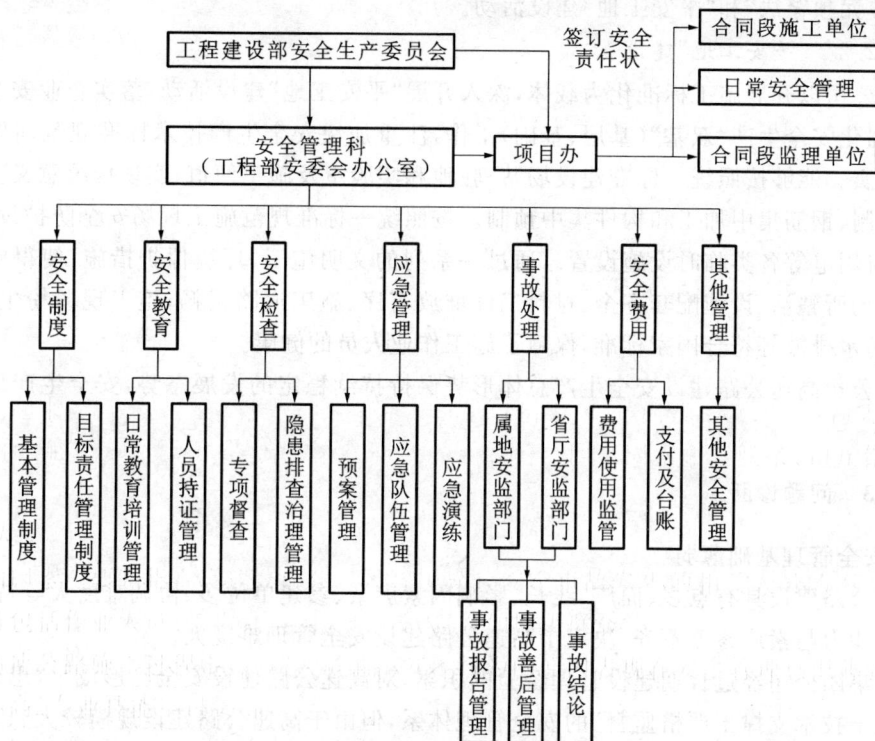

图 7-1　集团公司安全管理监督体系

② 监督检查

通过安全分级程序性审查和现场监督检查，以预防为主，做好安全生产隐患排查，实行持证上岗和安全生产一票否决制，实现对施工现场"全方位、全天候、全过程"监管。

集团公司安全生产管理科定期组织各项目的质量安全大检查，以互查、巡查等方式开展，通过检查，促进了项目的良性发展，也促进了项目之间的交流和互动，对提高项目的建设管理水平起到了推动作用。通报检查考核结果，提出工作要求。

项目办安全生产领导小组办公室对施工安全实行动态监管，每月开展一次程序性审查安全生产检查；不定期地进行现场监督检查，包括专项检查或重点抽查；每季度至少召开一次安全生产领导小组会议，研究解决重大安全生产问题。

总监办和各监理组开展日常安全检查巡视，排查安全隐患、"三违"情况，并进行及时处理并跟踪督查。严格执行"三查报备"制度和开展"平安工地"建设活动，认真检查施工中安全生产保障措施、整改措施和各项规章制度的落实情况。

各施工单位项目部严格执行年度安全生产计划，结合工程特点和施工的需要，制定和落实安全生产规章制度、安全操作规程和安全生产应急救援预案；对关键工序、重点部位和重要路段，实现全天候、全方位和全过程旁站监督，发现问题，及时处理，确保施工安全；日常巡查与集中检查相结合，做好安全检查记录；重大危险源和易发事故现场的安全管理要建立监管整治制度,对出现的安全隐患必须及时排除,整改要做到"三定",即定人员、定措施、定时间,建立完整的隐患整改台账和专项记录;加强对特种设备、特种作业人员的检查,书面记录归档;确保特种作业人员持证上岗;严格执行"三查报备"制度;开展"一校、一会、一志"工作,全面推行安全生产管理"单元预警法"和"平安工地"建设活动。

7.1.2.2 "平安工地"建设

集团公司以开展施工标准化为载体,深入开展"平安工地"建设活动,落实企业安全生产主体责任,强化安全生产"双基"(基层、基础)工作,注重加快安全生产技术标准规范向施工工地的转化落实。能够按照统一标准建设场站、驻地和实验室及施工便道,实现传统意义上的混凝土集中拌制、钢筋集中加工和构件集中预制。按照统一标准规范施工现场安全防护设施、安全标识、临时用电等各类临时设施设置。通过一系列的文明施工、环境保护措施,使得施工工地生产生活场所整洁、设施配套齐全、材料工件堆放有序、施工道路通畅,施工现场粉尘浓度、施工噪音、污水排放等符合国家标准,保障了施工作业人员的健康。

集团公司高速公路建设安全生产总体形势保持持续稳定的发展态势,安全生产形势平稳可控。

7.1.3 问题诊断

(1)安全管理基础薄弱

高速公路建设具有点多、面广、线长、影响因素庞杂、参建单位多、协调难度大等特点,同时参建队伍能力与素质参差不齐,决定了高速公路建设安全管理难度大。

尽管集团公司经过长期建设管理经验的积累,对高速公路建设安全已形成了"思想重视+制度保证+技术支撑+严格监督"的安全管理体系,但由于高速公路建设规模较大、数量较多、管理任务重,加之高速公路建设项目的单件性使其安全生产适应程度相对较差,导致安全生产管理难度大,安全意识仍待强化。在建设管理中仍然存在对建设生产安全的重要性认识不到位的现象。由此导致安全管理基础薄弱,对安全与速度、安全与效益、安全与稳定的关系认识不清晰。

(2)安全措施的落实不到位

安全措施的落实中存在的问题主要表现在:一是安全技术研究工作比较薄弱,解决安全生产关键性技术问题的工作相对滞后。二是施工企业安全管理人员和施工队伍素质普遍偏低,对安全管理知识、安全技术规范、安全操作规程、安全防范措施等理解不足,导致很多安全制度无法彻底落实到位。

7.2 安全管理基础建设

7.2.1 安全意识培育

建筑业长期以来在世界各国都是高风险的行业,伤亡事故的发生率一直位于各行业前列[41]。据美国劳工部2012年公布的统计报告,2011年美国建筑业死亡721人,在统计的15个行业中排列第二[42];2012年英国建筑业死亡49人,占全英国工伤死亡总数的22%,列各行业第一[43];台湾地区劳工职业灾害死亡率已有下降趋势,但其发生率仍是日本、美国或英国等先进国家的8倍（"行政院劳工委员会"，2000）[44]；据我国国家安全监督总局统计，2011年我国建筑业死亡人数达到2634人，首次超过煤矿业，形势严峻[45]。随着对安全事故认识和对事故原因调查的不断深入，安全意识的缺乏是造成安全事故的根本原因。

7.2.1.1　高速公路建设安全文化的定义

1986年发生的切尔诺贝利核电站事故引起了全世界对安全问题的极大关注，在该事故调查中，国际原子能组织认为安全文化匮乏是造成事故的主要原因，安全文化的概念首次提出。自此，安全文化成为安全领域研究的热点问题，一系列重大安全事故的调查也都发现安全文化等组织和社会因素是导致安全事故的重要原因[46]。

安全文化作为组织文化范畴内反映安全特征的子文化，被认为是一个抽象的、具有多层级属性的、稳定的和全局性的概念。有学者提出，安全文化是人类安全活动中所创造的安全生产和生活的精神、观念、行为与物态的总和。

据此，将高速公路管理安全文化定义为高速公路管理企业（或高速公路管理行业）在长期安全生产和经营活动中逐步形成的，或有意识塑造的，又为全体员工接受、遵循的，具有企业特色的安全思想和意识、安全作风和态度、安全管理机制及行为规范。高速公路管理安全文化是属于企业文化体系中一个十分重要的内容，它从唤起企业对安全生产的高度关注和责任出发，从保护人的生命安全和健康的基本目的出发，强调人的因素在保证安全上的主导地位，促进企业所有员工都密切关注安全，有效提高安全健康意识和安全文化素质，形成人人"关爱生命、关注安全"的良好企业施工生产环境，进而真正做到"安全第一，预防为主，综合治理"，保障高速公路建设的顺利进行，降低安全风险。

高速公路建设安全文化是在长期高速公路建设管理实践中，由高速公路建设管理企业管理层特别是主要领导，倡导员工普遍认同的、逐步形成并相对固化的群体安全意识、安全价值观、安全方针、安全目标、安全奖惩制度等的总和。

7.2.1.2　安全文化在高速公路建设卓越管理模式中的作用

从宏观层面讲，安全事关以人为本的执政理念，事关构建社会主义和谐社会；从企业层面讲，安全事关企业的经济效益，事关企业的可持续发展；从员工层面讲，安全事关个人生命，是人的第一需求。对现代社会而言，建设高度发达的高速公路网是一把双刃剑。一方面，它是拉动经济发展的"三驾马车"之一，是区域经济赖以发展的支撑；另一方面，建设中频频出现的安全事故，又是造成巨大资源浪费和经济损失、毁掉幸福生活的罪魁祸首。

一段时期以来，安全生产始终被放在突出重要的位置。但是从全国来看，在具备了较为完备的法律体系，健全的监督管理网络，先进的技术设备和逐年增加的安全投入等诸多有利条件的同时，在安全生产的硬件和软件水平都得到了极大提升的今天，高速公路建设中安全事故依然频发不止。高速公路建设管理企业也通过制定许多规章制度来严把质量关、安全关，但纵有制度千万条也难以规范每个员工的行为，更难消除一些员工对规章制度的逆反心理和漠视行为；企业在实际工作中也时时讲安全，事事求质量，"安全第一，安全责任重于泰山""百年大计，质量第一"，诸如此类的词汇已经很难对员工产生警示和意识的刺激，高速公路建设中安全事故仍然时有发生。显然，做好高速公路安全工作绝非依靠简单的命令或强制的手段就能奏效，安全、质量、进度、成本四位一体的管理格局，决定了高速公路建设安全管理工作的复杂性，任何单一的管理手段都因其自身的片面性而无法适应高速公路建设动态管理的全部要求，这就迫切需要一种超越传统安全管理的局限，上下一体、由内而外的全新约束力量。只有将安全上升为个人行为准则、价值取向、企业文化，才能将安全贯穿、渗透到企业的各个方面，推动企业的健康和谐发展。一个良性发展的企业，其整体价值观同个人的价值观取向是一致的，高速公路建设管理企业的安全文化必定反映广大员工的共同利益和愿望，通过其共同的价值体系，形成统一的思想、观念，使员工思想深处形成一种定势和响应机制。这种凝聚起来的群体意识，必将使员工全身心的投入安全生产中，认真负责、甘于奉献，促使企业安全文化与施工生产有机结合，从源头上确保高速公路建设的安全。

由此可见，培育良好的安全文化，有助于提高员工的安全意识，规范员工的操作行为，提升员工的个人素养，完善安全规章制度，营造、鼓励安全行为和安全参与的良好风气，从而有效消除人的不安全行为和物的不安全状态，改善安全状况。集团公司应以全面实施企业安全文化建设为有力推手，从源头上抓好安全管理工作。化被动为主动，严把安全关，为保障高速公路建设质量、维护生命安全、构建和谐社会贡献力量。

7.2.1.3　安全文化建设方案

(1)安全文化构架

安全文化的整体性构架是开展高速公路安全文化建设的重要基础。虽然许多安全领域相关学者提出安全文化的概念，但缺乏针对建设工程或高速公路建设安全文化的整体性构架。据统计，意外事件的发生中，人扮演着极为重要的角色。而高速公路建设安全文化，除了涉及人为错误外，也与参建主体组织结构、技术、社会及管理系统有关。可见，组织与项目安全环境、高速公路安全文化亦密不可分。

因此，将组织与项目安全环境结合起来，从职业安全、高速公路建设组织风险、高速公路建设组织系统三个维度构建高速公路建设安全文化内涵构架，见表 7-1。并以此构架为主轴，以集团公司为主体，尝试构建满足高速公路建设项目实际要求的高速公路项目安全文化。

表 7-1　集团公司安全文化内涵构架

维　度	维度说明	主要内涵
职业安全	安全管理模式	安全规范与规则；安全态度与动机；安全处理能力
组织风险	人-组织的匹配	作业要求；工作责任；知识技能；工作程序；安全监督
组织系统	系统诱发	安全承诺；组织训练；仪器设备与场所；安全沟通

① 高速公路建设职业安全文化

基于企业安全管理模式的高速公路建设职业安全文化，强调高速公路建设者的集体认知，包括安全规范与规则、安全态度与动机、安全处理能力。

安全规范与规则是界定高速公路建设安全风险的明确规范与规则。安全态度与动机是指关于安全重要性的集体信念，并且能够将这些信念转化为行动。安全处理能力是对安全风险的处理能力，包括对过去发生的安全事件的经验总结。

② 组织风险

组织风险基于人-组织的匹配性，强调组织因素对于高速公路安全管理的影响力，主要包括作业要求、工作责任、知识技能、工作程序和安全监督管理。

作业要求是指涉及高速公路建设工作的才能、潜力是否满足建设任务要求。工作责任涉及个人、部门和参建各方责任分配的合理性与公平性。知识技能是高速公路建设环境或技术要求所必须具备的特殊技能与知识，并将这种特殊技能与知识转移到所有参建人员上。工作程序是参建各方之间以及参建方内部部门工作程序的科学性、合理性与有效性，如程序不太复杂、能高效解决实际工作问题、没有程序缺乏、程序不是过于简单而控制无效等。安全监督管理中强调对高速公路建设管理安全的监督管理应与工作风险相匹配。

③ 组织系统

组织系统基于人为错误的系统诱发理论，强调高速公路建设管理组织策略与安全管理目标的实际运作结果。包括安全承诺、组织训练、仪器设备与场所、安全沟通等。

安全承诺涉及高速公路建设参建各方的安全管理决策，尤其是在建设目标要求相对较高、社会影响大、建设目标间冲突大等情况下，对安全目标的定位。组织训练涉及高速公路建设参建各方安全训练的重要性与有效性。仪器设备与场所涉及高速公路建设参建各方所使用仪器设备与施工现场的安全水平、效用水平等。安全沟通涉及高速公路建设参建各方之间、部门之间、参建人员之间的安全信息的流通程度。

(2)安全文化建设基本原则

高速公路安全文化建设除应遵循项目文化建设讲求实效、突出特色、以人为本、系统运作、传承与创新兼顾的基本原则外，还应紧密结合高速公路建设管理特点，坚持目标管理原则、价值管理原则、全员参与原则、责权利对等原则。

① 目标管理原则

每个高速公路建设项目都有既定的安全管理目标。每个参建单位都应根据自身技术与管理水平，制定符合自身实际情况的明确的安全管理目标。同时需要全体参建人员明确并理解自身所承担的安全目标与企业制定目标、项目总体目标之间的密切关系。在自身安全目标实现的同时，保证企业目标、项目总体目标的实现。

② 价值管理原则

参建各单位都应有一个共同的高速公路建设项目安全价值观念，以及全员遵循的安全价值标准，促进参建人员行为与标准紧密联系，不断加强安全责任意识，牢固树立"安全为天"的思想。

③ 全员参与原则

要促使高速公路建设参建人员切实参与项目安全管理、参与解决实际安全问题、参与安全管理的决策，充分调动参建人员的主观能动性。

④ 责权利对等原则

集团公司应把参建各方及参建人员对安全的责任、应有的权利和做好安全工作的物质利益统一，制定标准、衡量绩效，做到赏罚严明。

(3)安全文化建设模式

国内外许多企业的发展经验已经证明，安全文化建设是最终解决企业安全生产问题的有效方法和重要途径[47]。集团公司通过多年发展形成了"以人为本、安全为天、质量为上、效益为重、生态为基、文化为魂、廉洁为要"的高速公路建设管理理念。"安全为天"是企业文化的重要组成，已成为集团公司科学发展、安全发展、可持续发展的重要基础。将"安全为天"的企业文化注入高速公路建设项目管理中，是培育安全意识的根本途径。

模式是研究和表现事物规律的一种方式。它具有系统化、规范化、功能化的特点，能间接、明了地反映事物的过程、逻辑、功能、要素及其关系。[48]建议通过采用合理的安全文化模式开展高速公路安全文化建设，主要包括安全文化宣传模式（表7-2）、安全教育（学习）模式（表7-3）、安全管理（法制）模式（表7-4）、安全文化评价与竞赛模式（表7-5）、安全科技文化模式（表7-6）、安全文化状态检查模式(表 7-7)、安全技能实练模式(表 7-8)、安全科技文化研讨报告模式(表 7-9)等。

当然,模式的选择应当因地制宜,以集团公司高速公路建设项目实际情况为基础,进行创建和选用。

表 7-2　安全文化宣传模式

项目	内容	方式	目标	对象	责任人
三个"第一"	第一文件是"安全文件",第一大会是"安全大会",第一项工作是"安全一号"文件的宣传月活动	会议、学习、广播、电视、考试	突出安全,管好安全,为全年工作开好头	全员	各参建单位项目负责人,各参建单位安技、宣传部门负责人
"三个一"工程	项目部一套挂图、现场一套图标、每周一次视频资料	实物建设	增长知识	全员	各参建单位安技、宣传部门负责人
标志建设	禁止、警告、指令等标志	实物建设	警示作用、强化意识	全员	各参建单位安技、宣传部门负责人
文化手册	核心价值观、安全目标、建设方针	实物建设	强化意识	全员	建设单位
工作日志	安全目标及其分解	实物建设	强化意识	全员	建设单位
管理者安全教育	政策、法规、管理知识学习	学习、报告、座谈	强化意识、提高管理素质	各级管理者	各参建单位项目负责人

表 7-3　安全教育(学习)模式

项目	内容	方式	目标	对象	责任人
特殊安全教育	特殊工种、岗位、部门必需的安全知识和规程学习	学习、演练、考核	强化意识、掌握技能	特殊工种	各参建单位安技、宣传部门负责人
全员安全教育	安全知识、事故案例、政策规程学习	组织学习、研讨、广播、视频	强化意识、提高素质	全员	各参建单位安技、宣传部门负责人
班组安全教育	安全资料学习,如事故案例、安全知识、政策法规等	班组安全活动	强化意识、提高素质	班组成员	班组长及成员

表 7-4　安全管理(法制)模式

项目	内容	方式	目标	对象	责任人
全面安全管理	责任制建设、各种法规、技术标准	通过安全规则建设,定员、定岗、定责	强化责任、落实措施,做好横向管理到边,纵向管理到底	全员	各参建单位项目负责人
"5A"管理	全过程、全因素、全手段、全天候、全主体	全员运动	人人、处处、事事、时时把安全放在首位	全员	各参建单位项目负责人,各参建单位安技、宣传部门负责人

项目	内容	方式	目标	对象	责任人
"三群"对策	群策、群力、群管	人人献计献策、人人遵章守纪、人人参与监督检查	创造全方位的科学管理、严格管理的氛围,使安全责任得以观测,安全规章得以遵守,事故对策得以落实	全员	各参建单位项目负责人,各参建单位安技、宣传部门负责人
"三负责"制	从文化精神的角度激励情感,从行政与法制的角度明确"三负责":向员工负责、向家人负责、向自己负责	学习、讨论	通过各种手段学习规章制度,明确责任,激发责任心与责任感	全员	各参建单位项目负责人,各参建单位安技、宣传部门负责人
安全系统工程	人员、设备、环境的安全分析与对策	专题研究、分析报告	找出问题、分析对策、提出措施	生产要素	各参建单位安技、宣传部门负责人
无隐患安全管理	风险分析、管理、控制	安全风险预警	找出风险,制定预控措施	生产要素	各参建单位安技、宣传部门负责人
定置管理("三定")	通过严格的标准化设计和建设要求规范,实施生产设计工具的物态和操作人员行为的标准化管理,即定人员、定措施、定时间	标准化	营建良好的物态环境,规范作业流程	生产要素	各参建单位安技、宣传部门负责人
"5S"活动	整理、整顿、清扫、清洁、态度	全员活动	改变工作环境,培养良好的工作习惯	人、环境	各参建单位项目负责人
保险安全对策	对保险效果进行比较研究,提出新的对策	研究、分析、对比	有效投保,提高安全投资效益	相关人员	各参建单位安技、财务部门负责人
"三查报备"制度	施工单位自查,监理单位抽查,业主询查;施工单位向监理单位报备,监理单位向业主报备,业主向省有关部门报备	标准化	规范作业流程	工作程序	各参建单位项目负责人
"一校、一会、一志"制度	"一校",一线工人业余学校;"一会",安全交底班前会;"一志",安全生产日志	全员活动	通过制度建设落实科学管理,营建严格管理的氛围	全员	各参建单位项目负责人

表 7-5　安全文化评价与竞赛模式

项目	内容	方式	目标	对象	责任人
安全评价	对安全管理、安全教育、安全设施、施工现场环境等安全硬(软)件进行全面评价	专家组检查、分析	发现问题,找出薄弱环节,提出对策	生产要素	各参建单位负责人
安全优胜竞赛	各标段、班组、岗位进行全面安全竞赛	查现场、问职工、看效果、定量评比	强化观念、落实措施、提高能力	生产一线	各参建单位项目负责人
安全生产月(周)	结合全国活动主题,进行有针对性的活动	根据形势,适时确定	提高管理水平	全员	各参建单位项目负责人
事故忌日活动	重大事故案例回顾	会议报告	警钟长鸣、教训常温、强化意识	全员	各参建单位项目负责人
演讲比赛	质量安全常规知识、专业知识、实践经验与教训	演讲	强化意识	生产一线	各参建单位项目负责人
"平安工地"评选	按《"平安工地"建设达标标准》进行考核与评奖	工地考核、项目考核	规范安全管理行为、提高管理水平	全员	省交通质监站,各参建单位项目负责人
安全文艺活动	诗文书画、歌舞戏剧、游艺灯谜等文艺活动	结合节日活动自编或邀请	寓教于乐,增强质量安全意识	全员	各参建单位项目负责人

表 7-6　安全科技文化模式

项目	内容	方式	目标	对象	责任人
安全标准化建设	各标段、施工队、班组进行标准化作业	定内容、方法,定程序	落实措施	生产一线	各参建单位安技部门负责人
绿色岗位建设	针对特殊岗位进行全方位安全建设	定内容、方法,定程序	提高特殊岗位安全风险防范能力	特殊岗位	各参建单位安技部门负责人
人机安全设计	采用先进信息技术、通信技术改善本质安全	技术革新、硬件改造	提高人机界面安全	人机操作岗位	各参建单位安技部门负责人
单元预警	划分施工生产管理单元,进行现场危险源的辨识和预警	编制"单元预警方案"并组织实施	提升施工一线人员对风险的辨识能力和防范意识	生产一线	各参建单位项目负责人,各参建单位安技部门负责人
应急预案	对可能发生的质量安全事故设计应急方案	软件措施、硬件建设	根据事故危险级别能够快速地反应和高效地应对	质量安全事故危险场所岗位	各参建单位项目负责人,各参建单位安技部门负责人

项目	内容	方式	目标	对象	责任人
"三点"控制	对施工现场的重点位置进行整体重点控制	以施工队为单位,进行有目标、责任明确的分级控制和分级管理	对危险性和危害性严重的施工作业点进行整体有效的控制	事故多发点、事故危害点、健康危害点	各参建单位安技部门负责人
绿色建筑	绿色施工的推进	每年进行绿色工程预算、立项,实施绿色工程项目推广	通过采用新技术、新方法、新工艺,落实绿色施工技术	关键分部分项工程	建设单位负责人及项目负责人

表 7-7　安全文化状态检查模式

项目	内容	方式	目标	对象	责任人
人因安全性检查	对各级管理者和员工进行责任制、安全技能培训等方面的考评	填表、抽查、分析、评价	强化安全意识、安全知识技能达标	全员	各参建单位安技部门负责人
物态安全性检查	各种施工用机械、设备、工具、材料等	安全技术检查	通过全面检查评价发现隐患,指导有效整改	各种施工用工器具、材料等	各参建单位安技部门负责人
安全"四查"工程	查思想、查制度、查设施、查教育、查隐患、查防护	岗位一天一查、施工队一周一查、标段一月一查	方位设施安全运行、工人操作安全、施工队安全文明施工、责任落实到位、管理规范化	班组成员	各参建单位安技部门负责人
安全管理效能检查	对参建单位的安全机构、人员、职能、制度、经费投入等安全管理效能进行全面检查	分层次、分对象,采用座谈分析、项目对照方式	通过系统分析和检查,提升安全管理,提高安全管理效能	各级管理者	各参建单位负责人,各参建单位安技部门负责人
安全方位责任制检查	岗位专责制、交接班制、巡回检查制、安全负责制、岗位练兵制、安全生产制、班组经济核算制、文明生产制、思想工作制等	施工现场质量安全管理联合大检查	全面贯彻落实岗位责任制	全员	各参建单位负责人

表7-8　安全技能实练模式

项目	内容	方式	目标	对象	责任人
技能演习	各种安全技能的实际使用与应急技能的演练,如应急预案演练、灭火、爆炸技能演习等	现场模拟	对险情进行正确判断与处理	全员	各参建单位安技部门负责人
技能竞赛	各种安全技能的技术比武	现场实操	提升安全技能水平	全员	各参建单位负责人

表7-9　安全科技文化研讨报告模式

项目	内容	方式	目标	对象	责任人
安全知识竞赛	组织安全知识竞赛	竞赛活动	重温安全知识,强化教育	全员	各参建单位负责人
安全事故报告会	对当年行业发生的事故进行报道	会议	吸取教训,警钟长鸣	全员	各参建单位安技部门负责人
安全汇报会	汇报安全生产状况、隐患、问题	会议	总结工作、分析问题、制定对策	相关管理人员	各参建单位负责人

7.2.1.4　黄祁高速公路安全文化建设

(1)项目概况

黄山至祁门高速公路地处风景秀丽的皖南山区,路线全长102km,项目基本情况见表7-10。

表7-10　项目建设基本情况

项目或标段名称	安徽省黄山至祁门高速公路路基工程			公路等级	高速公路
工程概算(亿元)	65.2048			合同额(亿元)	21.86(路基)
实际开工日期(年月)	2009年9月			计划完工日期(年月)	2013年10月
建设里程(km)	102.978	桥隧比例(%)	25.2　施工驻地数量　15	作业场站数量	42
安全费用投入(元)	21903206.9		安全管理人数　106	安全事故起数/人数	0
重大危险源数量	5		三类人员持证数　94	劳动用工登记人数	3690

黄祁高速公路是典型山区高速公路,全线处于山陵丘壑之中,地形、地质条件复杂,桥隧比大,单项工程种类及参建人员多,生产区域分散,现场安全管理难度大。

项目主要特点有:进场道路十分困难,微丘区段因绕行齐云山国家环境保护区,导致路线远离区域路网,重丘区段基本无可直接利用的进场便道,且无施工生产用电线路,需全部重新架设;路线所处廊带狭窄。路线后半段频繁与原区域路网和皖赣铁路产生交叉和共线,与皖赣铁路交叉1次,与地方道路交叉21次;路线处于黄山风化和弱风化地质区域,地质、水文情况复杂。隧道埋深普遍较浅,导致隧道施工安全生产管理难度加大;项目地形起伏较大,起伏转换频繁,导致路基填挖频繁转换,对施工组织和质量控制提出较高要求;路线处于大黄山风景区范围。环境保护工作十分艰巨,砂、石等地材十分匮乏。

(2)安全文化核心理念

在省市党委政府及其有关部门的正确领导和关怀下,坚决贯彻"安全第一,预防为主,综合治理"的安全生产方针,坚持"科学发展,安全发展"的原则,秉承集团公司"安全为天,质量为上,效益为重,生态为基,文化为魂,廉洁为要"的"六为"建设理念,提出了"从零开始、向零奋斗"的安全目标,"安全就是生命、安全就是服务、安全就是效益"的安全管理理念,"思想的高度、决定行动的力度"的安全教育理念,"开拓思路、勇于创新"的创新理念。拓展了安全管理文化的内涵,明确了管理目标,引导安全工作方向。

(3)安全精神文化建设

黄祁高速公路项目办统筹参建各方,根据项目施工特点,以"一校、一会、一志""单元预警法、三阶段安全风险分析与预防"等具体措施为依托,将"安全就是生命,安全就是服务,安全就是效益"的安全观念和行为、制度、物态文化有机结合,采取多种手段开展安全文化深植工作,提高员工安全意识,加强施工中安全预控、监管,充分发挥安全文化的导向、凝聚、激励、约束、规范、提升功能,打造务实高效的人性化、科学化、制度化、且具有黄祁特色的安全工程项目。

在项目安全管理过程中,结合实际,提出"从零开始,向零奋斗"的安全目标,"以人为本、科学人文"的管理理念,"开拓思路、勇于创新"的创新理念,"认识的高度,决定行动的力度"的安全教育理念,"生产组织零违章,操作过程零失误"的生产理念,拓展了文化内涵,并注重文化的宣扬与深植,发挥文化的灵魂作用,以文化的"软环境"与安全标准化的"硬环境"相结合、相促进,内化于心,外化于行,综合治理,提升安全管理水平,创建"平安工地"。

此外,注重项目成员安全教育,提升安全意识。主要做法有:编辑《黄祁简报》《平安黄祁》等刊物;印发了《黄祁安全培训教材》《安全学习材料》、"口袋书"等书籍;在夜校和工人营地播放安全教育视频;班前会宣讲当日安全要点;并与专业机构联合组织培训;张贴安全标语、宣传画,开办专栏,组织演讲,应急演练。安全文化教育形式与内容丰富,安全理念深入人心,安全文化建设取得实效。

(4)安全制度文化建设

① 制度建设基本原则

在制度制定过程中,注重制度的先进性,总结与吸收过去项目管理成功经验,反映项目特点和新形势要求,具有一定的前瞻性。注重制度的科学性,制度涵盖安全生产的各个方面,切合当前发展需要与技术水平,使责任、组织、教育、监控、整改、报告等互为一体,形成科学支撑体系。注重制度的持续完善,密切关注政策导向,注意形势发展与管理过程中的反馈信息,及时补充新要求,不断完善制度建设。

② 制度建设内容

黄祁高速公路在开工之初,以落实安全责任制为核心,建设单位、监理、施工单位均成立了以主要领导为第一责任人的安全领导机构,将各单位的主要领导牢牢地绑在安全"战车"上;配备专职的职能部门及安全管理人员,分级签订责任状,明确建设单位、监理、施工单位安全责任,总体上形成一级抓一级,层层落实安全责任制度,明确安全责任。

依据《安全生产法》和《建设工程安全生产管理条例》的相关规定,编制了《黄祁高速公路安全生产管理办法》和《黄祁高速公路工程安全生产管理实施细则》等一系列安全管理制度。

通过组织机构及制度的建设,做到了安全管理工作有法可依、有章可循,形成了一个上有人抓,下有人管,横向到边,纵向到底,专管成线,群管成网的安全管理网络。

推行"一校、一会、一志"。"一校"即一线工人业余学校,加强对一线工人,特别是农民工安全意识和生产技能的培训。"一会"即班前会,要求每一工点开工前,班组长必须召开"班前会",向班组人员介绍当天施工中的安全注意事项,并严格检查安全防护措施是否到位。"一志"即安全生产日志,安全员必须根据工程施工部位有针对性地向班组进行安全技术交底,每天填写"安全生产日志",如实记录当天安全生产情况,并考虑第二天施工内容与安全注意事项。

推行单元预警法。单元预警法是根据工程作业内容、作业地点,将管理对象划分成若干单元,通过对单元范围内的施工工艺、天气情况等安全隐患源的排查分析,给作业人员以超前的安全风险警示。通过单元预警的划分、预警等级的确定、预警发布的形式、实施的措施及实施的评价改进五个方面予以实施。

推行三阶段安全预防与分析法。三阶段安全预防与分析就是结合工程进展情况,按照防范时效不同,以风险分析为主要内容,以预防为主要形式,对风险控制分预案、预控、预警三个阶段实施。

推行安全检查与考核制度。在安全检查中,有意识地让不同部门、不同专业的人员参与,不仅能相互学习促进,而且能更容易发现问题,解决一些安全管理自身存在的盲区,纠正一些错误的习惯性做法。并在日常管理中,实行安全员跟班制度,能及时为现场提供安全技术服务,发现隐患,杜绝"三违"现象。建立安全指标考核制度,月评季考,确保年度安全指标的实现,并将考核结果与员工绩效挂钩,与参建单位信用评价挂钩,与监理工程师信用评价挂钩。对于每次考评的先进单位,予以通报表彰;对落后的单位,予以惩戒,每年评比优秀安全管理个人及先进标段,发挥模范带头作用。

(5)安全物质文化建设

① 场站建设标准化。为加强文明施工,标准化场地建设,针对承包人驻地建设、拌合站建设、梁场建设、钢筋加工棚建设等,项目办分别适时印发了《黄祁高速公路预应力梁场建设及预应力梁施工管理作业指导书》《关于明确钢筋加工棚建设有关要求的通知》等相关作业指导书,对场地面积、功能区划、设施配备、标志标牌设置、环境保护及绿化等作了统一规范要求,并组织专项检查验收,计入阶段综合考评,基本实现了标准化场地建设。

② 施工现场防护标准化。全线各示范项目积极创新思路,在方法和实效上动脑筋、想办法,涌现出许多值得推广和借鉴的好经验。

便道:路面硬化处理,设错车道,树立指路牌、限速牌、警示牌、指示牌,临边防护采用钢管护栏刷红白反光漆。

基坑及泥浆池:设警示牌,临边防护采用钢管护栏刷红白反光漆,泥浆池防护护栏上挂安全网。

高空作业平台:设警示牌,临边防护采用钢管护栏刷红白反光漆并挂双层安全网,需设地板的则满铺木板加挡脚板。

人员上下通道:20m 以下采用门架式安全通道,外立面包裹安全网;20m 以上搭设"之"字形安全通道,护栏采用钢管护栏刷红白反光漆挂安全网。

满堂支架安全门洞:需要通行的满堂支架设安全门洞,门洞上方挂安全网,沿着门洞边框范围安装了条形红色警示灯光带,门洞两头设置了警用闪烁灯,提醒行人、行车安全通行;在施工影响区域内(50m)摆放了交通反光锥、交通警示水码,对车辆进行渠化引导;门洞支架钢管柱基础底座涂刷黑白警示漆;设置限高架、警示标牌等。

临时用电:电力系统符合"三级配电二级保护",达到"一机、一闸、一漏、一箱"要求;电缆线路必须采用五芯电缆,电缆线路应采用埋地或架空敷设;动力和照明必须分路配电,动力开关箱与照明开关箱必须分箱设置;配电房设警示标志并配齐消防器材。

钢筋棚:钢管立柱刷红白漆或黄黑漆,钢结构龙骨,彩钢瓦顶棚,分加工区、半成品区、材料堆放区。醒目位置张挂操作规程、警示牌。

炸药库、油库(罐):炸药库选址应确保安全距离,砌围墙,设值班室,雷管库、炸药库分开设置(内柜由公安部门提供);设水池、沙池等消防设施,防静电设施。

隧道:为了便于掌握进洞人员动态,在隧道洞口设立安全值班室,实行24h专人值班制度,并设置进洞人员挂牌栏,对每一进洞人员进行安全检查,先登记、后挂牌。随时掌握隧道内人员情况。同时,在值班室悬挂现场管理制度、安全生产纪律、进洞提示、进洞须知、班组安全操作须知、各工种安全操作规程和值班员制度。在隧道洞口设立安全警示牌、安全标语,提醒进洞人员注意各类不安全因素,设立一般事故、重大事故应急救援抢险联络机构图,标明各种可能出现的突发事故抢险救援人员联络电话。台车设彩灯带,中长隧道设通风设施。

③ 加大投入,狠抓管理,落实安全措施。项目办督促各施工单位足额投入安全费用,印发《黄祁高速公路路面工程安全生产专项费用计量管理办法》的通知,确保安全措施的落实。经常巡查施工现场,重点检查各单位安全生产保证体系运行及各项安全措施的落实,严惩安全生产中违反劳动纪律、违反作业规程、违章指挥的"三违"现象。

(6)安全行为文化建设

① 项目办行为文化

欲善其事,必先利其器。建立领导机构,科学组织是安全的保障。项目办成立创建领导小组,由项目办主任任负责人,各部门人员及参建单位负责人为成员,负责组织、协调、指导、检查、督查安全文化建设活动。安全工作领导重视是关键,领导重视更容易在集体中形成共识、共鸣与合力。成立了以项目办主任为组长,项目总监、工程部长、安质部长为副组长,工程部成员、安质部成员、监理组长、项目经理为成员的创建领导小组,全面负责项目创建工作。各监理、施工单位也相应成立了创建领导小组。创建领导小组下设办公室,下辖基础管理工作组、学习培训工作组、宣传报道工作组、安全行为工作组,负责安全文化创建活动日常管理工作以及与各工作小组的联络和协调工作。

② 项目成员行为文化

全员参与创建,通过目标考核及责任状,将安全生产相关要求纳入其中;"一岗双责"保证项目所有人员均与安全生产责任联系起来;营建良好的安全文化氛围,规范员工安全行为。

树立示范标段,发挥辐射功能。根据工程特点及各标段的综合能力,确定安全工作突出合同段作为创建"平安工地"示范标段,制定专项方案,设专人盯点扶持,成功树立典型,以点带面,在创建活动中发挥巨大作用。

开展丰富的安全建设活动,包括创建"安全文化建设示范业"活动、2012年"安全生产月"活动、"安全文化示范企业"知识培训、"平安工地"达标建设自查活动、安全生产月安全生产演讲比赛等。

（7）安全文化建设效果

黄祁高速公路项目办通过这些方法将安全的方案、预警、教育、措施落实和检查融为一体，形成一条新的安全管理思路，取得了良好的效果，实现安全零事故，实现"优质路、平安路、生态路、文化路"。首先，激发了员工积极性、创造力以及集体荣誉感，建设了一个和谐、高效、务实的团队；其次，强化了"安全为天"的理念，使员工素质得到提高，安全管理水平得到提升；依据安全物质文化建设基本要求，改善了作业环境，增强了员工幸福感，避免了不必要的干预和损失，有效地推动了工程进展，使项目阶段目标得以实现；更重要的是，通过文化建设树立了良好的集团公司企业形象。

因此，黄祁高速公路项目建设获得诸多荣誉：2010—2013年通过省级交通运输主管部门考核，等级为"示范"；获得交通运输部、国家安全生产监督管理总局颁发的"2013年度公路水运建设项目平安工程"。

7.2.2　工作机制完善

集团公司坚持系统论的观点，不断探索提高，成功构建并优化了安全卓越管理工作的长效机制。这一机制经过高速公路工程的科研、设计、施工各个阶段的实践和锤炼，不断得到完善。正是这一机制的成功建立和运作，使得集团公司顺利地完成了安徽省内多条高速公路的工程建造和运营管理，有效缓解了地区交通供应紧张的局面，产生了良好的经济效益和社会效益。

概括起来讲，集团公司安全卓越管理工作的长效机制是以安全文化建设为中心，实施标准化、规范化运作与安全卓越管理工作体系。

7.2.2.1　以安全文化建设为中心

近年来，集团公司取得了良好的运行业绩，这与公司积极推行的企业文化建设是分不开的。安全文化是企业文化的一个重要组成部分，其实质是通过在企业内部创造一种良好的制度和氛围，积极培养员工的安全意识和态度，改变员工的安全行为模式、工作方式和方法，改进员工的工作效率和工作质量，从而消除施工中的安全隐患，最终提高集团公司的业绩和市场竞争力。

决策层是安全文化的缔造者，是安全工作的推动者。集团公司准确把握并传承了高速公路建设领域的优良传统，深入研究高速公路安全文化的内涵及发展规律，挖掘整理高速公路安全文化的底蕴，始终坚持培育具有高速公路行业特色的安全文化。

管理层是安全文化的传播者，是安全工作的督促者。安全工作长效机制的建设，不仅仅是要形成一些书面的规章制度，更重要的是还要建立起一整套便利、实用、有约束力的机制。管理层在具体落实和贯彻决策层的理念和决定，制定安全制度以及在督促工作层执行相关制度方面起着十分重要的作用。他们既是安全文化的传播者，同时又是安全工作的督促者。

工作层是安全文化的主力军，是安全工作的创造者和实践者。安全工作长效机制建设的关键不在多说，而在实做、做实。工作层是保证高速公路建设各项工作质量的直接创造者。集团公司将人视为最宝贵的资源，坚持以人为本，把带好队伍、提升员工的素质作为工作的重点。

集团公司坚持"以人为本"，全面落实科学发展观，在完善和丰富安全文化理念及内涵的同时，使安全文化理念为广大员工所认知、认同和遵循，成为推动公司安全工作发展的思想先导和驱动力。

7.2.2.2　实施标准化、规范化运作

集团公司良好的管理氛围，离不开标准化和规范化管理体系的运作。集团公司紧紧围绕

高速公路建设安全的中心任务,致力于标准化、规范化管理,致力于员工素质的全面提升,倡导"安全无借口,赢在执行,以人为本,追求卓越"的安全理念,培育"融合、坦诚、开放,阳光心态,关注细节"的工作氛围,在制度的硬约束中渗透文化的软管理,强化安全文化软实力的作用。

在集团公司从最高管理层到基层的每一位员工,乃至参建各方的员工,都视管理制度为公司的"法律",严格遵守技术规范和施工流程就是遵守"法律"。如果没有标准,就等于无章操作,如果违反施工规范,就等于"违法"。正是有这样的共识,安徽省高速公路建设的标准化、规范化管理才得以不断完善和有效实施。

"坚持以安全文化为中心,标准化、规范化运作"确保了安徽省高速公路建设安全管理工作逐步从成功走向成熟,并迈向具有长效机制的良性循环轨道。

7.2.2.3　实施安全卓越管理工作体系

安全卓越管理工作体系包括安全工作的评价标准体系、安全工作责任体系、安全工作服务体系以及安全工作监督体系。体系之间是有联动效应的有机整体,缺一不可,如图7-2所示。高速公路安全卓越管理的实现过程实际上就是工作体系有机结合、有效运行的过程。

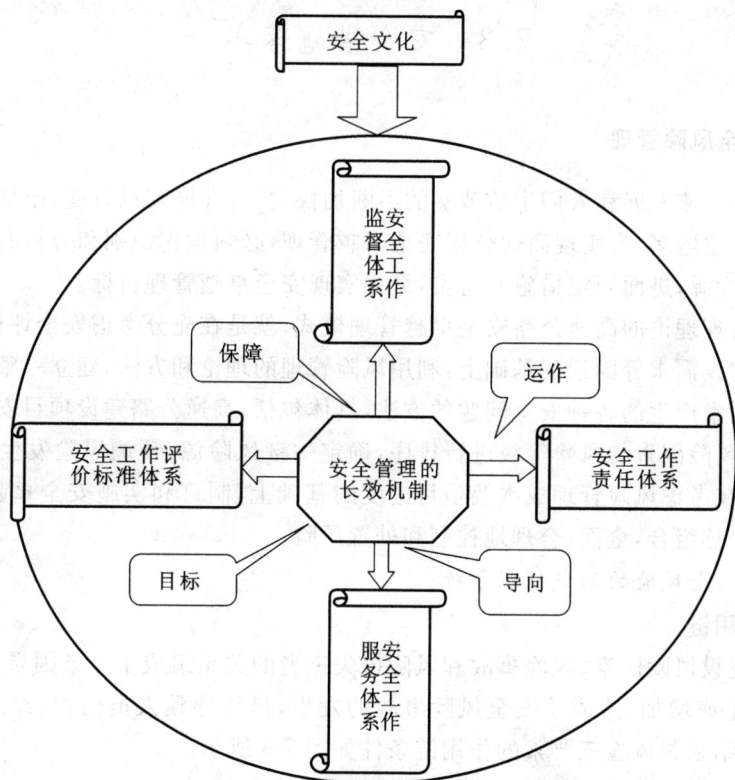

图7-2　安全卓越管理工作体系运作机制结构图

(1)安全工作评价标准体系

安全工作评价标准体系是安全工作应当达到一定程度的标准界定。它是安全工作长效管理的基础,是长效管理的目标系统。

(2)安全工作责任体系

安全工作离不开任何一个个体,因此责任体系对象应包括全体从事与安全工作相关的人员。通过安全工作责任体系的建立,明确各级领导、职能部门、工程技术人员、岗位操作人员在高速公路建设生产过程中对安全生产的层层工作职责。安全工作责任体系在长效管理机制的构建中,具有十分重要的地位,是一个企业长效管理的运作系统,只有一个合理的责任体系,才能使安全工作的评价标准体系得到落实,才能实现安全工作的可持续发展。

(3)安全工作服务体系

安全工作的服务体系是在安全工作管理过程中提供服务设施以及做好相关服务工作。管理与服务是辩证统一的关系。管理是手段,服务是目的,是终极目标,是第一位的。从这个意义上讲,"管理就是服务"。服务体系是长效管理的导向系统,离开了服务,管理也就失去了目标定位。而失去了目标定位的管理,是难以使安全工作可持续发展的。

(4)安全工作监督体系

安全工作监督体系是对安全工作管理进行有效监督的制度与措施的统一体。监督体系是安全工作长效管理中不可或缺的一环,是长效管理的保障所在。只有有效的监督得以履行,相关的责任才能落实到位,安全工作的可持续维护才能有所保证。

7.3　安全措施落实

7.3.1　安全风险管理

随着科技的飞速发展和人们生活节奏的不断加快,社会环境瞬息万变,影响高速公路建设的不确定因素日益增多,为实现高速公路安全卓越管理,必须预先识别和分析有可能出现的安全问题,识别危险源,进而制定措施并落实,最终实现安全卓越管理目标。

基于风险管理理论的高速公路安全卓越管理模式,就是在充分考虑安全评价标准、安全管理现状和项目建设需求等因素的基础上,利用风险管理的理论和方法,建立一整套有效处理由这些不确定性因素产生的各种安全问题的方法,具体包括:高速公路建设项目安全风险的识别和评价,将各类风险因素的风险等级进行排序,确定关键风险源,预测风险发生的概率和可能带来的损失,并在考虑风险管理成本及项目进度的基础上,制订和实施安全卓越管理计划,运用各种对策的最佳组合,全面、合理地控制和处置风险。

7.3.1.1　安全风险的形成机理分析

(1)风险作用链

高速公路建设风险因素、风险事故和风险损失三者的关系组成了一条因果关系链,即安全风险因素的产生或增加,造成了安全风险事故的发生,最终导致人员伤亡、经济损失、进度延误、质量低劣等结果。风险三要素的作用链条件如图 7-3 所示。

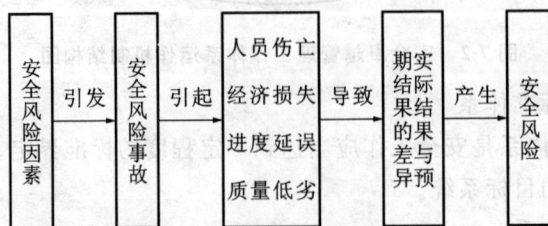

图 7-3　高速公路建设安全风险作用链

（2）风险影响因素分析

根据近年工程施工安全事故伤亡损失的数据统计分析可见，常见的事故类别主要包括高空坠落、物理打击、机械器具伤害、坍塌、触电五大类型。各种安全事故所占的比重如图7-4所示，这些主要事故的伤亡损失数占所有安全事故比重的绝大多数。

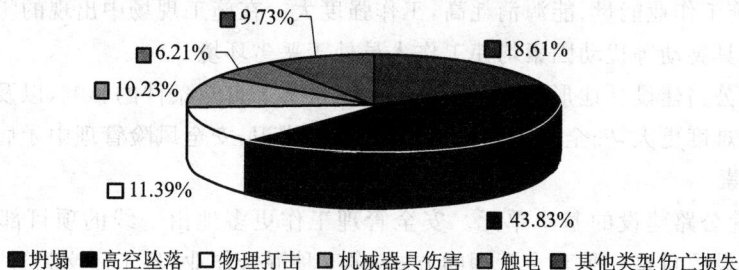

图 7-4　施工安全事故伤亡损失比例图

归纳起来，导致这些安全事故的风险因素可以概括为"4M"因素：人（men）、物质（matter，含材料和机械等）、环境（medium）、管理（management）。四个因素相互联系、相互作用、相互制约。

① 人

人的因素主要是指在高速公路建设过程中导致安全事故发生的相关人员的不安全行为。这些人员包括作业人员、管理人员、其他相关人员，如周边群众等。

在高速公路施工过程中，管理人员的不安全行为的原因表现在安全管理意识薄弱、自身综合素质不高、专业技能不过关等。

在高速公路施工过程中，作业人员的不安全行为主要表现在操作工人技术不熟练；疏忽大意，违规操作或危险操作；操作失误，致使安全防护装置不起作用；使用安全防护设备和工具方式不当等。

其他相关人群的安全意识淡薄、对项目的支持力度和配合程度低等，亦会对安全事故的发生起到促发作用。

② 物质

物质因素主要是指物料、设备的不安全状态，它们是造成安全事故的直接因素。物料、设备包括了施工过程中所需的材料、机械设备等。机械设备的安全风险因素包括大型机械设备拆装的安全控制不足、机械设备的检测程序有误及监测频率低、机械设备操作不当、设备保养和维修力度不够等。材料安全风险因素包括材料采购管理的有效性、材料检测程序的有效性、材料库存管理的有效性等。

③ 环境因素

环境因素，主要是指安全事故发生所在的背景。高速公路施工线长、点多，施工场地狭小，技术难点多，施工质量保证难度大。而且主要是露天作业，施工现场地处河谷，高山环绕，作业环境极其复杂，条件较为恶劣，安全隐患、风险源较多，且分布范围较广，在气候冷暖、洪水、雨雪、大风、暴雨等自然环境影响下，塌方、倒塌、水毁、滑坡、泥石流等安全事故随时会发生。

高速公路建设作业类型复杂且安全风险大。高空作业多，施工人员及一线工人安全心理压力大,高处坠落事件时有发生;高速公路建设还涉及地下作业,如隧道作业,洞长缺氧,有害气体分布较广、黑暗易导致工人健康问题、心理恐惧,遇雨季洞内易塌落造成安全事故。此外,安徽省高速公路建设中还有诸多山区高速公路建设,涉及爆破作业。由于山体复杂、岩石成分繁多、爆破物自燃、爆破现场狭窄等问题容易导致安全事故的发生。

高速公路施工作业能量、能源消耗高,工作强度大。在施工现场中出现的噪音、热量、有害气体、尘土和工具晃动等扰动因素均使工作人员处于恶劣环境。

总之,高速公路建设受地形、地貌、地质、气象、水文等自然条件的影响,以及现代施工技术发展要求,建设难度更大,安全风险源更为复杂,难以辨识,安全风险管理中矛盾更加突出。

④ 管理因素

项目是高速公路建设的基本单元。安全管理工作更多地由一线的项目部来承担。一方面,高速公路建设项目是一种整合管理的方式,多工种混合作业,各工序交替进行,相互配合不易协调。另一方面,高速公路建设项目具有的一次性特点决定了高速公路工程的安全风险问题不是一成不变的,各项目风险各具特色,由此导致安全管理难度大。此外,经有关专家对高速公路建设安全事故的原因统计分析发现,几乎每次安全事故的产生均存在管理缺陷。

管理因素主要包括组织因素和制度因素。组织因素主要包括安全管理组织结构的设置与运行情况、安全管理人员的配备情况、安全教育培训情况等。制度因素包括安全管理制度的完善情况、安全管理制度的执行与检查情况、安全管理经费的到位和使用情况等。

根据因果连锁理论,概括起来,高速公路建设安全事故的根源是物的不安全状态和人的不安全行为共同作用的结果。物的不安全状态,即危险源处在触发状态;人的不安全行为,即将会导致安全隐患的危险行为。物的不安全状态和人的不安全行为在特定的环境和时点里相遇作用,就会产生安全隐患,最终可能会导致安全事故发生,造成人员伤亡和经济损失。有关资料显示,90％的事故是由“人”的行为引起的[49],因此,“人”是高速公路建设安全管理的关键。

7.3.1.2 安全风险管理体系

要实现高速公路安全卓越管理,必须具有一整套有效处理由这些不确定性因素产生的各种安全问题的方法,包括对风险的预测、识别、评估和科学分析,并运用各种对策的最佳组合对风险进行全面、合理的控制和处置。

安全风险管理是一种系统过程活动,是工程管理过程中的有机组成部分,也是现代风险管理的重要组成部分。

对风险管理体系而言,不同的国家、不同的行业以及它自身的不同发展阶段存在一定差别。具有代表性的风险管理体系有:美国项目管理学会(PMI:Project Management Institute)于 2008 年出版的《项目管理知识体系指南》(第 4 版)[50]中将风险管理体系设计为风险管理计划、风险识别、定性风险分析、定量风险分析、风险应对计划和风险监控六个过程;国际项目管理协会(IPMA:International Project Management Association)2006 年出版的《国际项目管理专业资质认证标准》[51](ICB 3.0:IPMA Competence Baseline 3.0)从项目风险管理知识、经验和个人素质要求角度,对风险管理体系进行阐述;英国项目管理协会(APM:Association for Project Management)起草的《项目管理风险分析与管理》[52](PRAM:Project Risk Analysis and Management)中,项目风险管理包括九个环节:风险定义、风险集中、风险识别、风险结构、风险所有权、风险估计、风险评价、风险计划和风险管理。

经过半个世纪的理论研究和实践,国际学术界已对风险管理体系达成较一致的看法,将风险管理体系概括为风险识别、风险分析、风险评价和风险控制四个基本过程,见图7-5。

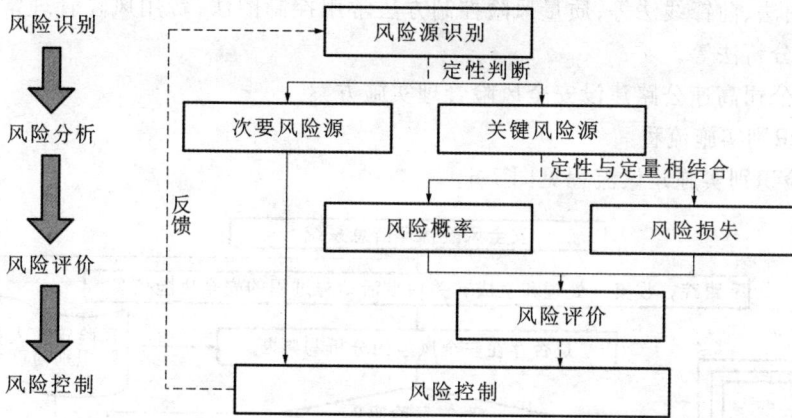

图7-5 高速公路建设安全风险管理体系结构图

7.3.1.3 安全风险管理方法及实施

(1)常用管理方法

在风险管理体系设计基础上,研究人员从工程管理不同主体、不同阶段研究风险管理方法,在识别、分析、评价、控制等方面都开发出了较为成熟的理论与方法[53-56]。

① 风险识别方法

风险识别是调查、分析高速公路建设存在的潜在风险因素,可能发生地点、时间及原因,进行系统归类与整理,然后筛选出对目标参数影响较大的风险因素。

风险识别方法主要有核查表法、工程项目结构分解分析法、风险因素分解分析法、因果分析图法、流程图法、潜在损失一览表、因子分析法[57]、SWOT分析法、情景分析法(Scenarios Analysis)[58]、德尔菲法(Delphi Method)、头脑风暴法(Brains Storming)[59]、现场调查法等。

② 风险分析方法

风险分析是在风险识别基础上,通过对搜集的资料进行分析,运用定性与定量分析相结合的方法,对风险因素发生概率和后果进行分析与估计,找出可能受到伤害的人员、致害物、事故原因等,确定主要的风险因素。

常用风险分析方法有频数分布直方图法、概率图法、综合推断法、专家调查法等。

③ 风险评价方法

风险评价是根据现有高速公路工程安全风险级别划分和接受准则,对工程项目进行安全风险等级确定。包括各风险等级排序和总体风险的综合评价。

现有的较为成熟的风险评价方法有:专家打分法、层次分析法(AHP)[60-61]、头脑风暴法[62]、蒙特卡罗模拟技术(MCS)、计划评审技术(PERT)[63-64]、敏感性分析法(SA)、模糊分析方法(FA)[65-66]、灰色管理分析[67]、统计概率法(SM)[68]、CIM模型、故障树分析法(FTA)[69]、外推法、影响图分析法(LD)[70]、神经网络技术[71]等。这些方法大致反映了工程风险分析技术的现有水平,且各有利弊,有时学者们将其中两种或多种方法结合使用[72-74]。

④ 风险控制方法

风险控制是从高速公路建设实际情况出发,针对不同的风险,为降低安全风险损失制定风险管理实施对策、方案和措施等。

对风险控制方法的研究,通常是针对工程项目不同目标分别设计,工程进度风险控制方法主要有横道图法、前锋线法等;质量风险控制方法常用控制图法;费用风险管理常用方法有横道图法、挣值分析法等。

(2)集团公司高速公路建设安全风险管理实施方案

① 风险识别实施流程

安全风险识别实施建议流程见图7-6。

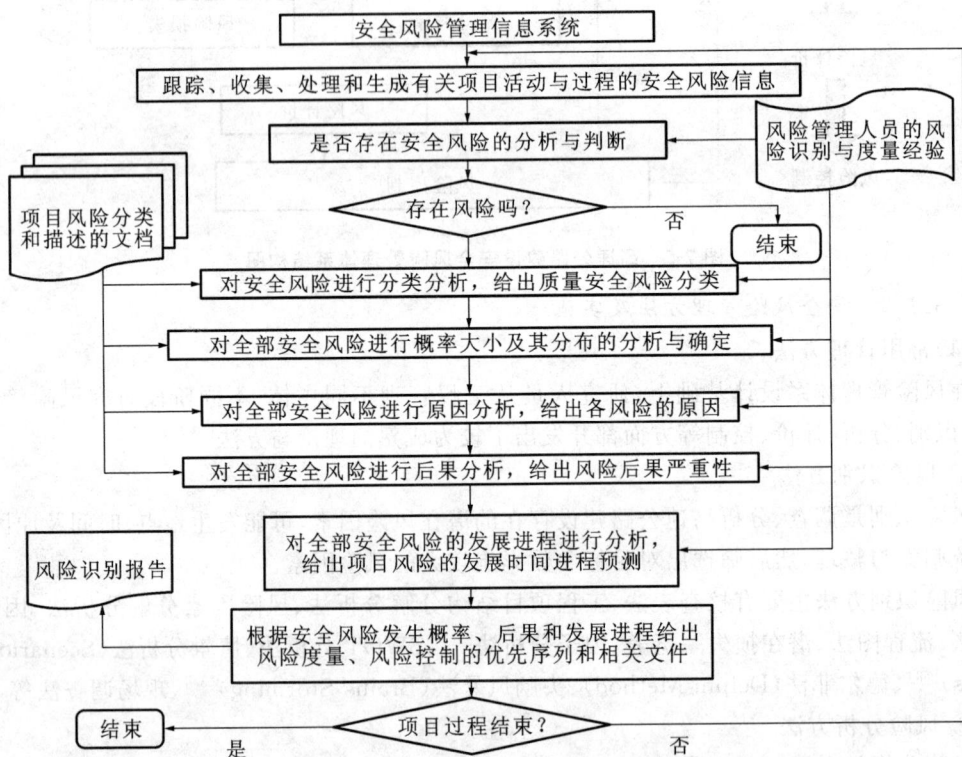

图7-6 高速公路安全风险识别实施流程图

② 安全风险分析与评价方法

目前在安全风险管理研究与实践中的争论主要集中在风险评价方法上,也是国内外风险研究热点问题。结合集团公司高速公路建设卓越管理目标来构建安全风险管理评价体系。

A.指标体系构建

建立适合集团公司高速公路建设管理特点的安全风险综合评价指标体系是一项相当复杂的工作。指标体系的建立是高速公路建设安全评价的核心问题,将直接影响到评价结果的可信度。遵循科学性、代表性、独立性、完备性、可操作性原则,构建一套正确、全面、科学、合理的评价指标方法体系。

通过对集团公司高速公路建设各有关单位和部门进行实地采访、问卷调查等调研工作,在对相关资料和数据进行系统整理和深入论证后,构建了集团公司高速公路建设安全风险评价指标体系,如表7-11所示。

表 7-11 高速公路建设安全风险评价指标体系表

目标层	准则层	因素层
施工安全 风险评价 A	人的因素 B_1	项目管理人员的安全意识 C_1
		项目管理人员的专业技能 C_2
		项目管理人员的综合素质 C_3
		作业人员的安全意识 C_4
		作业人员的专业技能 C_5
		作业人员的综合素质 C_6
		其他相关人员的安全意识 C_7
		其他相关人员对项目的支持和配合程度 C_8
	设备物料因素 B_2	大型机械设备拆装的安全控制 C_9
		机械设备的检测程序及检测频率 C_{10}
		机械设备操作的正确性 C_{11}
		机械设备保养和维修情况 C_{12}
		材料采购管理的有效性 C_{13}
		材料检测程序的有效性 C_{14}
		材料储存管理的有效性 C_{15}
	环境因素 B_3	气候条件 C_{16}
		地质条件 C_{17}
		地形条件 C_{18}
		现场的噪音、有害气体、尘土、通风等环境污染情况 C_{19}
		现场安全设施的布置情况 C_{20}
	管理因素 B_4	安全管理组织结构设置与运行情况 C_{21}
		安全管理人员的配备情况 C_{22}
		安全教育、培训情况 C_{23}
		安全管理制度的完善情况 C_{24}
		安全管理制度的执行与检查情况 C_{25}
		安全管理经费的到位和使用情况 C_{26}

B. 评价模型

采用模糊层次分析法对高速公路建设安全风险进行评价,其基本步骤如下:

构建评语集 V。所谓评语集就是评判者对所要评判的因素进行等级划分的集合,一般采用五个等级。因此,对高速公路建设安全风险评判可划分为以下五个等级,即影响很小、影响较小、影响一般、影响较大、影响很大。与之相对应的评语集为 $V = \{v_1, v_2, v_3, v_4, v_5\}$。

构建因素权重集 W。由于各风险因素的重要程度不同,建议采用九级标度法分别对因素层与准则层风险指标进行两两比较,确定风险指标之间的相对重要性并赋以相应的分值,构造权重判断矩阵。通过计算判断矩阵的最大特征根和特征向量,并进行一致性检验,得到各风险因素的权数($i = 1, 2, \cdots, m$),从而可建立因素权重集向量 $W = \{a_1, a_2, a_3, \cdots, a_m\}$。

单因素模糊评判。从一个风险指标出发进行评判,以确定评判对象对评价集元素的隶属程度,即隶属度。隶属度介于 0 与 1 之间,用来表征评价指标隶属于相应模糊评语集的程度。如第 i 个风险指标 u_i 对评语集 V 中评语 v_j 的隶属度为 r_{ij},由此可得 $R_i = \{r_{i1}, r_{i2}, r_{i3}, r_{i4}, r_{i5}\}$,即为第 i 个风险指标的单因素模糊评判。进行单因素模糊评判较为简便的方法是采用模糊统计方法,就是让参与评价的各位专家,按预先划定的评价标准给各评价因素划分等级,然后依次统计对于风险因素等级 v_j 的专家的人数 n_j,进而可得隶属度:

$$r_{ij} = \frac{n_j}{n} \tag{7-1}$$

式中　n—— 参与评价的专家人数;

　　　r_{ij}—— $u_i \in v_i$ 的隶属度,即隶属函数;

　　　n_j—— 对第 i 个风险指标评价为 j 等级的专家人数。

建立模糊评判矩阵 $\boldsymbol{R}$:

$$\boldsymbol{R} = \begin{bmatrix} r_{11} & r_{12} & r_{13} & r_{14} & r_{15} \\ r_{21} & r_{22} & r_{23} & r_{24} & r_{25} \\ \vdots & \vdots & \vdots & \vdots & \vdots \\ r_{m1} & r_{m2} & r_{m3} & r_{m4} & r_{m5} \end{bmatrix} \tag{7-2}$$

模糊综合评判。综合考虑多因素影响下的权数分配,将隶属向量 $\boldsymbol{R}$ 与权重矩阵 $\boldsymbol{W}$ 进行合成:

$$\boldsymbol{B} = (a_1, a_2, \cdots, a_m) \cdot \begin{bmatrix} r_{11} & r_{12} & r_{13} & r_{14} & r_{15} \\ r_{21} & r_{22} & r_{23} & r_{24} & r_{25} \\ \vdots & \vdots & \vdots & \vdots & \vdots \\ r_{m1} & r_{m2} & r_{m3} & r_{m4} & r_{m5} \end{bmatrix} = (b_1, b_2, b_3, b_4, b_5) \tag{7-3}$$

根据最大隶属度原则,确定项目的施工安全风险水平和风险等级。

③ 风险控制实施流程

安全风险控制实施流程建议如图 7-7 所示。

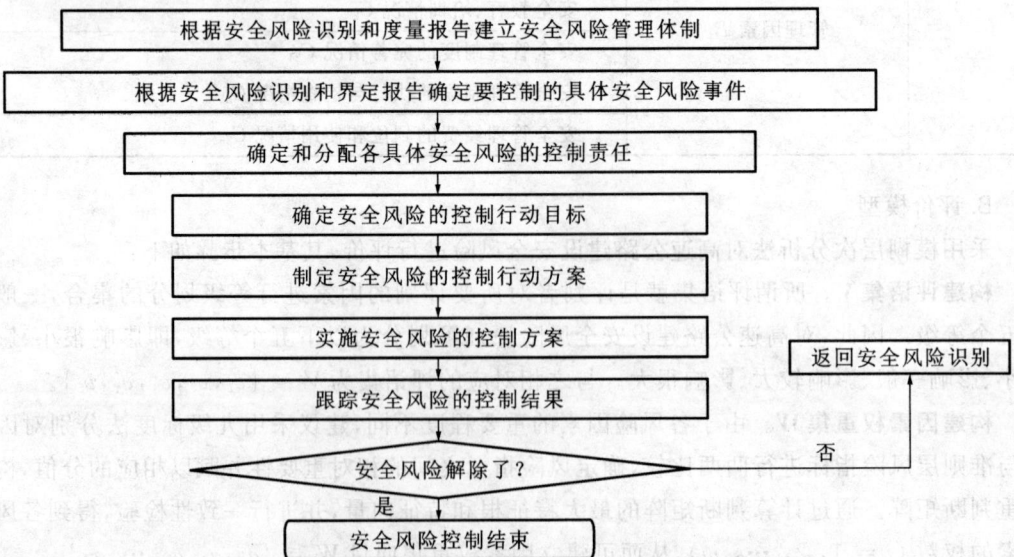

图 7-7　高速公路安全风险控制流程图

7.3.1.4　黄祁高速公路建设安全风险管理

以问卷调查的方式邀请了 20 位熟悉本项目的专家和项目经理对风险评价指标进行打分，通过对调研数据进行整理和统计，并利用上述风险评价模型进行分析，结果如表 7-12 所示。

表 7-12　模糊层次法计算分析数据统计表

风险因素	模糊评判集					权重集				总权重 W
	r_{i1}	r_{i2}	r_{i3}	r_{i4}	r_{i5}	$B_1=$ 0.5568	$B_2=$ 0.0946	$B_3=$ 0.2938	$B_4=$ 0.0548	
项目管理人员的安全意识 C_1	0.05	0.1	0.2	0.25	0.4	0.1413				0.0787
项目管理人员的专业技能 C_2	0.1	0.2	0.3	0.3	0.1	0.0204				0.0114
项目管理人员的综合素质 C_3	0.05	0.2	0.3	0.3	0.15	0.1605				0.0894
作业人员的安全意识 C_4	0.05	0.05	0.15	0.3	0.45	0.2617				0.1457
作业人员的专业技能 C_5	0.05	0.15	0.3	0.35	0.15	0.0381				0.0212
作业人员的综合素质 C_6	0.1	0.15	0.3	0.3	0.15	0.2658				0.1480
其他相关人员的安全意识 C_7	0.1	0.2	0.25	0.3	0.15	0.0708				0.0394
其他相关人员对项目的支持和配合程度 C_8	0.1	0.2	0.35	0.25	0.1	0.0414				0.0231
大型机械设备拆装的安全控制 C_9	0.05	0.1	0.2	0.35	0.3		0.1307			0.0124
机械设备的检测程序及检测频率 C_{10}	0.1	0.25	0.25	0.35	0.05		0.0904			0.0086
机械设备操作的正确性 C_{11}	0.1	0.1	0.2	0.3	0.3		0.4869			0.0461
机械设备保养和维修情况 C_{12}	0.1	0.1	0.25	0.35	0.2		0.1887			0.0172
材料采购管理的有效性 C_{13}	0.3	0.3	0.2	0.1	0.1		0.0471			0.0045
材料检测程序的有效性 C_{14}	0.05	0.25	0.35	0.3	0.05		0.0326			0.0031
材料储存管理的有效性 C_{15}	0.15	0.15	0.3	0.3	0.1		0.0235			0.0022
气候条件 C_{16}	0.05	0.15	0.25	0.3	0.25			0.2492		0.0732
地质条件 C_{17}	0.1	0.15	0.2	0.3	0.25			0.1389		0.0408
地形条件 C_{18}	0.1	0.25	0.3	0.2	0.15			0.0560		0.0165
现场的噪音、有害气体、尘土等环境污染情况 C_{19}	0.05	0.15	0.3	0.35	0.15			0.4512		0.1326

续表 7-12

风险因素	模糊评判集					权重集				
	r_{i1}	r_{i2}	r_{i3}	r_{i4}	r_{i5}	$B_1 = 0.5568$	$B_2 = 0.0946$	$B_3 = 0.2938$	$B_4 = 0.0548$	总权重 W
现场安全设施的布置情况 C_{20}	0.05	0.25	0.3	0.25	0.15			0.1047		0.0308
安全管理组织结构设置与运行情况 C_{21}	0.05	0.15	0.25	0.25	0.3				0.0401	0.0022
安全管理人员的配备情况 C_{22}	0.05	0.1	0.25	0.4	0.2				0.1812	0.0099
安全教育、培训情况 C_{23}	0.05	0.25	0.4	0.2	0.1				0.2755	0.0151
安全管理制度的完善情况 C_{24}	0.1	0.1	0.2	0.35	0.25				0.1092	0.0060
安全管理制度的执行与检查情况 C_{25}	0.05	0.1	0.2	0.4	0.25				0.0401	0.0022
安全管理经费的到位和使用情况 C_{26}	0.05	0.15	0.2	0.3	0.3				0.3538	0.0194

根据表 7-12 的数据构建模糊评判矩阵：

$$
\mathbf{R}_{b1} =
\begin{bmatrix}
0.05 & 0.1 & 0.2 & 0.25 & 2.4 \\
0.1 & 0.2 & 0.3 & 0.3 & 0.1 \\
0.05 & 0.2 & 0.3 & 0.3 & 0.15 \\
0.05 & 0.05 & 0.15 & 0.3 & 0.45 \\
0.05 & 0.15 & 0.3 & 0.35 & 0.15 \\
0.1 & 0.15 & 0.3 & 0.3 & 0.15 \\
0.1 & 0.2 & 0.25 & 0.3 & 0.15 \\
0.1 & 0.2 & 0.35 & 0.25 & 0.1
\end{bmatrix}
$$

同理可计算出 $\mathbf{R}_{b2}$、$\mathbf{R}_{b3}$ 和 $\mathbf{R}_{b4}$。

根据层次分析法求得权重向量 $w_{b1}, w_{b2}, w_{b3}, w_{b4}$ 及 w_A，进一步计算：

$$
w_{b1} \cdot \mathbf{R}_{b1} = \begin{bmatrix} 0.1413 & 0.0204 & 0.1605 & 0.2617 & 0.0381 & 0.2658 & 0.0708 & 0.0414 \end{bmatrix}
$$

$$
\cdot
\begin{bmatrix}
0.05 & 0.1 & 0.2 & 0.25 & 2.4 \\
0.1 & 0.2 & 0.3 & 0.3 & 0.1 \\
0.05 & 0.2 & 0.3 & 0.3 & 0.15 \\
0.05 & 0.05 & 0.15 & 0.3 & 0.45 \\
0.05 & 0.15 & 0.3 & 0.35 & 0.15 \\
0.1 & 0.15 & 0.3 & 0.3 & 0.15 \\
0.1 & 0.2 & 0.25 & 0.3 & 0.15 \\
0.1 & 0.2 & 0.35 & 0.25 & 0.1
\end{bmatrix}
$$

$$
= \begin{bmatrix} 0.0699 & 0.1314 & 0.2451 & 0.2928 & 0.2607 \end{bmatrix}
$$

同理可以计算：

$$w_{b2} \cdot \boldsymbol{R}_{b2} = [0.1017 \quad 0.1283 \quad 0.2194 \quad 0.3086 \quad 0.2495]$$

$$w_{b3} \cdot \boldsymbol{R}_{b3} = [0.0597 \quad 0.1661 \quad 0.2736 \quad 0.3117 \quad 0.1888]$$

$$w_{b4} \cdot \boldsymbol{R}_{b4} = [0.0555 \quad 0.1610 \quad 0.2661 \quad 0.2980 \quad 0.2193]$$

分别将以上四个式子的计算结果作为行向量,组成上一层次的评判矩阵:

$$\boldsymbol{R}_A = \begin{bmatrix} 0.0699 & 0.1314 & 0.2451 & 0.2928 & 0.2607 \\ 0.1017 & 0.1283 & 0.2194 & 0.3086 & 0.2495 \\ 0.0597 & 0.1661 & 0.2736 & 0.3117 & 0.1888 \\ 0.0555 & 0.1610 & 0.2661 & 0.2980 & 0.2193 \end{bmatrix}$$

利用已经求得的权重向量 w_A 和评判矩阵 $\boldsymbol{R}_A$ 进行合成计算:

$$w_A \cdot \boldsymbol{R}_A = [0.5568 \quad 0.0946 \quad 0.2938 \quad 0.0547] \cdot \begin{bmatrix} 0.0699 & 0.1314 & 0.2451 & 0.2928 & 0.2607 \\ 0.1017 & 0.1283 & 0.2194 & 0.3086 & 0.2495 \\ 0.0597 & 0.1661 & 0.2736 & 0.3117 & 0.1888 \\ 0.0555 & 0.1610 & 0.2661 & 0.2980 & 0.2193 \end{bmatrix}$$

$$= [0.0691, 0.1429, 0.2522, 0.3001, 0.2362]$$

根据最大隶属度原则,0.3001 所对应的评语集为影响较大,表明黄祁高速公路建设安全风险总体属于 4 级水平。

7.3.2 安全费用管理

安全费用能否有效落实是高速公路施工安全能否得到保证的关键因素之一。

7.3.2.1 管理依据

(1)法律依据

安全费用管理法律依据主要有《中华人民共和国安全生产法》《建筑工程安全生产管理条例》《工伤保险条例》《关于印发〈企业安全生产费用提取和使用管理办法〉的通知》等。

①《企业安全生产费用提取和使用管理办法》的通知

依据财政部、安全监管总局《关于印发〈企业安全生产费用提取和使用管理办法〉的通知》(财企〔2012〕16 号),公路工程施工安全费用为建筑安装工程造价的 1.5%。

安全费用应当按照以下范围使用:完善、改造和维护安全防护设施设备支出(不含"三同时",要求初期投入的安全设施),包括施工现场临时用电系统、洞口、临边、机械设备、高处作业防护、交叉作业防护、防火、防爆、防尘、防毒、防雷、防台风、防地质灾害、地下工程有害气体监测、通风、临时安全防护等设施设备支出;配备、维护、保养应急救援器材,设备支出和应急演练支出;开展重大危险源和事故隐患评估、监控和整改支出;安全生产检查和评价(不包括新建、改建、扩建项目安全评价)、咨询和标准化建设支出;配备和更新现场作业人员安全防护用品支出;安全生产宣传、教育、培训支出;安全生产适用的新技术、新标准、新工艺、新装备的推广应用支出;安全设施及特种设备检测检验支出;其他与安全生产直接相关的支出。

安全费用应当专户核算,按规定范围安排使用,不得挤占、挪用。企业应当建立、健全内部安全费用管理制度,明确安全费用提取和使用的程序、职责及权限,按规定提取和使用安全费用。

②《建筑工程安全生产管理条例》

《建筑工程安全生产管理条例》规定,施工单位挪用列入建设工程概算的安全生产作业环境及安全施工措施所需费用的,责令限期改正,处挪用费用 20% 以上 50% 以下的罚款;造成损失的,依法承担赔偿责任。

③《工伤保险条例》

依据《工伤保险条例》,建筑施工企业要及时为农民工办理工伤保险手续,并按时足额缴纳工伤保险费,同时,为施工现场从事危险作业的农民工办理意外伤害保险。

④《安全生产法》

《安全生产法》(2014 年 12 月 1 日起施行)第 20 条规定,生产经营单位应当具备的安全生产条件所必需的资金投入,由生产经营单位的决策机构、主要负责人或者个人经营的投资人予以保证,并对由于安全生产所必需的资金投入不足导致的后果承担责任。有关生产经营单位应当按照规定提取和使用安全生产费用,专门用于改善安全生产条件。安全生产费用在成本中据实列支。

国家安全生产相关管理规定在一定程度上解决了施工企业安全生产经费不足的问题,为提高工程建设安全水平,杜绝重大事故发生起到了直接的、积极的作用。

(2)集团公司相关管理规定

① 集团公司《安全管理制度》

集团公司在《安全管理制度》中明确规定了安全专项资金的提取比例、用途,以及项目办对安全专项资金的监管职责。

项目部保证安全生产投入的有效实施,按照工程造价的 1‰提取安全专项资金,专项资金用于安全宣传教育培训,为从业人员购置劳动防护用品,安全技术措施,安全设施设备的维护保养,重大危险源和重大事故隐患的评估、整改、监控等。

由项目办负责制订年度安全生产计划,按规定及时支付用于建设工程安全作业环境及安全施工所需的经费,并监督检查使用情况。应对总监办审核后的安全生产费用的使用情况进行抽查签认,并形成抽查资料作为计量依据;负责人应在完成抽查手续后与当月工程款一并签认计量。安全生产费用实际投入少于合同规定的安全生产费用总额时,不得签认余额部分;应对安全生产费用的支出情况进行汇总,并建立安全费用支付台账;应定期监督检查施工各单位安全生产费用使用情况,每季度不少于 1 次,并及时通报检查结果。

由总监办制定安全生产费用审核制度,包括审核依据、审核内容、审核流程、审核频率等。

施工企业安全生产管理专项资金的投入和使用记录中,安全设备、设施的购置必须有发票,使用、维修和保养必须有登记,安全劳保和防护用品领用必须有人签收,所有发票、登记和领用记录都必须由安全监理工程师审核并签字确认。

② 项目办《安全生产管理实施细则》

项目办根据集团公司《安全管理制度》,结合工程项目实际,制定《安全生产管理实施细则》,明确规定安全专项资金使用范围、审批支付程序以及监督管理程序与方法等。

7.3.2.2　管理措施建议

据现场调研发现,目前安全专项资金管理中的主要问题是安全专项资金的合理确定与安全专项资金的执行到位。

在高速公路建设安全专项资金的合理确定中,主要存在两种情况,一种是安全专项资金不足;另一种是安全专项资金有富余。

安全专项资金的执行到位,即资金到位、支付到位、落实到位。在高速公路建设管理中,仍存在建设范围内安全费用支付不到位、施工单位安全费用投入不足、不及时、未落实到位的情况。

(1)安全专项资金的合理确定

安全专项资金是指按照国家现行的施工安全、施工现场环境与卫生标准和有关规定,购置和更新施工安全防护用具及设施、改善安全生产条件和作业环境所需要的费用。

① 加强施工安全专项方案审定

施工安全专项方案直接影响安全专项资金的投入,因此,合理确定施工安全专项方案是合理确定费用的前提。而目前监理单位与集团公司项目办对施工安全专项方案的审定着重审查其是否符合工程建设强制性标准,而对方案是否紧密联系工程实际、具有针对性和可操作性的审核不尽完善。为此,编制了安全专项方案可靠性判断参考标准,见表7-13。

表 7-13　安全专项方案可靠性判断参考标准

判断标准	审查内容与要求
全面性	充分考虑了高速公路建设项目的建设目标; 充分考虑了高速公路建设项目的技术和管理特点与难点; 充分考虑了高速公路建设项目安全保证要求的重点与难点; 予以全过程、全方位考虑,基本无漏项; 予以全因素考虑,基本无漏项; 对潜在风险因素有较深入的考虑; 将技术设计的执行与管理要求综合考虑,无脱节
充分性	采用的标准和规定合适; 依据的实验成果和文献资料可靠; 对前两项所做的引申、变通和调整均有可靠的论证; 对新技术、新工艺、新材料的使用所作的技术分析和研究慎重、细致、深入并留有余地
正确性	对设计方案及其安全保证度的选择正确; 设计条件和计算简图的确定合理; 设计计算方法、参数和系数取值合理无误; 计算结果提出的结论和施工要求正确、适度; 安全控制点设置合理
明确性	技术与安全控制指标的规定明确; 对检查(测)和验收要求的规定明确; 对隐患和异常情况的处理措施明确; 管理要求和责任制度明确; 作业程序和操作要求规定明确
操作性	无执行不了和难以执行的规定和要求; 有全面落实和严格执行的保证措施; 有对执行中可能出现情况和问题的处理措施
可监控性	监控要求不低于政府和上级监控要求; 措施和规定全面纳入了监控要求; 有关施工文件和资料能够满足监督管理要求

② 加强过程控制

安全专项资金的合理确定通常需要通过几个阶段,各阶段各方的工作内容及控制重点见表7-14。

表 7-14　安全专项资金控制内容与重点

工作阶段	集团公司	监理单位	施工单位
招投标阶段	提供措施项目清单,落实资金	—	合理、准确估算安全文明施工措施费
合同签订阶段	在施工合同中明确约定安全专项资金金额、使用范围、审批支付方式与程序、监督管理程序与方法等		
施工准备阶段	审核安全专项资金使用计划,并由集团公司安全生产管理科备案	审核安全专项资金使用计划(费用清单)合理性	制订安全专项资金使用计划
施工阶段	审核安全专项资金使用计划(费用清单)的合理性;审核安全专项资金使用跟踪管理	现场认证安全防护措施的落实时间、数量和质量等;审核安全专项资金使用情况	执行施工安全专项方案;规范安全专项方案费用使用台账;原始凭证搜集与整理,包括发票、登记、领用记录等
结算	审核与支付安全专项资金;加强和建立、健全安全专项资金的经济核算;分析和编制分项工程安全专项资金经济指标,为科学、合理记取安全专项资金提供依据	审核安全专项资金申请,核实原始凭证	专项资金计量支付资料搜集与整理,减少因资料丢失而产生争议;及时申报安全专项资金

(2)安全专项资金的执行到位保证措施

① 标准化合同文件

安全专项资金的执行到位依靠施工合同文件。因此,应在施工合同中明确约定安全专项资金金额、使用范围、审批支付方式与程序、监督管理程序与方法等。

监理机构应充分了解施工合同中有关安全管理的要求、责任,全面掌握安全专项资金的预付、支付、使用、调整等约定。依据高速公路工程所处自然环境、施工技术难度等识别安全管理环境,在《施工安全管理监理实施细则》中设专门的安全专项资金管理措施、计划、程序等条款,以此作为监理部门对安全专项资金管理的指导性文件。

② 开设专用账户

集团公司项目办应确保安全专项资金到位、支付到位。集团公司项目办在申请领取施工许可证前,将安全专项资金全额存入建设、施工、监理单位的共管专用账户,并向交通运输主管部门提交安全专项资金费用组成、金额及使用计划的有关资料,接受交通运输主管部门对安全专项资金的审查。

③ 绩效考评与责任追究

安全专项资金使用情况与集团公司安全生产管理相关职能部门及项目办的风险抵押金挂钩,纳入年度绩效考核中。

对施工企业安全专项资金使用情况进行绩效考核,并制定相关激励约束机制。对获得市级、省级、国家级安全文明工地荣誉的施工企业,予以奖励;施工过程中,各阶段安全文明施工检查达不到要求的,根据情况暂停支付安全专项费用,经复查仍达不到要求的,每次给予扣减安全专项费用总额 5%～10% 的处罚,累计处罚不超过安全专项费用总额的 30%;施工单位未按规定及时进行安全文明施工自检并申请核拨安全专项费用的,扣减相应阶段安全专项费用的 5%～10%。

7.4　本 章 小 结

基于高速公路建设卓越过程管理关键控制点识别结论,本章分析了集团公司高速公路建设安全管理现状,总结了集团公司高速公路建设安全管理经验:"思想重视＋制度保证＋技术支撑＋严格监督"的安全管理体系,"平安工地"建设卓有成效。并从高速公路建设安全管理基础建设、安全措施落实两方面,提出改进方案。

在高速公路建设安全管理基础建设中着重研究安全意识培养体系与方法、工作机制的完善途径。在建筑业安全管理形势分析和高速公路建设安全文化概念界定基础上,从职业安全、高速公路建设组织风险、高速公路建设组织系统三个维度构建高速公路建设安全文化内涵构架,提出安全文化建设八大模式。以黄祁高速公路安全文化建设为典型案例,阐述其安全文化建设情况与效果。并提出从"以安全文化建设为中心""实施标准化、规范化运作"与"实施安全卓越管理工作体系"三个方面完善安全管理工作机制。

在高速公路建设安全措施落实中,重点研究了安全风险管理方法和安全费用管理方法。在传统风险管理理论分析基础上,建立高速公路建设安全风险管理体系结构,研究集团公司高速公路建设安全风险管理实施方案,设计了风险识别和风险控制实施流程,构建了集团公司高速公路建设安全风险评价指标体系,建立了安全风险模糊层次综合评价模型。并以黄祁高速公路建设安全风险管理为例,进行方法说明。国家、行业、集团公司都对安全费用使用与管理制定了相应的法律、法规、办法与实施条例、制度与实施细则。提出通过加强安全专项资金的合理确定和安全专项资金的执行到位保证措施来完善安全费用管理。编制了安全专项方案可靠性判断参考标准,从全面性、充分性、正确性、明确性、操作性、可监控性六个方面制定判断标准,提出审查内容及要求。提出高速公路建设管理各阶段集团公司、监理单位、施工单位安全专项资金控制内容与重点。建议采用标准化合同文件、开设专用账户、绩效考评与责任追究等措施,加强安全专项资金的执行到位管理。

8 高速公路建设进度卓越过程管理

8.1 集团公司高速公路建设进度管理现状

8.1.1 宏观管理现状

能否在预期的时间内建成并交付达到质量标准的高速公路项目,直接关系到效益的发挥。2006 年,原建设部与国家质量监督检验检疫局联合发布了《建设工程项目管理规范》(GB/T 50326—2006),明确了项目进度管理制度、管理程序、项目进度计划内容与编制步骤、项目进度计划实施中应完成的工作以及进度计划的检查与调整。

8.1.2 微观管理现状

为加强高速公路工程建设项目进度管理工作的科学化、规范化和程序化,集团公司根据计划和统计管理工作要求,结合工程建设部项目实际,制定了《高速公路工程建设项目前期工作管理办法》与《工程计划、进度和统计管理办法》,对集团公司建设管理各阶段进度管理提出了明确要求。

8.1.2.1 项目前期进度管理

《高速公路工程建设项目前期工作管理办法》中明确指出,公路建设应保证合理建设工期,科学组织工程建设;并对高速公路和特大桥梁建设的前期工作周期作出了明确要求,对于平原微丘区的高速公路,前期工作周期应不少于 24 个月;对于一般的山岭重丘区高速公路和技术复杂的特大桥梁,前期工作周期应不少于 36 个月;对于地形、地质特别复杂的山岭重丘区高速公路和技术特别复杂的特大桥梁,前期工作周期应不少于 48 个月。

8.1.2.2 项目建设阶段进度管理

《工程计划、进度和统计管理办法》明确了建设阶段计划工作的科学性、严肃性、可行性、指导性和时效性原则,计划工作范围包括项目总体计划、年度计划与月份计划的编制、上报、审批、下达、调整、监督。

(1)项目总体计划

工程项目的总体计划是确保工程建设项目保质保量按计划完成的关键。工程建设部有关部室及项目办应根据国家相关法规规定并结合工程项目的特点,对项目的建设内容、阶段目标进行分解和部署,确保各项工作合理衔接、顺利完成。

① 职责分配

项目总体计划的责任主体是工程建设部和项目办。

项目建设前期,工程建设部有关部室应根据项目批复情况,对勘察设计、施工及监理招标、物资采购、征地拆迁及分期实施工程的完成时限进行具体计划安排和落实,确保各项工作按计划完成。

工程开工前,项目办应根据批准的工期、投资规模和建设处下达的投资任务和形象进度要求,审定施工单位施工组织计划方案,编制项目总体进度和投资计划,落实各施工合同段分年度、季度、月工程投资和形象进度的分解细化等工作并组织实施。建设项目总体进度计划应报工程建设部审定。

② 项目总体计划编制内容

项目总体计划编制内容主要包括工程项目的总工期、投资概算,各年度完成工程项目的工程量和投资计划,工程项目的开工时间、交(竣)工时间,各单位工程及各施工阶段应完成的工程量及建设资金使用的计划。

③ 可调整程度

项目工期、开工时间、交工验收时间一经确定,除不可抗因素影响外,否则不得更改。

(2)年度计划

年度计划包括年度建议计划的编制、上报、汇总、审核、下达和监督检查执行。

① 职责分配

项目办应根据核准的项目总体进度计划和每年工程建设部下达的目标任务,编制或调整本项目各合同段年度投资和形象进度分解计划,并将年度分解计划于上年12月10日前报工程建设部。

工程建设部相关部室应根据核准的项目总体进度计划和每年工程建设部下达的目标任务,结合工程项目实施情况,编制或调整勘察设计、施工及监理招标、物资采购、征地拆迁等计划,并将年度分解计划于上年12月10日前报工程建设部。

② 项目总体计划编制内容

编制项目各合同段年度投资和形象进度分解计划;以及勘察设计、施工及监理招标、物资采购、征地拆迁等年度计划。

③ 可调整程度

计划一经确定,工程建设部有关科室及项目办应采取切实可行的措施,确保年度计划目标实现。

(3)月份计划

月份计划工作包括月份形象进度计划的编制、上报、汇总、下达、执行。

① 职责分配

月份计划工作由项目办具体负责实施。

项目办依据本项目年度投资和形象进度分解计划,分合同段编制每月和半月形象进度计划,并在每月15日前或月底前将下半月或下月计划下达各施工单位和监理单位。

② 项目总体计划编制内容

分合同段编制每月和半月形象进度计划,且制订的月份计划要有计划编制说明,包括上月计划完成情况、本月计划安排情况以及存在的问题和完成计划的保证措施。

(4)计划执行管理

项目办要充分考虑天气及其他不利因素的影响,制定奖罚措施,建立激励机制,确保建设项目保质保量按计划完成。

当承包人月进度完成计划不足50%时,给予书面通报,当连续三个月进度完成计划不足50%时,项目办应报告工程建设部,同时约见其法人代表商谈并落实整改措施。当承包人连续六个月进度完成计划不足 50％时，年度进度不足年度计划的 60％时，项目办应报告工程建设部，由工程建设部研究是否采取切割、终止合同等措施。

8.1.3　问题诊断

8.1.3.1　建设时间选择

高速公路建设项目投资决策存在三个特征。第一，资产专用性强，使得高速公路建设项目的投资决策不可逆；第二，交通量与建造成本等因素存在较大的不确定性；第三，通过延期投资可能获得更多的信息来检验自身对环境变化的预期，从而避免不利条件所造成的损失，体现了投资的灵活性与柔性管理特征。因此，高速公路建设项目建设时机的选择很重要。如果某个高速公路建设项目建设时机的选择不当，会给集团公司带来巨大的不良资产，使高速公路建设投入原计划要产生的次级消费链条意外中断，不但不能起到拉动经济、刺激需求的目的，而且会妨碍国民经济保持持续、快速、健康发展。而在现实工作中对高速公路建设时机选择问题并未做过多考虑。

8.1.3.2　进度目标控制

集团公司严格执行《工程计划、进度和统计管理办法》，科学制定项目进度计划，严格管控，顺利完成各项建设任务。

由于集团公司承担的高速公路建设管理项目越来越多，规模越来越大，且建设环境越来越复杂，增加了高速公路项目的建设管理难度，影响项目实施的进度。如果不能处理好进度管理中遇到的各种问题，必然会增加项目投资，甚至会使集团公司陷入困境。因此，进度目标控制一直以来是高速公路建设管理的重点之一。

8.2　高速公路建设时机选择研究

8.2.1　高速公路项目的投资价值分析

8.2.1.1　高速公路项目的投资价值内涵

将高速公路建设项目的投资价值分为经营型价值和引导型价值。经营型价值反映高速公路建设的经济效益，一般从投资者角度分析高速公路项目建设的财务效益。引导型价值反映高速公路项目产生的国民经济效益和社会效益，一般从国民经济和社会的角度分析高速公路建设的宏观经济效益，这里只考虑高速公路建设产生的可计量的直接效益，即包括拟建项目和原有相关公路的降低营运成本效益、旅客在途时间节约效益和拟建项目减少交通事故效益。

8.2.1.2　高速公路项目投资的经营型价值

高速公路项目投资的经营型价值主要反映其经济（财务）效益，一般计算项目的直接收益和直接费用。

高速公路的营业收入一般是指对公路使用者收取的车辆通行费，即收费收入。收费收入（即营业收入）以项目预测交通量、收费标准和收费里程为基础计算得到。则第 t 年的收费收入 FB 的测算公式见式(8-1)。

$$FB_t = (T_{2Pt} \times TR \times L) \times 365 \qquad (8\text{-}1)$$

式中　FB_t——第 t 年的收费收入(元)；

　　　　T_{2Pt}——拟建项目预测的第 t 年的年平均日交通量(自然数,辆/日)；

　　　　TR——收费标准[元/(车·千米)]；

　　　　L——拟建高速公路的里程(千米)。

　　预测交通量一般包括趋势交通量、转移交通量和诱增交通量。趋势交通量是指无此项目情况下也会正常发生的交通量；转移交通量是指从其他运输方式转移到拟建项目的交通量；诱增交通量是指因项目建设、运输费用降低等交通条件改善而产生的新增交通量。

　　车辆通行费收费标准的确定应考虑公路使用者所获得的效益,其他运输方式的收费标准和其他公路的收费标准,公路使用者对公路收费的负担能力和接受能力,投资者期望的投资收益率等因素。一般参照本地区相同或相似的、正在使用中的项目的收费标准来确定,经营过程中由政府相关主管部门指导制定。

　　项目经营期的营业利润可以收费收入 FB 和运营管理费用 FC 为基础计算得到,运营管理费用包括日常养护费用、管理费用、大中修费用等,一般通过对拟建项目所在地区相同或相似的、正在使用中的项目调查得到。则第 t 年高速公路项目的营业利润为：

$$r_t = FB_t(1 - \lambda) - FC_t - z_t \tag{8-2}$$

式中　λ——营业税金及附加税率；

　　　　FC_t——高速公路项目的运营管理费用(经营成本),为预测值；

　　　　z_t——第 t 年的项目折旧值,折旧的计算值取决于项目建造成本、经营期与资产净残值。

　　高速公路项目的建设期为 T_c,计划经营期(运营期)为 N,建设期的建造成本为 C,为估算的投资额,考虑建设期内分年度投入。则高速公路项目投资的经营型价值 PV 为：

$$PV = \sum_{t=T_c+1}^{T_c+N} \frac{r_t + z_t}{(1+i_0)^t} - \sum_{t=0}^{T_c} \frac{C_t}{(1+i_0)^t} \tag{8-3}$$

式中　i_0——公路行业基准收益率；

　　　　C_t——分年度投入后的第 t 年投资数。

8.2.1.3　高速公路项目投资的引导型价值

　　可采用有无对比法来确定高速公路项目投资的引导型价值。"有项目"是指实施拟建高速公路项目在计算期内产生的情况。"无项目"是指不实施该项目后在计算期内将发生的情况。对于高速公路建设来说,引导型价值一般采用可计量的直接效益,即通过公路使用者在"无项目"情况下使用原有相关公路和在"有项目"情况下使用拟建项目费用的比较,来计算高速公路项目建设产生的经济效益。包括以下三个方面：

　　(1)降低营运成本效益

　　降低营运成本效益计算公式见式(8-4)。

$$B_1 = B_{11} + B_{12} \tag{8-4}$$

式中　B_{11}——拟建项目降低营运成本的效益(元),计算公式见式(8-5)；

　　　　B_{12}——原有相关公路降低营运成本的效益(元),计算公式见式(8-6)。

$$B_{11} = 0.5 \times (T_{1p} + T_{2p})(VOC'_{1b} \times L' - VOC_{2p} \times L) \times 365 \tag{8-5}$$

式中　T_{1p}——"有项目"情况下,拟建项目的趋势交通量(自然数,辆/日)；

　　　　T_{2p}——"有项目"情况下,拟建项目的总交通量(自然数,辆/日)；

VOC'_{1b}——"无项目"情况下,原有相关公路在趋势交通量条件下各种车型车辆加权平均单位营运成本[元/(车·千米)];

VOC_{2p}——"有项目"情况下,拟建项目在总交通量条件下各种车型车辆加权平均单位营运成本[元/(车·千米)];

L'——原有相关公路的路段里程(千米);

L——拟建项目的路段里程(千米)。

$$B_{12} = 0.5 \times L' \times (T'_{1p} + T'_{2p})(VOC'_{1b} - VOC'_{2p}) \times 365 \qquad (8-6)$$

式中　T'_{1p}——"有项目"情况下,原有相关公路的趋势交通量(自然数,辆/日);

T'_{2p}——"有项目"情况下,原有相关公路的总交通量(自然数,辆/日);

VOC'_{2p}——"有项目"情况下,原有相关公路在总交通量条件下各种车型车辆加权平均单位营运成本[元/(车·千米)]。

(2)旅客在途时间节约效益

旅客在途时间节约效益计算公式见式(8-7)。

$$B_2 = B_{21} + B_{22} \qquad (8-7)$$

式中　B_{21}——拟建项目旅客在途时间节约效益(元),计算公式见式(8-8);

B_{22}——原有相关公路旅客在途时间节约效益(元),计算公式见式(8-9)。

$$B_{21} = 0.5 \times W \times E \times (T_{1pp} + T_{2pp})(L'/S'_{1b} - L/S_{2p}) \times 365 \qquad (8-8)$$

式中　W——旅客单位时间价值[元/(人·小时)];

E——旅客平均载运系数(人/辆);

T_{1pp}——"有项目"情况下,拟建项目客车的趋势交通量(自然数,辆/日);

T_{2pp}——"有项目"情况下,拟建项目客车的总交通量(自然数,辆/日);

S'_{1b}——"无项目"情况下,原有相关公路在趋势交通量条件下各种车型客车加权平均行驶速度(千米/小时);

S_{2p}——"有项目"情况下,拟建项目在总交通量条件下各种车型客车加权平均行驶速度(千米/小时)。

$$B_{22} = 0.5 \times W \times E \times L' \times (T'_{1pp} + T'_{2pp})(1/S'_{1b} - 1/S'_{2p}) \times 365 \qquad (8-9)$$

式中　T'_{1pp}——"有项目"情况下,原有相关公路客车的趋势交通量(自然数,辆/日);

T'_{2pp}——"有项目"情况下,原有相关公路客车的总交通量(自然数,辆/日);

S'_{1b}——"无项目"情况下,原有相关公路在趋势交通量条件下各种车型客车加权平均行驶速度(千米/小时);

S'_{2p}——"有项目"情况下,原有相关公路在总交通量条件下各种车型客车加权平均行驶速度(千米/小时)。

旅客单位时间价值的测算应同时考虑工作时间价值和闲暇时间价值。客车平均载运系数应以各种车型客车交通量为权数,计算期加权平均数。

(3)减少交通事故效益

减少交通事故效益计算公式见式(8-10)。

$$B_3 = B_{31} + B_{32} \qquad (8-10)$$

式中　B_{31}——拟建项目减少交通事故效益(元),计算公式见式(8-11);

B_{32}——原有相关公路减少交通事故效益(元),计算公式见式(8-12)。

$$B_{31} = 0.5 \times (T_{1p} + T_{2p})(r'_{1b} \times L' \times C'_b - r_{2p} \times L \times C_p) \times 365 \times 10^8 \qquad (8-11)$$

式中 C'_b——"无项目"情况下,原有相关公路单位事故平均经济损失(元/次);

C_p——"有项目"情况下,拟建项目单位事故平均经济损失(元/次);

r'_{1b}——"无项目"情况下,原有相关公路在趋势交通量条件下的事故率[次/(亿车·千米)];

r_{2p}——"有项目"情况下,拟建项目在总交通量条件下的事故率[次/(亿车·千米)]。

$$B_{32} = 0.5 \times L' \times (T'_{1p} + T'_{2p})(r'_{1b} \times C'_b - r'_{2p} \times C'_p) \times 365 \times 10^8 \qquad (8-12)$$

式中 C'_p——"有项目"情况下,原有相关公路单位事故平均经济损失(元/次);

r'_{2p}——"有项目"情况下,原有相关公路在总交通量条件下的事故率[次/(亿车·千米)]。

则高速公路项目投资的引导型价值 EV 为:

$$EV = \sum_{t=T_c+1}^{T_c+N} \frac{(B_{1t} + B_{2t} + B_{3t}) - FC'_t}{(1+i_c)^t} - \sum_{t=0}^{T_c} \frac{C'_t}{(1+i_c)^t} \qquad (8-13)$$

式中 i_c——社会折现率;

FC'_t——调整后的经济运营管理费用,一般按照建设投资中建安费的经济费用调整系数来确定;

C'_t——调整后的经济建造成本(经济投资),一般可通过从财务的建造成本中剔除属于国民经济内部"转移支付"的税金、补贴、国内借款利息,调整主要材料、劳动力、土地等投入物的价格为影子价格等步骤得到。

8.2.2 基于实物期权的高速公路建设时机影响函数建立

实物期权是期权理论在实物投资领域的运用,具有不可逆性、不确定性和灵活性三个典型的特征。在高速公路建设项目投资决策中同样具有这三个特征。表现在:资产专用性强使得高速公路建设项目的投资决策不可逆;交通量与建造成本等因素存在较大的不确定性;决策者可通过延期投资获得更多的信息来检验自身对环境变化的预期,从而避免不利条件所造成的损失,体现了投资的灵活性与柔性管理特征。因此,高速公路建设项目投资具备典型的期权特征。运用实物期权的思想与方法研究高速公路建设项目建设时机的选择问题,符合理性决策与科学决策的需要。

实物期权模型的主要假设是几何布朗运动,用于描述一个连续时间的随机过程。推迟建设高速公路项目期间,该项目交通量的变化具有一定的规律性和相对的稳定性:宏观上体现在项目交通量由沿线区域社会经济发展情况以及公路网交通服务水平所决定;微观上表现在特定的交通出行需求,对于特定的出行目的如上班、出差等,在经济地位和各交通方式的相对竞争力不变的情况下,将维持原有的交通出行方式。同时,项目交通量增长也受随机性因素的影响,如沿线社会经济发展和经济结构的改变,综合土地开发与利用结构的改变、大型活动的举办等因素。可用几何布朗运动来描述高速公路建设项目的交通量随时间发展的随机过程。高速公路建设项目的营业收入(收费收入)主要取决于项目的交通量,也服从几何布朗运动。

假设高速公路项目的计划建设期为 T_c 年,计划经营期为 N 年,t 为该高速公路开始建设的第 t 年,则 $t \in [0, T_c+N]$,其中 $t \in [0, T_c]$ 为项目建设期,此时建造成本 $C(t) > 0$;$t \in [T_c, T_c+N]$ 为项目经营期,此时营业收入 $FB(t) > 0$。

设高速公路项目建设时间为 $\tau(\tau \geqslant 0)$，其中，$\tau = 0$ 表示项目按计划如期开工建设，$\tau > 0$ 表示项目推迟 τ 年开工建设。则 $t + \tau \in [\tau, \tau + T_c]$ 为建设期，此时建造成本 $C(t + \tau) > 0$；$t \in [T_c + \tau, \tau + T_c + N]$ 为项目经营期，此时营业收入 $FB(t + \tau) > 0$。

令 $T = t + \tau$，则 $T \in [\tau, \tau + T_c + N]$；则 $T \in [\tau, \tau + T_c]$ 为建设期；$T \in [T_c + \tau, \tau + T_c + N]$ 为项目经营期。以下分析建设时间 τ 对建设期建造成本 $C(T)$ 和经营期的营业收入 $FB(T)$ 的影响。

在高速公路推迟建设 τ 年内，高速公路项目的建造成本（造价）可能会因为项目建设人工费、材料费、机械设备费、土地征用与补偿费等上涨而呈增长的趋势；也会受到沿线设施改造困难、不可预见的地质条件等随机性因素的影响。因此，建造成本的变化可以描述为趋势性因素（自然增加因素）和随机性因素共同作用。当 $T \in [\tau, \tau + T_c]$ 时，设高速公路项目的建造成本 $C(T)$ 的变化为几何布朗运动，则：

$$dC(T)/C(T) = a_C dT + \sigma_C dZ \tag{8-14}$$

式中　a_C——建造成本的漂移率，反映高速公路项目建造成本的趋势性增长；

σ_C——建造成本的波动率，反映高速公路项目建造成本的随机性变化；

dZ——维纳增量，$dZ = \varepsilon \sqrt{dT}$；

ε——随机变量，服从均值为 0、标准差为 1 的正态分布。

根据建造成本 $C(T)$ 的变化为几何布朗运动，则：

$$E[dC(T)] = a_C C(T) dT$$
$$D[dC(T)] = \sigma_C^2 [C(T)]^2 dT$$

设建设时机对建造成本的影响函数为 $f_C(\tau)$，高速公路项目开始建设后建造成本的预测值 C_τ，它们均为确定值。则高速公路推迟建设 τ 年的建造成本 $C(T)$ 表示为：

$$C(T) = C_\tau f_C(\tau)$$

可得

$$E[df_C(\tau)] = a_C f_C(\tau) d\tau$$
$$D[df_C(\tau)] = \sigma_C^2 f_C^2(\tau) d\tau$$

则建造成本的建设时机影响函数 $f_C(\tau)$ 服从：

$$df_C(\tau) = a_C f_C(\tau) d\tau + \sigma_C f_C(\tau) dZ$$

求得建造成本的建设时机影响函数 $f_C(\tau)$ 为：

$$f_C(\tau) = f_C(0) \exp(a_C \tau - 0.5 \sigma_C^2 \tau)$$

其中 $f_C(0) = 1$，即在按期建设情况下，高速公路项目的营业收入是其预测值，则：

$$f_C(\tau) = \exp(a_C \tau - 0.5 \sigma_C^2 \tau) \tag{8-15}$$

高速公路推迟建设 τ 年会影响其经营收费的推迟，高速公路项目的营业收入（收费收入）可能会因为项目区域社会经济发展、交通流量增加等因素而呈增长的趋势；也会受到公路网络的完善、不可预见的社会条件等随机性因素的影响。因此营业收入的变化可以描述为趋势性因素和随机性因素共同作用。当 $T \in [T_c + \tau, \tau + T_c + N]$ 时，设高速公路项目的营业收入 $FB(T)$ 的变化为几何布朗运动，则：

$$dFB(T)/FB(T) = a_{FB} dT + \sigma_{FB} dZ \tag{8-16}$$

式中　a_{FB}——营业收入的漂移率，反映高速公路项目营业收入的趋势性增长；

σ_{FB}——营业收入的波动率，反映高速公路项目营业收入的随机性变化；

　　dZ——维纳增量，$dZ = \varepsilon \sqrt{dT}$；

　　ε——随机变量，服从均值为 0、标准差为 1 的正态分布。

根据营业收入 $FB(T)$ 的变化为几何布朗运动，则：

$$E[dFB(T)] = a_{FB}FB(T)dT$$

$$D[dFB(T)] = \sigma_{FB}^2[FB(T)]^2dT$$

设建设时间对营业收入的影响函数为 $f_{FB}(\tau)$，高速公路项目开始经营收费后营业收入的预测值 FB_τ 为确定值。则高速公路推迟建设 τ 年的营业收入 $FB(T)$ 表示为：

$$FB(T) = FB_\tau f_{FB}(\tau)$$

可得

$$E[df_{FB}(\tau)] = a_{FB}f_{FB}(\tau)d\tau$$

$$D[df_{FB}(\tau)] = \sigma_{FB}^2 f_{FB}^2(\tau)d\tau$$

则营业收入的建设时机影响函数 $f_{FB}(\tau)$ 服从：

$$df_{FB}(\tau) = a_{FB}f_{FB}(\tau)d\tau + \sigma_{FB}f_{FB}(\tau)dZ$$

求得营业收入的建设时机影响函数 $f_{FB}(\tau)$ 为：

$$f_{FB}(\tau) = f_{FB}(0)\exp(a_{FB}\tau - 0.5\sigma_{FB}^2\tau)$$

其中 $f_{FB}(0) = 1$，即在按期建设情况下，高速公路项目的营业收入是其预测值，则：

$$f_{FB}(\tau) = \exp(a_{FB}\tau - 0.5\sigma_{FB}^2\tau) \tag{8-17}$$

建造成本的漂移率和营业收入的漂移率都会受到区域社会经济发展等诸多因素的影响，具有不确定性。因此，可以将建造成本的漂移率 a_C 和营业收入的漂移率 a_{FB} 看作变量，且均服从正态分布。即：a_C 服从正态分布，$a_C \sim (\hat{a}_C, \hat{\sigma}_C^2)$，其中，$\hat{a}_C$ 为建造成本漂移率的均值，$\hat{\sigma}_C^2$ 为建造成本漂移率的方差，均为确定值；a_{FB} 服从正态分布，$a_{FB} \sim (\hat{a}_{FB}, \hat{\sigma}_{FB}^2)$，其中，$\hat{a}_{FB}$ 为营业收入漂移率的均值，$\hat{\sigma}_{FB}^2$ 为营业收入漂移率的方差，均为确定值。建造成本的漂移率 a_C 和营业收入的漂移率 a_{FB} 的取值由蒙特卡洛模拟方法确定。

8.2.3　基于建设时机选择的高速公路项目投资价值分析

8.2.3.1　基于建设时机选择的高速公路项目经营型价值分析

高速公路项目的建设期为 T_c，计划经营期为 N，均为确定值。考虑建设时间为 τ，则 $T \in [\tau, \tau + T_c]$ 时，建设期的建造成本 $C(T)$ 为变量；$T \in [T_c + \tau, \tau + T_c + N]$ 时，设项目经营期的营业利润为 $r(T)$，为变量，则第 T 年高速公路项目的营业利润为：

$$r(T) = FB(T)(1-\lambda) - FC_T - z(T) \tag{8-18}$$

式中　λ——营业税金及附加税率；

　　　FC_T——高速公路项目的经营成本，考虑为确定预测值；

　　　$z(T)$——第 T 年的项目折旧值，为变量，折旧的计算值取决于项目建造成本、经营期与资产净残值。

则高速公路项目投资的经营型价值 $PV(\tau)$ 为：

$$PV(\tau) = \sum_{t=T_c+1}^{T_c+N} \frac{r(T)}{(1+i_0)^t} - \sum_{t=0}^{T_c} \frac{C(T)}{(1+i_0)^t} \tag{8-19}$$

式中，$T \in [\tau, \tau + T_c + N]$，$i_0$ 为公路行业基准收益率，为确定值。

　　根据前面的分析,可以假设建造成本 $C(T)$ 和营业收入 $FB(T)$ 服从正态分布。

　　高速公路建设工期拖延及建造成本(工程造价)超支是比较常见的问题,造成进度延误和费用超支的因素很多,包括征地拆迁安置问题、不可预见的恶劣自然条件、工程变更等因素。则可假设建造成本 $C(T)$ 服从正态分布:

$$C(T) \sim N(C_\tau f_C(\tau),[k_c C_\tau f_C(t)]^2)$$

式中　　$C_\tau f_C(\tau)$ ——建造成本的样本均值;

　　　　$[k_c C_\tau f_C(t)]^2$ ——建造成本的方差;

　　　　k_c ——建造成本的波动系数,为确定值;

　　　　C_τ ——建造成本的预测值,也为确定值。

　　建造成本的方差反映了高速公路项目建造成本的波动范围取决于建造成本的预测值及其波动范围和建设时机。

　　高速公路项目的营业收入主要是收费收入,关键影响因素是交通量和收费标准。收费标准的确定要考虑多方面的因素,但主要由政府指导价(定价)来决定,一般为确定值,这里不考虑其发生变化。而交通量的预测值总是与实际值存在一定的差异,这种差异产生的原因可能有:交通量预测时选择预测模型不科学、交通 OD 调查时原始数据准确度不高、交通量预测参数的可变性等。因此,假设营业收入 $FB(T)$ 服从正态分布:

$$FB(T) \sim N(FB_\tau f_{FB}(\tau),[k_{FB} FB_\tau f_{FB}(t)]^2)$$

式中　　$FB_\tau f_{FB}(\tau)$ ——营业收入的样本均值;

　　　　$[k_{FB} FB_\tau f_{FB}(t)]^2$ ——营业收入的方差;

　　　　k_{FB} ——营业收入的波动系数,为确定值;

　　　　FB_τ ——营业收入的预测值,也为确定值。

　　营业收入的方差反映了高速公路项目营业收入的波动取决于营业收入的预测值及其波动范围和建设时机。

　　高速公路的建造成本 $C(T)$ 和营业收入 $FB(T)$ 都是随机的,可以采用蒙特卡洛模拟方法确定。

8.2.3.2　基于建设时机选择的高速公路项目引导型价值分析

　　高速公路项目引导型价值主要取决于交通量,主要包括推迟建设导致降低运营成本效益(B_1)、旅客时间节约效益(B_2)、减少交通事故效益(B_3)发生变化。

　　考虑建设时间为 τ,则 $T \in [\tau,\tau+T_c]$ 时,建设期的经济建造成本 $C'(T)$ 为变量;高速公路项目的经济运营管理费用 FC'_T 为预测值,且为确定值;降低运营成本效益 $B_1(T)$、旅客时间节约效益 $B_2(T)$、减少交通事故效益 $B_3(T)$ 均为变量。

　　则高速公路项目投资的引导型价值 $EV(\tau)$ 为:

$$EV(\tau) = \sum_{t=T_c+1}^{T_c+N} \frac{B_1(T)+B_2(T)+B_3(T)-FC'_t}{(1+i_c)^t} - \sum_{t=0}^{T_c} \frac{C'(T)}{(1+i_c)^t} \tag{8-20}$$

式中,$T \in [\tau,\tau+T_c+N]$,i_c 为社会折现率,为确定值。

　　根据前面的分析,可以假设经济建造成本 $C'(T)$ 和国民经济效益 $B(T)$ 服从正态分布。其中,国民经济效益含降低运营成本效益 $B_1(T)$、旅客时间节约效益 $B_2(T)$、减少交通事故效益 $B_3(T)$ 三个部分,主要受交通量的影响。

$$B(T) \sim N(B_\tau f_B(\tau),[k_B B_\tau f_B(t)]^2)$$

式中　$B_\tau f_B(\tau)$ ——国民经济效益的样本均值；

$[k_B B_\tau f_B(t)]^2$ ——国民经济效益的方差；

k_B ——国民经济效益的波动系数，为确定值；

B_τ ——国民经济效益的预测值，也为确定值。

国民经济效益的方差反映了高速公路项目国民经济效益的波动取决于国民经济效益的预测值及其波动范围和建设时机。

同时，假设经济建造成本 $C'(T)$：

$$C'(T) \sim N(C'_\tau f_{C'}(\tau),[k'_c C'_\tau f_{C'}(t)]^2)$$

式中　$C'_\tau f_{C'}(\tau)$ ——经济建造成本的样本均值；

$[k'_c C'_\tau f_{C'}(t)]^2$ ——经济建造成本（经济投资）的方差；

k'_c ——经济建造成本的波动系数，为确定值；

C'_τ ——经济建造成本的预测值，也为确定值。

经济建造成本的方差反映了高速公路项目经济建造成本的波动范围取决于建造成本的预测值及其波动范围和建设时机。

8.2.4　基于建设时机的实物期权抉择模型构建

以高速公路建设项目的经营型价值和引导型价值最大化为目标函数，采用 OptQuest 优化技术的分散搜索算法，智能有效地寻找最优结果，即高速公路项目的最佳建设时机。

8.2.4.1　抉择模型

假设目标为综合考虑高速公路建设项目的经营型价值和引导型价值为最大，则目标函数为：

$$\max V(\tau) = PV(\tau) + EV(\tau)$$

$$= \sum_{t=T_c+1}^{T_c+N} \frac{r(T)}{(1+i_0)^t} - \sum_{t=0}^{T_c} \frac{C(T)}{(1+i_0)^t} + \sum_{t=T_c+1}^{T_c+N} \frac{B(T)-FC'_t}{(1+i_c)^t} - \sum_{t=0}^{T_c} \frac{C'(T)}{(1+i_c)^t}$$

(8-21)

满足的关系式和服从的分布特征：

$$r(T) = FB(T)(1-\lambda) - FC_T - z(T)$$
$$C(T) \sim N(C_\tau f_C(\tau),[k_c C_\tau f_C(t)]^2)$$
$$FB(T) \sim N(FB_\tau f_{FB}(\tau),[k_{FB}FB_\tau f_{FB}(t)]^2)$$
$$C'(T) \sim N(C'_\tau f_{C'}(\tau),[k'_c C'_\tau f_{C'}(t)]^2)$$
$$B(T) \sim N(B_\tau f_B(\tau),[k_B B_\tau f_B(t)]^2)$$

8.2.4.2　优化过程

优化具体过程见图 8-1。

8.2.4.3　步骤

(1)按建设时机影响函数、经营价值和外部价值的计算公式来构建模型。

(2)定义假设单元、预测单元和决策变量。

假设单元为建设成本 $C(T)$、营业收入 $FB(T)$、建造成本的漂移率 a_C 和营业收入的漂移率 a_{FB} 都服从正态分布。

```
┌─────────────────────────┐
│    定义假设变量的概率分布    │
└─────────────────────────┘
            ↓
┌─────────────────────────┐
│        定义决策变量        │
└─────────────────────────┘
            ↓
┌─────────────────────────┐
│        创建优化文件        │
└─────────────────────────┘
   ↓          ↓          ↓
┌──────────┐ ┌──────────┐ ┌──────────┐
│选择用于优化的│ │ 设定约束条件 │ │ 选择目标函数 │
│  决策变量  │ │          │ │          │
└──────────┘ └──────────┘ └──────────┘
            ↓
┌─────────────────────────┐
│       设定优化过程控制      │
└─────────────────────────┘
   ↓          ↓          ↓
┌──────────┐ ┌──────────┐ ┌──────────┐
│ 优化时间设定 │ │  步长设定  │ │ 模拟次数设定 │
└──────────┘ └──────────┘ └──────────┘
            ↓
┌─────────────────────────┐
│         模型优化         │
└─────────────────────────┘
```

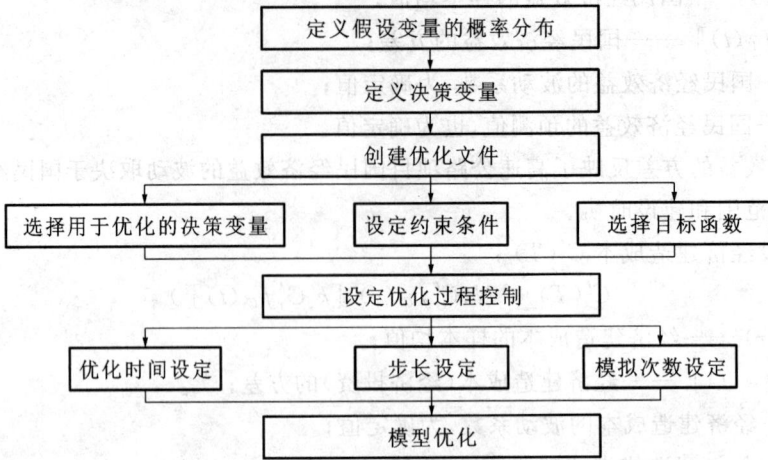

图 8-1　优化流程图

预测单元为高速公路项目的经营型价值 $PV(\tau)$ 和引导型价值 $EV(\tau)$。

决策变量为建设时机 τ。

（3）以高速公路项目的经营型价值 $PV(\tau)$ 为最大，即 $\max PV(\tau)$；运行 OptQuest 进行随机优化，得到经营型价值 $PV(\tau)$ 为最大的最佳建设时机 $\tau*(PV)$，输入 $\tau = \tau*(PV)$，运行蒙特卡洛模拟，得到 $PV(\tau)$ 的概率分布特征。

类推，以高速公路项目的引导型价值 $EV(\tau)$ 为最大，即 $\max EV(\tau)$；以高速公路项目的投资价值 $PV(\tau) + EV(\tau)$ 为最大，即 $\max [PV(\tau) + EV(\tau)]$；运行 OptQuest 进行随机优化，得到对应的最佳建设时机 $\tau*(PV + EV)$，运行蒙特卡洛模拟，得到其对应的概率分布特征。

8.3　高速公路建设柔性进度管理

8.3.1　柔性关键链技术概述

高速公路项目进度在项目管理中处于非常关键的地位，它由项目周期所反映，而项目周期取决于项目中最长链。在 CPM 和 $PERT$ 中，也就是关键线路 CP，因此项目的制约因素为 CP。这里对项目进度管理的现状进行了因果分析，找出了制约因素，完成了项目进度制约因素管理技术的第一步。对于项目管理人员来说，经过认真分析是不难找出制约因素的，现在也知道了 CP 大量超期以及不具备柔性的原因。第二步和第三步是约束管理通过发挥现有潜力、改善进度计划柔性，从而提高项目贡献的关键所在，这里所说的贡献潜力，就是指在既定质量标准和成本约束基础上，提高劳动效率，缩短项目周期，也就是 CP 上的作业时间，见图 8-2。

8.3.1.1　柔性管理与关键链理论

柔性管理的基本含义是：以对人的管理为核心，重视感情和技术投资，塑造管理文化，采用灵活多样的管理方法与手段，建立富有弹性、机动灵活的组织系统，以适应复杂多变的外界环境；不断在原有技术的基础上进行改进，并应用到管理中，以追求在一种动态和谐中灵敏地实现全方位优质的管理目标。

Step 1		2	3	4

1	2	3	4	PFB

1	2	3	4	PFB

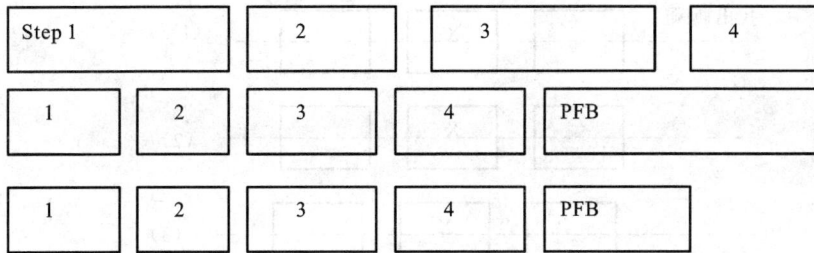

图 8-2　项目柔性区

关键链理论是根据概率理论和组织行为学理论,基于工程项目的整体优化而非局部优化的思想。估计每一道工序时间,将单个工序不确定因素统一放在项目缓冲区考虑,并将关键链作为项目进度管理重点。通过项目缓冲区、输送缓冲区和资源缓冲区的管理来减少延误。关键链项目进度管理方法是约束理论在项目管理中的应用,考虑了时间和资源双重约束,利用聚合原理缩短项目工期,通过配置缓冲区域以消除不确定性,在项目实施过程中,把每道工序节省下来的安全时间综合利用起来,通过设置项目缓冲(PB)、输入缓冲(FB)和资源缓冲(RB)来降低风险,保障项目顺利进行。

8.3.1.2　柔性关键链(FCC)

在一个项目体系中,如果不考虑不确定因素对它的影响时,总存在一些对项目周期起直接制约的环节,把这些环节连成一个步骤链,所形成的链就是柔性关键链,把柔性关键链网络化并用于项目进度决策的技术即为柔性关键链技术(FCCM)。

相对于传统的只有资源约束下的关键链管理,柔性关键链使企业在资源共享的环境下,通过共享外部瓶颈资源,消除承包商自身的能力制约因素,以提高项目收益。

柔性关键技术同样也适用项目群管理。所谓项目群是指一个公司承接了多个项目,这些项目的周期或多或少有一部分相同,这种情形就出现了项目群。如果这些项目所经历的时间完全不同,它们之间没有一点关联,就直接按单项目来处理。项目群相对于单项目来说,出现了多个项目经理。如果项目群中不存在资源冲突,他们仍可按单项目来处理。如果出现了资源冲突,这对公司的项目进度计划工作人员来说,无疑是一道难以想象的鸿沟,他们不得不与这些项目经理们做艰苦卓绝的斗争。因为这些项目经理们都希望自己的资源冲突的任务排在第一位。当项目越多,这种局面越难处理,因此在解决资源冲突的过程中,计划人员不得不经常改变进度计划,这显然会浪费大量的时间,使项目造成无法估计的延迟。

在集团公司高速公路项目群管理中,为了解决项目间的资源冲突问题,必须从集团公司的角度出发,对项目间有资源冲突的任务进行排序,实现整体优化,实施这一对策的步骤如下:

① 找出项目之间的瓶颈,也就是找出项目之间有资源冲突的作业。

② 对这些作业任务进行排序,排序的依据是使由排序带来的各自项目的延迟所造成的损失之和最小。

③ 在它们各自的位置之后插入一个能力约束柔性区(CCFB),它的大小由排在前面的任务作业时间来决定。所有步骤如图 8-3 所示。

为了保证挖掘措施得到实施,必须对各柔性区进行有效控制。控制方法如下:

对于资源柔性区的控制——应把资源柔性区(RFB)放在适当的位置。在 FCC 上,当每件事在准备时,人们必须事先确定,并迫使资源会被准备。资源柔性区并不是让这些资源在这段

找出瓶颈

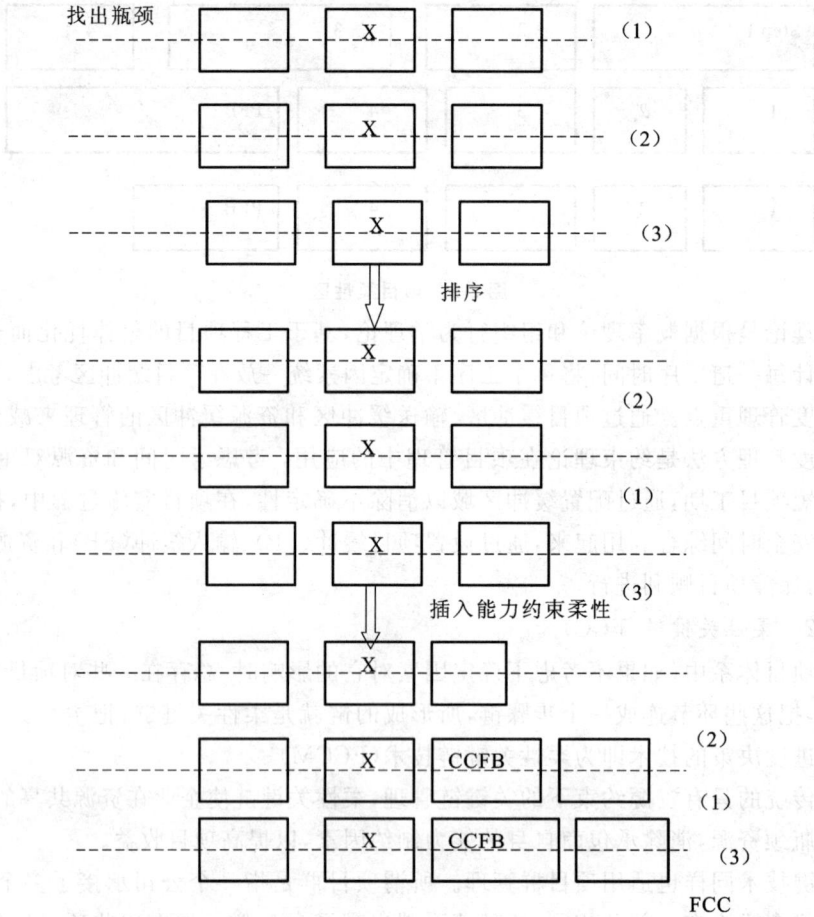

图 8-3　多项目中的柔性关键链

时间里闲置,而是仅仅提醒人们在 FCC 上的工作就要来临的时间。在前 3 天提示,在前 1 天提示,通过这种预先警告,使人们知道当时间来临时,他们必须全身心地投入到 FCC 上的工作中,并且这种预先警告人们也很乐意接受。

对于项目柔性区(PFB)的控制——在 FCC 上,每一步骤早一天完成,PFB 扩大一天;晚一天完成,PFB 缩短一天,并且正在这一步骤工作的人必须每天汇报还有多少天能完成,这样可发现和控制不确定风险因素。

对于输入柔性区(FFB)的控制——进行相同的但不是正式的控制,并给出一个优先级别列表,对于已消耗完的 FFB,并影响 FCC 的路线给予最高优先级,这个列表必须对正在进行的步骤排序。只要控制好所有柔性区,项目进度计划不仅具有柔性,人们工作也会更集中。

单独对某一项任务来说,可以对它的计划和控制措施进行总结,但是必须考虑它的作业环境。作业环境可分为两种,一种是承包商及其下游企业(如供应商、分包商)的作业环境,另一种是集团公司自己的员工所处作业环境。对于集团公司员工所处作业环境下完成的任务,可采取的措施总结为:① 削减损耗时间估计;② 每步单独的步骤消除既定总结的完工期(即没有里程碑);③ 对预期完工时间经常报告。对于承包商及其下游企业作业环境下完成的任务:承包商所承包的任务是在项目的 FCC 上,这个任务就显得更重要了,要认真关注。在承包商和下游企业之间,承包子项目的价格最为关键,承包商对此也是最敏感的。承包商一般以价格优势来夺标,即以最低的价格。但对其下游企业来说,在某一任务实现最优,即最低的成本,也就是说局部最优,但它不能保证时间。对于整个项目来说势必造成一个延迟,不能实现整体最优。

通过第二步和第三步的充分挖掘后,如果现有制约因素即关键路线仍未达到项目进度的要求,那么就该提升它的能力了。提升制约因素的能力有增加型和改进型两种方式。这里主要是对关键路线上所需的资源进行处理,资源包括人、财、物。增加型是指增加这些资源的数量,改进型是指提高资源的质量。对人来说,通过培训等方式加大教育力度,提高员工的技术水平和管理能力。对设备而言,通过技术革新缩短它的作业时间。对作业线路来说,可以通过工艺改进,使其进一步优化,缩短准备和结束时间。这些方法是否合算,可根据所增加的成本和所增加的收益的比较来决定。

经过第四步提升制约因素的能力后,若现有制约因素得以解除,则要回到第一步,从头开始新一轮的循环。如果在提升能力之后,现有制约因素仍未得以解除,则系统条件也已经发生变化,这时要回到第二步,开始新的一轮挖掘循环。无论是回到第一步还是回到第二步开始新的一轮循环,每完成一轮循环,项目进度都会进一步加快,一轮接一轮循环下去,项目管理就会走在不断发展的良性循环道路上。

8.3.1.3 高速公路建设卓越进度管理应用柔性关键链的核心问题

高速公路建设卓越进度管理应用柔性关键链的核心问题主要体现在解决项目间资源冲突问题、FCCM 应用法则设置和资源均衡下的工期优化问题。

(1)资源冲突问题

在高速公路项目中,为了解决项目间的资源冲突问题,必须从集团公司的角度出发。对项目间有资源冲突的任务进行排序,实现整体优化,实施这一对策的步骤如下:

① 找出项目之间的瓶颈,即找出项目之间有资源冲突的作业。

② 对这些作业任务排序,排序的依据是使由排序带来的各自项目的延迟所造成的损失之和最小。

③ 在它们各自的位置之后插入一个能力约束柔性区(CCFB),它的大小由排在前面的任务作业时间来决定。

为了保证挖掘措施得到实施,必须对各柔性区进行有效控制。对于资源柔性区的控制:应把资源柔性区(RFB)放在适当的位置。资源柔性区并不是让这些资源在这段时间里闲置,仅仅是提醒人们 FCC 上的工作就要来临的时间。

(2)FCCM 应用法则

FCCM 吸收了中外的管理哲学和管理技术,对关键路径法(CPM)和计划评审技术(PERT)等进度计划技术进行了分析吸收后,弥补了这些理论和方法的不足,其突出特点在于它的简洁性和操作适用性。其基本应用法则框架可表述为:

① 进度计划的制约因素决定项目周期,在制约环节上延长一个小时,就等于整个系统损失一小时。项目是一个系统。整个系统的周期取决于项目进度,它的周期也就是项目的最长工作路线,这也就是项目进度的制约因素,它对整个系统起着"卡脖子"的作用,直接影响着整个系统的时间长短,它的时间损失是无法弥补的。

② 制约环节的工期,不能由其本身的潜力决定,而应由制约因素工期的实现对其提出的要

求来决定。在一段时期内,人力、物力和财力是有限的,只有保证制约因素的潜力,才能有助于整个系统的进度,对整个系统是有利的。如果保证非制约环节,使其进度达到最优,这使制约因素所需的资源受到了限制,势必影响其进度,从而影响整个系统的进度,这样既浪费了资源,又增加了成本。因此,应根据制约因素的进度需要来调控资源和安排非制约因素环节的进度计划。

③ 在非制约环节上节省大量的工期无实际意义。非制约环节的工期缩短量并不总是等于项目系统的工期缩短量。在非制约环节节约了大量的时间,使其提前结束,但是决定整个项目系统周期的是制约因素,如果制约因素对这一非制约环节点的需求还未到来,它只是增加了非制约环节的休闲时间,对整个项目系统毫无用处。

④ 保证项目系统的周期,必须设置柔性区保护制约因素。柔性区可以分为资源柔性区、供应柔性区、能力约束柔性区等。这些柔性区对相应路线和事件起缓冲作用,从而保护制约因素,使项目系统提前或按时完成。柔性缓冲机制的选择,柔性区大小的确定,以及柔性区的放置位置,都对项目进度起着相当的影响。

⑤ 制约因素的入口处和出口处采用不同的柔性缓冲机制,并且对控制机制区别处理。通常在制约因素的入口处设置的是供应柔性区和资源柔性区,出口处采用的是项目柔性区,对项目柔性区控制的重视程度是最高的。

⑥ 每一任务的时间安排采用乐观时间,通过柔性区控制保证所有任务按时或提前完成。对每一任务的时间安排应使从事该任务的工作人员感到几乎不能按时完成,这样使他们一开始就高效率地工作,消除惰性和周末加班效应,否则他们会认为有足够的时间完成,开始时没有压力,显得很懒散、效率低下,浪费大量的时间。同时也应面对现实,考虑不确定因素对项目进度的影响而设置柔性区。

⑦ 项目群和单项目中存在着资源冲突,如果没有超过资源容量,应安排同时进行。如果超过了,特别是在制约因素上或已影响到制约因素的进度,应错开它们的进度安排,避免并发。如果超过资源容量,依然采用并发,不仅大大增加了每一项任务的完成时间,而且也增加了大量的准备时间,并发任务越多,这种局面越严重。

⑧ 制订制约主进度计划时,应考虑整个系统的所有制约环节。项目提前期是做完计划后得出的,而不是事先主观确定的计划参数。制约主进度计划是以所有制约环节为基础的整体进度计划。当整个系统的制约环节不是一个时,其相互作用不可忽视,制订计划时必须通盘考虑。项目提前期是随不确定因素的影响、项目任务的大小以及资源负荷情况变化的,是进度计划确定后自行得出的。

以上八条法则是瓶颈理论(TOC)的指导思想。概括来说,①～③是 FCCM 核心思想的论述,用来彻底改变作项目进度计划及控制时的传统观念,深刻理解"整体优化而非局部优化"的思想;④⑤是针对运用这一管理方法所采取的相应技术而提出来的,在重视制约因素环节的同时,通过柔性缓冲方式来保护这种影响整体的薄弱环节;⑥～⑧是安排计划及控制的方法原则。

(3)响应面方法(RSM)的基本原理

假设初始网络计划图在 t 时刻有两项平行工序 $i-j$ 和 $m-n$ 同时开始,资源需求量 γ_k 大于该时刻资源供应量 R_k,即 $\gamma_k > R_k$,为了避免资源冲突,必须推迟某项工序的开始时间,这样就可能会造成总工期延长 ΔT,如图 8-4 所示。

若将工序 $m-n$ 安排到工序 $i-j$ 之后,工期增量为:

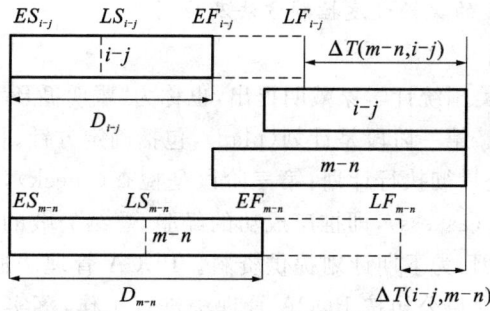

图 8-4　资源冲突下网络计划优化示意图

$$\Delta T(i-j, m-n) = (EF_{i-j} + D_{m-n}) - LF_{m-n}$$

$$= EF_{i-j} - (LF_{m-n} - D_{m-n}) = EF_{i-j} - LS_{m-n} \tag{8-22}$$

同理,若将工序 $i-j$ 安排到工序 $m-n$ 之后,工期增量为:

$$\Delta T(m-n, i-j) = EF_{m-n} - LS_{i-j} \tag{8-23}$$

目标使工期增量 ΔT 最小。若 $\Delta T(i-j, m-n) > \Delta T(m-n, i-j)$,将工序 $i-j$ 推迟到工序 $m-n$ 之后进行;若 $\Delta T(i-j, m-n) < \Delta T(m-n, i-j)$,将工序 $m-n$ 推迟到工序 $i-j$ 之后进行;若 $\Delta T(i-j, m-n) = \Delta T(m-n, i-j)$,则任意推迟一项工序。若资源冲突时刻有两项以上的平行工序,则分别对其两两排序,依次计算工期增量 $\Delta T(i-j, m-n)$,并选择 $\min[\Delta T(i-j, m-n)]$ 对应的方案,即工期增量最小的方案作为最佳调整方案进行调整,重复以上步骤,直到整个工期范围内均满足资源约束条件。

如果用 BLS_{i-j} 和 BLS_{m-n} 分别表示由初始网络图计算得到的工序 $i-j$ 和 $m-n$ 的最迟开始时间,假设当前时刻网络计划总工期较初始网络计划总工期增加 ΔT,则有:

$$LS_{i-j} = BLS_{i-j} + \Delta T$$

$$LS_{m-n} = BLS_{m-n} + \Delta T$$

则式(8-22)、式(8-23)可变为:

$$\Delta T(i-j, m-n) = EF_{i-j} - LS_{m-n} = (ES_{i-j} + D_{i-j}) - (BLS_{m-n} + \Delta T)$$

$$\Delta T(m-n, i-j) = EF_{m-n} - LS_{i-j} = (ES_{m-n} + D_{m-n}) - (BLS_{i-j} + \Delta T)$$

假设条件下任何工序都不可以中断,故在发生资源冲突的时刻,除已开工的工序外,进行排序的工序的起始时间是相同的,即 $ES_{i-j} = ES_{m-n}$,所以要比较 $\Delta T(i-j, m-n)$ 和 $\Delta T(m-n, i-j)$ 的大小,只需比较 $(D_{i-j} - BLS_{m-n})$ 和 $(D_{m-n} - BLS_{i-j})$ 的大小即可。从而将寻求 $\min[\Delta T(i-j, m-n)]$ 转化为寻求资源冲突时各个平行工序中持续时间最小值和初始最迟开始时间的最大值, $\min[\Delta T(i-j, m-n)] = \min D_{i-j} - \max BLS_{m-n}$,这样不但可以大大减少计算量,而且能迅速找出最先后移的工序。

8.3.2　柔性进度控制技术实施方法

在高速公路建设项目实施过程中,由于各种因素的影响,使得工程施工在某个阶段或某个环节的实际进度往往与计划进度存在偏差。收集整理现场进度资料,通过对实际进度进行分析和比较以及时发现这些偏差,是进行柔性动态进度控制和调整的前提和基础。在柔性进度控制中,必须要对各种因素进行调查、分析、预测,并在进度计划中予以体现,其实质就是一种不断地计划、执行、检查、分析、调整的循环过程。

8.3.2.1 基于 PDCA 的柔性进度控制方法及应用

(1)PDCA 的基本内涵

PDCA 管理法最早由美国统计学家戴明提出,也称为"戴明循环"。这种方法的要点是:一切工作都应包括四个阶段。第一阶段是计划(plan),包括确定方针、目标、质量工作计划等;第二个阶段是实施(do),就是贯彻执行计划;第三阶段是检查(check),即检查计划执行的效果,找出问题;第四阶段是评价(assess),即推广成功的经验,总结失败的教训并制定纠偏措施,对没有解决的问题应找出原因,为下期计划提供资料。PDCA 管理法适用于项目公司、班组、个人各个环节的工作。整个项目公司按 PDCA 管理法进行工作,落实到班组、个人以及各操作环节,也要求各班组各生产环节按 PDCA 管理法进行工作。这样就形成一个大环带小环的情况,每个环都在不停地向前移动,整个项目公司各班组、各作业的管理目标都一环扣一环地配合进行。总体来说,PDCA 管理法对于特定管理对象,在管理实践中总是处于循环状态,也就是 PDCA 环不停地滚动着,它又由若干次小循环构成,因而在整体上构成综合循环,同时,它的循环过程又是一个不断运转、效果不断提高的过程。

(2)柔性进度控制与质量、投资控制制约关系及其控制过程

工程总体目标确定以后,它的分项目标是可以随着施工的进度进行调整的。不断地调整,不断地修正,构成了整个施工过程。施工过程中的每一个进度指标都随着 PDCA 循环进行调整,调整的结果是保证每一分项工程的进度目标按时完成,调整的同时要协调好进度与质量和成本的相互关系,它们之间的相互制约关系如图 8-5 所示。

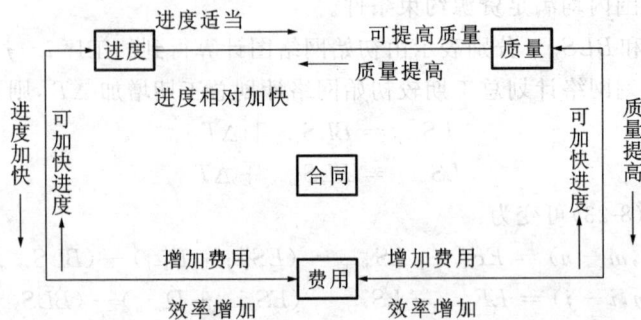

图 8-5 柔性进度控制与质量、投资控制制约的关系

① 计划阶段

根据工程总体工期目标、设计图纸与现场施工的实际情况,对工区任务进行划分,并制订出详尽的月计划,具体分解到旬、日,对制约进度的关键工序又进一步进行细化,对所用时间、工程量及资源进行量化,设定成若干个进度目标 $t_1, t_2, \cdots, t_n$,为了保证这些进度计划的实现,在保证工程质量的前提下,可以采用推进式施工,但重叠时间不应过长,尤其在技术人员、行政人员不足的情况下,必须使 $t_1 + t_2 + \cdots + t_n \leqslant T$($T$ 为总进度目标),才能保证进度计划的实现。如果考虑各个工区的情况,其进度 $t_1, t_2, \cdots, t_n$ 在 $t_1 + t_2 + \cdots + t_n \leqslant T$ 得到保证的前提下,t_i($i = 1, 2, \cdots, n$)又可如上分解为 $t_{i1}, t_{i2}, \cdots, t_{in}$($i = 1, 2, \cdots, n$),施工和监理单位可通过调整 t_{i1},$t_{i2}, \cdots, t_{in}$ 达到调整 t_i 的目的,而 $t_{i1}, t_{i2}, \cdots, t_{in}$ 又可类似地进行调整。只要使每个工区的进度计划 t_{in} 按期完成,那么总体目标 T 就能按期完成。

② 执行阶段

对照已制定的进度计划目标,采取组织措施、技术措施、经济措施、合同措施等综合措施,为取得进度目标控制的理想成果,扎扎实实地去做。在项目实施工程中,不仅应对照进度计划的指标检查执行(包括施工、设计及监理本身)的情况和效果,及时发现实施计划过程中的问题,而且应采用预先分析、预先采取措施、预先主动控制的方法进行项目操作,尽量提前估计各进度目标在实施工程中可能发生的偏离,对这种偏离应采用预防性和主动性的控制措施。因为工程一次性的特点,要求施工单位、监理工程师有较强的主动控制能力,合同条款和有关规范也给工程实施主动控制提供了诸多条件,有关方面的人员应充分利用,使工程得以顺利实施。

③ 总结阶段

根据检查的结果进行总结,把成功的经验和失败的教训都纳入有关的标准制度和规定之中,巩固已取得的成绩,以防止重蹈覆辙。同时提出这一循环尚未解决的问题,把它们转到下一次的PDCA进度循环中去。推动PDCA的滚动柔性控制,关键在"总结"阶段,因为它是推动PDCA上升、前进的关键。因此,推动PDCA的滚动柔性控制,一定要始终如一,抓好总结这一阶段。

(3)实践步骤

此方法可以简化为如下步骤:

① 分析现状,找出工期、质量、投资、合同等中存在的问题;

② 从人(MAN)、机具(Machine)、材料(Material)、方法(Method)、环境(Environment),即"4M1E"五方面入手,分析问题的关键因素;

③ 针对关键因素,制定体现"5W1H"(What,什么计划和措施;Why,目标或必要性;Where,哪里实施;Who,谁负责;When,何时开始和完成;How,如何实施)的活动计划和措施;

④ 按既定计划实施;

⑤ 对照计划检查实施效果;

⑥ 根据结果进行分析,必要时联系设计和监理单位进行现场协调,总结经验,落实改进措施;

⑦ 提出尚未解决的问题,转入下一次进度控制循环。

在施工过程中,为有效地推动PDCA的滚动柔性控制,提高作业效率,在保证质量和投资目标的前提下实现进度目标控制,需要大量的数据和信息,可以通过排列图、控制图、Ishikawa法等各种工具对施工信息和数据进行收集和整理,对进度目标控制状况作出科学的判断。在施工的进度控制中,要将PDCA管理法与进度目标控制有效地结合起来,实现进度柔性控制,具体见图8-6。

8.3.2.2 高速公路进度卓越管理跟踪技术及方法实施

(1)"香蕉"曲线法

在网络计划中,除了关键活动以外,其他活动都有最早可能开始时间和最迟必须开始时间,分别用 TES 和 TLS 表示。对于FCC上的活动,TES 和 TLS 相同。如果分别按最早可能开始时间和最迟可能必须时间安排进度来绘制"S"曲线,就可得到两条"S"曲线:TES 曲线和 TLS 曲线。

①"S"曲线作图步骤

第一步,确定累计完成百分比或累计完成工作量为纵轴,工作量的具体表达方式可以是实物工程量、工日消耗、费用支出额,时间为横轴。

第二步,确定各时刻对应的单位时间所完成的百分值,计算不同时间累计完成百分比;

第三步,根据不同时间的累计完成百分值,绘制"S"形曲线。

这两条曲线具有相同的开始时间和相同的结束时间,它们合在一起的形状像一只香蕉,故此得名为"香蕉"曲线,如图 8-7 所示。

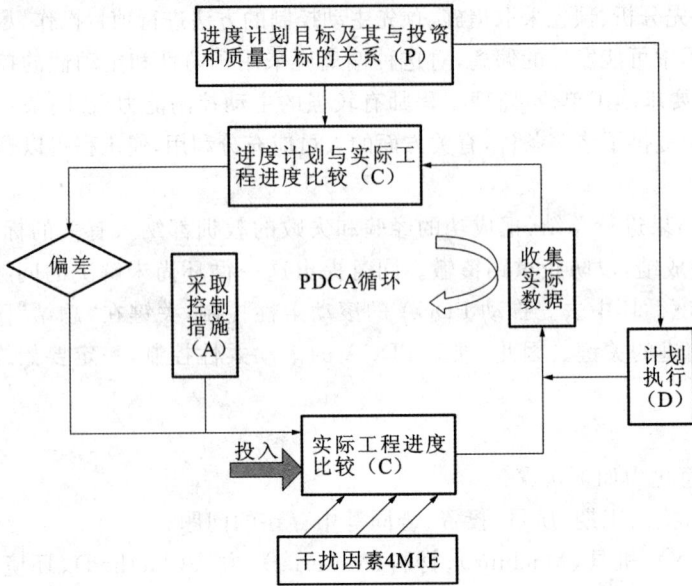

图 8-6　基于 PDCA 高速公路建设柔性进度控制

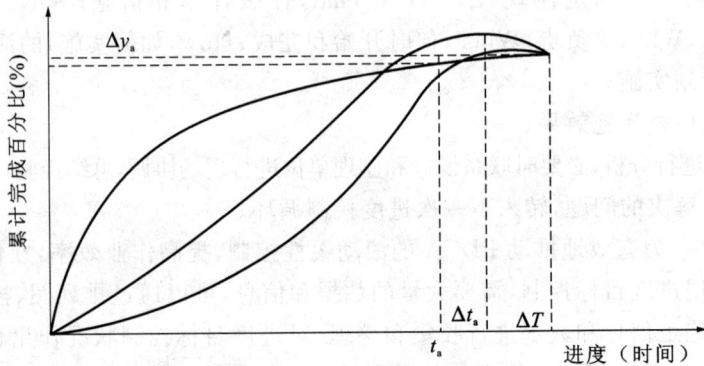

图 8-7　"香蕉"曲线

②"香蕉"曲线的使用方法

绘制表示实际进度的曲线,即"R"曲线。

把"香蕉"曲线与"R"曲线进行比较:如果"R"曲线位于"香蕉"曲线范围之内,表示进度正常,处于理想状态;如果"R"曲线位于"TES"曲线上方,表示实际进度超前了;如果"R"曲线在"TLS"曲线的下方,表示实际进度延后了。

根据"R"曲线提供的进度信息,可以预测将来实际进度的发展趋势,如图 8-7 中"R"曲线的虚线所示。

"香蕉"曲线反映了进度的偏差值,为进度控制提供决策信息。图 8-7 中 Δt_a 表示在检查日期进度提前完成的时间,Δy_a 表示在检查日期进度提前完成工作量的百分比。

选择不同的进度控制日期点 t_a,可以跟踪判断进度不同执行状态是提前或是延后。

利用"香蕉"曲线的终点与预测"R"曲线终点的横坐标的相差值,可以估计实际进度未来完成状态,即工期是提前或是延后,即图中 ΔT 施工工期偏差。

(2)前锋线法

前锋线又叫实际进度前锋线,是对网络计划中的某一时刻正实行的各项工作活动的实际进度前锋进行的连线,前锋线法是一种有效监督高速公路工程进度风险的方法。

前锋线法是在原时标网络计划上,从检查日期的坐标点出发,用点画线依次连接各项工作的实际进度的前端点,最后连接另一时间坐标轴上的检查时间点,形成垂直的折线,故称为前锋线。

标定各种工作活动的实际进度前锋位置的方法有两种:第一种是根据已完成的高速公路工程实际比例来标定。时标网络图箭线的长度对应于相应工作活动的持续时间,并和高速公路工程实物量成比例。检查进度计划执行情况时,如果某工作活动的实物量完成了百分之几,就可以自左至右地标在箭线长度的相对应的位置标定其前锋点。第二种是根据尚未完成工作的时间来标定。如果要标定该工作活动的实际进度前锋,就要对从该检查时刻起到完成该工作活动还需要的时间进行估计,根据尚未完成工作的时间,从箭线的末端从右到左进行标定。

前锋线绘制具体步骤如下:

第一步,在时标网络图中设置检查日期;

第二步,用虚线将网络图上、下时间坐标上的检查日期点连接起来,该连线称为检查线;

第三步,按当日完成各项活动的工作量的百分比,按比例标在各活动线上,就得到检查日进行的各项实际进度前锋点;

第四步,把检查日起点和各项活动的实际进度前锋点用点画线连接起来,就得到一条实际进度前锋线。

实际进度前锋线的功能就是分析当前进度和预测未来的进度。一方面对当前进度分析。以实际检查的时刻为基准,前锋线就是描述实际进度的波折线;在基准线后的线路落后于原计划,在基准线前面的线路超前于原计划;处于波谷上的线路,其进度要落后于相邻线路,处于波峰上的线路,其进度要超前于相邻线路。根据前锋线,在该检查计划时刻整个高速公路工程的实际进度状况便非常清楚。高速公路项目施工过程中,可定期对进度计划进行检查,定期绘制出每次检查时的实际进度前锋线,可形象地描述计划进度与实际进度的差异。检查时间间隔愈短,描述愈精确。另一方面对高速公路工程进度风险进行分析。通过分析比较过去时刻和当前时刻这两条前锋线,可对高速公路工程未来的进度变化趋势作出估计分析。

设过去时刻和当前时刻两条前锋线之间某一条线路上截取的线段长度为 ΔX,而这两条前锋线之间的时间间隔为 ΔT,ΔX 与 ΔT 之比称进度比,记为 B。则 B 的计算式为:

$$B = \frac{\Delta X}{\Delta T}$$

B 的大小反映了该线路的实际进展速度的大小,某线路的实际进展速度与原计划相比较快,则 B 大于 1;若慢,则 B 小于 1;相等时,B 等于 1。根据进度比 B 的大小,就可以对该线路未来进度是否存在风险作出定量的分析。

8.3.3 柔性关键链管理模型构建

8.3.3.1 柔性关键链管理(FCCM)的应用设计

首先,分析在单项目环境下 FCCM 的应用设计,从而展示创造一个单项目柔性关键链计划的完整过程。

(1)识别关键链

① 以最晚完成方式的网络排列各任务。以"1/2"法除去各任务安全时间,并识别其主要资源。如果任务需要多种资源,以起制约作用的资源为主要资源;如果有多个主要资源,依照每个主要资源相应分解任务。

② 如果没有资源冲突,直接到⑥。

③ 识别需要首先解决的冲突。这个冲突应当是离项目结束最近的冲突或者是出现最多的冲突。如果出现多个同样数目的冲突,则选离项目结束最近的冲突。找出网络图中的资源冲突,根据改进的启发式算法——RSM 法解除资源冲突。

④ 重新排列任务,解决资源冲突。当解决一个资源的资源冲突后,必须保证不会影响到先前已解决的资源冲突,而产生新的资源冲突。

⑤ 返回到进度计划表的尾部,重新完成④的操作直到克服所有的资源冲突。

⑥ 识别最长链作为柔性关键链(FCC),找出相依任务中的最长链。将项目中所有相依的任务连接起来,找出最长链,此即为项目的限制,也就是项目进度中的关键链。

(2)设置柔性缓冲区

根据工序所处的位置不同,用不同的完工概率修正工序的持续时间。其中,关键链上的任务用 70% 的完工概率修正现有的持续时间,非关键链上的任务用 50% 的完工概率修正现有的持续时间。缩短各个工序的安全时间。然后,将修正链条的长度而得到的差额,作为项目柔性区和输入柔性区的大小。

设置柔性区,插入项目柔性区(PFB)、输入柔性区(FFB)和资源柔性区(RFB)。添加输入柔性区(FFB),保护 FCC,FFB 位于各分支路线与 FCC 连接处,利用各分支最长路线定量分支的 FFB。项目柔性区、输入柔性区类似于网络图中的虚任务,只是它们要占用一定的时间;而资源柔性区不占用时间,只是一种预警机制。

移动非关键链上的工序让它们较晚开始,解决由于加入柔性缓冲区后新产生的冲突。

① 重新审视进度计划,检查是否有明显的方式改进项目周期。

② 添加 RFBs,再利用增加资源克服资源冲突,从而缩短项目周期。最后返回第一阶段,识别 FCC,注意不要让思维惯性成为制约因素。这样就完成了一个单项目的 FCC 设计,它是具有免疫力和可操作性的进度计划。

8.3.3.2　单项目环境下 FCCM 应用设计

为了便于分析,这里结合一个单项目案例进行研究,如图 8-8 所示。

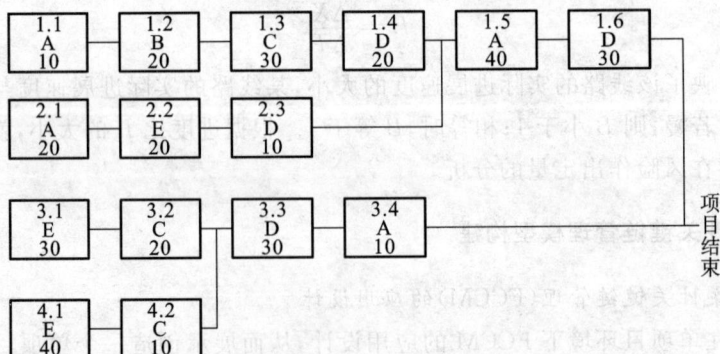

图 8-8　一个单项目 WBS 及其资源

图中任务以最早开始的方式排列,每一任务框中的第一行是工作分解结构(WBS)中的任务标识,第二行为所需资源,这里都假定为单位资源,第三行为计划时间,它是按照传统方法来计划的,单位为天。

按照设计步骤,对图 8-8 中的任务进行处理,首先以"1/2"法除去安全时间,并以最晚完成方式的网络排列各任务。处理后的结果见图 8-9,表示了资源冲突,相同的颜色表示使用同一资源。接着从项目尾部开始排除资源冲突,第一个冲突是任务 1.6 和 3.3,对资源 D 的争夺,因为第一条路线(1.1,1.2,1.3,1.4,1.5,1.6)目前是最长链。通常从直觉上给它安排资源优先权,即 1.6 在时间上排在前。下一个冲突是任务 3.2 和 4.2,对资源 C 的争夺。由于这两条线路不是最长链,且具有相同长度,因而顺序可以随意安排,由后向前逐个排除剩余的冲突,直到排除所有的冲突,处理结果见图 8-9。从图中可知,项目的最长链是 1.1,1.2,1.3,1.4,1.5,1.6,3.3,3.4,即为 FCC。

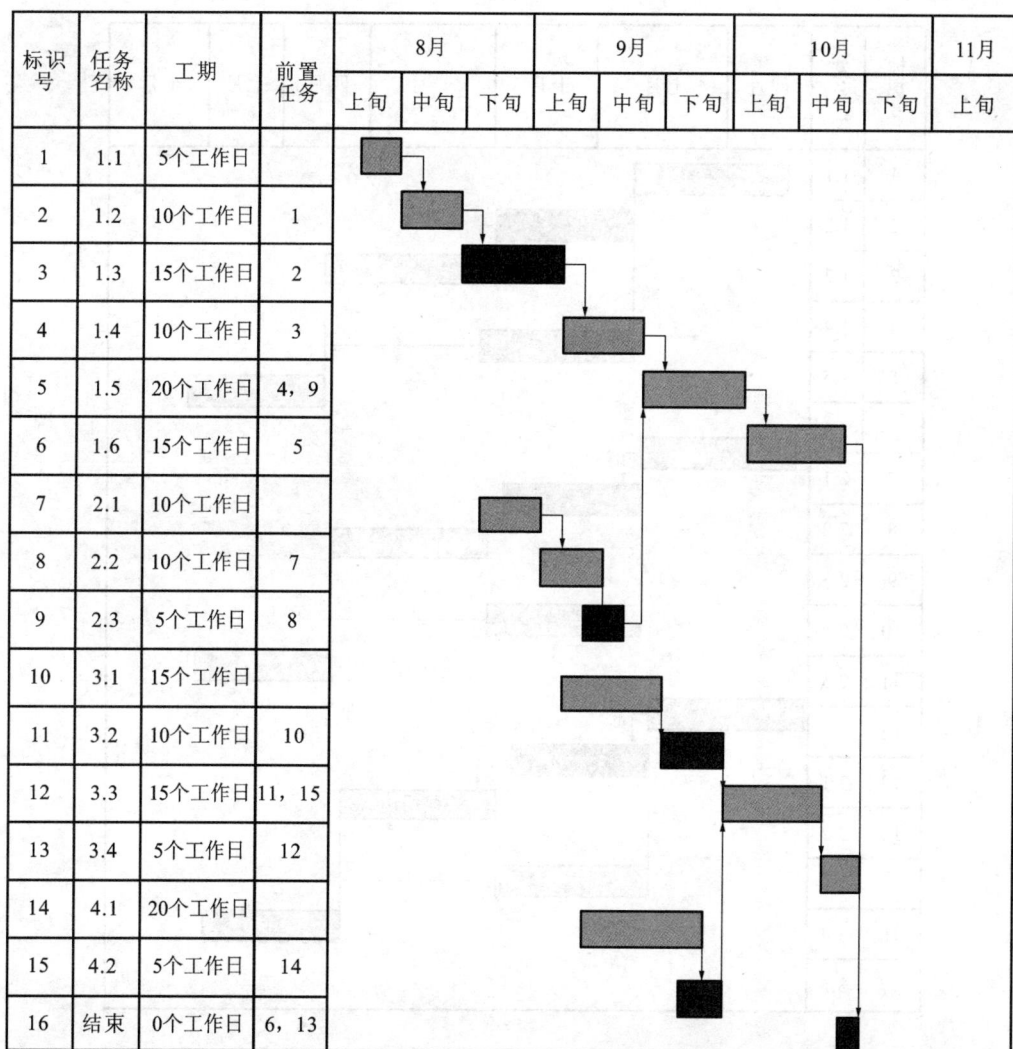

标识号	任务名称	工期	前置任务	8月			9月			10月			11月
				上旬	中旬	下旬	上旬	中旬	下旬	上旬	中旬	下旬	上旬
1	1.1	5个工作日											
2	1.2	10个工作日	1										
3	1.3	15个工作日	2										
4	1.4	10个工作日	3										
5	1.5	20个工作日	4, 9										
6	1.6	15个工作日	5										
7	2.1	10个工作日											
8	2.2	10个工作日	7										
9	2.3	5个工作日	8										
10	3.1	15个工作日											
11	3.2	10个工作日	10										
12	3.3	15个工作日	11, 15										
13	3.4	5个工作日	12										
14	4.1	20个工作日											
15	4.2	5个工作日	14										
16	结束	0个工作日	6, 13										

图 8-9 具有所有资源冲突的进度图

由于最长链的累积时间为 100 天,那么 PB 为 50 天,项目整体的计划时间为 150 天,PFB

处于关键链的尾部,RFB在后面考虑。其次使资源、其他任务和分支路线服从FCC。

然后,添加RFB。事实上应该在识别FCC后立即添加RFB,但为了使图表更清楚,放在最后也可以,即RFB在FCC上。如果FCC上各任务使用的资源为同一资源,则不需要RFB,处理后具体见图8-9。

再利用增加资源克服资源冲突,从而缩短项目周期。

最后返回第一阶段,识别FCC。

8.3.3.3　多项目环境下的FCCM应用设计

当存在多个项目时,如果每一个项目使用的资源是独立的,那么可以按照单独项目的方式来管理。但事实上,多个项目肯定存在共同使用的资源,并且由公司统一管理。它们之间一定会存在千丝万缕的联系,那么如何制定多项目的FCCM,这里结合一个多项目例子进行研究,案例进度见图8-10。

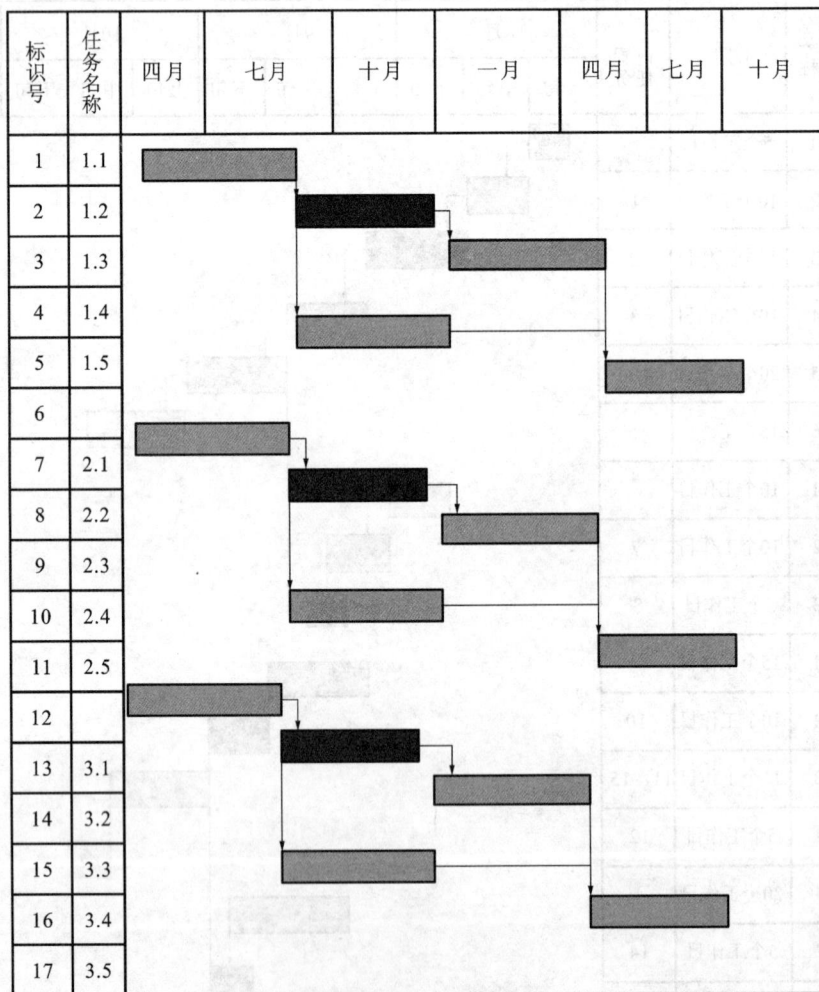

标识号	任务名称	四月	七月	十月	一月	四月	七月	十月
1	1.1							
2	1.2							
3	1.3							
4	1.4							
5	1.5							
6								
7	2.1							
8	2.2							
9	2.3							
10	2.4							
11	2.5							
12								
13	3.1							
14	3.2							
15	3.3							
16	3.4							
17	3.5							

图8-10　多项目的进度图

每一个任务显示了它所需要的资源,每一个任务的时间是90天。通常,三个项目的经理很少在一起工作,他们会经常和资源人员联系,尽量获得他们所需的资源。这个多项目中所需的各种资源只有 1 个。各项目是完全一样的,且各项目中对应的任务都出现了资源冲突,即前文所讨论的"多任务"的情形。由于资源的多任务,每一个项目都不会准时完成,因此每种资源是系统的能力约束资源。

可见,首先必须识别多项目系统中的能力约束资源。在不同的多项目系统中,能力约束资源可能是人、物或政策。多项目系统中的约束资源成为多项目计划中的"鼓"。"鼓"这一术语来源于鼓·缓冲·绳子(DBR)技术,"鼓"的时间安排决定了项目的排序。如果"鼓"提前完成项目任务,促使项目进度提前;如果"鼓"延迟,后序项目就会延迟。为了保护"鼓"资源,保证项目正常进行,必须引入相应的柔性区。

由上可知,在多项目环境下 FCCM 技术应用设计的步骤具体如下:

(1)找出多项目系统中的约束资源

多项目的约束资源,是严重影响 FCC 周期的资源。由于这种"鼓"资源经常处于供应短缺状态或过度使用状态,因而可以很明显地辩认出。如果出现多种约束资源,选择对多项目系统进度贡献最明显的资源,或者选择在进度计划上出现最早的资源。

(2)挖潜多项目系统中的约束资源

第一步,对每一个项目独立地设计关键链计划。这可以按照单独项目环境下的 FCCM 设计进行。

第二步,决定使用约束资源的项目优先权。在建立"鼓"资源进度表前,必须确定各项目的优先权。建立优先权只有一个目的,消除"鼓"资源的多任务影响,减轻其压力,确立使用"鼓"资源的优先顺序,可以通过考虑多种因素确定优先权。依据 TOC 的方法,主要的因素是使单位约束资源对多项目系统进度贡献最大。设定项目优先权要考虑公司的目标,如客户和公司将来的盈利能力。

第三步,建立约束资源多项目进度计划——"鼓"资源进度计划。收集各项目对约束资源的需求信息,克服项目之间的冲突,使其对多项目系统贡献最大。换言之,目的是使大多数项目提前完成。

"鼓"资源必定由多项目环境中所有项目所共享。这也是多项目环境界定的一种反应。多项目系统的制约因素有时似乎会转移。TOC 认为,当系统处于稳定状态时,可只选择一个制约因素。但统计波动能产生多个暂时的制约因素,这只是一个统计事件,应该把这种资源当作项目系统的制约因素,因此要注意资源供给的机动性:①利用加班或推迟时间;②分割工作时保证适当地挖掘潜在的制约因素;③将其他不产生明显贡献的任务次要化。

许多多项目系统公司有一个惯性的资源约束:一个总是加班的部门或者经常延迟的资源,可能是政策或别的原因准许这个部门占据这样的职位,并且禁止提供更多资源满足所有的需求。如果有两个和更多的资源处于这种状态,则选择离多项目开始最近的资源。以后若有必要,可以作适当的调整。由于它影响到整个多项目的系统的性能,因而定义它为能力约束资源,即为"鼓"资源。选择"鼓"资源的目的是为了错开项目,避免系统超载,即多任务。如果选择错误的"鼓"资源,也可以在一定程度上错开项目,只要选择负荷较高且不容易提升的资源,都能一定程度地改善项目。依据项目性能可以找到正确的"鼓"资源。为了取得错开项目的最大效果,"鼓"资源应当是在多项目系统中控制柔性关键链时间最大化比例的资源,因而选择正确的"鼓"资源有助于排除其他的资源冲突。在做项目计划时,能知道总的资源需求,也知道已有的总的资源,可以依据最高需求比率来试选"鼓"资源。采用这种方法,要保证数据质量,确保不容易提升所选中的资源。

避免凭借单一的名称配置资源,许多多项目系统的公司以单一的名称标注资源,并认为资源具有高度的特殊性。如果整个多项目系统的贡献被一个或更多的个人控制,会使公司处于高风险状态。当他们生病或辞职,那么所有的项目将会停止。较好的方式是按照资源类型配置资源,然后由资源管理者对特定的人安排任务,资源类型的界定必须保证这一类型的任何一人可以完成为其安排的任务。当某一类型的资源群越大,依据任务需求为各项目动态地配置资源的优势越大,这是这种方式的主要优点。这种方式不仅仅适用于"鼓"资源,也适用于所有资源。

"鼓"资源计划由对"鼓"资源进行管理的人负责,它是针对所有项目分配"鼓"资源的计划。"鼓"资源计划是系统处理项目能力的主要决定因素,它设定了每个项目的开始日期。为了建立"鼓"资源计划,"鼓"资源管理人员需要了解每个项目对"鼓"资源的需求状况及项目优先权。每个项目的关键链计划中决定了使用"鼓"资源任务在该项目中的计划作业时间、最早开始时间。图 8-11 反映了 3 个项目对"鼓"资源的需求状况,由下至上标出了项目的优先权,现有 2 个单位的"鼓"资源,图中每个任务作业时需要 1 个单位"鼓"资源。"鼓"资源计划必须为 3 个项目配置"鼓"资源且不超过其能力。由于其他活动的逻辑关系,图中依赖"鼓"资源的作业活动不能提前。图中所表明的时间是其最早开始时间。

解决方式是插入 CCFB,推迟低优先级别项目的进度直到其需求在"鼓"资源供给范围之列,由此建立"鼓"资源计划。注意,计划"鼓"资源时,其涉及的任务采用平均作业时间,为了避免缺失"鼓"资源的风险,计划作业时间要考虑到比实际平均时间长。"鼓"资源计划结果见图 8-11。

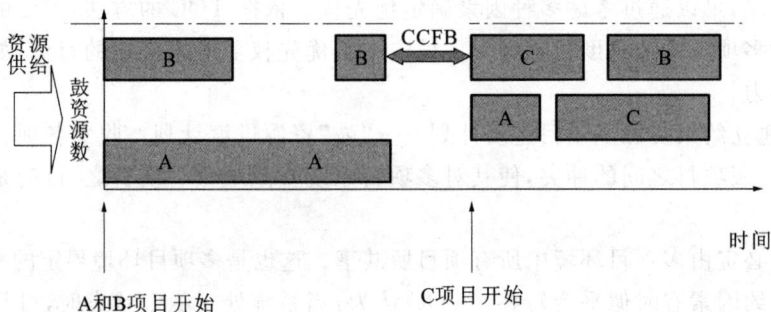

图 8-11 "鼓"资源计划

(3)"次要化"单项目进度计划

第一步,根据"鼓"资源计划,设定每个项目的启动时间。

第二步,指定从第一次使用"鼓"资源的任务到项目结束所形成的链为 FCC。

第三步,在各项目进度计划之间插入 CCFB,CCFB 位于使用"鼓"资源的任务之前。CCFB 可以保证"鼓"资源的可获得性,从而起到保护"鼓"资源计划的作用。CCFB 的大小以其前序的任务时间来定,即以高一优先级项目所使用的"鼓"资源的活动时间来确定。如果该活动周期有两个估计值,CCFB 可以简单地取两者之平均值。CCFB 的大小主要考虑到获取"鼓"资源要具有低风险。

第四步,如果 CCFB 的插入影响了"鼓"资源计划,那么要解决其产生的冲突,没有就直接进入第五步。

第五步,插入"鼓"柔性区(DFB)。

DFB 位于"鼓"资源活动之前,它的目的是消除上游 FCC 中各活动不确定性的影响,从而保证优先级项目对"鼓"资源的利用。在这种意义上 DFB 相当于 FFB,如果 DFB 位于 FCC 上,它将直接影响项目的启动时间和项目周期。它的定量方法类似于 FFB 的定量方法,采用"1/2"法。

(4)提升"鼓"资源的能力。

(5)重新回到第二步。注意不要让惯性成为制约因素。

由此可见,单项目的 FCC 并不是多项目环境下的制约因素,它必须按照五个步骤工作法对多项目系统的进度计划进行重新设计。

8.4 高速公路建设进度风险分析

高速公路建设进度风险是指高速公路实施过程中因某些环节或整个工程项目的进度延误所造成的风险,而这种进度(时间)上的延误往往伴随着成本的增加。

8.4.1 高速公路建设进度风险形成机理分析

高速公路建设项目总是处在一个不断变化的环境中,各种不确定性因素的变化总影响着高速公路项目的发展,因此工作活动时间是一个随机变量,即使项目管理者经验非常丰富,也无法事先确定项目实际进行所需的时间,而只能做近似的时间估计。而估计的任务要尽可能地接近实际,以便于项目正常实施。同时在高速公路建设项目计划和实施阶段,也要随着时间的推移而不断进行估计更新,以便随时掌握高速公路建设项目的进度和以后工作所需的时间,避免高速公路建设项目进度失去控制。

在进行高速公路建设项目进度计划时,每一项活动的时间估计是根据对该活动的乐观时间 a、最可能时间 m 以及悲观时间 b 来进行的。计算方法为:

$$T = \frac{a + 4m + b}{6}$$

方差为:

$$\sigma^2 = \left(\frac{b - a}{6}\right)^2$$

该计算方法的依据是:在统计上项目活动的时间要服从 β 分布;事实上,$b - a = 6\sigma$,即分布范围包括了 6 个标准偏差,它假定估计者在估计 a 和 b 时,实际上想让该项活动时间 99% 的可能性都落在 $[a, b]$ 之内。这种估计方式是产生高速公路建设项目风险的主要原因。

值得注意的是,无论采用哪种方法估计,实际的时间总会和事先估计的时间有差异。一系列不确定性因素会影响项目实际完成时间,其中主要有以下几个方面:

(1)参与者的熟练程度

进行时间估计一般都是以典型的参与工作人员的熟练程度为基础进行的,而实际工作中,高速公路建设项目工作人员的熟练程度可能比平均水平要低,也可能比平均水平高;因而实际的工作时间比估计时间可能长,也可能短。

(2)风险事件的发生

在高速公路项目建设过程中,总是会发生一些令人意想不到的风险事件,尤其在寿命期比较长的高速公路建设项目中更是如此。这些突发事件都会影响到工作活动实际的需要时间。在计划和估计阶段是不可能也不必要考虑到所有可能的突发事件。但在实际实施高速公路建设项目时,应对突发事件有所准备,并提出相应的调整计划与措施。

(3)工作效率与工作能力

高速公路建设项目时间的估计总是以项目工作人员的平均工作能力为基础的,实际上,有些工作人员的能力会比平均水平高,有些工作人员的能力会比平均水平低。实际工作中,由于客观上或主观上的原因,高速公路建设项目人员的工作能力或效率一般很难保持稳定。

(4)项目计划的调整

在执行计划时,总是要根据高速公路建设项目环境的变化对项目计划进行一些必要的、局部的调整,而计划调整是需要时间的,从而影响高速公路建设项目的整体进度。

8.4.2 高速公路建设进度风险识别

对高速公路项目建设阶段进度风险因素可用核查表等进行分析;通过分析可对进度风险的形势有一粗略的识别。对项目工期风险的识别,则要做进一步的分析,具体加以识别。

高速公路建设项目进度的风险因素对项目进度是否有影响,即是否形成高速公路建设项目进度风险,这也需要识别。并不是每一个进度风险因素对高速公路建设项目进度有影响,要借助于网络计划技术,根据高速公路建设项目的进度计划,对高速公路建设项目中的哪一些活动受到进度风险因素的影响及其影响程度做出具体的分析。对肯定型网络(DN),用关键路线法(CPM)分析时,一般而言,进度风险因素影响了关键路线上的活动或工作,且其持续时间造成延误就会引起进度风险,其时间延误越长,进度风险就越大;对非关键路线的活动或工作,当进度风险因素使其持续时间的延长超过总时差(Total Float)时,也会引起工期风险。

高速公路建设项目进度风险识别可按一定的步骤和程序进行,从流程上保证风险识别的全面性和有效性。高速公路建设项目进度风险识别过程见图 8-12。

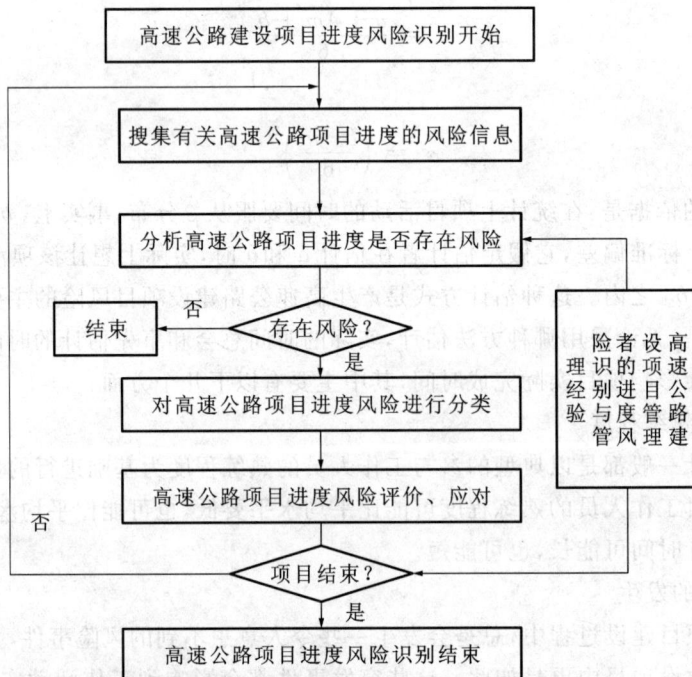

图 8-12　高速公路建设项目进度风险识别流程图

影响高速公路建设项目进度的因素很多,涉及的面很广,包括建设环境、项目参建方(建设单位、施工单位、设计、监理等)和工程项目建设环境等,可以归纳总结成人为风险因素、资源风险因素和自然风险因素三个方面。

8.4.2.1 人为风险因素分析

在高速公路建设项目进度的诸多影响因素中,最大的干扰因素是人为因素。高速公路项目建设过程就是一个人的组织、人的协调、人的管理、人的操作的过程,因此,应充分考虑各参与者(人员)对项目进度的影响。

(1)参建方行为风险因素

每一个高速公路项目的实施,都需要许多方面的个人或组织参与;高速公路建设项目参建方主要包括建设单位、施工单位、设计、建设、监理、供应商、银行等单位。而建设单位是高速公路建设项目资金的提供者和设计、建设的促成者,对高速公路建设项目进度的影响最大。有些建设单位在高速公路建设项目实施过程中压缩工期,导致其对高速公路建设项目工期要求过紧,不能给出一个"合理"的要求工期,这就严重影响了高速公路建设项目进度计划的制定。如果建设单位要求改变工期等,必将对建设项目的进度计划产生影响;如建设单位未能按照合同的规定提供建设条件,未及时交付场地、设计图纸、技术资料、道路等,或建设单位发出指令修改设计、增加或减少工程量、变更建设次序、修改实施计划等,都会造成高速公路建设项目工期的延长,给高速公路建设项目的进度管理工作带来困难。另外,在高速公路项目建设过程中,虽然监理和设计的任务委托给专业咨询公司完成,但仍有很多的工作要建设单位完成并且应和工程计划进度相协调,不确定的因素很多,所以建设单位的工作影响高速公路建设项目进展的现象是经常出现的。

(2)勘察设计风险因素

高速公路建设项目勘察设计的相关资料也是影响进度的一个重要因素。如果高速公路建设项目勘察资料不准确,设计有缺陷或错误,规范应用不恰当;设计内容不完善,设计对建设的可能性未考虑或考虑不周;建设图纸出现重大差错,或供应不及时、不配套等,都会给高速公路项目的建设过程带来一定的困难,从而延误项目进度。

(3)组织管理风险因素

组织管理因素对于高速公路建设项目进度计划的顺利实施具有至关重要的作用。目前,高速公路建设项目规模越来越大,建设工艺越来越复杂,在高速公路项目建设过程中与外界有许多的联系,结合部门较多,需要协调的单位和人员也很多,如政府部门、银行、设备材料供应商、项目周边居民等。项目能否取得成功,同外部组织及人员的协调配合状态有直接关系。

高速公路项目建设过程就是一个复杂的开放系统,它要求在限定的时间、空间、质量和投资范围内,将物质资源、各种技术和设计、监理、建设、采购、生产准备等各种工程活动最佳地组织在一起,如果没有建立一个高效的组织管理机构,没有采取适用的组织管理方法,高速公路建设项目的进度也就无法得到保证。高速公路建设项目组织管理方面造成的进度问题主要表现在两个方面:第一,项目部过分强调领导权威,忽视采用经济手段,导致高速公路建设项目组织效率不高,影响进度;第二,项目部权力过分下放,导致各个职能部门各自为政,仅满足自身的进度、费用、质量等方面的要求,而忽视了高速公路建设项目作为一个整体的各项指标的优化,从而导致建设项目进展缓慢,建设效率低下。

如果高速公路建设项目组织机构设置不合理或不健全,势必造成效率低、进度延误的局面。例如,高速公路项目建设过程中,项目部向有关职能部门提出各种申请审批手续的延误;实施计划安排不周密,组织协调不力,导致停工待料和相关作业脱节;项目部领导不力,使参加高速公路项目建设的各个单位、各个专业、各个建设过程之间在交接、配合上发生矛盾等。

(4)建设技术风险因素

建设技术也是影响高速公路建设项目进度的一个重要风险因素。高速公路项目建设过程中所采取的方法与技术是实现高速公路项目建设的重要手段,将直接影响到高速公路建设项目的进度目标。

如果制定的建设方案不合理,或者建设安排措施不当,建设工艺出现错误,将会给高速公路项目建设过程带来各种各样的问题,影响高速公路建设项目按照正常的进度进行;有时建设单位对于高速公路建设项目的设计意图和技术要求没有全面理解而进行盲目建设,也会造成返工;有时建设单位会低估建设技术的困难,没有考虑到某些设计和建设问题还需要进行进一步的科研、实验或详细的计算,直接将其运用到建设过程中,结果导致高速公路建设项目进度的延误,甚至停工、窝工;对于"三新"(新技术、新材料、新工艺)的采用与推广,如果没有相当的把握确保进度和质量,则在高速公路项目建设过程中不宜贸然采用。

(5)施工方案及组织设计风险因素

高速公路建设项目施工方案与施工组织设计是沟通工程设计和建设之间的桥梁;是指导拟建工程从建设准备到建设完成的组织、技术、经济的一个综合性设计文件,对建设全过程起指导作用;是工程投标、签订承包合同的基础;是建设准备工作的重要组成部分,是及时做好其他有关建设准备工作的依据;也是对高速公路项目建设活动实行科学管理的重要手段。

施工方案及施工组织设计文件提出了高速公路建设项目的进度控制、质量控制、成本控制等目标及技术组织措施;既要解决建设技术问题、指导建设全过程,又要考虑到投资效果。如果建设组织不当,如建设的任务、责任不明确,劳动力和建设机械调配不当,建设道路和场地布置不合理,参建各方之间相互干扰甚至窝工、停工等,均会引起高速公路工程进度的延误。

8.4.2.2　资源风险因素分析

高速公路工程资源计划必须依照进度计划编制,应与建设进度计划相对应;建设进度计划的变动必然影响到资源组织计划的变化;当资源组织不平衡或受到限制满足不了进度计划要求时,就必须对进度计划进行调整以满足资源的要求。一般高速公路建设项目主要资源包括劳动力,主要材料、成品、半成品,主要建设机械设备,机具与构配件,资金等。

(1)资金风险因素

有了充足的资金作为保证,高速公路建设项目才能成功。随着经济、社会的迅速发展,现代高速公路建设项目无论从规模上、工艺上,还是建设流程上,都是以前高速公路建设项目所无法比拟的,这就决定了现代高速公路建设项目需要大量的资金投入。在高速公路项目建设过程中,资金的投入应有一定的规律,开始建设时资金投入较少,随着时间的推移则由少到多直至达到最高峰,然后再由多到少直至项目实施完毕。如果高速公路建设项目资金的供应不能按照资金需求规律提供,则项目的正常进展就会受到阻碍。

目前一些高速公路建设项目实施过程中普遍存在着资金供应跟不上的问题,比如由于建设单位或投资者资金紧张而拖欠工程款,进而造成建设单位流动资金严重不足,影响到建设单位生产人员的工作积极性,影响了项目工程材料与设备的供应。因此,资金不足将会对高速公路项目的建设进度带来非常大影响。资金不足的主要原因有:① 项目计划投资不落实。近些年来,由于我国投资规模没有得到有效的控制,资金供应相当紧张;计划得不到落实,严重影响到项目建设进度。② 超概算缺口不能及时得到补偿,致使该部分资金没有着落。③项目建设材料、设备、建筑安装、土地等价格均有大幅度提高。④ 建设过程中的设计标准提高和设计变更等也使计划投资缺口不小。因此,资金投入影响到高速公路项目的建设进度,成为制约项目建设进度目标实现的一个重要因素。

(2)材料风险因素

建筑材料是高速公路项目建设的前提条件。主要材料包括建设需要的由专业厂家生产的材料、地方供应的和特殊的材料,以及有关临时设施和拟采用的各种建设技术措施用料、构配件及其他半成品等。

在高速公路项目建设之前,应进行建设预算的工料分析,根据项目的建设进度计划的使用要求、材料消耗定额和储备定额,按材料规格、数量、名称、使用时间等进行汇总,编制出工程材料的需求量计划,为组织运输、备料、确定仓库以及场地堆放所需的面积等提供依据。如果主要材料采购、供应、运输、存储等环节中的任一部分出现了问题,都将影响到高速公路项目的建设进度。高速公路项目建设过程中,构配件也是项目实施所不可或缺的一部分。构配件的采购、供应、存储等环节是否通畅,其品种、规格、质量、数量等是否能满足建设要求,都影响着高速公路项目建设进度目标能否顺利实现。

(3)机械设备风险因素

高速公路项目的建设过程离不开机械设备的使用;现代工程项目的工程量都非常大,如果离开了建设机械设备,其建设项目是根本无法完成的。机械化建设本身的特点是可降低外界影响因素,如天气变化和材料供应等,保证机械作业的最大使用率,机械化建设的作业效率得以提高,从而更好地发挥缩短工期、增效减亏、提高工程质量、优化社会资源、节约社会劳动等作用。

机械化建设的影响因素主要有机械完好率、建设方案与机械的搭配、机械配套技术、机械操作员配合、用台班总数量与使用寿命等。为了做好机械设备的供应工作,应根据已确定的建设进度计划,将每个分项工程采用的建设机械种类、规格和需用数量,以及使用的具体日期等综合起来编制建设机械设备计划,以配合建设,保证建设进度的正常进行。

(4)现场建设条件风险因素

高速公路项目建设现场的条件多种多样,特别是进出场交通情况、供电、供水、通信等。建设现场的给排水、供电、道路等基本建设条件是高速公路建设项目能否顺利实施的先决条件。只有确定了高速公路项目建设现场供电、通信等方面的详细情况,才能确定供电、通信设施的建设进度计划;只有确定了高速公路建设项目工地用水方面的实际情况,才能确定生产、生活供水方案及其给排水设施的建设进度计划。因此,水、电、通信、通路等基本的建设条件对于高速公路项目的建设进度具有很大的影响。

8.4.2.3　自然风险因素分析

高速公路项目建设过程中,自然因素对于项目建设进度的影响非常大,如多变的水文气象条件、复杂的工程地质条件、地下文物的保护及处理、地震、洪水、台风等不可抗力等,都可对建设进度产生重大影响。

(1)气象

高速公路建设项目所在地域的气候与天气等气象条件对项目建设进度影响比较大。气象主要包括气温、风及雨、雪等。其中,在气温方面,年平均温度,最冷、最热月份的月平均温度以及冬、夏室外温度等情况对高速公路项目建设进度有较大影响;而大风的主导风向、时间及频率等情况是确定高空作业、临时设施布置方案及吊装等安全技术措施的依据;在雨、雪方面,雨季的起止时间、最大降雨(雪)量、月平均降雨(雪)量等情况是确定排水防洪方案、雨季建设措施的依据。恶劣的气候与天气是指冬雨季过长、酷暑、暴雨等偶尔发生的气象异常变化,例如出现严寒地区无法建设、酷暑地区夏季建设作业时间短的现象,这些风险因素都会直接影响到高速公路建设项目实施进程、质量,甚至安全。

(2)地质

高速公路项目建设现场一个重要的制约因素是地质条件。地质剖面的土层厚度、类别,地基土强度、地基土层破坏情况,地层的天然含水率、渗透系数、塑性指数、孔隙比,地层的稳定性、最大冻结深度等,这些成为土方建设方法的选择、基础建设方法的选择、复核地基基础设计、地基土的处理方法的选择、拟定障碍物拆除计划等的依据;这些工程地质因素在很大程度上影响着高速公路项目的建设进度。

(3)水文

在高速公路项目建设过程中,常常会遇到地表水及地下水。如果在高速公路项目建设之前没有充分考虑相关的水文情况,将会对高速公路项目建设进度产生很大的影响。

(4)不可抗力风险

不可抗力风险是指因地震、洪水、台风、海啸、雷击及意外事故引起的风险,是不以人的意志为转移的。不可抗力事件发生的概率虽然非常小,但这些事件一旦发生,往往对高速公路建设项目造成巨大损失,甚至导致项目的失败。因此,必须考虑不可抗力因素对高速公路建设项目进度的影响。

8.4.3 高速公路建设项目进度风险模糊可拓评价

8.4.3.1 层次分析法确定指标权重

高速公路建设项目进度风险评价指标体系以定性指标为主,建议采用层次分析法来确定权重,具体方法见第6章。

(1)建立层次结构模型

应用AHP首先要构造出一个层次梯阶结构的模型,把一个系统中具有共同属性的因素组成系统的同一层次,不同类型的因素形成系统的不同层次;并且上一层因素对它的下一层次的全部或部分因素起支配作用,形成按层次自上而下的逐层支配关系。高速公路建设项目进度风险评价层次结构见表8-1。

表 8-1　高速公路假设项目进度风险评价指标

目标层	准则层	指标层
高速公路建设项目进度风险评价 R	人为风险 R_1	参与者行为风险 R_{11};勘察设计风险 R_{12};组织管理风险 R_{13};施工技术风险 R_{14};施工组织设计风险 R_{15}
	资源风险 R_2	资金风险 R_{21};材料风险 R_{22};机械设备风险 R_{23};现场施工条件风险 R_{24}
	自然风险 R_3	气象 R_{31};地质 R_{32};水文 R_{33};不可抗力 R_{34}

（2）构造判断矩阵

对每一层次各因素的相对重要性给出的判断，这些判断用数值表示出来，写成矩阵形式就是判断矩阵。将 n 个评价对象的重要程度进行两两比较判断，比较判断的全部结果可写成矩阵，就是判断矩阵。判断矩阵的比较标度及其含义同表 6-2。

（3）层次单排序

层次单排序就是根据判断矩阵，计算其特征值和特征向量，是相对于上一层次而言对本层次因素之间重要性进行排序的基础。常用的计算方法有：

① 列和求逆法（代数平均值法）

首先将判断矩阵的第 J 列元素相加，并取 $c_j = \dfrac{1}{\sum\limits_{i=1}^{n} a_{ij}}$，$(j = 1, 2, \cdots, n)$，将 c_j 归一化后，即得指标 x_j 权重系数 w_j，即：

$$w_j = \frac{c_j}{\sum\limits_{i=1}^{n} c_k} \qquad (k = 1, 2, \cdots, n)$$

② 行和正规化

即对判断矩阵求每行之和，并对求和向量进行归一化。

设 n 阶判断矩阵为：

$$\boldsymbol{A} = \begin{bmatrix} a_{11} & a_{12} & \cdots & a_{1n} \\ a_{21} & a_{22} & \cdots & a_{2n} \\ \vdots & \vdots & \vdots & \vdots \\ a_{n1} & a_{n1} & \cdots & a_{n \times n} \end{bmatrix} = \{a_{ij}\} n \times n$$

按行求和有 $V_i = \sum\limits_{j=1}^{n} a_{ij} (i = 1, 2, \cdots, n)$，得到向量 $\boldsymbol{W} = (v_1, v_2, \cdots, v_n)^{\mathrm{T}}$。

归一化即 $\boldsymbol{W} = \dfrac{V_i}{\sum\limits_{i=1}^{n} V_i}$，得到向量 $\boldsymbol{W} = (w_1, w_2, \cdots, w_n)^{\mathrm{T}}$。

其中，w_i 就是层次排序的优先程度，即元素的权重。

（4）层次总排序

利用同一层次中所有层次单排序的结果，就可以计算针对上一层次而言本层次所有因素重要性的权值，这就是层次总排序。层次总排序需要从上到下按逐层顺序进行。假定已经完成上一层次中各因素 $A_1, A_2, \cdots, A_n$ 的总排序，则可得到权值分别为 $a_1, a_2, \cdots, a_n$；与 a_i 同一层次因素 $B_1, B_2, \cdots, B_n$，则单排序的结果为 $b_1^i, b_2^i, \cdots, b_j^i$。这里，若 B_j 与 A_j 无关，则 $b_j^i = 0$。层次总排序的计算如表 8-2 所示。

显然，层次总排序也是归一化的正规向量：

$$\sum_{i=1}^{n} \sum_{j=1}^{n} a_i b_j^i = 1$$

（5）一致性检验

总排序计算的一致性评价也是由高到低逐层进行。设层次总排序的平均随机一致性指标为 $R.I.$；一致性指标为 $C.I.$；随机一致性比例为 $C.R.$。同样，当 $C.R. \leqslant 0.1$ 时，则层次总排序的计算结果具有一致性。显然,当判断矩阵具有完全一致性时,$C.I. = 0$。$\lambda_{max} - n$ 越大,$C.I.$ 越大,矩阵一致性越差,需要对一致性指标 $C.I.$ 进行修正。

表 8-2　总排序计算表

| 层次 | A_1 | A_2 | $\cdots$ | A_n | B 层次总排序 |
	a_1	a_2	$\cdots$	a_n	
B_1	b_1^1	b_1^2	$\cdots$	b_1^n	$\sum\limits_{i=1}^{n} a_i b_1^i$
B_2	b_2^1	b_2^2	$\cdots$	b_2^n	$\sum\limits_{i=1}^{n} a_i b_2^i$
$\vdots$	$\vdots$	$\vdots$	$\vdots$	$\vdots$	$\vdots$
B_n	b_n^1	b_n^2	$\cdots$	b_n^n	$\sum\limits_{i=1}^{n} a_i b_1^i$

当阶数大于 2 时,将计算 $C.R.$。当 $C.R. = \dfrac{C.I.}{R.I.} \leqslant 0.1$ 时,认为判断矩阵具有一致性;否则,就认为初步建立的判断矩阵是不能令人满意的,需要重新赋值,仔细修正,直到一致性检验通过为止。

8.4.3.2　高速公路建设项目进度风险模糊可拓评价模型

模糊数学是用精确的数学方法去描述和研究模糊现象,它本身是精确的。由于高速公路建设项目进度风险评价指标具有模糊性,且受多种因素的影响,因此,对进度风险评价可采用模糊数学的方法,通过模糊变换进行综合评价预测警情,取得的实际效果将会更准确、更科学。

可拓学将辩证逻辑与形式逻辑有机地结合起来,是一门专门探讨矛盾转化的科学,描述事物变化过程中由量变到质变的规律和事物性质的可变性,解决现实生活中存在的诸多矛盾问题,可以遵循这种事物由量变到质变的规律。可拓学建立了一套处理矛盾问题的理论和方法,是异于模糊集合和经典集合的另一种形式化工具,也是一种人工智能解决矛盾问题的定量化工具,更是一种计算机处理矛盾问题的理论基础。该方法理论严谨,计算方法简单,评估结果合理,为该类问题的解决提供了一种新的方法。

模糊可拓分析就是把物元分析和模糊数学有机地结合在一起,融化提炼,分析、评价、综合影响事物因素间的不相容性和事物特征相应的量值所具有的模糊性,进而解决这一类模糊不相容问题。近年来模糊可拓评价在许多领域得到应用,为社会学、经济学、工程技术等领域提供了一种新的研究方法。

(1)确定经典域和节域

设 Q 表示物元,C 为评价指标,$C = \{c_1, c_2, \cdots, c_n\}$,$n$ 为评价指标的个数。

高速公路建设项目进度风险评价指标体系见表 8-1。设目标层为 R,准则层包括:人为风险 R_1,资源风险 R_2,自然风险 R_3。准则层中人为风险 R_1 下一级指标包括:参与者行为风险 R_{11}、勘察设计风险 R_{12}、组织管理风险 R_{13}、施工技术风险 R_{14}、施工组织设计风险 R_{15};准则层中资源风险 R_2 下一级指标包括:资金风险 R_{21}、材料风险 R_{22}、机械设备风险 R_{23}、现场施工条件风险 R_{24};准则层中自然风险 R_3 下一级指标包括:气象 R_{31}、地质 R_{32}、水文 R_{33}、不可抗力 R_{34}。

建立评价等级域,$U = \{u_1, u_2, \cdots, u_m\}$,$m$ 为等级数。

高速公路建设项目进度风险评价可建立 5 个等级,分别为很大、较大、一般、较小、很小,即:

$$U = \{u_1, u_2, \cdots, u_5\} = \{很大,较大,一般,较小,很小\}$$

确定经典域 Q_j:

$$Q_j(U,C,v_j) = \begin{bmatrix} u_j & c_1 & v_{j1} \\ & c_2 & v_{j2} \\ & \vdots & \vdots \\ & c_n & v_{jn} \end{bmatrix} = \begin{bmatrix} u_j & c_1 & (a_{j1},b_{j1}) \\ & c_2 & (a_{j2},b_{j2}) \\ & \vdots & \vdots \\ & c_n & (a_{jn},b_{jn}) \end{bmatrix}$$

式中　u_j——第 j 个评价等级,j 为评价等级数$(j=1,2,\cdots,m)$;

c_i——第 i 个评价指标,i 为评价指标数$(i=1,2,\cdots,n)$;

v_{ji}——表示 v_j 关于 c_i 的取值范围,即经典域,且 $v_{ji}=(a_{ji},b_{ji})$。

节域 Q_U:

$$Q_U(U,C,v_U) = \begin{bmatrix} U & c_1 & v_{U_1} \\ & c_2 & v_{U_2} \\ & \vdots & \vdots \\ & c_n & v_{U_n} \end{bmatrix} = \begin{bmatrix} U & c_1 & (a_{U_1},b_{U_1}) \\ & c_2 & (a_{U_2},b_{U_2}) \\ & \vdots & \vdots \\ & c_n & (a_{U_n},b_{U_n}) \end{bmatrix}$$

式中　U——评价等级全体;

v_{U_i}——c_i 在 U 条件下的取值范围,即 U 的节域(a_{U_i},b_{U_i})。

设高速公路建设项目进度风险评价等级取值范围为 0~1,其中 5 个等级的记分标准可分别设为:很大 0.7~1、较大 0.5~0.7、一般 0.3~0.5、较小 0.1~0.3、很小 0~0.1。

(2)确定待评物元

$$Q(R,C,V) = \begin{bmatrix} U & c_1 & v_1 \\ & c_2 & v_2 \\ & \vdots & \vdots \\ & c_n & v_i \end{bmatrix}$$

式中　R——表示待评事物;

v_i——评价指标 c_i 的值。

当评价指标值和经典域、节域确定以后,主要就是从指标层到准则层直至目标层的综合过程。

(3)关联度计算

第 i 个评价指标关于第 j 个评价等级的关联度为 $K_j(v_i)$:

$$K_j(v_i) = \begin{cases} \dfrac{-\rho(v_i,x_{ji})}{|x_{ji}|} & (v_i \in x_{ji}) \\ \dfrac{\rho(v_i,x_{ji})}{\rho(v_i,x_{U_i})-\rho(v_i,x_{ji})} & (v_i \notin x_{ji}) \end{cases}$$

式中,$\rho(v_i,x_{ji})$ 为评价指标值 v_i 与经典域之间的距,即:

$$\rho(v_i,x_{ji}) = \left| v_i - \frac{1}{2}(a_{ji}+b_{ji}) \right| - \frac{1}{2}(b_{ji}-a_{ji})$$

$\rho(v_i,x_{U_i})$ 为评价指标值 v_i 与节域之间的距,即:

$$\rho(v_i, x_{U_i}) = \left| v_i - \frac{1}{2}(a_{U_i} + b_{U_i}) \right| - \frac{1}{2}(b_{U_i} - a_{U_i})$$

$$|x_{ji}| = |b_{ji} - a_{ji}|$$

（4）确定待评价物元关于等级 j 的关联度和等级。

待评价物元 R_{ij} 关于等级 j 的关联度为：

$$K_j(R_{ij}) = \sum_{i=1}^{n} w_i K_j(v_i)$$

式中　w_i——评价指标 i 的权重，且 $\sum_{i=1}^{n} w_i = 1$。

若 $K_j = \max\limits_{j \in (1,2,\cdots,m)} K_j(R_{ij})$，则评价物 R_{ij} 属于等级 j，即得到了指标层各二级指标的评价等级。

（5）可拓综合评价模型

根据指标层各二级指标关于各评价等级的关联度，建立第 h 个一级指标下的二级指标的关联度矩阵 K_{hl}。

$$K_{hl} = \begin{bmatrix} K_1(R_{h1}) & K_2(R_{h1}) & \cdots & K_m(R_{h1}) \\ K_1(R_{h2}) & K_2(R_{h2}) & \cdots & K_m(R_{h2}) \\ \vdots & \vdots & \vdots & \vdots \\ K_1(R_{hl}) & K_2(R_{hl}) & \cdots & K_m(R_{hl}) \end{bmatrix}$$

式中　l——第 h 个一级指标下二级指标的个数。

则可拓综合评价模型为：

$$R_h = W_{hl} \times K_{hl} = (w_{h1}, w_{h2}, \cdots, w_{hl}) \begin{bmatrix} K_1(R_{h1}) & K_2(R_{h1}) & \cdots & K_m(R_{h1}) \\ K_1(R_{h2}) & K_2(R_{h2}) & \cdots & K_m(R_{h2}) \\ \vdots & \vdots & \vdots & \vdots \\ K_1(R_{hl}) & K_2(R_{hl}) & \cdots & K_m(R_{hl}) \end{bmatrix}$$

式中　$W_{hl} = (w_{h1}, w_{h2}, \cdots, w_{hl})$——各二级评价指标的权重。

设 $R_h = (R_{h1}, R_{h2}, \cdots, R_{hm})$，即得到 R_h 关于各评价等级的关联度。则一级评价指标 R_h 的评价等级为：

$$K(R_h) = \max\limits_{j \in (1,2,\cdots,m)}(R_{ij})$$

重复利用此可拓综合评价模型，可以得到高速公路建设项目进度各风险因素的评价等级。

8.4.3.3　模型结果分析

各风险因素评价结果按其与某等级集合的关联度大小进行比较，关联度越大，其与该等级集合的符合程度就越好；根据各个进度风险评价指标的相关等级，并结合其权重，可以得到高速公路建设项目进度风险的综合评价等级。由计算过程可以得到各个进度风险因素的评价结果，从而可以找出影响高速公路建设项目进度的关键环节及其风险因素，并可通过故障树等方法寻找原因，适时预警、动态监控，并采取相应的风险应对策略与措施。

8.4.4　高速公路建设项目进度风险预警与监控

8.4.4.1　高速公路建设项目进度风险预警

试图消除项目风险是徒劳的。在利用现有资源去争取获得将来的预期收益这一过程中，风险是内在的、固有的。进度风险预警的实质就是通过风险分析找出所有可能影响进度的风险、风险源及其影响程度,制定相应的风险策略及方案,并分析任一决策所有可能产生的各种结果。

(1)进度风险预警的一般步骤

① 考虑所有可选进度计划方案;② 考虑相关主体对风险的态度;③ 考虑哪些风险是已识别的、哪些是可以控制的,以及风险可能的影响;④ 对风险进行定性、定量分析;⑤ 对风险分析结果进行解释,并制定一套风险策略;⑥ 选择风险应对策略,从而确定哪些风险自留,哪些风险需要转移给他人。

(2)风险应对策略

常用风险应对策略主要包括风险规避、风险转移、风险缓解、风险自留四种方式。

① 风险规避(Risk Avoidance)

所谓风险规避就是通过变更工程项目计划,消除工程风险产生的条件或保护工程项目的目标不受风险的影响或消除风险。风险规避是一种最彻底地消除风险影响的方法。虽然高速公路建设项目进度风险不可能被全部消除,但可以借助于风险规避的一些方法在某些特定的风险发生之前就消除其发生的机会或其可能造成的种种损失。

在高速公路建设项目进度风险管理中,规避风险的具体方法有工程法、终止法、教育法和程序法等。风险规避的方式有规避风险事件发生的概率和规避风险事件发生后可能有的损失。可采用其中的任意一种方法,也可能是同时使用两种及两种以上方法。如在高空作业中要设置安全网,虽然不能完全规避高空作业人员从高空坠落的风险,但可以有效地防止作业人员从高空坠落而引起的损失和伤亡风险;某高速公路建设项目施工劳务分包中,尽可能选择一些具有类似该施工经验的劳务分包商,而不是去选择不了解的劳务分包商,这也可避免因劳务分包商引发的风险;施工方案中尽可能采用成熟的施工方法和工艺,而不采用不成熟的新方法,这在一定程度上防止了由于施工方案的选择所引发施工风险的可能性。

② 风险转移(Risk Transference)

风险转移是将某风险的结果连同对风险的权利和责任转移给他方。在高速公路建设项目中,风险转移的方式分非保险和保险两种方式,非保险风险转移常用的方式有:工程联合投标(或承包)、履约保证或工程担保、选择不同的工程合同的计价方式、利用合同条件的变更等。转移风险仅将风险管理的责任转移给他方,并不能消除风险。

③ 风险缓解(Risk Mitigation)

风险缓解又叫减轻风险,是指将高速公路建设项目进度风险的发生概率或后果降低到某一可以接受程度的过程。风险缓解既不是消除风险,也不是避免风险,而是减轻风险,包括控制风险的损失或减少风险发生的概率。风险缓解的措施主要包括分散风险、减少风险损失、降低风险发生的可能性和采取一定后备措施等。

④ 风险自留(Risk Retention)

风险自留,也叫风险接受,是一种由高速公路建设项目主体自行承担风险后果的风险应对策略。风险自留策略意味着高速公路建设项目主体并不改变高速公路建设项目进度计划去应对某一风险,或高速公路建设项目主体不能找到其他适当的风险应对策略,而采取的一种应对进度风险的方式。采用该措施时,一般需要准备一笔风险准备基金费用。

通过对高速公路建设项目进度风险的识别与评估,高速公路建设项目管理者应该对存在的各种风险因素和潜在的损失等有一定的把握。高速公路建设项目管理者首先要编制一个切实可行、符合高速公路建设项目实际的风险应对方案与计划;其次在上述风险应对策略中选择既符合实际又行之有效的具体应对风险的对策与措施。

8.4.4.2　高速公路建设项目进度风险监控

高速公路建设项目进度风险监控就是对高速公路建设项目进度风险进行监视和控制。进度风险监视是在采取相应的风险应对措施后,继续观察和把握风险和风险因素的发展变化;进度风险控制则是基于风险监视而采取的作业、技术或管理措施。在高速公路建设项目施工过程中的某一时段内,进度风险监视和进度风险控制是相互交替进行的,经常将进度风险监视和进度风险控制整合起来考虑,也就是建设进度风险因素消失后马上对风险应对措施进行调整,或发现建设项目进度风险后需要立即采取风险控制措施。

在高速公路建设项目施工过程中,进度风险会不断发生变化,可能有预期的风险消失,也可能有新的风险出现。高速公路建设项目进度风险监控任务主要是:根据高速公路建设项目的进展,密切跟踪和监视已经识别出的进度风险及其剩余风险,并识别新出现的风险,监测各风险因素的变化;分析各类风险对高速公路建设项目进度目标实现的影响;分析采取风险应对策略与措施产生的效果,并进一步细化风险应对策略与措施,达到消除或减轻进度风险的目标。

高速公路建设项目进度风险监控的主要依据包括:

① 风险管理计划。对已识别的进度风险的管理活动都是按这一计划展开的,但在新的风险出现后要立即对其进行更新。

② 风险应对计划。这是风险应对措施和项目风险控制工作的具体计划与安排,是高速公路建设项目进度风险监控的直接依据之一。

③ 高速公路建设项目的变更。对高速公路建设项目做出变更后,可能会出现新的风险。

④ 在高速公路建设项目实施中识别新的风险。随着高速公路建设项目的进展,建设环境也在不断发生变化,新的风险常常也随之而生。

⑤ 发生了的风险事件。某一风险事件发生后,会一定程度地影响高速公路建设项目环境,也会影响其他风险事件发生的可能的后果或可能性。

高速公路建设项目进度风险监控不能仅关注建设进度风险的大小,还要对各风险事件影响因素的发展和变化进行分析,具体内容包括:① 风险应对策略与措施是否正在按计划实施;② 风险应对策略与措施是否如预期那样有效,或是否需要根据变化的情况制定新的进度风险应对计划与方案;③ 对高速公路项目建设环境的预期进行分析,并判断高速公路建设项目整体进度目标的预期分析是否仍然成立;④ 风险的预期状态与发生情况相比,是否发生了变化,并分析判断风险的发展变化;⑤ 识别到的风险哪些有可能会发生,哪些正在发生,哪些已发生;⑥ 是否出现了新的风险因素和新的风险事件,他们的发展变化趋势又是如何等。

高速公路建设项目进度风险控制的内容有:① 对造成进度变化的因素施加影响,在变化不可避免时,一定要取得项目有关各方的一致认可;② 测量实际进度,将高速公路建设项目实际进度与计划进度比较,分析实际进度是否偏离了目标计划;③ 若实际进度偏离进度计划时,对进度进行偏差调整或修改。

高速公路建设项目进度控制要以高速公路建设项目的进度计划、进度管理计划、项目进展报告、变更请求等为依据。高速公路建设项目进度计划至少包括每一项活动的计划开始日期和预期的结束日期。经过批准的项目进度计划叫作基准,是高速公路建设项目计划的一个组成部分。它是测量和报告进度实施情况的根据。进度管理计划说明了如何管理时间进度的变化,可以是正式的或非正式的,很详细的或大致轮廓的,具体视高速公路建设项目的需要而定,该计划是整体项目计划的一个组成部分。进展报告提供了进度执行情况的资料,例如哪些计划的日期已经达到,哪些还没有,是要求延缓进度还是加快进度,进度控制也要通过进度变更控制系统。

对实际进度进行测量和比较是为了判断高速公路建设项目活动的进度偏差是否需要采取行动加以纠正。一般而言,非关键活动即使延误很多,也不会对高速公路建设项目完成时间造成很大的影响,而关键活动或接近关键活动出现较大的延误则应马上采取行动。实际进度出现偏差时,要求修改或重新估计活动的持续时间,修改活动顺序或研究替代进度计划。随着高速公路建设项目的进展要随时根据测量、比较的结果和其他原因修改进度计划,同时还应修改高速公路建设项目进度管理有关的其他资料和文件,必要时,还要将修改通知有关的利害关系者。当实际进度偏离计划进度很大,特别是出现很大的延误时,在修改进度计划之前就应当通知他们。

在进度控制方面,常采取的措施是压缩关键活动的持续时间,即为保证高速公路建设项目活动按时完成或尽可能少延误而采取的特别行动,例如重新分配人力和其他资源、激励承包商、改变活动顺序以及快速跟进等。进度控制必须要与整体、范围、费用和合同变更等过程紧密配合。例如,为了压缩关键活动持续时间,一般要增加费用。而由于某种原因需要增加新活动时,就会造成范围变更和合同变更。进度控制另外一个重要手段就是进度后备。进度后备就是在关键路线上设置一段时差,或称浮动时间,即没有活动的工作时段,这些时段在必要时可用于具体活动、活动组或整个项目的进度调整。

修改项目活动的进度有时要求对项目整体进度计划进行调整。需要修改的一般是原来经过批准的项目活动的开始和结束日期。当进度延误的后果很严重时,需要重新确定基础日期。对时间变更采取措施进行处理后,应当将造成时间变更的原因、采取的措施以及采取此措施的理由、随之要求资源和预算的变更、从此次变更中吸取的教训等记录在案,形成书面文件,存入本项目和其他项目的数据库。一般来说,修改进度计划的原因主要有三种:实际进度提前或拖延;增添新活动;删除某些活动。另外需要注意的是,修改后的进度计划,也要用网络图等图形表示出来。

8.4.5　黄祁高速公路建设项目进度风险管理

黄祁高速公路位于山岭重丘区,地貌特殊、地质复杂,其中 15 个标段具有"四最"特点:总造价最高,桥梁总里程最长,桥梁墩柱最高,隧道单洞里程最长。其中牛头岭隧道单洞长 883 米,是全线单洞里程最长的隧道,也是黄祁高速全线地质最差的隧道之一。面临景区施工征地、拆迁、施工便道等难题,施工进度控制是建设目标中的重要内容。

8.4.5.1　进度风险评价指标权重确定

黄祁高速公路建设项目进度风险评价指标的权重确定采用 AHP 法。邀请了 5 位专家;根据专家组对评价指标的反馈结果,得出判断矩阵,可计算得到各指标的权重向量及参数。

可以计算出准则层各评价指标的综合权重系数 $W_j = \sum_{i=1}^{5} W_j^{(i)} K_i (j = 1,2,3,4)$ 且 $\sum_{j=1}^{4} W_j = 1$。可得:$W = (0.4090, 0.0685, 0.1792, 0.3433)$。

同理,可计算因素层的权重系数,得:

$W_{1j} = (0.2615, 0.3231, 0.4154)$;

$W_{2j} = (0.4154, 0.3385, 0.2461)$;

$W_{3j} = (0.3846, 0.4308, 0.1846)$;

$W_{4j} = (0.6615, 0.1846)$。

8.4.5.2　建设进度风险模糊可拓评价

(1)经典域、节域及指标值确定

通过专家组确定高速公路建设项目进度风险评价经典域和节域,采用德尔菲法向专家分别发放咨询表,对评价指标赋值,见表 8-3。

表 8-3　指标经典域、节域与指标值

指标	很小	较小	一般	较大	很大	(a_{U_i}, b_{U_i})	赋值
政策风险 C_{11}	(0,0.1)	(0.1,0.3)	(0.3,0.5)	(0.5,0.7)	(0.7,1)	(0,1)	0.14
审批延误风险 C_{12}	(0,0.1)	(0.1,0.3)	(0.3,0.5)	(0.5,0.7)	(0.7,1)	(0,1)	0.15
社会环境风险 C_{13}	(0,0.1)	(0.1,0.3)	(0.3,0.5)	(0.5,0.7)	(0.7,1)	(0,1)	0.41
建设时机选择 C_{21}	(0,0.1)	(0.1,0.3)	(0.3,0.5)	(0.5,0.7)	(0.7,1)	(0,1)	0.34
投资决策风险 C_{22}	(0,0.1)	(0.1,0.3)	(0.3,0.5)	(0.5,0.7)	(0.7,1)	(0,1)	0.23
设计周期风险 C_{23}	(0,0.1)	(0.1,0.3)	(0.3,0.5)	(0.5,0.7)	(0.7,1)	(0,1)	0.13
业主管理风险 C_{31}	(0,0.1)	(0.1,0.3)	(0.3,0.5)	(0.5,0.7)	(0.7,1)	(0,1)	0.11
实施风险 C_{32}	(0,0.1)	(0.1,0.3)	(0.3,0.5)	(0.5,0.7)	(0.7,1)	(0,1)	0.21
资源风险 C_{33}	(0,0.1)	(0.1,0.3)	(0.3,0.5)	(0.5,0.7)	(0.7,1)	(0,1)	0.18
气候条件 C_{41}	(0,0.1)	(0.1,0.3)	(0.3,0.5)	(0.5,0.7)	(0.7,1)	(0,1)	0.45
水文地质 C_{42}	(0,0.1)	(0.1,0.3)	(0.3,0.5)	(0.5,0.7)	(0.7,1)	(0,1)	0.19

(2)关联度计算

关联度计算结果见表 8-4。

表 8-4　关联度计算结果

指标层	很小	较小	一般	较大	很大
政策风险 C_{11}	−0.22	0.2	−0.53	−0.72	−0.8
审批延误风险 C_{12}	−0.25	0.25	−0.5	−0.7	−0.79
社会环境风险 C_{13}	−0.43	−0.21	0.45	−0.15	−0.32
建设时机选择 C_{21}	−0.41	−0.11	0.2	−0.32	−0.51
投资决策风险 C_{22}	−0.36	0.35	−0.23	−0.54	−0.67
设计周期风险 C_{23}	−0.19	0.15	−0.57	−0.74	−0.81
业主管理风险 C_{31}	−0.08	0.05	−0.63	−0.78	−0.84
实施风险 C_{32}	−0.34	0.45	−0.3	−0.58	−0.7
资源风险 C_{33}	−0.31	0.4	−0.4	−0.64	−0.74
气候条件 C_{41}	−0.44	−0.25	0.25	−0.1	−0.36
水文地质 C_{42}	−0.32	0.45	−0.37	−0.62	−0.73

（3）综合评价

决策风险 R_1 关于评价等级的关联度为：

$$K_1 = (w_{11}, w_{12}, w_{13})K_{1l} = (-0.60, -0.48, -0.11, 0.05, -0.32)$$

同理，可得到各准则层指标关于评价等级的关联度矩阵 $\boldsymbol{K}$ 如下：

$$\boldsymbol{K} = \begin{vmatrix} -0.32 & 0.05 & -0.11 & -0.48 & -0.60 \\ -0.34 & 0.11 & -0.14 & -0.50 & -0.64 \\ -0.23 & 0.29 & -0.45 & -0.67 & -0.76 \\ -0.35 & -0.08 & 0.10 & -0.18 & -0.37 \end{vmatrix}$$

则目标层 R 关于评价等级的关联度 K 为：

$$K = (w_1, w_2, w_3, w_4)K_j = (-0.32, 0.05, -0.10, -0.41, -0.55)$$

8.4.5.3　评价结果

根据 $\max[K(R)] = 0.05$ 可知，黄祁高速公路建设项目进度风险评价综合等级为较小，说明该建设项目进度控制与综合管理总体上比较好。结果表明：模糊可拓群体评价模型适用于高速公路建设项目进度风险评价，使用效果较好。

可按照最大关联度原则确定各风险因素的等级，设等级为一般以上的指标为关键风险因素。不可抗力风险的评价等级为一般；进一步分析其关键因素可知，气候条件风险评价等级为一般，说明恶劣的气候与天气情况是影响黄祁高速公路建设项目进度的关键因素之一。影响黄祁高速公路建设项目进度的关键因素有社会环境风险、建设时机选择等因素。实际上黄祁高速公路实施过程中出现了沿线居民阻遏施工等情况。因此，项目实施过程中应重点针对恶劣天气变化、沿线社会关系等因素采取相应的风险控制措施与对策。

总之，高速公路建设项目进度受许多因素影响，进度风险也越来越大。对高速公路建设项目进度风险因素进行识别与评价，并采取有效的进度风险防范措施已成为一项迫切的任务。在识别高速公路建设项目进度风险因素的基础上，构建了高速公路建设项目进度风险指标体系和模糊可拓群体评价模型。该评价模型将模糊数学与可拓学相结合，增强了评价的科学性和可靠性；同时应用该模型对黄祁高速公路建设项目进度风险进行评价。实例表明，此方法适用于高速公路建设项目进度风险评价。

8.5　本章小结

基于高速公路建设卓越过程管理关键控制点识别结论，本章分析了集团公司高速公路建设进度管理现状，目前建设项目进度管理的主要依据是《工程计划、进度和统计管理办法》，对总体计划、年度计划、月份计划等职责分配、编制内容、执行管理与可调整程度等进行了规范化。建议从高速公路建设进度管理中的建设时间选择、进度目标柔性控制、进度风险管理三方面提升管理水平。

在高速公路建设时间选择中，重点研究了建设时机选择对高速公路项目经营型价值和引导型价值的影响，构建了其影响函数；根据高速公路建设特点，构建了实物期权抉择模型，以实现高速公路建设项目的投资价值最大化为目标，确定出高速公路项目的最佳建设时机。

针对高速公路进度目标柔性控制，重点研究了柔性关键链技术及其在卓越进度管理中的应用,构建了基于 PDCA 高速公路建设柔性进度控制方法,通过柔性关键链管理模型的构建与应用设计,从公司角度出发,解决资源约束下的进度计划优化与动态控制问题。

　　针对高速公路进度风险管理,重点研究了高速公路建设进度风险形成机理;识别出高速公路建设项目进度影响因素,构建了高速公路建设项目进度风险评价指标体系;构建了模糊可拓评价模型,运用层次分析法确定进度风险评价指标权重;运用模糊可拓法进行综合评价;在高速公路建设项目进度风险评价结果的基础上,提出了高速公路建设项目进度风险预警与监控对策及措施。

9　高速公路建设成本卓越过程管理

9.1　集团公司高速公路建设成本管理现状

9.1.1　宏观管理现状

资金短缺是我国基础设施建设中普遍存在的难题。长期以来,我国高速公路建设资金主要依赖于政府投融资。为适应基本建设基金制的改革,我国相应组建了多个专业投资公司,为政府开发和经营某一行业固定资产投资。从 20 世纪 90 年代起,各省政府也相应成立了各自的省级交通投资公司,这些交通投资公司一般直属于各省国资委,代替政府承担高速公路建设的管理职能,贷款实质上由政府担保。这些交通投资公司主要承担了公路、水运、航空等交通基础设施的建设与经营。近 20 年来,公路里程爆发式增长,其中建设资金只有一小部分来自中央,其他均为地方政府自筹,而这部分资金主要来自银行贷款,因此地方政府高速公路建设筹资压力巨大。2013 年 6 月,《国家公路网规划(2013—2030 年)》获得国务院批准,新规划的路网总投资将达到 4.7 万亿元[75]。为保障规划实施,急需拓展投融资渠道。"国务院关于创新重点领域投融资机制鼓励社会投资的指导意见"(国发〔2014〕60 号)[76]明确提出完善公路投融资模式,建立完善的政府主导、分级负责、多元筹资的公路投融资模式,完善收费公路政策,吸引社会资本投入,多渠道筹措建设和维护资金。逐步建立高速公路与普通公路统筹发展机制,促进普通公路持续健康发展。在有利政策支持下,高速公路建设的投融资方式正朝着多样化的方向发展,国家投资、地方筹资、社会融资相结合的多渠道、多层次、多元化高速公路建设投融资环境有望形成。

安徽省交通建设投资保持平稳较快的增长势头,推进交通运输基础设施建设。创造性地在高速公路、国省干线建设中实施省、市、县共建模式,全省 13 个市已经成立或明确成立市级交通投资公司,作为交通建设融资平台。安徽省交通运输厅还与四家金融机构签订了战略合作协议,已签署了 1400 亿元的融资协议,构建了交通投融资长效机制。仅 2013 年安徽省交通建设投资完成情况就超出年度计划的 42.3%。安徽省政府重视高速公路建设,采取的总体融资策略是:国家和省政府规划的高速公路以省属企业投资为主,所在市可以土地或资金等资产参股;其他高速公路以所在市为主,省属企业投资主体可参股;设立项目公司,负责项目的建设、经营和管理。在有利融资制度保障下,安徽省交通运输基础设施建设有序推进。

9.1.2　微观管理现状

集团公司对省政府确定的由集团公司投资的交通项目,严格遵循基本建设程序与相关规定,进行交通项目的投资管理,对项目前期、招投标等相关工作等制定管理办法,规范管理程序与实施方法。

9.1.2.1　工程计划、进度和统计管理办法

在《工程计划、进度和统计管理办法》中，明确规定了工程建设部应承担管理的公路工程建设项目需完成的计划工作，具体包括项目总体计划、年度计划与月份计划。

（1）工程开工前，项目办根据批准的工期、投资规模和工程建设部、大桥建设管理部下达的投资任务和形象进度要求，审定施工单位施工组织计划方案，编制项目总体投资计划，编制工程项目的投资概算、各年度完成工程项目投资计划。

（2）项目办根据核准的项目总体进度计划和每年工程建设部下达的目标任务，编制或调整本项目各合同段年度投资分解计划，并将年度分解计划于上年 12 月 10 日前报工程建设部、大桥建设管理部。

（3）项目办依据本项目年度投资和形象进度分解计划，分合同段编制每月和半月生产计划，并在每月 15 日前或月底前将下半月或下月计划下达各施工单位和监理单位。制定的月份计划要有计划编制说明，包括上月计划完成情况、本月计划安排情况以及存在的问题和完成计划的保证措施。

9.1.2.2　工程计量支付管理办法

为规范集团公司承担的高速公路建设项目工程计量支付行为，合理控制工程造价，集团公司依据国家和交通行业有关规定编制了《工程计量支付管理办法》。要求计量支付必须做到"计量有依据，支付有程序，查询有台账"，确保计量支付准确无误和建设资金安全。该办法对工程量复核、计量质量、资料申报和审核时间与程序、台账管理、竣工决算，以及对计量支付违规行为的处罚等作出了明确规定，编制了规范化的资料申报表。

9.1.2.3　工程变更管理办法

为规范集团公司承担的高速公路建设项目工程变更行为，合理控制工程造价，集团公司依据国家和交通行业有关规定编制了《工程变更管理办法》。明确了工程变更的前提：工程变更应以优化、完善原合同和设计为前提，以提高工程质量、节省建设资金、节约资源、有利环保、利于运营为目标，符合国家有关公路工程强制性标准和技术规范的要求，符合公路工程质量和使用功能的要求，符合环境保护的要求。此外，还对工程变更的基本条件、变更的分类和管理权限、变更程序及实施、工程变更费用规定、变更行为的处罚和奖励等作出了明确规定，编制了规范化工程变更表。

9.1.3　问题诊断

9.1.3.1　成本管理理念

高速公路建设成本管理多采用基于目标控制的 PDCA 模式，通过制订计划，计划实施，实施情况与计划对照、分析偏差，采取纠偏行动这一循环过程实现。这种管理方式以成本降低、成本避免等为目标，是"就成本论成本"的管理思想。

高速公路项目全寿命周期的历程，实际上也是价值创造、价值转移过程。价值链理论认为，在一个企业众多的"价值活动"中，并不是每一个环节都创造价值，识别真正创造价值的经营活动作为"战略环节"，可以使企业在竞争中保持优势，且能够长期保持。此外，成本管理需要建设管理者强化积极主动控制意识，对建设项目进行全过程的分析，寻求降低成本、提高项目附加价值的途径。由此可见，急需引入新的管理思想，实现卓越成本管理。

9.1.3.2 工程变更费用管理

通过现场访谈发现,工程变更费用的合理确定是集团公司、项目办与施工单位共同关注的问题。工程变更直接影响到竣工结算造价,直接涉及建设单位与施工单位利益。工程变更的法律后果是合同造价的变化及由此而引发的索赔。加强工程变更的费用控制与造价管理对规范工程变更行为,有效控制建设成本,提高建设项目的投资效益有十分重要的意义。

9.2 基于价值链的高速公路成本卓越管理体系构建

9.2.1 价值链分析概念模型构建

9.2.1.1 项目导向的价值链分析

(1)价值链的基本内涵

为分析企业竞争优势的来源,价值链理论作为基本工具被引入到管理科学中。在价值链条上的竞争优势分析中,企业不再仅仅作为一个整体来看待,而是分割为设计、生产、营销、交货等过程及辅助这些过程中所进行的许多相互分离的活动,每个企业都是各种活动的集合,所有这些活动都可以用价值链表示出来。

根据波特价值链理论,可以将企业的生产经营活动分为基本活动和辅助活动两大类。基本活动涉及生产销售和售后服务中的各种活动,包括内部后勤、生产经营、外部后勤、市场销售、服务五种类型。每一个基本类型又都能细分为一些相互分离的活动。辅助活动也可以分为企业基础设施、人力资源管理、技术开发、采购四种类型,见图 9-1。

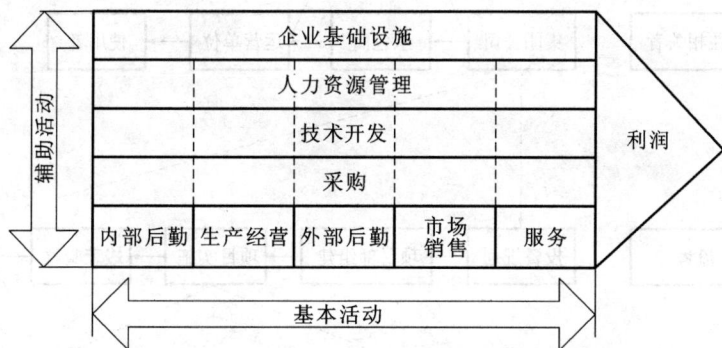

图 9-1 波特价值链模型

从价值链角度,价值可理解为"买方愿意为企业提供给他们的产品所支付的价格"。一方面,企业价值链为顾客创造价值;另一方面,企业价值链在创造价值的过程中必然消耗资源,即成本。显然,企业的竞争优势在于其成本小于顾客价值。

(2)价值链的基本维度

根据企业(公司)经营活动的有机联系,价值链可划分为公司内部价值链、纵向价值链和横向价值链三类。

纵观企业(公司)经营活动的全过程,从高速公路投资决策活动到高速公路的运营管理活动的价值流动,称之为公司内部价值链。各项价值活动的主要活动与辅助活动的特定活动的区分,会依产业特点与公司战略的不同而有所不同。公司创造价值的过程正是由以上一系列各不相同但又相互联系的活动构成的,价值链中各组成部分的经济效果不同,决定了公司在成本方面相对竞争能力的高低,能够比竞争对手更廉价或更出色地展开这些战略活动的公司就赢得了竞争优势。

价值联系不仅存在于一个企业的内部,而且存在于企业与供应商及用户之间。供应商的价值链除了为公司提供产品或服务外,在公司的高速公路项目决策、设计、施工、运营环节中也与企业相接触,从而影响企业价值链;公司和用户(道路使用者)之间也有大量的接触点,如提供通行服务、服务区服务、交通管理、收费管理等。由此可以将公司、供应商和用户都分别视为一个整体,它们之间通过各种联系构成一种链条关系,这种链条关系可以向上延伸至最初原材料的最初生产者,也可以向下延伸到用户(道路使用者)。企业价值链与供应商价值链以及道路使用者价值链,就构成了纵向价值链,也称为行业价值链。

在纵向价值链上处于同等地位的企业之间又形成一种新的内在的有机联系,这种联系没有明显的接触点可以寻找,但是确实存在。这种联系实际构成了一个产业的内部联系,这种联系作用的结果可以决定产业内部各企业之间的相对竞争地位。这就形成了横向价值链,其中最重要的是竞争对手的价值链。

(3)集团公司的三个层面价值链

作为一条连续完整的价值链条,价值链上各个价值流动节点呈现出清晰的层次性。通过对集团公司的内部价值链、纵向价值链和横向价值链进行分析,可以发现集团公司价值链框架模型,见图9-2。

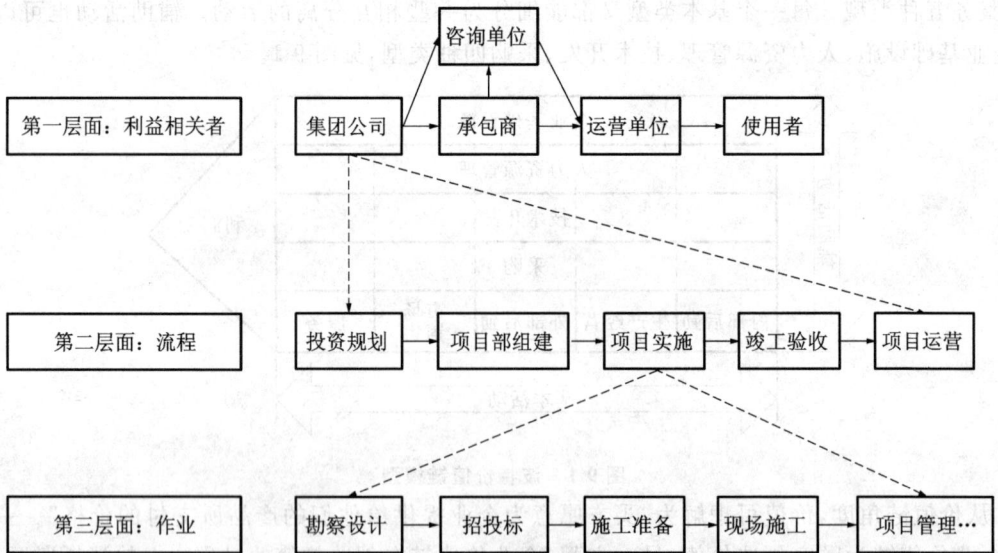

图 9-2　集团公司价值链框架模型

从图中可以看到,价值链有着不同的层次,这是价值链的一个很重要的特点。一般来说,价值链包括三个层面:第一层面强调价值链上下游的不同企业(项目利益相关者),也就是行业价值链,第二和第三层面是公司内部价值链,其中第二层面是流程,第三层面是作业及作业链。在一定程度上,可以说价值链是流程和作业的有机连接,高速公路项目的价值在投资建设的多个不同的作业链和不同阶段(流程)上发生顺序的层递流动和增值,这是微观的部分。同时,公司的价值又在高速公路产业的链条上通过投资的高速公路项目的价值得到体现。公司价值链的三个层次互相联系,形成了公司组织及管理体系的有机整体。

9.2.1.2 价值链分析基本程序

价值链分析是价值链成本管理的第一步,通过对项目内外部不同形式价值链的分析,准确进行价值链条的分解和细化,更加清晰地识别价值链条中各个作业流的关注重点及其资源管理的优、劣势,从而能够准确地进行价值链成本定位(主要是资源投入成本的定位),以确保成本管理及控制——实现用户价值最大化的合理成本投入和耗费的控制。对高速公路成本管理体系的价值链分析,也可按照这个程序展开,如图9-3所示。

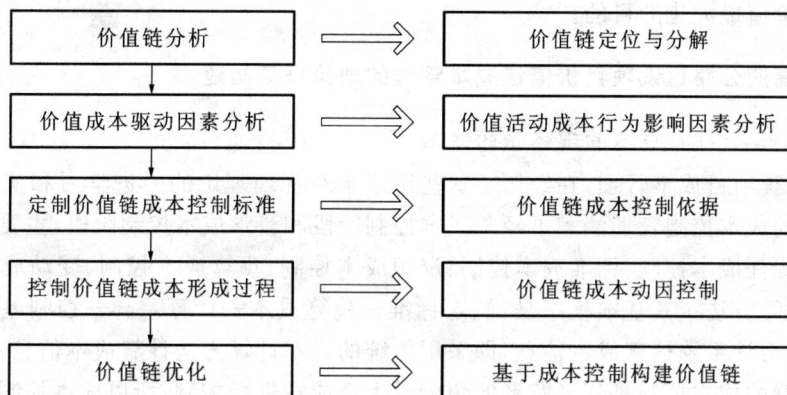

价值链分析	⇒	价值链定位与分解
价值成本驱动因素分析	⇒	价值活动成本行为影响因素分析
定制价值链成本控制标准	⇒	价值链成本控制依据
控制价值链成本形成过程	⇒	价值链成本动因控制
价值链优化	⇒	基于成本控制构建价值链

图 9-3 价值链分析基本程序

9.2.1.3 价值链分析特点

价值链分析是一种以集团公司为主体研究对象,针对公司行为的一种战略分析工具。它可以对公司自身从战略高度层层解构分析,进而细化到对作业层面进行管理,通过对公司资源的整合和再分配,对公司各项活动进行计划、协调和控制,谋求公司持久的竞争优势。

价值链作为一种分析工具,其理论体系和使用方法有一定的适用范围,不仅能用在集团公司这个企业主体上,从某种角度而言也可以理解为价值链管理着高速公路建设项目。对于集团公司来说,每一个高速公路项目都由集团公司的所有职能部门运作着,流动着集团公司的各种资源体系。各个高速公路项目组成公司的骨骼和血肉,支撑着公司的生存和发展,各个项目的圆满完成和投入运营、发挥效益都是集团公司价值的体现。

价值链分析的方法同样适用于高速公路项目管理,体现出以下特点:

(1)集团公司的价值活动可分为基本活动和辅助活动两种。基本活动是涉及高速公路产品的物质创造及其运营服务的各种活动。辅助活动是辅助基本活动并通过提供外购投入、技术、人力资源以及各种公司范围的职能以相互支持。

(2)价值链的整体性。价值链体现在更广泛的价值系统中。供应商拥有创造和交付价值链所使用的外购输入的价值链,道路使用者通过利用高速公路达到满足其交通出行需求,进而道路使用者(用户)的价值链与公司价值链联系在一起,各个价值链条有机衔接,环环相扣,缺一不可。

(3)价值链的层次性。一条基本价值链可以进行再分解,如作为基本增值活动的收取通行费就可再细分为收费收入管理、收费员队伍管理、设备维护、票据管理等活动。

但是,项目不等同于公司,在利用价值链分析工具进行分析时,要注意项目的价值链分析与公司价值链分析存在着以下差异:

（1）战略高度不同。公司价值链分析的一部分是公司在产业价值链条中的定位和作用。公司价值链反映了公司的战略以及实施战略的途径等方面，同时也代表着公司竞争优势的一种潜在来源。高速公路项目属于公司投资建设的产品，即使某项目的投资对公司发展有着重大意义，对公司生存产生重大影响，该项目也还只是作为公司项目中重要的一个。

（2）目的不同。公司价值链分析目的在于通过对公司资源的整合和再分配，对公司各项活动进行计划、协调和控制，谋求公司持久的竞争优势。项目价值链分析目的在于对项目的价值目标进行优化，进而层层分解到各个阶段开展价值管理，最终达到项目质量、工期、成本最优组合，实现项目价值最大化的目的。

9.2.2　高速公路建设项目价值链成本管理的理论框架构建

9.2.2.1　现行项目成本管理体系的缺陷

我国的工程项目成本管理，在经历了这些年逐步对管理理论的引进学习和实践操作经验积累后，形成的成本控制管理涵盖了经验成本控制阶段和科学成本控制阶段，主要有成本项目的成本控制、责任成本控制、标准成本控制、定额成本控制、预算成本控制、变动成本控制和成本的优化控制等方法。其基本程序是：制定标准—核算成本—计算差异—控制差异。一般均通过传统成本会计系统核算成本信息，即采用传统的成本计算方法计算成本信息。

然而，现行的成本控制是从经营者的角度对生产成本进行控制，所以成本控制方法基本上都是围绕项目实体成本展开，也就是说，成本控制的根本目的在于控制项目的生产成本，降低项目成本。虽然也考虑收入大于支出，但只不过是强调成本控制的效益。所以，它通常是以项目实体为中心，重点放在对财务成本的控制上。虽然它也涉及事前控制、事中控制和事后控制三个阶段，也努力向多学科成本控制方法转变，以试图防患于未然，但由于其没有从本源上解决问题，所以，回答不了为什么要发生成本及何时要发生成本的问题，也解决不了成本与价值的关系。虽然引入现代成本控制的观点，成本重心逐渐转移到了"管理成本"，即强调从管理角度研究和进行成本控制，试图解决"就项目（成本）论项目（成本）"的问题。但是它仍然没有跳出成本降低、成本避免等广义的"就成本论成本"的思路，在成本管理上仍然存在下列缺陷：

（1）忽略了从价值链整体角度进行成本控制与管理

传统工程项目成本管理存在只注重对生产成本进行控制与管理，而轻视对施工前的工程环境考察评估成本、设计开发成本、供应成本和施工后竣工验收及维护成本的控制等问题。同时，项目管理内部各种活动之间存在着的密切的关联性还不被意识，而这些活动共同影响工程项目的成本与绩效。我国的工程项目管理往往忽视从广义的、整体的方面来探求影响工程成本的各个价值环节，这样不利于形成持久的成本控制与管理。

（2）系统协调性差，存在着部门主义

工程项目建设是个复杂的系统工程，需要各个部门在各个环节紧密联系、通力合作。各个部门各自为政，衔接不畅，会对项目成本的有效管理造成严重障碍。上一个环节工期延误或者质量瑕疵，会对下一个环节造成不同程度的影响，甚至导致项目实施无法进行下去。

（3）只注重有形的成本动因，而忽视了无形的成本动因

在成本动因的分析上，传统成本管理只重视有形的成本动因，而忽视了与成本控制、管理密切相关的无形成本动因。实际上，工程项目开始之前就已有约束工程成本的、非量化的无形成本动因，如建设规模、地理位置、整合程度等。据国外研究表明，后者对工程成本的影响要远

大于前者。因此要从战略上去考虑无形成本动因,这样有利于集团公司获取持久的竞争优势。

(4)忽视了与利益相关者之间的联系

与利益相关者建立良好的合作关系甚至形成战略伙伴关系,往往是公司降低成本、增强竞争优势的重要途径。对工程项目,存在许多利益相关者,如工程规划设计单位、施工单位、监理单位、材料供应商、道路使用者等。如果与项目利益相关者尤其是项目其他参建方缺乏战略合作,这些单位就会经常从其自身利益或短期效益出发,通过恶性价格竞争等形式获得活动任务,在项目实施中通过降低质量或工程变更等来获取利润,可能导致工程造价增加乃至失控,最终导致项目价值降低。

9.2.2.2 价值链成本管理的理论框架

(1)价值链成本管理及其意义

价值的创造过程也是成本的消耗过程。由于每项价值活动既是创造价值的过程,又是产生成本的过程,每一项价值活动与经济效果的结合状态将决定成本相对竞争能力的高低,这就构成了价值链背后的"成本价值链"。公司要为用户提供超值服务,就必须有最优的项目价值做保证,这包括从高速公路投资决策开始,经过设计、施工,直到建成通车运营,全寿命周期中项目价值的创造工作,也是各种耗用产生的过程。公司的成本价值链支持了其上各项价值活动的有效开展,成本成为价值链上各价值活动的消耗指标,因此成本表现为价值链上的"负增值"。成本管理就是对公司的"负增值的价值链"进行管理,即成本价值链,公司成本价值链的识别与确定是以公司价值链的确定为基础的,并根据公司的战略、经营现状和成本观念进行调整,建立适合公司自身特点的成本价值链,使成本控制的对象更加清晰。成本价值链反映出四项基本内容:其一,价值活动所占成本的大小和增长比例;其二,活动的成本行为;其三,竞争对手在进行该价值活动时的差异;其四,成本驱动因素的识别。需要指出的是,如果某项价值活动在营业成本或资产中占有一个举足轻重或迅速增长的比例,则应将这些价值活动分离出来。

基于价值链的成本管理,是对价值信息及其背后深层次关系的研究,具体可表述为:收集、加工、存储、提供并利用价值信息,实施对价值链的控制和管理,保证价值链能够合规、高效、有序运转,从而创造最大化的价值增值及其合理分配的一种管理活动。对公司价值链上的"成本链"进行管理,剔除不增值或低效活动,获得持久的竞争优势。在时间维度上,基于价值链的成本管理以实施控制为核心,沿着事前预算管理、事中适时控制和事后考评管理开展全方位、全过程的管理;在空间维度上,把原来的以单一形式的会计核算主体扩展为以价值链形式存在的全新形式的成本会计管理主体。同时,将以货币为计量手段的各个会计核算对象扩展为以价值链形式存在的一切可以量化的成本会计管理对象。

价值链方法提供了公司进行成本分析的系统框架和基本工具,具体来说,价值链方法在成本管理中的应用意义如下:

① 通过价值链分析,寻求以整合或一体化方式降低成本的途径。整合战略是指公司通过兼并、重组等形式扩展自身业务或业务流程重组等进行基本活动优化。整合可以提高原材料及其他生产投入物的及时供应和技术可靠性,通过价值链分析,公司就能对以整合方式降低成本的可行性提供决策依据。

② 通过价值链分析,可以利用成本价值链消除不增值作业;可以找出集团公司内部的不增值作业,结合作业管理与作业成本法,以达到消除不增值作业,降低成本的目的。

③ 通过价值链分析,寻求利用利益相关者的价值链以降低成本。可以通过与项目参建各

方共同协商降低工程成本,如通过设计单位的优化设计在保证质量标准的前提下降低工程造价,施工单位采用先进施工方案降低施工成本。

(2)价值链成本管理的理论整体架构

价值链成本管理的理论框架应该包括价值链成本管理的目标、假设、原则、对象、要素、会计信息的质量特征与方法体系等几个部分,如图 9-4 所示。

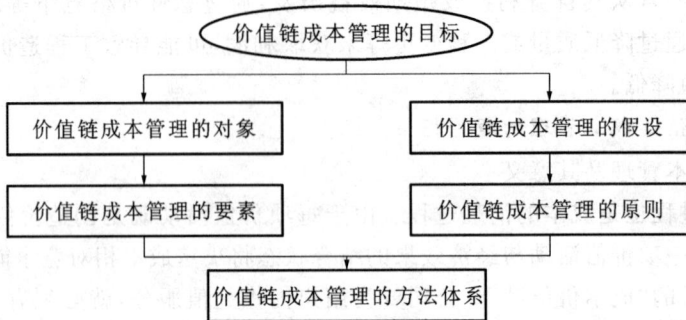

图 9-4　价值链成本管理理论框架模型

该理论框架是由价值链会计目标出发所形成的一个具有逻辑性的架构,该架构分三个层次:第一层次包括价值链成本管理的目标、假设、原则;第二层次包括价值链成本管理的对象、价值链成本管理的要素、价值链会计信息的质量特征;第三层次包括价值链成本管理的方法体系。以下分别对该理论框架的各个组成部分进行分析:

① 价值链成本管理的目标:即获得最大化的价值增值服务。

② 价值链成本管理的假设:与会计假设相同,包括主体假设和计量单位假设等。值得注意的是,价值链管理的计量单位中对于用户满意程度等非财务性因素不能用财务数据来表达,但是管理人员必须时刻关注这些非财务性因素。

③ 价值链成本管理的原则:包括以价值增值管理为中心原则和实时控制原则。

④ 价值链成本管理的对象:与传统会计的对象相比,价值链会计的对象不局限于资金流动,而是以实物流、信息流和资金流组成的集合体为载体的价值增值活动。对对象的分析可以深入到要素层面。

⑤ 价值链成本管理的方法体系:包括信息确认、计量、报告、分析评价、控制等。

另外,价值链成本管理理论框架中应体现如下一些观念:

① 价值增值的观念。价值增值是价值链管理的核心要素,价值链管理的目标正是获取最大化的价值增值。

② "链"的观念。虽然价值活动是构筑竞争优势的基石,但是价值链并不是一些独立活动的集合,而是相互依存的活动构成的一个系统。"链"的观念贯穿于价值链管理的始终。在成本管理中引入"链"的观念包含两层含义:一是要将项目的所有价值增值活动视为一个整体,体现的是一种协调的关系;二是要将项目参建各方、用户、公司竞争对手等视为项目价值链的外延,考察它们对项目的影响,体现的是一种合作的关系。

③ 实时管理与控制的观念。价值链管理强调信息生成、披露、分析与评价的实时性,强调采用多维计量方式,建立全方位的实时互动的信息系统。

9.2.3　高速公路建设项目价值链成本管理体系构建

9.2.3.1　价值链成本管理目标

传统成本控制的目标是降低成本,但是,在现代经济技术环境下的成本控制已经成为全员、全过程的工作,而企业中的许多工作与单纯降低成本的这一目标是相抵触的。为了解决这一矛盾,成本管理的目标应与企业整体环境协调一致。目前,价值管理已成为现代企业管理的核心内容,企业经营目标已从利润最大化发展成为价值增值最大化。实现企业和成本价值链联盟的价值增值最大化构成了价值链成本管理的基本目标。

价值链管理的目标是获得最大化的价值增值服务,价值的增值活动必然伴随着成本的耗费,最大化增加价值要求最小化降低成本,而价值的链条又是相互联系、相互影响、层层递进的,增加价值的过程不能仅仅局限在降低生产成本方面,因为价值概念不单纯是利润概念,价值链在基于纵向的时间维度上和基于横向的空间维度上都要进行扩展和考虑,价值要素也要涵盖质量、时间等各个要素层面。针对建设项目来说,就是要涵盖到工程质量、工期、成本的要素的优化组合和建设事前、事中、事后的管理控制中去。

基于价值链高速公路建设项目成本管理,将项目成本管理的目标扩大到通过提供价值创造的动态信息,借以制定协调和优化价值链、实现价值增值的决策,并进行相应的管理控制,最终形成成本竞争优势。成本竞争优势表现在两个方面:① 成本应能保证建设项目具有相应的功能和品质,应能满足顾客的需要,体现了成本的合理性要求。② 成本不高于同行业其他具有相当功能和品质的建设项目,并且要持续不断地进行成本降低,体现了成本降低的要求。价值链成本管理目标与传统成本管理目标的对比如图9-5所示。

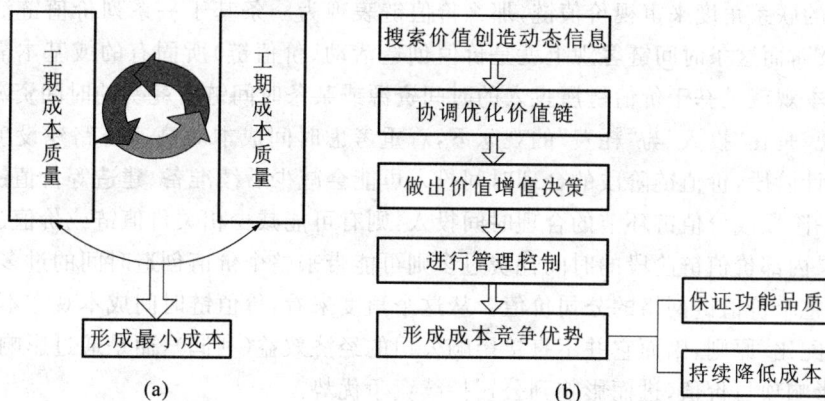

图9-5　价值链成本管理目标与传统成本管理目标比较
(a)传统成本管理目标;(b)价值链成本管理目标

9.2.3.2　价值链成本的基本构成

(1)价值链的三维成本

价值链成本思想不同于传统工程项目成本要素的三角结构。从价值链角度审视成本的实质及其表现形式,可以表现为"投入观""耗费观"和"时间观"三个维度。

①"投入观"维度

"投入观"是指基于价值创造的资源投入成本观,它从构建价值链出发,从保证拟构建的价值链能够有效地创造价值的角度来审视成本。因而,从这一层次上讲,成本实质上也就是为创造价值而投入价值链各环节的经济资源。

"投入观"通过价值链成本驱动因素分析方法来构建价值链时需要向价值链投入必要而足够的经济资源，从而建立优势价值链，进而决定了优势价值链成本定位。它不同于传统的资源投入成本控制观念，而是将资源投入直接与价值配比，并非与收入配比，不符合"收入与成本费用配比"原则，因而它并不直接影响企业的经济效益，而是直接影响项目价值，进而影响到集团公司持续竞争优势的问题。

②"耗费观"维度

"耗费观"是指基于价值提供的资源耗费成本观，它的目的是在现有价值链或已进行了价值链定位的基础上，从保证创造公司价值的价值链活动有效进行的角度来审视成本。因而，从这一层面上讲，成本实质上也就是企业价值链各环节或各价值链活动在提供（相对于构建价值链侧重于首先考虑能否创造价值，这里的"提供"是指在现有价值链基础上来考虑如何生产、生产多少价值）增值服务时所耗费的经济资源。

"耗费观"是从现有价值链视角或在价值链定位基础上来看待成本的，即从提供价值的角度来看待成本。如在工程项目建设阶段为了提供项目论证阶段所确定的价值——拟建设的工程，价值链需要耗费多少、怎样耗费经济资源（诸如直接材料、直接人工和间接费用等）。

"耗费观"同传统的成本概念相似，但也有区别。它的思维角度在于通过价值链成本驱动因素分析方法来分析现有价值链，为保证价值链的正常运行，分析价值链各环节需要消耗多少以及如何消耗经济资源，从而使价值链具有优于其他价值链的成本优势。

③"时间观"维度

"时间观"是指基于价值链的时间资源观或时间耗费观。如果从各价值链之间以及各价值链环节之间的联系角度来审视价值链，那么价值链表现为一条基于一系列价值链活动或作业活动的时间链，而这条时间链客观上就是价值创造活动（价值链）所固有的或基本需要的。价值链时间成本观就是基于价值链所投入的时间资源或某条时间链所耗费的时间资源。

"时间观"是在"投入"与"耗费"的观念下，着重考虑时间成本对高速公路建设项目成本的影响。如设计阶段，价值链阶段的合理时间投入可能会减少后续准备、建造等价值链阶段的时间投入；某一阶段或价值链环节的合理时间投入，则有可能减少相关价值链或价值链环节的时间耗费；如果内部价值链阶段的时间耗费过多则可能带来整个价值创造时间的过多耗费，从而有可能减少整个价值链网络的公司价值。从这个角度来看，价值链时间成本观亦不符合"收入与成本费用配比"原则，因而它并不直接影响公司的经济效益（利润），而是通过影响价值链（联系）而间接影响项目价值，进而影响到公司持续竞争优势。

（2）价值链成本构成要素

在三维成本观念的基础上，可以把价值链成本分为物质资源成本、人力资源成本、信息资源成本和时间资源成本。

① 物质资源成本

基于价值链成本观念，物质资源成本同样包括从不同视角看待的物质资源投入和物质资源耗费。物质资源成本主要是指传统成本会计所核算的直接材料成本，包括各种存货消耗成本、各种设备折旧成本以及其他各种物质资源的耗费。

不管在高速公路建设的哪一个阶段进行成本控制，物质资源总是创造项目价值的物质基础，所以，它仍是构成价值链成本的基础内容之一。

② 人力资源成本

基于价值链成本观念，人力资源成本也包括从不同视角看待的人力资源投入和人力资源耗费。人力资源成本主要包括两大部分：一部分是指传统成本会计所核算的直接人工成本，根据劳动价值理论，直接人工总是价值的唯一来源；另一部分则是指现代人力资源会计所核算的人力资源成本，包括各种人力资源投入、开发和管理成本。所以，人力资源成本也是构成价值链成本的基础内容之一。

③ 信息资源成本

基于价值链成本观念，信息资源成本也同样包括从不同视角看待的信息资源投入和信息资源耗费。从虚拟价值链和知识价值链角度看，信息资源是价值链成本中的唯一非耗竭性资源。在传统成本会计中，一部分信息资源是在无形资产中进行核算的，但相当一部分信息资源在传统成本会计中被排除在核算系统之外，因而其对价值创造的贡献也无法评价。

由于价值链成本观是从价值链出发来审视成本的，所以信息资源成本才会成为价值链成本中重要而且必须考虑的一类成本。

④ 时间资源成本

基于价值链成本观念，时间资源成本也有从不同视角看待的时间资源投入成本和时间资源耗费成本。时间资源投入是基于项目价值的创造，主要是指在关键价值链及环节的时间投入，其成本是由此而带来的项目价值提供的多与少；时间资源耗费则是基于项目价值的提供，在各价值链及其环节的时间耗费，从某种程度上讲，也是作业活动（作业链）的自然时间需求。尽管在传统成本管理中也涉及时间问题，但并未将其视为（价值链）成本的构成之一，所以这类成本也是从价值链出发审视成本所特有的。

价值链成本构成示意图如图 9-6 所示。

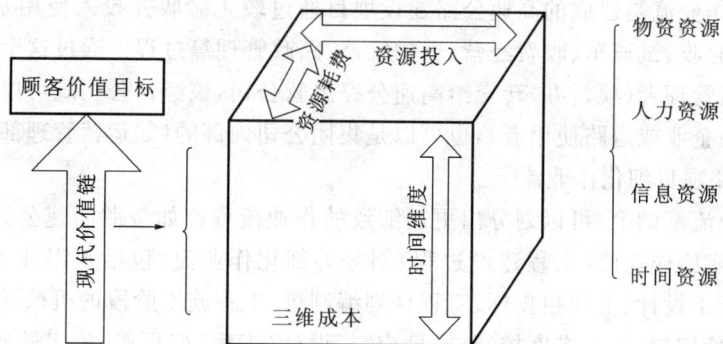

图 9-6 价值链成本构成

从创造项目价值的角度看待的资源投入成本和从提供价值的角度看待的资源耗费成本以及从价值链联系角度看待的价值链时间成本共同构成了"三维价值链成本"。资源投入成本是价值创造的前提，资源耗费成本是价值提供的基础，价值链时间成本则是从另一个角度审视价值链活动的结果，它与前两类价值链成本共同作用从而创造出顾客价值。在三维成本观下，价值链实体资源成本划分为物质资源、人力资源、信息资源和时间资源四个部分予以控制和考核。

9.2.3.3 高速公路建设项目价值流及成本动因分析

(1)高速公路建设项目价值流分析

基于价值链理论的高速公路建设项目管理的目标确定以后，项目的所有管理和业务活动可以分割成各种作业流。通过价值链的分析,确定各作业流之间的相互关系,在价值链系统中寻找降低价值活动成本的信息和方法。这种基于作业流的成本分析能为改善成本提供信息,进而直接决定成本控制的效果。通过优化和管理这些作业流程,最终形成质量、工期、成本最佳组合的高速公路建设项目产品和服务。这些作业流根据价值链层次可以分割为:

① 高速公路建设基本作业流

高速公路建设项目产品是通过一定基本建设程序和业务过程来完成的,根据高速公路建设项目自身特点,这些活动从价值链角度分析至少由预测/决策、建设/实施、运营/维护三个子作业流组成。

预测/决策作业流是投资者从诸多备选项目中选择投资价值最大的高速公路建设项目的过程,表现为投资者(集团公司)通过对高速公路建设项目的整体考察,做出项目预测、项目可行性分析与论证、选择技术与经济合理的设计方案、编制招标文件、选择优秀合作者等过程。这个过程需要拓展至使用者、社会环境及竞争对手等方面,也就是要明确使用者(客户)需求,了解由于高速公路建设项目引起的各种社会问题以及找到妥善解决这些问题的方法,突出对于投资者来说该高速公路建设项目具有的良好的投资价值。

建设/实施作业流是投入到产出的过程,也是高速公路建设项目实体的建设过程。即高速公路建设项目管理者(项目办)获得各种原材料、零部件、数据等各种资源,继而把投入转变成符合质量标准要求的高速公路项目实体。这里的资源既包括有形资源,也包括无形资产。比如:土地、建筑物、设备等固定资产,管理人员、技术人员、操作员、工人等人力资产,信息系统、工程技术等无形资产等。在这个阶段,集团公司的作业链条会延伸到资源供应部门,可以是外部的资源供应商,也可以是内部的物质资料部门等。这个过程根据高速公路项目的不同可能存在很大差别,其核心是投入到高速公路实体建成并交付使用的一系列活动和这些活动的分布结构。

运营/维护作业流是建成的高速公路建设项目通过竣工验收并投入使用及运营管理的过程,表现为竣工验收、试通车、收费经营、养护维修、路政管理等过程。通过这个过程,高速公路实体项目由项目管理者(项目办)转交给高速公路经营公司,该经营公司既可以是外部的(购买高速公路产品的企业或道路使用者),也可以是集团公司内部的(如运营管理部门)等。

② 高速公路项目细化作业流

在基本作业流基础上,可以划分出更加细致的作业流程。如按照高速公路项目建设周期进一步将建设/实施作业流(工程建设过程)划分为细化作业流,包括工程准备阶段的环境调研、工程拆迁、施工设计、工程招投标、工程计划编制等;工程施工阶段的机械设备控制、物资质量控制、施工环境控制、施工进度控制、质量控制、设计(工程)变更等;施工验收阶段的工程竣工调试、工程质量评定、工程验收等。

高速公路建设项目作业流可以按项目所处的时间阶段分成三个部分,价值流以这三个部分作业流为依附在作业流的循环中往复流动并不断增长,从而创造价值。基于价值链价值流活动的成本控制方法,在确定了集团公司的价值链后,通过价值链分析,可以找出各价值活动所占总成本的比例和增长趋势,以及创造利润的新增长点,识别成本的主要成分和那些占有较小比例而增长速度较快、最终可能改变成本结构的价值活动,列出各价值活动的成本驱动因素及相互关系,为高速公路建设项目成本动因分析奠定基础。

(2)高速公路建设项目成本动因分析

成本动因是导致成本发生的各种因素,即成本驱动因素。美国学者莱利将战略成本动因分为结构性成本动因与执行性成本动因。

　　将视角从企业的各项具体活动转向企业整体时,就会发现大部分企业成本在其具体生产经营活动展开之前就已经被确定了,这部分成本的影响因素即称为结构性成本动因。对于项目管理来说,虽然单个工程项目的完成基本涵盖了企业运作的所有阶段并调动了企业运作的所有资源系统,但由于工程项目自身的特点,如项目的单一性、流动性等,工程项目成本管理在某些方面达不到结构性成本动因的分析高度。相较而言,执行性成本动因分析可以在更大程度上对项目成本控制起到高效显著的作用。执行性成本动因主要是对每项生产经营活动所进行的作业动因和资源动因分析。

　　从价值链管理的角度来看,基于价值链管理的成本管理比单纯的作业成本更为广泛和深刻,其成本动因是一个广义、外延扩大化的成本动因概念,不再仅仅以成本数量上的降低为标准,而是为项目整条价值链服务。

　　(3)价值链成本驱动因素指标

　　基于基本成本驱动因素,对高速公路建设项目成本典型指标的动因分析如表 9-1 所示。

表 9-1　高速公路建设项目成本动因分析

成本动因类型		典型指标	作用
	规模	规模经济; 规模不经济	规模经济:增加产量,降低成本;结构生产、每个买方和每个订单规模; 规模不经济:减少产量,降低成本
	地理位置	项目所在区域 公司所在区域	影响材料价格、工资水平、税率等; 影响交通运输成本、组织成本等
	整合	价值链联盟; 内部管理部门; 产品服务集成	影响纵向价值链相关价值活动成本; 影响企业内部单元价值链间的相关成本; 整合服务性活动降低成本
结构性成本动因	政策选择	项目的标准、性能和特点; 所提供的服务水平; 运营费用和建造费用比率; 所服务的买方; 所选用的工艺技术、独立性或规模、时机选择或其他成本驱动因素; 结构所使用的原材料或其他外购投入性的规格和质量; 其他人力资源成本政策,包括招聘、培训和雇员激励; 建设进度安排和其他活动的程序	所有这些指标不同程度地影响到项目的直接成本、间接成本、维护成本以及人力资源成本等
	学习	活动中的累计量; 生产作业时间; 累计投资; 累计产业量; 外生技术变革	决定施工速度或作业中的废品率; 工作流程设计; 标准工程效率; 设计改进; 基本工艺改进
	时机选择	提前建设; 延迟建设	影响学习,从而影响品牌创建与保持的成本; 一次支出低、人力资源成本低
	机构因素	产业政策变化; 税收政策变化; 财政政策变化; 环保政策变化	所有这些指标将会不同程度地影响企业成本,因而有助于企业主动利用,从而降低企业经营成本

续表 9-1

成本动因类型		典型指标	作用
执行性成本动因	生产能力利用	固定成本降低率； 固定成本与变动成本的比率； 生产能力利用率	影响企业单位固定成本或费用
	相互关系	相邻业务单元贡献信息等； 共享采购系统； 共享销售渠道	降低相邻业务单元成本； 降低各业务单元成本； 降低相关业务单元成本
	联系	直接活动和间接活动之间的联系； 质量保证和其他活动之间的联系； 必须协调的活动之间的联系； 成果的可替代活动之间的联系； 与供应商协调或联合最优化； 与销售商协调或联合最优化	往往影响直接活动成本； 往往影响其他活动成本； 前道工序往往影响后道工序的成本； 相互影响成本； 降低双方成本； 降低企业成本
	企业文化	企业理念； 学习型组织； 努力拓展训练	有助于实现企业愿景，从而提高资源投入效率； 提高学习效率，降低生产经营成本；培养创新，提高能力，从而提高资源投入效率，降低资源消耗
	全面质量管理	产品合格率； 单位成本变动率； 价值功能分析	用于控制产品质量，从而提高资源投入效率； 用于控制成品的成本水平； 用于控制合理的产品功能与合理的成本配比
	劳动投入	人力资源质量； 工艺技术革新和创新； 劳动生产率	用于控制劳动投入的质量； 用于控制劳动投入的效果； 用于控制劳动投入的效率

9.2.3.4 高速公路建设项目价值链成本控制方法

(1)价值链成本控制标准

基于价值链成本控制观，价值链成本控制标准的内容应该包括资源投入标准和资源耗费标准。控制标准的种类则主要是成本驱动因素控制标准，所以应该包括结构性成本驱动因素控制标准和生产经营性成本驱动因素控制标准。

① 价值链成本控制标准的内容

资源投入标准主要是从价值链成本驱动因素之间的相互关系分析出发来制定资源投入标准的，涉及事前、事中的资源投入标准。涉及结构性的成本驱动因素基本上属于事前的资源投入标准，而涉及生产经营性的成本驱动因素则基本上属于事中的资源投入标准。

资源耗费标准主要是从价值活动成本驱动因素的性质分析出发来制定资源耗费标准的，因而该标准的制定与传统意义上的成本控制标准（如作业成本控制标准）有着较大的相似性。其不同之处在于标准是针对价值活动的成本驱动因素而制定的，并非简单地像标准成本制度的制定。

② 价值链成本控制标准的种类

结构性成本驱动因素控制标准主要是从价值链成本驱动因素之间的相互关系分析出发而制定出来的，这一标准影响整体价值链的价值创造和竞争优势，因而该标准的制定与传统意义上的成本控制标准有着较大的差别,大部分标准难以准确计量。而且,它主要涉及事前的结构性成本驱动因素控制标准。同时,结构性成本驱动因素控制标准也同时涉及资源投入标准和资源耗费标准。

生产经营性成本驱动因素控制标准主要从价值活动成本驱动因素的性质分析出发而制定出来的,这一标准影响公司价值链和价值链环节的价值提供及相对成本优势,因而该标准的制定与传统意义上的成本控制标准(如作业成本控制标准)有着较大的相似性。

(2)价值链成本控制内容

价值链成本管理体系可以完整、动态地衡量成本控制目标的完成情况和过程的执行情况,并提供反馈信息。它对成本的控制功能主要是通过以下两方面实现:

① 对成本价值链上的成本进行结果控制

对成本价值链上的成本进行结果控制,是成本控制工作最基本的要求。成本系统运行的结果,一方面体现在财务目标上,财务绩效概括地反映项目管理的业绩;另一方面,也要体现在非财务目标上,提供不能量化的项目经营信息,更全面地反映项目成本控制情况。因此成本管理的体系控制要对财务和非财务方面的指标进行选取,以反映出全面成本控制的最终结果。并对成本体系控制实施情况的效果做出业绩评价,据此对成本价值链上的成本进行结果控制,对系统运行的有效性进行衡量,看其是否达到了预期目的。为成本价值链及其作业流程的优化提供现实的指标依据。

② 对成本价值链上的作业进行过程控制

结果是目的,过程是主体。追求成本控制结果的过程,是对作业活动进行的过程控制。价值链成本体系深入成本价值链条的三个维度细化到作业层次,为项目成本管理提供一整套完整的成本计划、控制、核算和分析等功能,有效地进行成本的全过程动态管理,使高速公路建设项目的实际成本能够控制在预定的计划成本范围内,并随时向管理者提供成本的节超状况,促使其及时做出决策以节约成本,扩大利润空间。

9.2.3.5　基于价值链的高速公路建设项目作业成本管理方法

作业成本管理(ABCM:Activity Based Costing Management)是一种以作业成本计算为核心的管理模式。基于企业价值链的成本管理模式,利用作业成本计算(ABC)所提供的动态成本信息,对所有作业成本进行分析和修正,使成本管理深入作业层面,促使公司尽量消除不增值作业,提高增值作业的运作效率,降低资源消耗,将公司置于不断改进的环境中,最终使公司整个价值链的水平得以不断提高。作业成本管理的主要内容包括价值链与作业链分析、成本动因分析、成本管理业绩评价等。

(1)作业成本管理的主要内容

① 作业链分析

作业链分析包括作业认定、作业分析以及作业优化整合等过程。对于集团公司来说,它的产品是高速公路建设项目,完成一个项目需要大量复杂的作业,而且很多作业还可以进一步细分。首先需要描绘出项目流程图,流程图实际上包含了对作业的认定和对作业之间联系的描述。项目作业认定中不能忽视的是那些很少占用资源却非常重要的作业,比如对钢筋性能、桩基础情况的检查等,虽然耗费资源少,却影响项目是否能如期进行。其次是进行作业分析,包括对流程图所示作业本身的分析和对作业之间连接的分析,目的是要找出增值作业与非增值作业、有效作业与非有效作业。最后是作业优化过程,作业优化对项目来说也可以理解成对项目流程优化,包括流程图的修改、相应的资源计划和工期计划优化等。

② 作业成本动因分析

成本动因是作业成本管理的核心范畴,指诱导成本发生的原因,它是成本标的与其直接关联的作业和最终关联的资源之间的中介。成本动因分为资源动因和作业动因。

资源动因是指引起资源消耗的起因,它是将资源成本分配到作业的标准和依据。对资源动因分析首先可以揭示作业成本的资源项目,即作业成本要素;其次通过作业成本要素和作业相应关系分析,揭示哪些资源是必需的,哪些需要减少,哪些需要重新配置,最终确定如何降低作业消耗资源的数量,进一步降低作业成本,提高作业效率。资源动因分析的过程正是判断作业消耗资源必要性、合理性的过程,即评价作业有效性的过程。

作业动因是反映引起作业消耗的起因,是各项作业被最终产品消耗的方式和原因,也是作业成本分配到产品中的标准。作业动因分析重在揭示动态的成本驱动因素,它的主要目的是为了揭示哪些作业是必需的,哪些作业是多余的,最终确定如何减少产品消耗作业的数量,从整体上降低作业成本和产品成本。利用作业动因价值分析的结果可以判断产品消耗作业的情况,可以评价作业增值状况。

(2)作业成本管理方法的应用

作为一种综合的成本管理方法,作业成本管理可以帮助集团公司准确掌握投资的高速公路建设项目成本水平,通过和社会平均水平比较,可以认识到自身的差距和优势,有针对性地采取有效措施,降低成本。

作业成本管理是由集团公司制定并实施战略成本目标的有力工具。由于作业成本管理将成本管理由部门具体到了作业,可以帮助集团公司有针对性地加强优势作业管理,以突出差别化,加强作业成本的全面管理,以突出低成本,从而促进集团公司的发展。

作业成本管理有利于集团公司实施全过程管理,全面降低成本。作业成本管理为集团公司实施全面成本管理提供了有效手段。体现在:通过分析作业成本动因,公司可以获得降低成本的有效手段;通过对不增值作业的确认、分析,大大降低甚至消除不增值作业;利用作业成本管理提供的资源浪费信息,集团公司可以进行资源重新配置,使其更加合理;在作业过程分析的基础上,通过改善作业流程,使成本有效降低。

作业成本管理可用于集团公司绩效计量与考核。在作业成本管理使用的过程中,产生了大量有利于业绩计量与考核的数据和信息,有些非财务信息,如一些资源动因和作业动因,还可以帮助管理人员从非财务的角度进行业绩评价。此外,可以按作业将原有责任中心细分为若干个子中心,这样各部门将不可避免地出现同质子中心,如部门的设备维护、质量控制等作业中心,这些子中心的信息,既可与原有责任中心的信息汇总而得到该部门责任中心的责任成本信息,又可汇总出同质作业的信息,按相同作业标准在不同部门之间进行考核。

9.2.3.6 企划高速公路建设项目成本价值链的改进与优化

成本价值链的改进与优化是价值链成本管理体系的最后一环,是上一次循环的终结点和新循环的起点,它既是对过去绩效进行的修正,又为未来的成本控制提供更完善的系统。在业绩评价的基础之上,通过对各种先进管理方法的运用,可以进行作业流程和作业链的改进,以达到优化成本价值链的目的。

(1)作业流程的优化和再造

作业流程的优化是通过作业流程再造实现的。作业流程再造是指以优化公司成本价值链为核心,以提高公司竞争力为目标,为了在衡量绩效的关键指标上取得显著改善,从根本上重新思考、彻底改造和重新组合成本价值链作业流程的过程。

作业流程再造包括两个方面:组织结构的再造和作业流程的再造。企业中组织结构的设置、部门的分工往往是基于作业流程的,进行作业流程再造就需要同时调整这两个方面,使作业流程再造真正发挥作用。

① 组织结构的再造

资源配置适应性、灵活性原则下的组织结构,其核心是提高用户满意度。组织结构再造要打破职能式组织中职能与部门的界限,使组成公司活动的要素是一项能够直接满足用户、服务用户的任务或作业。

② 作业流程的再造

作业流程的再造首先需要找出改造的单个关键作业,如果某一个作业流程效率低下或存在重复步骤,则需要作为改造重点;如果某一个作业流程在整个成本价值链中处于核心地位或是存在瓶颈障碍,则需要进行再设计,克服原来的弊端;如果某一个作业流程在运作过程中并不能增加价值或效果不明显,则要考虑对该流程的取舍和再设计。

(2)成本价值链的优化

成本价值链的优化主要来自于两个方面:一是在高速公路建设项目开工之前的设计阶段进行目标成本企划,二是在高速公路建设项目施工中实施适时生产系统和全面质量管理。

① 设计阶段的目标成本企划

目标成本企划是指在产品的策划、开发中,根据用户需求设定相应的目标,且同时达成这些目标的综合性成本管理活动。对于高速公路建设项目成本管理来说,目标成本企划的出发点不是项目内部,而是成本价值链的终点——用户(道路使用者),即用户的需求和质量功能等方面的需求决定了项目的实施技术要求及流程。在这里,技术及流程的设计亦即成本价值链的设计,因而目标成本企划实际上是一种以目标成本为导向的成本价值链规划方法。实施目标成本企划,一方面可以避免不必要的功能设计,使产品性价比达到最优,降低产品的成本;另一方面可以更加科学地设计组织作业和流程,尽量消除不增值作业,优化企业的成本价值链。

② 适时建造与全面质量管理

在高速公路建设项目的实施建造过程中,项目前后环节时常出现衔接不畅的问题。前期环节的延误直接导致了后期环节的无法进行和开展。有时,后期环节的资源设备已经抵达项目场所。这就造成了材料存储及保管等额外的成本开支。实施适时建造是以后期的需求带动前期的建设,对高速公路建设项目管理而言,可以前期的建设进度安排后期的资源调动,由前向后的逐步推移来组织施工安排。这样的模式主要是为了实现各个作业流的衔接通畅和零材料存货消耗。实现零存货的前提是必须要有良好合作关系的供应商,保证适时顺利进行的基础是作业流程的合理设计,因此项目管理的视角由各个部门转换成了成本价值链与供应链,并要求位于供应链上各个部门的作业环环相扣,紧密连接,以及时满足各流程甚至各项作业的即时需求。同时,适时系统还要求项目的高质量和项目工人的技术熟练程度,因为一个环节出错,也会阻碍高速公路的正常建设过程,这就提出了全面质量管理的要求。

全面质量管理是对高速公路建设项目从前期策划、工程设计、施工到验收及运营维护服务的整个价值链进行的质量管理。质量的改进可以给公司带来更大的竞争优势、持续利润增长以及可持续发展。全面质量管理的目的是降低成本。成本是指为提高产品质量而支出的各种成本,以及因产品质量问题而发生的损失。成本可以分为四类,即预防成本、鉴定成本、内部损失成本和外部故障成本。这四类成本之间存在内在联系。

适时建造和全面质量管理优化了成本价值链,体现了价值链成本管理模式对现行成本管理模式的有效集成。

9.3　基于主动监控的高速公路建设全面成本管理

9.3.1　基于主动监控的高速公路建设项目成本管理模式

9.3.1.1　基于PDCA的主动监控模式特征分析

主动监控模式最早应用于教学质量监控以及工程质量监控,是一种基于事先监控的预防性监控模式。它不仅实施事后检查,还将检查环节 C 置于实施环节 D 之前、计划制订环节 P 之后。它更加重视计划 P 对监控效果的影响,并强调督导结合以导为主,事先监控、过程监控与事后监控相结合,以事先监控为主。因而比"被动监控模式"具有更强的适应性。

主动监控模式的理论基础是现代质量管理理论。现代质量管理理论认为,通过 PDCA 循环不断进行质量改进是提高质量的有效方式,并且计划是质量管理各环节(P、D、C、A)的首要环节,质量出自计划而非出自检查,即质量是计划和设计出来的而不是检查出来的,质量管理应坚持防治结合,以防为主的方针。而且在 PDCA 大循环的 P、C 等环节中,还有 PDCA 小循环(图 9-7)。

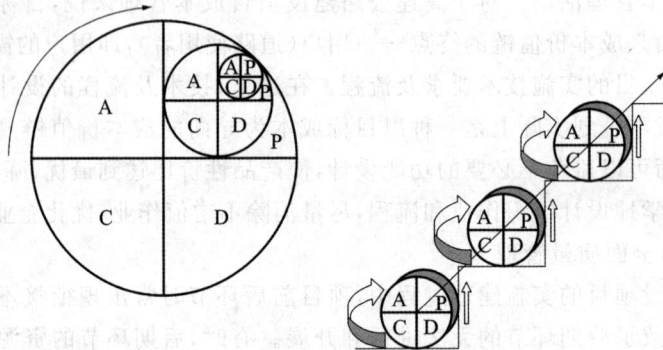

图 9-7　PDCA 循环示意图

上图表明,一项计划 P 的制定,也是通过 PDCA 多轮循环后形成的(见图中大循环环节 P 中的 PDCA 小循环),即对计划的制订,也需要实施监控(见小循环中的环节 C),而不只是在计划实施时才实行监控。另外,针对检查环节 C,也需要按 PDCA 循环原理制订详细的监控方案,并在实施中动态地不断完善和提高。

同时,"被动监控模式"是对 PDCA 循环理论狭义理解的产物,它忽视了 PDCA 大循环中的小循环及其检查环节,将监控片面地理解为 PDCA 大循环中的检查环节 C,是与现代质量管理理论不相适应的,而主动监控模式才是 PDCA 循环理论所要求的科学质量管理方式。从这一理论出发,不仅要进行事后监督和检查,而且特别要重视对决定质量的方案的审查及其指导,并且在施工过程中进行动态纠偏、调整和改进,以保证质量。

主动监控模式同样适用于成本管理和成本控制。从全面项目管理和全面成本管理理论出发,可以证明成本管理和成本控制也需要采用主动监控模式。成本管理工作质量属于广义的质量范畴,要提高成本管理质量,需要采用全面质量管理模式。因此,依据质量管理 PDCA 循环理论建立的主动监控模式,不仅适应于质量管理和质量监控,同样完全适应于成本管理和成本控制。

9.3.1.2 基于主动监控模式的高速公路成本控制体系

从主动监控模式出发,高速公路成本管理应坚持合理定价、有效控制的监控原则。在成本主动监控过程中做到宏观与微观相结合,设计监控与施工监控相结合,事前监控与过程监控和事后监控相结合,目标控制与动态控制相结合。即通过科学规划确定高速公路建设发展规模、速度和布局,加强高速公路可行性研究、设计及估算、概算、预算等工作,从宏观上控制工程造价增长;通过优化设计及推行限额设计法控制工程成本;通过加强概预算编制、审查工作合理确定和有效控制工程造价;通过科学招投标工作确定和控制工程造价;通过优化合同计价模式来控制工程成本;通过加强计量支付、工程变更、索赔审批、工程结算等工作来有效控制工程成本等。基于主动监控模式的高速公路成本控制体系可用图 9-8 表示。

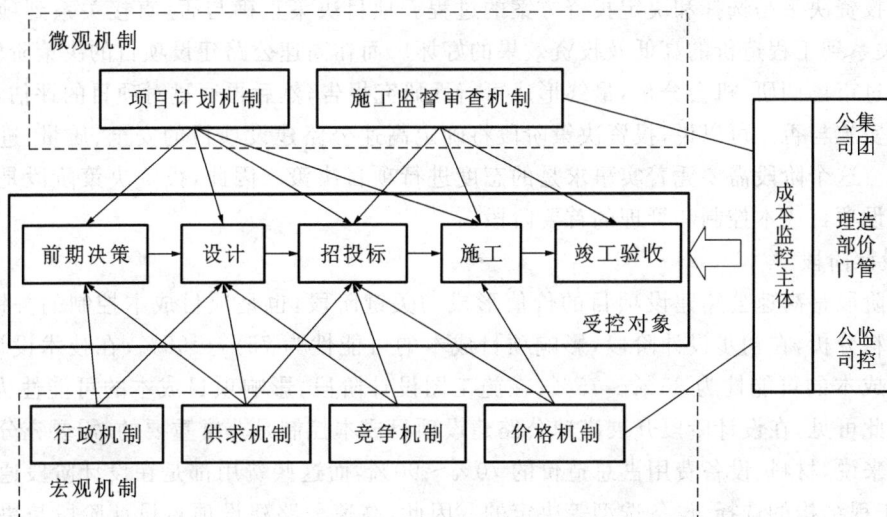

图 9-8 基于主动监控模式的高速公路成本控制体系

图 9-8 表明,高速公路成本控制不能仅局限于施工过程控制和事后控制,而应采用主动监控模式,即从宏观上运用供求机制和行政机制来确定高速公路建设规模、速度,运用价格机制和竞争机制科学组织招投标工作,从微观上加强项目可行性研究、设计、施工等环节的成本控制和审批等工作。因此,高速公路成本控制的机制应包括宏观机制和微观机制(又可称其为外部机制和内部机制)。其中宏观机制有市场机制(供求机制、价格机制和竞争机制)和行政机制;微观机制有项目计划机制(可行性研究、设计)和施工监督审查机制。

9.3.2 面向全过程的高速公路建设项目成本控制方法

9.3.2.1 高速公路建设项目全过程成本控制原理

高速公路建设项目的投资主体,不仅要负责从项目的决策到竣工交付使用的全过程管理,还要对项目建设的成效及运行效果负责,在整个建设项目管理中处于核心地位。高速公路投资主体的成本控制的任务是加强工程成本的全过程动态控制,强化工程成本的约束机制,维护有关各方的经济效益,规范价格行为,促进微观效益和宏观效益的统一。

成本控制的基本内容就是合理确定投资成本和有效控制项目成本。所谓工程投资成本额的合理确定,就是在工程建设各个阶段采用科学的计算方法和切合实际的计价依据,合理确定投资估算、设计概算、施工图预算、承包合同价、结算价和竣工决算价;所谓项目成本的有效控制,就是在优化建设方案、设计方案的基础上,对建设程序的各个阶段采用一定的方法和措施,把工程造价的发生控制在合理的范围和核定的工程成本(投资)限额以内。

(1)成本控制阶段划分

把高速公路建设项目的投资作为一次性的投资活动,其过程具有明显的周期性的特征。建设周期中的每个阶段对成本都有着一定的影响。因此,根据高速公路建设项目的建设程序及各阶段对成本控制内容和管理的侧重点不同,可将高速公路建设项目的成本控制过程划分为项目决策、设计、招投标、实施、竣工验收五个阶段。

(2)各阶段项目成本分析

① 决策阶段

项目投资决策是选择和决定投资方案的过程。项目决策正确与否,直接关系到项目建设的成败,关系到工程造价的高低及投资效果的好坏。而在高速公路建设项目的决策阶段,集团公司要通过市场调研、机会分析,最终形成可行性研究报告,然后再通过对项目的评估,最终确定该项目实施与否。可以说,投资决策阶段将确定高速公路建设项目的安全、质量、进度以及成本目标。这个阶段需要凭着实事求是的态度进行项目决策。因此,投资决策阶段是整个高速公路建设项目成本控制和管理的首要阶段。

② 设计阶段

设计阶段是高速公路建设项目的价值形成的关键阶段,也是项目成本控制的关键阶段。据有关资料分析,在初步设计阶段,影响项目成本的可能性为 $75\%\sim95\%$;在技术设计阶段,影响项目成本的可能性为 $35\%\sim75\%$;在施工图设计阶段,影响项目成本的可能性为 $5\%\sim35\%$。由此可见,在设计阶段开展高速公路建设项目成本控制是非常重要的,需要充分重视。

一般来说,材料、设备费用占总造价的 $70\%\sim90\%$,而这些费用都是在设计阶段通过材料的选用、工程结构的选择、设备选型等决定的。因此,高速公路建设项目设计阶段是决定项目成本的多少及投资合理与否的关键阶段。

③ 招投标阶段

招投标阶段,需要通过合理的竞争和谈判,选择适当的承包商,并在预算范围内确定合理的合同价及选择有利的合同类型。而合同价的高低又直接关系着集团公司对项目的初步投资成本。所以,在面向全过程的项目成本控制中应将高速公路建设项目招投标阶段单独提出来进行合理可行的成本控制与管理。

④ 实施阶段

实施阶段是要将施工图变为物质形态的工程实体,将高速公路建设项目的使用功能完备而准确地体现出来,这需要各种资源的投入和大量资金。因此,实施阶段是项目成本控制的另一个重要阶段。虽然实施阶段相对于决策阶段、设计阶段及招投标阶段而言,节约投资的可能性相对较小,但该阶段造成资源浪费的可能性却很大,因此应足够重视实施阶段的成本控制。

⑤ 竣工验收阶段与运营期

竣工阶段要对整个高速公路建设项目的建设成本进行核算,并与承包商结清工程款。该阶段中的竣工决算的制定和工程保修金额的处理仍属于整个高速公路项目的成本控制工作，不可忽视保修期间的保修金控制。在通车运营期间，虽然有养护成本和大、中修费用发生，但往往认为高速公路已经建成，实际投资总额已经确定，运营期对整个项目成本控制来说是无关紧要的。其实在运营期间的后评价工作中，对项目成本控制实施的有效性评价和总结应该也是面向全过程的成本控制的一项重要工作内容。

9.3.2.2　各阶段成本控制目标的合理确定

高速公路建设项目成本的有效控制是指在项目投资决策阶段、设计阶段、施工阶段、审核结算阶段将建设项目成本控制在批准的造价限额以内，并随时纠正发生的偏差，保证成本管理和投资目标的实现。

有效的成本控制应从组织、技术、经济、合同与信息管理等多方面采取措施，通过技术与经济比较和效果评价，正确处理技术先进与经济合理两者之间的对立统一关系，力求达到在技术先进条件下的经济合理性，在经济合理基础上的技术先进，把有效控制项目成本的观念渗透到高速公路项目建设全过程管理中。

高速公路建设项目成本控制应是动态的，贯穿于项目全寿命周期；应当遵循着全面管理、目标管理和科学管理等原则。高速公路建设项目全过程成本控制就是根据各阶段工作的性质和特点进行动态控制，寻求合理、有效的任务组合和解决方案，改变工程中投资估算、概算、预算和承包合同价、竣工决算价之间相互割裂、缺乏连续性的状况，从而尽可能地为高速公路建设项目创造效益。

成本控制始终贯穿于每一个阶段和每个环节，控制对象包括项目各阶段所涉及的所有成本和费用。将高速公路建设项目的成本控制过程划分为项目决策、设计、招投标、施工、竣工验收五个阶段。由于各阶段工作任务和成本控制的侧重点不同，导致集团公司在高速公路建设项目不同阶段采取的措施及给项目成本控制带来的影响都是不同的。在进行高速公路建设项目成本控制时，应该注意：必须分阶段设置明确的成本控制目标；成本控制贯穿于以设计阶段为重点的全过程；采取主动控制，以取得令人满意的结果；技术与经济相结合是控制项目成本的有效手段。

图 9-9 显示了面向全过程的高速公路建设项目成本控制中应强调的各阶段控制目标和控制要点。

9.3.2.3　高速公路建设项目全过程成本控制方法

（1）决策阶段的成本控制

① 加强投资决策的科学性

项目决策的正确性是造价合理性的前提。项目决策正确，意味着优选出最优投资方案，合理地确定项目投资，实现资源的合理配置，并且在实施最优方案过程中，有效地控制投资。决策阶段各项技术经济决策，对高速公路项目的工程造价有重大影响，特别是建设标准与建设规模的确定、建设地点的选择、工艺的评选、设备选用等。

② 加强投资估算的编制与审查

只有加强项目决策的深度，采用科学的估算方法和可靠的数据资料，合理地计算投资估算，保证投资估算充足，才能保证其他阶段的造价被控制在合理范围，使造价控制目标能够实现，避免"三超"现象的发生。影响高速公路建设项目的因素较多，对投资估算的准确性有一定影响，当项目建议书阶段的工作深度已达到可行性研究报告的深度时，应按分项指标编制投资

```
┌─────┬─────┬─────┬─────┬─────┬───────────┬──────┬──────┬─────┐
│投资 │投资 │投资 │修正 │施工图│   合同价   │工程 │竣工 │成本控制│
│估算 │估算 │概算 │概算 │预算 │招标│投标 │结算 │决算 │后评价│
│     │     │     │     │     │标底│报价 │     │     │     │
└─────┴─────┴─────┴─────┴─────┴───────────┴──────┴──────┴─────┘
```

面　向　全　过　程　的　成　本　控　制　目　标

```
┌─────────┬──────────────┬───────────┬──────┬──────────┐
│项目│可行│初步│技术│施工│工程│工程 │实施 │竣工│通车│
│建议│性研│设计│设计│图设│招标│投标 │阶段 │验收│运营│
│书  │究  │    │    │计  │    工程评价 │    │    │    │
│  决策阶段  │   设计阶段   │  招投标阶段  │    │  运营阶段  │
└─────────┴──────────────┴───────────┴──────┴──────────┘
```

面　向　全　过　程　的　成　本　控　制　要　点

| ● 加强决策科学性；
● 加强投资风险管理；
● 加强投资估算编制与审查；
● 重视经济评价
… | ● 推行设计招标；
● 推行设计监理；
● 推行限额设计；
● 优化设计；
● 加强概预算编制与审查；
● 健全设计质量追究制度
… | ● 合理编制标底；
● 识别报价技巧；
● 科学评标
… | ● 处理好投资、工期、质量之间的关系；
● 加强工程变更和索赔管理；
● 重视工程结算与支付；
● 重视投资动态监控
… | ● 加强竣工决算的编制与审查；
● 保修费用；
● 重视投资控制后评价；
● 加强大、中修养护费管理；
● 投资回收 |

图 9-9　高速公路建设项目全过程成本控制示意图

估算,当可行性研究报告的工作深度已达到初步设计的深度时,应按概算编制投资估算,可提高投资估算的准确度。

③ 加强投资风险分析与管理

高速公路项目的建设过程中存在着大量的不确定因素,这些因素可能会造成项目造价的重大改变。因此投资风险存在于高速公路建设项目的全寿命周期中。在不同的阶段,集团公司面临的风险不同,但是成本控制行为贯穿于项目的始终,特别是在项目刚刚起步的决策阶段,集团公司无疑是投资风险的承担者。因此,投资风险的分析与管理就是决策阶段投资控制的一个主要工作内容。

(2)设计阶段的成本控制

控制高速公路建设项目成本的关键在设计阶段,控制效果也最显著。设计阶段造价控制是在满足高速公路项目使用功能要求的前提下,采取科学的设计方法和设计理念进行设计,并对设计方案加以技术经济分析,科学预算设计项目的造价,保证高速公路项目的投资最少。在设计阶段进行工程造价的计价分析可以使造价构成更合理,提高资金利用效率和造价控制效率;可使控制工作更主动,便于技术与经济相结合。

① 推行设计招标和设计造价监理

设计招标是指招标人就拟建高速公路项目的勘察设计任务发布通告,以法定方式吸引勘察设计单位参加竞争,经招标人审查获得投标资格的勘察设计单位按照招标文件的要求,在规定的时间内向招标人填报标书,招标人按照招投标的程序,审查投标单位的投标资格,从各投标单位的设计方案中选择条件优越者,即为中标单位。

在设计阶段,"造价监理"是由财政部门指定的建设银行预算审查处,负责整个高速公路项目建设的项目预算、决算审查工作,从工程设计阶段开始介入,参与到造价控制的每一个环节。造价监理工程师对设计人员编制的设计概算、施工图预算进行审查,提出调整意见,作为造价控制的重要依据;要对设计进行技术经济比较,寻求在设计上挖潜的可能性;要督促、协助设计人员采用限额设计、优化设计及价值工程法等先进的有利于造价控制和节约项目费用的方法。

② 推行限额设计

限额设计就是按照批准的设计任务书及投资估算控制初步设计,按照批准的初步设计概算控制施工图设计,同时各专业在保证达到使用功能的前提下,按分配的投资限额控制设计,严格控制技术设计和施工图设计的不合理变更,保证总投资限额不被突破,从而达到成本控制的目的。其主要工作内容是:重视初步设计方案的选择;严格控制施工图预算;加强设计变更的管理。其控制对象是影响工程设计静态投资的项目,有效实行途径和主要方法是成本分解和工程量控制,最关键的环节就是合理确定各控制目标值,即合理确定各设计限额。

③ 强调优化设计

优化设计方案是控制成本的有效方法。优化设计不仅可以选择最佳设计方案,提高设计质量,而且能有效控制成本。高速公路项目优化设计的主要内容:路线不同走向的方案比选;路线走向线型组合的比选;桥梁方案的比选;隧道的优化设计;高挡墙与拉沟的方案比选等。应用价值工程方法优化方案,即在保证高速公路项目功能不变或提高的情况下,可设计出更加符合使用要求的工程方案。据调查资料,在设计阶段,运用价值工程可降低成本的25%~40%。应用价值工程,可以科学合理地控制目标成本,尽可能避免浪费,达到节约和降低成本、优化设计的目的。

④ 加强设计概预算的编制与审查

当前,我国高速公路设计概算中存在以下问题:"重设计、轻造价"。设计部门的概算编制工作只是被动地照图算账,失去了对项目成本的预测和制约作用。概预算编制工作管理混乱。目前出现集体和个人都可编制概预算的情况,导致设计部门编制的概算根本不能控制项目成本。

加强概算编制工作管理的措施有:加强对设计概算的审查;完善公路定额;健全和完善投资管理的法律法规。施工图预算的审查重点应该放在工程量计算、预算单价套用、设备材料预算价格取定是否正确,各项费用标准是否符合现行规定等方面。

(3)招投标阶段的成本控制

通常,在招投标阶段,工程合同价的合理制定对高速公路建设项目成本有着一定的影响。

① 合理确定高速公路项目标底/招标控制价

标底作为一种价格应反映高速公路建设项目的实际价值,标底编制应遵循价值规律,也要反映市场竞争对建筑产品价格的影响。标底主要是集团公司选择施工单位进行评审和比较时的一个参考价,并不是决定合同价的依据。科学合理的标底是做好评标工作,择优选择施工单位的重要参考。合理确定标底/招标控制价,并通过对招投标体系的控制与管理,确定适当的工程合同价。

② 识别承包商投标报价技巧

招标过程中,建设单位通过对承包商的投标报价技巧的了解,选取最合理的工程合同价及最理想的承包商,同时也减少了工程索赔隐患。投标人常用报价技巧主要有:突然降价法、不平衡报价法、扩大标价法、多方案报价法、推荐方案报价法、降价系数调整法、附带优惠条件报价法等。

③ 选择科学公正的评标定标方法

近年来,在高速公路建设项目招标过程中所采用的评标方法主要有以下几种:综合评估法、最低评标价法、有限低价中标法、最优评标价法、合理定价评审抽取法等。

(4)施工阶段的成本控制

高速公路建设项目施工阶段的成本控制是由施工单位和集团公司共同完成的,二者的基础是合同。该阶段成本控制目标就是把工程成本控制在合同价范围之内,不得随意超支,对施工单位的每项单项工程和单位工程都应有成本控制指标,并落实到施工基层单位;应兼顾公平与效率原则,坚持按合同办事,通过成本控制实现承包商的利润目标及集团公司成本控制目标。施工阶段成本控制的核心是通过同步跟踪、状态监测、施工过程实时分析、评价、信息反馈等控制手段,使施工过程中每一阶段资源消耗都控制在计划目标内。

① 加强工程变更和索赔的预防与管理

高速公路项目规模大、工期长、技术复杂、涉及面广。在项目施工过程中,外部环境各种因素随时会发生变化,因此出现变更和索赔是难免的。

工程变更是高速公路项目施工过程中成本管理的重点和难点。不仅变更工作本身会产生额外的工程成本,延长工期,而且还会影响其他相关工作。有时变更处理不当,会造成人、财、物的浪费,造成停工、窝工及索赔,甚至会使成本失去控制。高速公路建设项目工程变更管理中应注意工程变更的严肃性,要有预见性,要有完整的原始记录,对工程变更要及时分析。加强工程变更控制措施有:加强工程建设前期管理,勘测设计力求详尽准确,预测变更,早做准备,规范审批程序,实行奖罚制度,增强责任心。

工程索赔有时也有利于降低工程成本。工程索赔能抑制和预防违约现象,避免违约对资源使用效率的损害以及成本的增加;由于承包商能客观地提交有竞争性的投标书,因此所确定的中标施工单位往往是报价较低、竞争力较强的单位;如果不可预见的意外不发生,则无须支付概算中的预留费用。

② 正确处理成本、进度、质量控制的综合关系

要使高速公路项目工期短、质量好、造价低,关键要处理好三大目标之间的关系。成本、质量和进度是互相制约、互相依存、互相促进的关系,既是对立统一的矛盾,又都具有独立性和互补性,相辅相成,三者形成一个有机的整体,任何片面地、孤立地强调某一方面都会造成"三大控制"的恶性循环。实现三者之间的优化控制就是在质量好的前提下,从低成本角度出发,来寻求适宜的进度,以达到成本、质量、进度之间的优化组合。

③ 应用挣值法进行成本偏差分析

挣值法主要用于高速公路建设项目施工阶段成本控制中的偏差分析。偏差分析的一个重要目的,就是要寻求产生偏差的原因,经过对产生偏差原因的系统分析,抓住主要的原因,以便

制定纠偏措施,控制成本目标。挣值法在实际应用中,可将项目按工程内容组成和成本构成进行合理划分,如建立各单项工程或单位工程的专项挣值法评价曲线图,进而汇总成项目总造价控制挣值法评价曲线图,具体实施方法如下文所述。

（5）竣工阶段的成本控制

一般来说,在高速公路项目竣工阶段,集团公司的成本控制主要包括竣工结算的编制和保修费用的控制以及造价控制工作总结。

应做好竣工验收工作,加强竣工决算的合理编制与审查。及时、准确地编制竣工决算,重视工程价款的审核结算,认真、准确地做好竣工结算的审计工作,对节约成本、提高建设项目成本管理水平有着良好的作用。对高速公路项目成本控制进行后评价,一方面总结在整个项目建设期有效控制、全过程成本控制的经验,另一方面分析在成本控制方面的不足,尽可能找出影响全过程成本控制的主观因素,并加以克服。

9.3.3 基于挣得值理论的高速公路建设项目全要素成本控制方法

9.3.3.1 传统单因素成本控制方法的不足

项目成本控制的系统性要求成本控制方法能够对影响成本的关键要素进行全面的管理和控制,因为项目关键要素的成本控制方法可以对项目的进展情况进行更加有效的绩效监控,从而使项目的实施具有更大的成功概率。而传统的成本控制方法无法达到这样的效果。

传统的成本控制分析方法就是单因素偏差分析法,即通过一个累计实际值减去累计计划值得出一个偏差来衡量二者之间的差别。它通常用来显示实际进度和计划进度之间的差别,以及资源的计划用量与实际用量的差别。一些传统的方法现在仍被广泛应用,但是偏差分析需要其他的方法加以补充,因为这种方法对项目成本控制和绩效的指导是不够的,还可能是误导性的,有时甚至是毫无意义的。由于对成本、进度、质量采取分别控制的方法,当从统计数据中发现成本超支时,很难立即知道是由于成本消耗超出预算,还是由于进度提前等超支,因为有时由于进度提前,完成的工作量增大,也会出现当前的成本超支情况。反之,当从统计数据中发现成本低于预算时,也很难立即知道是由于成本节约,还是由于进度延误等,因为进度延误也会出现当前成本低于预算的情况。事实上,成本支出、资金消耗量的大小和进度的快慢以及项目质量的高低有直接的关系。进度超前、滞后,质量要求提高、降低或者成本超出、节余都会影响成本支出的大小。

这种单因素偏差分析法只有在结算时才知道项目是亏损还是盈利,无法对项目未来发展趋势做出较为准确的预测。

到某一监控点时,将项目累计预计成本支出与累计实际成本支出进行比较,经过分析得出偏差,这些偏差数据显示成本已经超出预算或者低于预算,却并没有提供其他同样重要的信息,如目前的成本绩效是否符合预期成本绩效,是高于还是低于预期成本绩效,可能的项目最终成本将会是多少,整个项目最可能的完成时间,等等。

项目管理人员往往会通过完工百分比做出主观的估计,以期获得上述信息,然而这些主观估计是极不可靠的。因此,如果仅仅使用单一的偏差分析法就会产生一些问题。如不具备前瞻性;不能明确而简单地显示绩效;在早期不能敏感地指出问题的所在;不能有效地使用所有能得到的数据;在用于"完工百分比"的时候,趋向于高度主观和不可靠;仅对成本单一要素进行分析,不能分清其他成本影响要素变化情况以及它们之间相互的影响;不能明确个人责任和义务。

这样,当使用传统的偏差分析方法时,就不能有效地分析和显示项目的进展和执行情况。真正有效地控制成本,必须连续监督花在项目上的资金量并与工作进度、质量高低进行对比。挣得值管理方法是一种成本、进度联合控制的方法,运用这种方法可以克服传统项目成本控制中对进度和费用分别进行控制的缺点,同时又可以对项目实行连续动态控制,是目前项目成本控制的有力工具。

9.3.3.2　挣得值分析方法

挣得值法又称为挣值法或偏差分析法,是在建设项目实施中使用较多的一种方法,是对项目进度和费用进行综合控制的一种有效方法。

挣值法的核心是将项目在任一时间的计划指标、完成状况和资源耗费综合度量。将进度转化为货币、人工时或工程量,如钢材吨数、混凝土立方米、管道米数等。

挣值法的价值在于将项目的进度和费用综合度量,从而能准确描述项目的进展状态;可以预测项目可能发生的工期滞后量和费用超支量,从而及时采取纠正措施。

(1)基本参数

① 计划值(PV:Plan Value)

计划值又叫计划工作量的预算费用(BCWS:Budgeted Cost for Work Scheduled),是指项目实施过程中某阶段计划要求完成的工作量所需的预算工时(或费用)。计算公式是:

$$PV = BCWS = 计划工作量 \times 预算定额$$

PV 主要反映进度计划应当完成的工作量,而不是反映应消耗的工时或费用。

② 实际成本(AC:Actual Cost)

实际成本又叫已完成工作量的实际费用(ACWP:Actual Cost for Work Performed),指项目实施过程中某阶段实际完成的工作量所消耗的工时(或费用)。主要反映项目执行的实际消耗指标。

③ 挣值(EV:Earned Value)

挣值又叫已完成工作量的预算成本(BCWP:Budgeted Cost for Work Performed),指项目实施过程中某阶段实际完成工作量及按预算定额计算出来的工时(或费用)之积。计算公式是:

$$EV = BCWP = 已完成工作量 \times 预算定额$$

(2)评价指标

① 进度偏差(SV:Schedule Variance)

SV 是指检查日期 EV 和 PV 之间的差异:

$$SV = EV - PV = BCWP - BCWS$$

当 SV 为正值时,表示进度提前;当 SV 等于零时,表示实际情况与计划情况相符;当 SV 为负值时,表示进度延误。

② 成本偏差(CV:Cost Variance)

CV 是指检查期间 EV 和 AC 之间的差异:

$$CV = EV - AC = BCWP - ACWP$$

当 CV 为正值时,表示实际消耗的人工(或费用)低于预算值,即有结余或效率高;当 CV 等于零时,表示实际消耗的人工(或费用)等于预算值;当 CV 为负值时,表示实际消耗的人工(或费用)超出预算值。

③ 费用绩效指数（CPI：Cost Performed Index）

费用绩效指数（CPI）指预算费用与实际费用之比（或工时值之比）：

$$CPI = EV/AC = BCWP/ACWP$$

当 CPI>1 时，表示低于预算，即实际费用低于预算费用；当 CPI=1 时，表示实际费用与预算费用吻合；当 CPI<1 时，表示超出预算，即实际费用高于预算费用。CPI 的值越大，说明项目的实际成本相对于预算会越节省。

④ 进度绩效指数（SPI：Schedule Performed Index）

进度绩效指数（SPI）指项目挣值与计划值之比：

$$SPI = EV/PV = BCWP/BCWS$$

当 SPI>1 时，表示进度超前；当 SPI=1 时，表示实际进度与计划进度相同；当 SPI<1 时，表示进度延误。SPI 的值越大，说明项目的实际进度越发会相对提前于计划进度。

基本参数和评价指标见图 9-10。

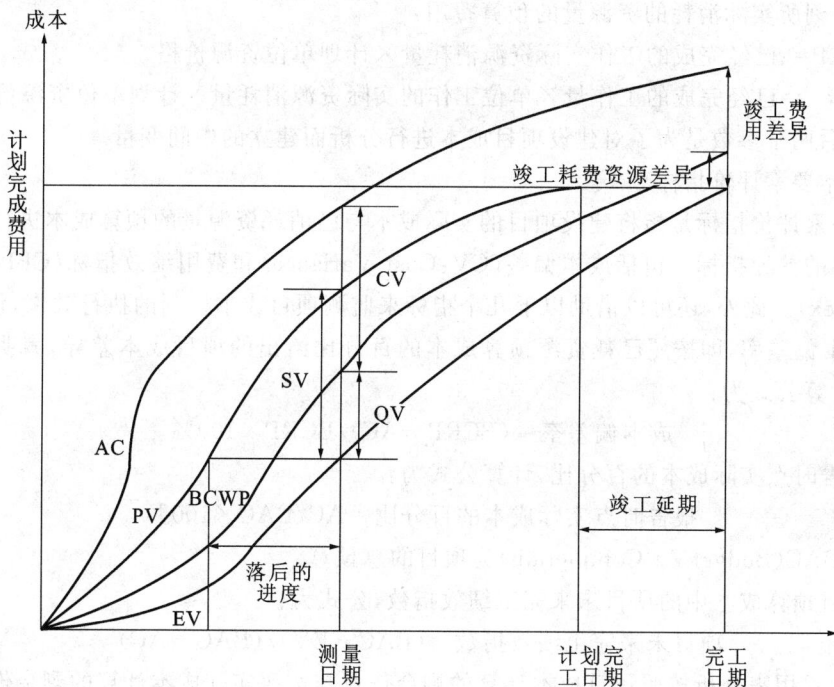

图 9-10 挣值分析法示意图

9.3.3.3 高速公路建设项目全要素成本控制方法

（1）已消耗资源量的预算成本

考虑成本、进度与质量的全要素成本控制方法是在挣得值管理方法的基础上根据统计学的指数分析原理再引入一个中间变量——"已消耗资源量的预算成本"，用于分析由于质量因素引起的项目成本变动。

在建设项目中，工作量与资源量有密切的关系；资源量是投入，工作量是产出；单位工作价格是根据其所消耗的资源量及其价格所决定的。这里所指的资源是广义概念上的资源，不仅包括人工费、材料费、机械使用费等直接成本，也包括管理费用等间接成本，以下资源概念也相同。因此，可以将挣得值管理中的成本公式进行以下的转化：

$$成本 = 工作量 \times 单位工作价格$$
$$= 工作量 \times 单位工作消耗的资源量 \times 单位资源价格$$

在挣得值管理中,由于施工质量一定,单位工作消耗的资源量也就不会发生变化,不会超出或低于单位工作消耗的资源量,所以单位工作价格的多少就反映了单位资源成本的多少。但是如果施工质量不一定,那么单位工作消耗的资源量就可能会发生变化,因此单位工作价格的多少就不能完全反映单位资源价格的多少。所以可以通过单位工作消耗的资源量的变化来反映质量的高低,当然,单位工作消耗的资源量的变化只是影响质量的诸多因素中的一个,作为主要的影响因素,在这里假设项目质量只受单位工作消耗的资源量的影响。

这样,项目成本总额可视为受项目工作量、单位工作的资源消耗量、单位资源价格三者的共同影响。其关系为:

$$项目成本总额 = 项目工作量\ q \times 单位工作的资源消耗量\ m \times 单位资源价格\ p$$

已消耗资源量的预算成本(BCRP:Budgeted Cost for Resource Performed)是指建设项目实施到该时刻所实际消耗的资源量的预算费用:

$$BCRP = 已经完成的工作实际资源消耗量 \times 计划单位资源价格$$
$$= 已经完成的工作量 \times 单位工作的实际资源消耗量 \times 计划单位资源价格$$

其中,后两个参数是为了对建设项目成本进行分析而建立的中间变量。

(2)成本要素评价指标

成本要素评价指标是指将建设项目的实际成本与已消耗资源量的预算成本进行绝对和相对对比得到的差异指标。包括成本偏差(CV:Cost Variance)和费用绩效指标(CPI:Cost Performed Index)。此外,还可以借助以下几个指标来监测项目成本控制的执行效果,包括:

① 成本偏差率,即按照已耗资源预算成本的百分比给出的项目成本差异,表明成本偏差的程度。计算公式为:

$$成本偏差率 = (BCRP - AC)/BCRP \times 100\%$$

② 报告时点实际成本的百分比,计算公式为:

$$报告时点实际成本的百分比 = AC/BAC \times 100\%$$

其中,BAC(Budget At Completion)为项目的总预算。

③ 项目预算成本中的项目未来完工绩效指数,公式为:

$$项目未来完工绩效指数 = (BAC - EV)/(BAC - AC)$$

这个公式用来分析按照预算成本计算的剩余作业与按照实际成本计算的剩余作业的相对比例,也可用来说明在项目预算成本内从报告时点到项目完成所必需的项目成本绩效水平。

④ 项目计划进度中的项目未来完工绩效指数,公式为:

$$项目未来完工绩效指数 = (BAC - AC)/(BAC - PV)$$

这个公式可用来说明从项目报告时点到按时完成项目工作所要求的项目进度绩效水平。在实际情况中,应该将上述两个项目完工绩效指数与实际的项目进度指数相比较,以确定是否需要提升项目绩效。

(3)进度要素评价指标

进度评价指标是指将建设项目的计划价值与挣得值进行绝对和相对的对比得到的差异指标。包括进度偏差(SV:Schedule Variance)和进度绩效指数(SPI:Schedule Performed Index)。此外,还可以借助以下几个指标进行建设项目进度监控,包括:

① 进度偏差率,即按照项目实际完成进度百分比给出的项目进度差异,表明进度偏差的程度。公式为:

$$进度偏差率 = (EV - PV)/PV \times 100\%$$

② 到报告时点项目需要完成的计划进度的百分比

$$计划进度百分比 = PV/BAC \times 100\%$$

③ 到报告时点项目实际完成的项目进度的百分比

$$项目进度百分比 = EV/BAC \times 100\%$$

④ 项目工期成本指数 SCI,是用来分析成本和工期双因素对成本的影响的指数指标。公式为:

$$SCI = CPI \times SPI$$

(4)质量要素评价指标

质量评价指标是指将建设项目的已消耗资源量的预算成本与已完成工作量的预算成本进行绝对和相对的对比得到的差异指标。

① 质量评价绝对指标,即质量偏差(QV:Quality Variance),其计算公式为:

$$QV = BCRP - EV$$

这个指标表示当项目消耗和占用资源的价格不变时,由于项目已完成工作量所实际消耗的资源数量发生变化,使得项目成本升高或者降低的绝对数量。

QV>0 时,表示实际消耗的资源数量大于计划消耗的资源数量,施工存在耗材现象或浪费资源的情况;QV<0 时,表示实际消耗的资源数量小于计划消耗的资源数量,项目施工过程中存在偷工减料,或由于资源材料利用率提高而使资源数量节约等情况;QV=0 时,表示实际消耗的资源数量等于计划消耗的资源数量,施工质量与计划要求相符。

② 质量评价相对指标,即质量执行指标(QPI:Quality Performed Index),其计算公式为:

$$QPI = BCRP/EV$$

这个指标表示当项目消耗和占用资源的单价不变时,由于项目已完成工作量所实际消耗的资源数量发生变化,使得项目成本升高或者降低的相对数量。

QPI>1 时,表示存在耗材现象或资源浪费;QPI<1 时,表示施工质量不达标;QPI=1 时,表示施工质量与计划要求相符合。

质量评价指标除了包括质量偏差(QV:Quality Variance)和质量执行指标(QPI:Quality Performed Index)外,还可以借助以下几个指标来监测项目质量控制的执行效果,包括:

①质量偏差率,即按照项目已完工作预算成本的百分比给出的项目质量差异,表明项目质量偏差的程度。计算公式为:

$$质量偏差率 = (BCRP - EV)/EV \times 100\%$$

②报告时点项目实际耗费资源的百分比

$$实际耗费资源百分比 = BCRP/BAC \times 100\%$$

③项目成本指数 QCI,是分析成本和质量双因素对成本的影响的指数指标。公式为:

$$QCI = CPI \times QPI$$

通过成本、进度、质量各要素的评价指标,就能对项目的实际执行情况做出判断,从而对项目的成本、工期和质量三个管理要素进行全面有效的集成管理和控制,保证项目顺利进行。

(5)全要素成本控制的具体工作方法

① 全要素成本控制中各要素间的平衡决策

开展全要素成本控制的第一步工作是要进行项目成本、进度和质量三要素的平衡协调。由于三要素的相互关联，平衡决策的任务就是寻求使成本、进度和质量都满足约束条件，同时又平衡协调的满意解。在这个寻求的过程中，三者构成了主要的决策变量，这些变量都是围绕施工具体方案变动的，因此，确定决策变量的满意值也就是对施工方案进行优化，在控制的过程中，根据这种决策结果去设计和制定管理与控制的目标和行动方案。

② 确定全要素成本控制指标值

根据既定的要素优化组合方案，确定出全要素成本控制基本指标的目标值。这既包括成本、进度和质量方面的一系列相对差异和绝对差异的允许范围，又包括成本、进度和质量方面的一系列比例指标的大小和控制上下限。例如，CV、SV、QV 和各自相应偏差率的允许范围，以及 CPI、SPI、QPI 的大小和控制上下限等。这些确定出来的基本控制目标是下一步现状分析和预测的基准，是制订全要素成本控制行动方案的依据。例如，对于比例指标，若确定 CPI >1，CV>0，SPI>1，SV>0，QPI$=1$，QV$=0$ 为基本目标指标值，就可以达到保质、不拖期和不超预算的最佳全要素成本控制目标。

当然，这只有在非常理想的条件下才能做到，所以当确定的控制基本指标值达到这一高度时，后续的全要素成本控制方案就很难制订和实现了。另外，并不是所有的指标都是必须控制的，需要根据具体项目的情况，选择其中的子集即可。

③ 记录、收集、汇总和整理项目实施中三要素的实际数据

要开展全要素成本控制，在有了控制目标以后还需要记录、收集、汇总和整理项目实施中的成本、进度和质量方面的实际数据。其中，记录与收集这些数据属于一个组织日常的数据管理工作，而汇总和整理日常收集的数据是为下一步的现状分析与预测分析所需的信息处理工作。这些工作与组织日常的数据记录、收集、汇总和整理工作是一致的，只是其相对要求较高，因为全要素成本控制的现状分析和预测是在有限"样本"数据下做出的判断和预测，所以要求原始数据必须具备较高的准确性、完备性和真实性。

④ 运用全要素成本控制绝对和相对分析指标体系进行现状分析

现状分析的目的是要通过分析找出现状指标值与目标值指标之间的差距。这种分析是借助于绝对和相对指标体系，将现状指标值与这些指标的目标值相对照作出的。由此得到的分析结果将作为制订全要素成本控制方案的依据之一。

这种分析作业的关键在于要找到在项目实施过程中所存在的成本控制的主要矛盾和主要矛盾的主导方面，从而在下一步制订全要素成本控制方案时，能够切实解决这些主要矛盾，并能够从主要矛盾的主导方面入手去开展全要素成本控制，从根本上解决项目实施中存在的成本控制问题。

⑤ 运用全要素成本控制预测分析指标体系进行预测分析

预测分析的目的是发现和认识项目成本、进度和质量的未来发展趋势和最终结果的情况。这种分析同样需要借助预测分析指标体系，使用递推的预测方法。首先求出所有预测指标的预测结果值，然后还要将得到的预测结果与总目标相对照，从而做出预测分析的结论。预测分析的这种结果同样也是设计和制订全要素成本控制方案的依据之一。

这种预测方法的关键也是通过分析找出差异，即未来的预测和未来的期望二者之间的差异，以便能够在下一步控制方案的制订中，依据这种差异找到正确弥补差异的办法。

⑥ 根据分析和预测结果设计和制订全要素成本控制方案

有了现状分析和预测分析的结果之后,就可以根据这些分析结果去设计和制订全要素成本控制的行动方案了。这项工作是通过一定的循环过程来完成的。这个循环过程包括三步:第一步是根据现状和预测分析结果设计和制订各种备选行动方案;第二步是对各种备选行动方案的可行性进行预测分析,分析预测采用各个备选行动方案会带来的结果;第三步是优选确定要实际采用的方案。这实际上是一个不断优化行动方案的过程,这种优化过程必须结合前面的成本、进度和质量三要素的平衡决策结果去进行,才能够满足全要素成本控制的需要。

⑦ 根据控制方案开展全要素成本控制活动

有了控制活动方案和具体的日常活动监控工具,就可以开展全要素成本的控制活动了。这种活动同样是一个不断循环往复的过程。这种重复的循环过程能够不断地完善既定的活动方案。这一循环能够在发现行动方案有问题时,就立即回到前面的第六步,开始对控制方案进行修订。

如果进行现状分析和预测分析时发现,前期制定的管理目标和控制指标已经无法实现,必须对其进行修订,全要素成本控制的作业将回到前面的第一步,去重新修订控制目标和控制指标。然后根据这些新的目标和指标,逐步开展全要素成本控制的活动。在建设项目的管理过程中,经常对目标和控制指标进行修订。建设项目的设计、作业量和成本在不同的时期都有可能进行修订(各种变更),所以在全要素成本控制方法中就必须要重新修订目标和控制指标,然后逐步开展各项全要素成本控制活动的循环过程。

9.4　高速公路工程变更的成本控制

9.4.1　工程变更对成本的影响分析

9.4.1.1　工程变更概念界定

(1)工程变更的含义

工程变更是成本管理及控制中的重点和难点。工程变更(Engineering Change)是合同变更的一种特殊形式,通常是指合同文件中"设计图纸"或"技术规范"的改变,包括设计变更、进度计划变更、施工条件变更以及原招标文件和工程量清单中未包括的"新增工程"[77]。

集团公司在《工程变更管理办法》中明确规定,工程变更是指自公路工程初步设计批准之日起,至通过竣工验收正式交付使用之日止,对已批准的各阶段设计文件所进行的设计变更以及在项目实施过程中,根据建设需要所进行的各种工程变更行为。工程变更应以优化、完善原合同和设计为前提,以提高工程质量、节省建设资金、节约资源、有利环保、利于营运为目标,符合国家有关公路工程强制性标准和技术规范的要求,符合公路工程质量和使用功能的要求,符合环境保护的要求。

(2)工程变更的基本条件

① 原设计文件不完善或存在错误而提出的设计变更。包括设计文件中存在错、漏、缺部分;勘察设计资料不准确,导致设计不准确或存在问题;原设计与实际自然条件(地质、水文、地形等)不符,无法据实指导施工。

② 为合理利用自然资源、提高建设成效而提出的工程变更。包括为推广应用先进实用技

术,更好地保证工程质量,节省投资;在不降低工程质量标准、不降低使用功能和技术标准的前提下,能减少工程数量、降低工程成本或降低施工工艺难度、不增加相邻工序的工作量或难度,加快施工进度;有利于保证工程施工安全和环境保护,有利于节省占地、避免水土流失,改善施工管理条件。

③ 因农田、水利、工矿、城镇规划、景区开发、生态等项目建设及文物、环境保护的要求,对局部工程提出的变更。

④ 上级交通运输主管部门对工程建设提出新的工程技术要求(如建设规模、技术标准改变,政策性费用变化等)及地方各级政府针对当地发展和群众需要提出的变更。

(3)变更分类

工程变更分为重大设计变更、较大设计变更、一般设计变更。

① 重大设计变更

有下列情形之一的属于重大设计变更:连续长度 10km 以上的路线方案调整的;特大桥的数量或结构形式发生变化的;特长隧道的数量或通风方案发生变化的;互通式立交的数量发生变化的;收费方式及站点位置、规模发生变化的;超过初步设计批准概算的。

② 较大设计变更

有下列情形之一的属于较大设计变更:连续长度 2km 以上的路线方案调整的;连接线的标准和规模发生变化的;特殊不良地质路段处置方案发生变化的;路面结构类型、宽度和厚度发生变化的;桥梁长度增减达 150m 以上的(含分离式立交桥);隧道长度增减达 150m 以上的;互通式立交的位置或方案发生变化的;分离式立交的数量发生变化的;监控、通信系统总体方案发生变化的;管理、养护和服务设施的数量和规模发生变化的;其他单项工程费用变化超过 500 万元的;超过施工图设计批准预算的。

③ 一般设计变更

一般设计变更是指除重大设计变更和较大设计变更以外的其他设计变更。一般设计变更分为Ⅰ类、Ⅱ类、Ⅲ类、Ⅳ类。

有下列情形之一的属于一般设计变更Ⅰ类:连续长度 500m 以上路线平纵指标变化;路基标准横断面尺寸发生变化;单座桥梁长度增减 50m 以上或大桥主体结构形式发生变化;单座隧道长度增减 50m 以上或改变隧道进出口形式;隧道防火层和洞内装饰总体方案发生变化;桥面和隧道沥青混凝土防水层类型发生变化;建设过程中合同条款的完善补充、技术标准的变化调整、新增项目单价确定及需要政策性费用增减;其他单项工程费用增减超过 100 万元以上,500 万元以下。

有下列情形之一的属于一般设计变更Ⅱ类:局部路段平纵指标调整;路基局部路段填挖方边坡坡度及高边坡防护形式发生变化;小桥、涵洞通道数量发生变化;隧道围岩类型、超前支护及衬砌方式和厚度发生变化;局部路段绿化工程设计发生变化;施工图设计中错、漏、缺或勘察资料不准确需现场调整设计;由于安全生产或环境保护要求需调整施工方式;沿线指挥机构针对当地发展和群众需要提出变更线外工程;其他单项工程费用增减超过 10 万元以上,100 万元以下。

有下列情形之一的属于一般设计变更Ⅲ类:桥梁桩基础和扩大基础施工深度或施工方式发生变化;中小桥、分离立交在不改变原有沟通路径情况下需改变位置、交角;按单点计清除非适用材料与原设计不符超过 20%;挡墙、护坡、导流堤坝、排水系统设计尺寸和施工方案需要现场调整;路基土石方填料类型或调配方式发生变化但不影响取弃方总体方案;隧道洞身开挖方式和局部防排水设计需发生变更及洞身超欠挖需处理;浅埋、偏压或地质构造不良段落隧道需调整技术或施工方案;分项工程可采用新工艺、新技术;其他单项工程费用增减超过 2 万元以上,10 万元以下。

有下列情形之一的属于一般设计变更Ⅳ类:路基低填反挖段落及半填半挖、填挖交界处需变更处理方式;小型结构物在不改善原沟通功能情况下需调整位置、交角、进出水口形式、涵底标高、基础埋置深度、基础处理形式及涵底铺砌形式;排水系统中边沟、截水沟、急流槽、路面桥面排水系统需改变位置、长度、纵坡、高度;防护工程具体施工段落和平面尺寸需发生变更;结构工程细部尺寸、配筋等根据施工需要局部调整;隧道围岩类型、超前支护及开挖方式变更后,现场控制界面需要具体确认和微调;隧道工程特殊段落处置方案确定后,根据现场施工实际情况需要局部调整;线外工程方案确定后根据现场施工情况需要局部调整路面宽度、长度和排水系统尺寸;其他单项工程费用增减金额在 2 万元以内。

9.4.1.2 工程变更的影响分析

工程变更工作不仅会使工作本身产生额外的成本,延长工期,而且还会影响其他相关工作。工程变更处理不当,可能会造成人、财、物的浪费,造成停工、窝工及索赔,甚至会使成本失控。

由于招标文件与施工图,以及实际情况与施工图的出入,导致高速公路建设中工程变更几乎是不可避免的。工程变更一旦发生,可能给建设项目带来额外的经济或工期等损失,归纳起来,工程变更的不利影响如下所述:

(1)对工期的影响

高速公路项目复杂庞大,生产周期长,受自然因素影响大,施工工艺也千差万别。在建设过程中,应尽量减少工程变更、杜绝不合理的工程变更,否则就容易产生停工、返工现象,工期延长,导致项目延迟投入使用,投资回收期延长,贷款利息增加,严重影响项目的投资效益。

(2)对工程造价的影响

如果由于勘测设计仓促,在施工过程中出现实际地质条件与招标文件提供的地质条件相差很大,新增项目多,导致投标及合同单价的分析基础变化,可能带来的问题是:合同单价要调整,整个合同价格要调整。一种情况是地质情况变好,工程量减少,工程整体投入减少,承包商的成本和利润随工程量的减少而减少,但承包商设备、人力、物力已投入进场,固定管理费、启动费和动员费不变,建设单位将无端付出多余的管理费;另一种情况就是地质条件变差了,工程量增加了,工程项目的造价相应也提高了,但单价分析基础或基价发生了变化,付出不必要的费用。

(3)给施工承包商索赔创造了条件

在目前市场经济条件下,有些承包商在低价中标后,普遍希望在实施过程中更多地得到低报价之外的高收入。其达到此目的的方法就是索赔、变更和价格调整等,而利用变更来获取额外收入是最直接、最常用的方法,也是产生高额索赔的基础。如果变更频繁,就会改变承包商的施工方法和施工工序,引起延期或费用索赔。

(4)对工程施工的影响

不合理或不慎重的工程变更,不仅给工程带来了巨大的经济损失,打乱了承包商的施工计划,更重要的是拖延了工程进度。因为承包商需要重新调遣设备、人力、物力,重新编制施工组织设计报批,本身耽误了施工中关键线路的时间,而且由于工程量和项目的增加,工期相应就要延长,给合同工期带来了巨大的压力,形成不良效应。

（5）对施工阶段监理工作的影响

工程变更的频繁会增加和扰乱建设单位和施工单位正常的工作步骤和内容，还会增加监理工程师的组织协调工作量（协调会议、联系会增多），对合同管理和质量控制都不利，给施工管理和工程师的监理工作带来额外的工作量，同时也要增加监理费用。

（6）对资金安排的影响

工程变更给工程造价和工期带来了不利影响，同时也打乱了建设资金筹措和计划安排，甚至对关键线路产生影响，给工程项目整体投资效益带来不应有的损失。

9.4.1.3　工程变更的原因分析

造成高速公路建设中工程变更的原因从主体来看主要有：建设单位方面的原因、设计方面的原因、施工方面的原因、监理方面的原因、政府及其他第三方的原因、自然等不可抗力因素。需要说明的是，并非上述工程变更原因都会导致工程造价的增加或工期的延长及在建设单位和施工单位之间出现索赔与反索赔。

在高速公路项目实施过程中工程变更的产生，一方面是主观原因：如勘察设计工作粗糙，建设单位随意改变工程功能要求，以致在施工过程中发现许多招标文件没有考虑的或估算不准确的工程量，因而不得不改变施工项目或增减工程量；另一方面是客观原因：如发现地下障碍物，发生不可预见的事故，因自然或社会原因引起的停工和工期拖延等，致使工程变更不可避免。具体分析见表9-2。

表 9-2　工程变更原因分析表

序号	类别	工程变更的成因
一	业主方面的原因	业主同承包商签订的合同存在不完善之处，或在划分标段时，相邻标段出现"三不管"项目； 业主改变本工程施工技术方案，该方案在招投标时曾得到监理工程师的批准； 业主为保证公路工程质量，符合安全、适用、经济、美观的综合要求，而改变本工程结构的形式、标高、基线、位置、尺寸、强度等； 业主增加或减少合同中包括的任何工程项目的数量，或者取消上述任何项目； 业主改变原合同中材料的供应，如增加或减少合同中甲方供应材料或指定品牌材料的种类和数量； 业主改变在工程招投标时承诺实现的工程施工条件：如"三通一平"的条件、本工程紧前项目的完成情况等； 业主改变本工程的原合同工期，如要求将工期提前，导致施工单位投入更多的人力和物力； 业主不合理的指定分包而造成工程工期延误等
二	设计方面的原因	设计单位在初步设计时未能充分考虑本地区的公路网规划、地方政府及相关部门的要求而引起的工程变更，主要表现在路线线型的调整，桥梁、涵洞、通道的增减，结构形式和尺寸的改变等； 设计人员的错误或疏漏所引起的工程变更，由于设计单位、业主和设计监管通常只重视主体工程图的审查，所以此类变更多发生在主体结构物的某个细部或附属工程中； 各设计单位、设计人员之间配合的不协调，或公路工程附属设施设计同主体设计的不同步引起的工程变更； 因设计文件的深度不能满足相应设计阶段的有关规定要求或不能符合相关规范的要求而引起的工程变更； 设计文件选用的材料、配件和设备指定了生产厂、供应商等，因指定生产厂、供应商的生产质量而引起的工程变更； 设计图纸不能及时提供而引起的工期延误

序号	类别	工程变更的成因
三	施工方面的原因	承包人为了其施工上的方便，或因缩短工期，或为减少投入等原因，提出对其有利，且更加经济、合理、优化的设计； 承包人改变合同指定材料的类型或供给方，出于同类原因，使用其他种类、型号、品牌的原材料，或将甲方供料改为非甲方供料； 承包人变更投标时业主和监理工程师已批准的施工方案； 相关项目承包人无法履行或不能完全履行合同，本工程承包人提出补救措施的变更； 承包人无法按合同工期完工，工程竣工日期拖后，或工程师根据合同条款终止全部或部分施工合同项目，改由其他承包人完成； 由于承包人技术和管理方面的失误引起的工程变更
四	监理方面原因	监理工程师针对现场的实际情况，以合同和技术规范为依据，对原设计的完善或局部小修改； 监理工程师为了协调相邻标段承包商的运作，或者为了协调本工程承包人与地方有关部门、单位的生产关系引起的工程变更； 监理工程师工作上的失误和协调能力欠缺所引起的工程变更； 监理工程师提出的优化设计或优化工期所引起的工程变更
五	第三方的原因	公路工程建设项目，从项目报建、工程可行性研究、初步设计、施工图设计到施工实施，由于各种原因，项目在申报批复过程中，多多少少存在一些问题，这些问题起初往往被忽视，直到工程全面实施的施工阶段，才得以彻底暴露，引起工程变更； 国家法规、政策变化，对项目提出新的要求，由此产生工程变更； 地方政府提出的方便人民生产、生活的方案被采纳后所引起的工程变更； 征地、拆迁等工作延误所引起的工程变更
六	自然因素	地质条件的变化引起的工程变更，特别是软基处理、桥梁桩基、隧道变更； 气候、自然灾害等引起的工程变更； 社会经济条件变化引起的变更

9.4.1.4 工程变更管理权限与处理程序

(1)工程变更管理权限

① 施工单位、项目沿线指挥机构有工程变更建议权；监理组、总监办、项目办、工程建设部、省级交通运输主管部门向上逐级拥有工程变更建议和审查或审批权限。

② 一般设计变更实行方案审查、费用批复制。

一般设计变更Ⅳ类由监理组负责方案审查，费用审核；一般设计变更Ⅲ类由总监办负责方案审查，费用审核；一般设计变更Ⅱ类由项目办负责方案审查，费用审核；一般设计变更Ⅰ类由建设指挥部负责审批。

变更方案审查工作完成后可现场实施变更，变更增减费用额由工程建设部批复确定。

③ 重大设计变更、较大设计变更实行审批制。

重大设计变更、较大设计变更按照交通部令 2005 年第 5 号《公路工程设计变更管理办法》和安徽省交通厅(皖交基〔2007〕72 号)《安徽省重点公路工程设计变更管理实施细则》执行。

重大设计变更、较大设计变更方案未经审查批准不得实施。

④ 变更分类中当内容分类级别低于费用额度分类级别时，以费用变化额度确定变更

类别。

工程变更实施过程中,当估算费用变化额度不足引起变更类别提高时,必须中止现场工作,按调整后的权限完成审查或审批后才能继续实施,否则引起的后果由原批准单位承担。任何单位或个人不得违反权限擅自审批工程变更,不得肢解变更、规避审批。经批准的变更一般不得再次变更。

(2)工程变更处理程序

① 公路工程项目建设单位,勘察设计、监理、施工及地方指挥机构等单位均可提出工程变更的建议。工程变更提出单位建议变更时,填写工程变更申请,按管理权限向上逐级申报,至该变更的审查或审批单位为止。变更权限确定的审查或审批单位确认如需变更,在工程变更申请表签署意见后下发,在现场实施工程变更。工程变更建议单位拥有该变更的审查或审批权时,直接下发工程变更通知单。

② 工程变更通知单下发后,下级单位如对工程变更有异议,可对发出变更通知单位的上一级单位书面提出复议申请,由上一级单位调查核实情况,合理论证后确定是否变更。工程变更确定后,必须严格按通知单内容实施变更,不得擅自修改变更意见或拒绝实施变更。变更实施过程中如情况发生变化确需调整变更内容时,仍由原批准单位进行调整。

③ 工程变更为设计变更时,应履行施工图变更设计程序。

一般设计变更Ⅳ类可由变更建议人出具施工图,由监理组长或其授权代表签发;一般设计变更Ⅱ类、Ⅲ类应由设计代表出具施工图,分别由总监(代表)、项目办负责人或其授权代表签发;一般设计变更Ⅰ类由设计单位出具施工图,工程建设部总工程师或其授权总师办签发,并在工程建设部相关部门会签后发文执行。

重大设计变更、较大设计变更由设计单位出具施工图,工程建设部总工程师或授权总师办审查论证后,向省级交通运输主管部门提出设计变更相关意见。

④ 一般设计变更Ⅲ类、Ⅳ类实施前,变更申请书和变更通知单复件必须报送项目办核备,一般设计变更Ⅳ类同时报送总监办核备。一般设计变更Ⅱ类中涉及关键工程的部分项目办应及时报送工程建设部核备,或定期向工程建设部专题汇报。

上一级单位对下级单位的变更意见拥有否决和调整权,相关意见应当在变更实施前以书面形式下发。调整意见下发后,施工单位对继续进行该变更工程施工所造成的后续损失自行负责。

⑤ 工程变更申请书或工程变更通知单主要内容

项目及标段基本情况、变更类别、变更内容、变更理由;各单位对工程变更的调查核实情况、合理性论证情况、审核的具体意见;变更技术文件(含图纸)修改和审查情况;变更工程量计算(估算)书、增减费用计算表和审查意见;工程变更施工计划组织安排审查意见;结论。

⑥ 变更期限有关规定

一般设计变更Ⅳ类自申报之日起 3 日内批复;一般设计变更Ⅲ类自申报之日起 7 日内批复;一般设计变更Ⅰ类、Ⅱ类自申报之日起 14 日内批复。

⑦ 如遇工程抢险、地质灾害及危害项目有关人员生命安全等紧急情况无法按工程变更程序申报时,施工单位应立即主动组织现场处理,将损失降低到最小限度并保留第一手影像和处理资料。

工程抢险、地质灾害主要包括:滑坡、泥石流、隧道塌方、涌突水、瓦斯爆炸、大型溶洞、油气燃烧、涌泥、大型塌方、结构工程严重破坏、水毁等。

⑧ 项目参与各方应重视设计变更台账管理工作,随时对所有工程变更情况进行分类汇总。

⑨ 工程变更确定后,施工单位为变更工程实施责任人,监理人员承担现场监管职责。

9.4.2 工程变更的费用管理方法

工程变更的法律后果是合同造价的变化及由此而引发的索赔。加强变更工程的费用控制与造价管理对于规范工程变更行为,有效控制工程建设成本,提高建设项目的投资效益有着十分重要的意义。

9.4.2.1 工程变更费用管理程序

集团公司《工程变更管理办法》明确了"工程变更费用规定"。

第二十四条规定,工程变更现场计量在变更批准单位主导下由监理组配合完成(一般设计变更Ⅳ类由监理组计量)。各类工程变更费用的总体审核和申报工作由各项目合同计量工程师负责。

变更工程施工和变更工程量计量工作完成后填写工程变更申报表,质量检测汇总表和工程量计量表与前期变更审批资料汇总后完成变更工程资料整理。

第二十五条规定,变更工程增减费用最终由工程建设部核定,并发文件执行。变更工程费用计入工程决算。在费用核定前,为不影响正常施工,可按计量费用的70%暂付。

9.4.2.2 工程变更费用确定

(1)总原则

在进行工程变更费用管理过程中,应本着合理定价和有效控制的基本原则来进行变更工程的成本管理。合理定价是指应严格按合同条款的造价确定原则来确定变更工程造价;有效控制则指应严格控制工程变更带来的造价变化范围,以使工程总造价不超过初步设计概算,特别是以投资估算为原则。

(2)单价确定

①单价确定的一般原则

根据公路工程招标文件范本或 FIDIC 条款的有关规定,变更工程应根据其完成的数量及相应的单价来办理结算。其中,变更工程的单价按如下原则来确定:

工程量清单中有相应工程细目者,原则上应按工程量清单中相应的工程细目的单价来确定工程造价。

小型变更工程可根据监理工程师的指示使用计日工单价作为计价的依据;大型变更工程使用计日工单价作为计价依据会损害施工效率及资源的使用效率,因此该方法不适于大型变更工程的计价。

工程量清单中虽有相应工程细目单价但不适用时,如满足下列条件,则对超出部分由监理工程师组织业主、承包商协商确定新的单价作为计价依据:该工程细目涉及的款项超过合同价格的 2%;该工程细目实施时的实际工程量超出或少于工程量清单中规定的工程量的 25%。

如果工程量清单中没有相应工程细目的单价,则监理工程师应根据授权和业主承包商协商确定新的工程细目单价,且下列文件是协商确定变更工程单价的依据:公路工程预算定额及预算编制办法;承包商投标时提交的单价分析资料及工程量清单中相关细目的单价。

②单价确定集团公司管理规定

集团公司根据高速公路建设管理实践经验编制了《工程变更管理办法》，其中第二十六条规定了变更单价确定的原则：合同中已有适用于变更工程的价格，按合同已有价格计算变更价款；合同中只有类似于变更工程的价格，可参照类似价格计算变更价款；合同中没有适用于变更工程的价格，由施工单位报预算价格，工程建设部工程计划科核定后发文执行。第二十七条规定，因施工单位施工不当引起的变更仍按规定程序报批。但废弃工程不予计价，因变更造成的增加费用由施工单位自行承担，不进入工程总造价。

③单价变更的原因

在单价确定的一般原则中，实际上是合同履行的公平性与可操作性的有机统一。就合同的严肃性及可操作性而言，变更工程原则上应按合同中的相应单价来办理结算，但如果合同中存在不平衡报价，则单价可能与成本相比会显得偏高或偏低。此时，当变更太大超出某一范围时，继续采用原单价结算会有违公平性甚至出现显失公平的现象，所以此时单价应进行修订或调整。单价变更发生的主要原因在于：

工程量清单中可能存在不平衡报价现象，因而对变更工程按不平衡单价办理结算显得不合理。

即使不存在不平衡报价现象，施工规模的经济性及规模效益的变化也会使得在实施变更工程过程中，其发生的管理费等费用并不一定与变更后的工程量成正比变化。当工程量增加时，承包商的施工成本并不一定成比例增加，而当工程量减少时，承包商的成本不一定成比例减少，因而对变更工程按原单价办理结算时会使得变更工程部分的管理费等费用考虑得不准确。

但即使出现上述情况，原则上首先得维护合同的严肃性和可操作性。只有当变化太大，即超过单价确定原则的情况而使得当事人一方难以承受时，才考虑对超出部分带来的影响进行调整或考虑。

④新单价的确定方法

在高速公路建设实践中常用以下三种单价确定方法：

a.以合同单价为基础定价。这种方法的特点是简单且有合同依据。但如果原单价偏低，则得出的新单价也会偏低，反之，原单价偏高，则得出的新单价也会偏高。所以只有在原单价是合理的情况下，按合同单价为基础确定的单价才会相对合理，但原单价不合理（有不平衡报价）时，该方法对增加的工程量部分的定价是不合理的。

b.以概预算方法为基础定价。先确定变更工程的施工方案和施工方法，进行资源价格的预算，之后按《公路工程预算定额》及相应的编制办法来确定其预算单价。该方法的优点是有法律依据，产生的价格相对合理，能真实地反映完成变更工程的成本和利润。缺点是不同的施工方案和施工方法有不同的单价。另外，该方法无法反映竞争的作用以及原有招标成果的作用，特别是当承包商有不平衡报价时，该方法会加剧总造价的不合理性。

c.加权定价法。在考虑变更工程的单价时，在保持原有报价不受实质影响的前提下，对新增工程部分按概预算方法确定，以此加权确定其单价。

以上三种方法中，以概预算方法为基础定价适用于新增工程量的定价，加权定价法适用于原有合同工程做设计修改时的定价。在成本和造价管理实践中遇到的问题会比上述情况复杂得多，但无论如何复杂，价格公平是单价变更的基本原则。

（3）总价确定

①总价确定的一般原则

按变更工程单价确定原则确定出来的造价，并不一定是变更工程的最终造价。如果在颁发整个工程的交工证书时，项目的结算价格超出了有效合同价格的15％，则在此情况下，经监理工程师与业主和承包商适当地协商之后，应在合同价款中加上或减去承包商与监理工程师可能议定的另外款项额。如果双方未能达成一致，此款项额应由监理工程师在考虑合同中承包商的现场费用和总管理费后予以确定。所调整的金额仅限于那些增加或减少超过有效合同价格的15％的那部分款项。这里的有效合同价格是指不包括暂定金额和计日工费用的合同价格。

②总价变更的原因

进行总价调整的原因主要如下：由于工程量清单中其开办项目的费用是包干使用的，所以如工程量变化太大，其开办项目的费用会包不住。由于工程量清单中的单价存在不平衡报价现象，因此以此作为变更工程以及实际上与工程量清单估算工程量有出入的部分工程量的计价依据是不合理的。承包商的有些管理费如总部管理费等费用总是固定不变的，但这项费用通常成比例地分摊到了工程量清单的各永久工程项目的单价中，因此随着变更后工程量的变化，在计价时这些管理费会存在着增加或减少的现象而需要重新进行调整。

③总价变更方法

处理工程变更（或工程量估计误差）引起的总价调整问题的难度是较大的，造价工程师首先应对工程量清单中的各工程细目逐个进行单价分析，以确认工程量清单中是否有不平衡报价现象。再评估工程量误差及工程变更所带来的合同价格增加额是否真实客观地反映了承包商为完成这些工作所需发生的费用。在调整变更工程的总价时，在单价变更中已考虑了的费用不能再重复考虑。

9.4.2.3　加强工程变更费用管理的途径

（1）严格按合同中规定的变更工程费用确定原则来确定变更工程的费用。

（2）加强变更工程的计量工作，尤其是要加强变更工程开、竣工测量工作以及工程隐蔽部位的计量工作。

（3）对采用计日工形式计价的变更项目监理工程师应及时对发生的计日工数量进行检查和清点，以保证计日工数量的准确性。另外，对大型变更工程应避免使用计日工形式计价，因为该形式不利于促进施工效率的提高，甚至增加费用，降低投资效益。

（4）当工程量清单中没有相应工程细目的单价而需要造价工程师和承包商协商确定新的单价时，造价工程师应参照公路工程预算定额及编制办法，尽量依据承包商在投标时的报价分析资料和工程量清单中的单价来协商确定其价格。

（5）当出现合同价格调整现象时，造价工程师应本着公平合理原则，在全面分析承包商的施工成本和利润的基础上，确定出需要增加或减少的合同款项额。

（6）在变更工程的费用管理过程中，应严格按管理程序执行分级审批制度，加强内部监督，做到层层把关，以杜绝利用工程变更钻业主和合同空子的行为。

（7）对有不平衡报价的合同，应加强单价分析，并对与此相关的工程细目和工程量，加强全面综合控制。

在成本管理中应加强控制的一些工程变更是：工程规模扩大的工程变更；单价偏高的工程

细目,其工程量会增大的工程变更;单价偏低的工程细目,其工程量会减少的工程变更。

9.4.3 基于灰色模糊估算模型的新增工程费用确定

工程变更既包括合同范围以内的变更,又包括合同范围以外的"新增工程"。新增工程作为合同工作范围以外另加的工程,其费用内容包括人工费、材料费、机械使用费、管理费、利润、利息等,也包括确保工期前提下的赶工费、增加资源投入时确保劳动效率不下降的措施费用等。施工单位向集团公司递交新增工程的费用计算文件中应该包括工程变更的依据、新增工程内容、工程数量、单价等以及费用计算过程,以说明其应获得的承担新增工程的款额。对于集团公司来说,判断施工单位确定的新增工程费用(或报价)的合理性,不仅有利于合同双方履行合同约定、维护双方利益和提高综合管理水平,而且能使整个项目的工程造价更趋于合理。

9.4.3.1 新增工程定价方法

按照 FIDIC 合同条件,新增工程的工程款,原则上应该由合同双方共同协商确定,但在双方不能达成一致的情况下,应授权咨询工程师"确定一个合理的单价或价格"。一般情况下,新增工程的工程款的确定有以下几种方法:

(1)合同中已有适用于新增工程的价格,按合同已有的价格变更合同价款。

(2)合同中只有类似于新增工程的价格,可以参照类似价格变更合同价款。

(3)合同中没有适用的或类似于新增工程的价格,由承包商或发包人提出适当的变更价格,经双方确认后执行。

当新增工程与合同范围内的工程变更性质不同,合同中的价格不能作为参照价格来确定新增工程费用,同时缺乏相应的国家颁布的定额标准(如预算定额)估算出其费用时(如采用新材料、新工艺等"四新"技术的新增工程等),可以通过构建灰色模糊估算模型以快速确定合理的新增工程费用,以便准确识别施工单位所确定的新增工程费用(报价)是合理的且符合实际的。

9.4.3.2 灰色模糊估算模型

(1)模糊贴近度分析

模糊贴近度可以度量新增工程与已建类似工程之间的近似程度。

假设在论域 $U = \{u_1, u_2, \cdots, u_n\}$ 中有已知的 m 个模糊模式类别 $B_1, B_2, \cdots, B_m$,待识别对象为 Y,可以分别计算出 Y 与已知标准模式类别 $B_j(j = 1, 2, \cdots, m)$ 的模糊贴近度:

$$T(Y, B_j) = \frac{1}{2}[Y \cdot B_j + (1 - Y \otimes B_j)] = \frac{\sum_{i=1}^{n}[Y(u_i) \wedge B_j(u_i)]}{\sum_{i=1}^{n}[Y(u_i) \vee B_j(u_i)]} (j = 1, 2, \cdots, m)$$

其中,$\sum_{i=1}^{n}[Y(u_i) \wedge B_j(u_i)]$ 是两个隶属函数的交集;

$\sum_{i=1}^{n}[Y(u_i) \vee B_j(u_i)]$ 是两个隶属函数的并集。

(2)海明贴近度分析

海明贴近度可以很好地刻画两模糊集之间的接近程度。

当 $U = [a, b]$ 为连续时,有:

$$d(Y, B_j) = \frac{1}{b-a} \int_a^b |Y(u_i) - B_j(u_i)| \, du \quad (j = 1, 2, \cdots, m)$$

当 $U = (u_1, u_2, \cdots, u_n)$ 为离散时,有:

$$d(Y, B_j) = \frac{1}{n} \sum_{i=1}^n |Y(u_i) - B(u_i)| \quad (j = 1, 2, \cdots, m)$$

海明贴近度:

$$Z(Y, B_j) = 1 - d(Y, B_j)$$

(3)灰色关联度分析

两模糊类别之间的接近程度也可以通过灰色关联度反映,故待识别模糊对象 Y 与 B_j 这两模糊类别间关于第 k 元素关联系数为:

$$\gamma_{0j}(k) = \gamma[Y(k), B_j(k)]$$

$$= \frac{\min_j \min_k |Y(k) - B_j(k)| + \zeta \max_j \max_k |Y(k) - B_j(k)|}{|Y(k) - B_j(k)| + \zeta \max_j \max_k |Y(k) - B_j(k)|}$$

分辨系数 Y 与 B_j 两模糊类别间的关联度为:

$$\gamma_{0j} = \gamma(Y, B_j) = \frac{1}{n} \sum_{k=1}^n \gamma_{0j}(k) = \frac{1}{n} \sum_{i=1}^n \gamma[Y(k), B_j(k)]$$

(4)综合相似度

模糊贴近度、海明贴近度和灰色关联度均可以反映模糊集之间的接近程度,但各有特性,将三者综合考虑得到综合相似度,则可以更全面地反映两模糊集的隶属函数系统中各子系统相似程度。

将待识别的模糊集 Y 与已知各模糊集 B_j 间的综合相似度定义为:

$$S(Y, B_j) = \mu_1 S^{(1)}(Y, B_j) + \mu_2 S^{(2)}(Y, B_j) \quad [0 \leqslant S_j \leqslant 1, \mu_1 + \mu_2 = 1(j = 1, 2, \cdots, m)]$$

其中,$S^{(1)}(Y, B_j) = \dfrac{\gamma_{0j}}{\max_j \gamma_{0j}} = \dfrac{\gamma(Y, B_j)}{\max_j \gamma(Y, B_j)}$

$$S^{(2)}(Y, B_j) = \lambda_1 \frac{T(Y, B_j)}{\max_j T(Y, B_j)} + \lambda_2 \frac{|Z(Y, B_j)|}{\max_j |Z(Y, B_j)|} \quad (\lambda_1 + \lambda_2 = 1)$$

权重系数 $\mu_1, \mu_2, \lambda_1, \lambda_2$ 可根据各模糊集隶属函数曲线的位置和参数敏感性程度分析确定。

9.4.3.3 估算模型的构建

(1)评价指标

将新增工程划分为一般Ⅰ级变更、一般Ⅱ级变更、一般Ⅲ级变更、一般Ⅳ级及以上变更,将每一类变更选用 n 个特征来描述,例如:对于新增桥梁伸缩缝一般为Ⅰ级变更,可将其用伸缩缝类型、防裂网、混凝土渣料回收来描述,记为:

$$U = (u_1, u_2, \cdots, u_n)$$

其中,$u_i = (u_{1i}, u_{2i}, \cdots, u_{mi})^{\mathrm{T}} (i = 1, 2, \cdots, n)$。

u_i 表示第 i 个工程特征的元素名称,u_{mi} 表示第 m 个工程第 i 个特征元素的模糊关系系数。

(2)隶属度的确定

设新增工程 Y,则其在主要特征因素集上的隶属度:

$$Y = (y_1, y_2, \cdots, y_n)$$

假定有 m 个已建类似工程,则 $B = (B_1, B_2, \cdots, B_m)$ 表示 m 个已建类似工程的集合,而 B_j

$= (x_{j1}, x_{j2}, \cdots, x_{jm})(j = 1, 2, \cdots, m)$，为 B_j 在 U 上的模糊集，其中 x_{ji} 表示第 j 个已建类似工程第 i 个特征因素的模糊关系系数。

通常采用专家打分法来确定新增工程和已建类似工程隶属度值。

（3）数据样本的选择

选择若干个已建类似工程关于成本的资料作为确定新增工程费用的估算依据，然后根据构建的灰色模糊估算模型计算出已建类似工程与新增工程的综合相似度，并按其大小进行排序：

$$S(Y, B_a) \geqslant S(Y, B_b) \geqslant \cdots \geqslant S(Y, B_k)(a, b, k = 1, 2, \cdots, m \text{ 且 } a \neq b \neq k)$$

（4）模糊关系系数

新增工程的模糊关系系数 β_Y 用下式计算：

$$\beta_Y = \frac{\sum_{i=1}^{n} y_i}{\max_j \{\sum_{i=1}^{n} y_i, \sum_{i=1}^{n} x_{ji}\}}$$

式中　$\sum_{i=1}^{n} y_i$ ——新增工程的评价指标论域的隶属度之和；

$\sum_{i=1}^{n} x_{ji}$ —— 第 j 个已建类似工程在评价指标论域中的隶属度之和。

第 j 个已建类似工程的模糊关系系数 β_{B_j} 用下式计算：

$$\beta_{B_j} = \frac{\sum_{i=1}^{n} x_{ji}}{\max_j \{\sum_{i=1}^{n} y_i, \sum_{i=1}^{n} x_{ji}\}}$$

（5）新增工程费用确定

已建类似工程与新增工程的综合相似度 $S(Y, B_j)$ 值越大，则表明该已建类似工程与新增工程的相似性越大，同时其成本对新增工程的费用确定影响也越大。

设第 i 个已建类似工程估算的费用为 C_i'，则其估算误差为 $C_i - C_i'$，于是第 $i-1$ 个已建类似工程的费用可用下式计算：

$$C_{i-1}' = C_i' + S(Y, B_j)(C_i - C_i')$$
$$= S(Y, B_j)C_i + [1 - S(Y, B_j)]C_i \quad (i = 1, 2, \cdots, m)$$

即用第 i 个已建类似工程的估算误差 $C_i - C_i'$ 及其与第 $i-1$ 个已建工程的类似度估算值进行修正，修正后的值作为第 $i-1$ 个已建类似工程的估算值。

按照上面的公式继续推导，由于权值呈指数级递减，因此，取综合相似度值排序前三的已建类似工程就可以满足预测精度要求，可得新增工程的费用为：

$$C_Y = S(Y, B_a)C_a + S(Y, B_b)[1 - S(Y, B_a)]C_b + S(Y, B_c)[1 - S(Y, B_a)][1 - S(Y, B_b)]C_c$$
$$+ \frac{1}{3}[1 - S(Y, B_a)][1 - S(Y, B_b)][1 - S(Y, B_c)](C_a + C_b + C_c)$$

$$(a, b, c = 1, 2, \cdots, m \text{ 且 } a \neq b \neq c)$$

考虑所选已建类似工程与新增工程的建设年份不同，人、材、机等价格变化和通货膨胀等因素影响，引入一个精度调整系数，其值一般大于 1。根据对已建类似工程所做的调查统计结

果,得其经验公式为:

$$\delta = 1 + \frac{1}{n}\left[2\left(\frac{\beta_Y}{\beta_a}-1\right)+0.9\left(\frac{\beta_Y}{\beta_b}-1\right)+0.6\left(\frac{\beta_Y}{\beta_c}-1\right)\right] \quad (a,b,c=1,2,\cdots,m \text{ 且 } a \neq b \neq c)$$

式中　β_Y ——新增工程模糊关系系数;

　　　β_a,β_b,β_c ——所选已建类似工程的模糊关系系数。

最后,求得新增工程的费用:

$$\begin{aligned}
C_Y^* = \delta C_Y = \delta\{ &S(Y,B_a)C_a + S(Y,B_b)[1-S(Y,B_a)]C_b \\
&+ S(Y,B_c)[1-S(Y,B_a)][1-S(Y,B_b)]C_c \\
&+ \frac{1}{3}[1-S(Y,B_a)][1-S(Y,B_b)][1-S(Y,B_c)](C_a+C_b+C_c)\}
\end{aligned}$$

9.4.3.4　工程变更预防及控制

针对如何减少或避免工程变更,提出如下建议:

(1)加强工程建设前期管理

在项目立项时就要科学地编制可行性研究报告及投资估算,编制时一定要遵循"认真负责、实事求是、落实责任"的原则,严格执行有关规定,确保估算符合实际要求。对于投资立项失误,由于可行性研究报告、技术方案、投资估算有重大差错引起工程变更的违规者、失责者应予以适当处罚以使其吸取教训。同时加强可行性研究报告的审查力度和贯彻执行力度,以确保经批准的投资估算真正起到控制工程变更、控制项目总投资的作用。

(2)勘测设计力求详尽准确

设计质量对于控制工程变更起到很大作用,要保证设计质量,就要求设计人员和建设单位紧密配合,充分听取多方面的意见,考虑全面,结构设计合理,计算精确。严格按照批准的设计标准、范围、内容和投资估算进行精心设计,防止改变方案、提高标准的重大设计变更。加强设计审查或设计监理,设计图纸一经审核通过,就不得擅自更改,其变更应严格遵守报批审查制度,以减少不合理而轻率的变更对投资效益的影响。

在勘测设计阶段,集团公司应委派熟悉设计业务及具有施工经验的人加强前期工作的管理及与设计单位的沟通。尤其在设计的指导思想、功能要求及标准等方面应向设计单位详细交底,并跟踪至每一设计环节。

对重要地段或特殊地段以及洞口之类暴露地段的施工地质条件,力求勘测详细,即使在这些方面多用一些财力、时间,也应便于投标单位准确、合理地编制报价,保证工期。

严格、认真抓好变更设计管理,建立互相制约体系,按章执行,保证审批与签字到位。

(3)以尽量不变为原则

对可变可不变的工程变更,对工程整体利益无较大影响的工程变更,采取尽量不变的原则。

(4)规范工程变更审批程序

对于重大工程变更意向,要由项目办出面组织监理方、设计方和施工方等共同提出技术经济比较方案,提出对工期、质量的影响,来确定变更是否合理必要,再发出变更通知。

施工方根据确立的变更设计依据、变更设计图纸(没有图纸的由驻地监理和监理处核实工程量)及其工程数量,以变更报告的形式提出实施该项变更所需费用,然后自下而上依次由驻地监理、监理处、总监办及工程部按前述变更设计分级管理逐级审批。

（5）提前预测变更

对较仓促的勘测设计，在施工方进场之前，做好回访，及时补充勘测资料，提前做好变更处理设计，减少工程施工中的延误和损失。项目一旦决策之后，对于非发生不可的工程变更应尽量提前发生。变更发生得越早，损失就越小。如果在设计阶段变更，则只需修改图纸，其他费用尚未发生，损失有限；如在施工阶段变更，已施工的工程还须拆除，势必造成重大变更损失。因此对于那些设计质量差，因设计造成的工程变更导致工程浪费或工期延误，应由设计院及相应工程设计人员根据合同承担相应责任。

（6）控制工程变更的管理措施

① 分级管理

将变更设计进行分类后，按照颁布的工程变更管理办法，严格执行分级管理，以加快变更设计的审批速度，发挥各级管理人员的积极性及管理的灵活性。分级管理的划分是以技术难易、重要性及投资规模的增减为主要依据。通过分级管理层相互制约的管理机制，遏制住了滥报工程变更，堵塞漏洞。

② 变更依据的确立

依据的确立来自两个方面，其一是根据标准提高或实际情况决定的变更，这样的变更以文件的形式下发执行；其二是由施工方或地方提出的变更设计项目，必须由主管人员会同设计代表、监理工程师、施工方乃至地方有关人员、群众代表等到现场召开变更设计工地会议，经一起查勘现场后，讨论变更方案，并以会议纪要的形式确定下来，作为变更设计的依据。提高标准的项目则需要认真论证和严格筛选，例如，对于一些地方提出的新增工程，地方往往站在其本身的立场上将标准定高，但实际上不需要那么高的标准，像这类变更就必须进行认真的筛选和磋商。沿线群众总希望有路就设通道，有渠就设涵，从设计技术角度及投资上来说是不可能全部满足要求的，这些都需要做大量的说服和协调工作，才使之定在一适度的规模和标准上，达到既实用又节约投资的目的。

另外，对于提高原设计标准的变更项目，亦应注意因地制宜，不能造成浪费。如若拟将防护和排水系统标准提高，不能一刀切，而应组织专门小组，进行仔细调查和设计。如将沥青路面变为水泥路面，虽然初期投入成本较高，但从长期观点来说，能提高公路的使用效益及降低养护成本。因此，要用成本效益的系统观点来综合分析，慎重决定。

③ 变更审批

费用的审批主要包含：数量的核实；单价的审批。数量由驻地监理和监理处有关人员现场核实，由总监办、项目办核定。单价由专门部门下发变更工程单价表，一般以各标段的平均价作为标准，合同价低于标准价以合同价执行，高于标准价则按标准价执行。

在单价审查中，为了便于快速审批，原合同中无单价的项目，由施工单位提出分析单价后一般由集团公司定价。这种做法从国际惯例来说可能不尽合理，但在变更设计管理中却发挥了很好的作用。第一，它加快了审批速度，避免了每一个变更都因为单价的问题而发生延误，避免浪费时间。第二，它可使施工单位放心，只要图纸出来或无需图纸的变更项目，即便费用尚未审批，施工单位也可放心去施工，因为单价不会有大的出入，这样大大加快了工程进度。

④ 搞好优化设计、管理

设计不完善及不合理是造成工程变更增加的主要原因之一。造成这种局面的主要原因是在设计管理体制中尚存在薄弱环节。现今我国设计部门普遍实行了企业化管理，实行承包制，设计者为了追求自身的高效益,现场投入不大,导致设计不完善。

　　⑤ 加强变更信息管理

　　今后建设项目从一开始就应在计算机上建立完善的数据库,碰到某项目变更,随时可以从计算机调出数据核查,并将批准后的变更存入计算机信息系统,建立一套完整的档案,以控制施工单位和个别素质低的监理弄虚作假。

　　(7)加强施工阶段管理

　　① 重视施工前的图纸会审

　　通过会审使图纸更加明确完善,尽量把许多图纸的未尽事宜在未施工前得以解决,避免在施工中因为图纸问题而增加变更追加投资。

　　② 提高控制工程变更的管理意识

　　根据现行有关规定,为有效控制工程成本,无论任何一方提出的工程变更均需由监理工程师加以确认并签发变更指令。故监理人员应提高控制工程变更的管理意识,对于影响成本和进度的工程变更或签证更要慎重对待。如确需变更,应会同相关人员做多方案比较分析,选择最优变更方案,全面履行监理工程师在成本控制中的权利和义务。同时还要健全项目经理责任制,项目经理不但要抓技术,还要抓经济,严格控制工程变更,对变更进行全方位、全过程管理,层层抓落实,环环相扣,确保工程项目成本受控。

　　③ 严格控制施工条件变更

　　施工条件的变更往往很复杂,需要特别重视,否则会引起较大索赔发生。施工条件的变更应是由施工中实际遇到的现场条件同招投标文件中描述的现场条件有本质的差异引起的。如施工现场的地质和水文情况与招标文件不符,可提高勘察质量和加强招投标时的现场考察。

　　在工程实施中,对施工方可实行奖惩制度,对参与工程变更的部门和人员也应实行奖惩制度,使其增强责任心,提高变更水平,达到工程优质优效的目的。

9.5　本　章　小　结

　　基于高速公路建设卓越过程管理关键控制点识别结论,本章分析了集团公司高速公路建设成本管理现状,我国基础设施投融资机制鼓励社会投资,高速公路建设投融资方式正朝着多样化的方向发展;目前集团公司建设项目投资(成本)管理的主要依据是《工程计划、进度和统计管理办法》,明确规定了工程建设部承担管理的公路工程建设项目需完成的计划工作。具体包括项目总体计划、年度计划与月份计划;《工程计量支付管理办法》对工程量复核、计量质量、资料申报和审核时间与程序、台账管理、竣工决算,以及对计量支付违规行为处罚等作出明确规定;《工程变更管理办法》明确了工程变更的前提、工程变更的基本条件、变更的分类和管理权限、变更程序及实施、工程变更费用规定、变更行为的处罚和奖励等。建议从引入先进成本管理理念、科学合理确定工程变更的成本两方面提升管理水平。

　　在高速公路建设成本管理中引入价值链管理思想,重点研究了以项目为导向的价值链,构建了价值链分析概念模型;针对现行高速公路项目成本管理体系的缺陷,构建了价值链成本管理理论框架模型;从价值链成本管理目标、基本构成、成本动因分析、控制方法、作业成本管理,以及成本价值链改进与优化方面,构建了高速公路项目的价值链成本管理体系。

　　针对高速公路全面成本管理,重点研究了基于 PDCA 的主动监控模式及其在卓越成本管理中的应用,构建了基于 PDCA 高速公路建设成本主动监控模式及控制方法;在全过程成本控制原理分析基础上,研究了各阶段成本控制目标的合理确定及成本控制方法;针对传统单因素成本控制方法的不足,提出了基于挣得值理论的高速公路全要素成本管理方法。

针对高速公路工程变更的费用管理,重点研究了高速公路工程变更对费用的影响及其原因分析;提出了工程变更的费用管理方法;针对新增工程,构建了灰色模糊估算模型。

对工程变更的预防控制提出建议措施:加强工程建设前期管理、勘测设计力求详尽准确、以尽量不变为原则、规范工程变更审批程序、提前预测工程变更、通过改进管理措施加强工程变更控制、加强施工阶段管理等。

10 高速公路建设卓越管理绩效评价

10.1 集团公司高速公路建设管理绩效评价现状

10.1.1 宏观管理现状

我国项目绩效评价起步于 20 世纪 80 年代。1982 年,中国国际工程咨询公司成立,设置项目评价局。此后逐步开展项目的后评价工作。2002 年,财政部印发了《企业绩效评价标准》和《财政部关于开展重要政府投资项目预算绩效评价工作的指导意见》,标志着我国项目绩效评价工作逐步朝着规范化方向发展。随后,各省财政厅陆续制定了省财政支出基本建设项目绩效评价工作指南或工程建设项目管理绩效考核办法。

绩效考核工作按照项目单位自查、省级交通主管部门检查、交通运输部抽查方式进行。主要考核项目综合管理、质量管理、进度管理、资金管理、廉政建设和工程资料六个方面。并要求项目单位至少每 6 个月组织一次项目管理情况的自查,形成自查报告。省级交通主管部门每年对 60% 以上的在建项目进行检查,其中列入交通运输部年度投资计划的项目应达 100%;每一考核年度要形成考核年度工作报告,上报交通运输部。交通运输部每年组织绩效考核抽查工作,根据上报的考核年度工作报告和抽查结果,对全国范围内的绩效考核工作进行总结,将管理较好和较差的项目及相关单位予以公布。

10.1.2 微观管理现状

从管理学角度看,绩效是组织期望的表达,是为了实现目标而在不同层面上的有效输出,包括个人绩效和组织绩效两个方面的内容[78]。集团公司自成立以来从无到有逐步建立、健全绩效评价管理制度。

(1)员工绩效评价

集团对员工绩效评价办法实行"逐级"考核,集团公司依据年度计划和目标对子公司制定综合评价体系,由子公司进行目标分解确定各部门指标及任务,然后根据任务及指标完成情况对各部门进行绩效评价。绩效评价周期为一年。依照工作岗位分别设定考核项目和考核的内容与标准。绩效考核主要采用打分制,分为自评和直接上级考评的方式进行绩效评价,根据打分结果确定绩效得分,以此为依据进行薪金发放和优秀员工评选。

(2)信用评价

主要由项目办进行评价、工程建设部进行审核,报省交通运输厅,并将评价结论作为评价依据,具体流程见图 10-1。

(3)参建单位绩效评价

集团公司对组织的绩效评价主要在项目后期建设管理工作中实施。由质量监督机构依据竣工验收结论对各参建单位签发"公路工程参建单位工作综合评价等级证书"。

```
          ┌──────────────┐
          │   合同签订   │──────────┐
          └──────┬───────┘          │
                 │                  ▼
┌──────────────┐ ┌──────────────┐ ┌──────────────┐
│保障农民工权益情况│ │ 项目办动态评价 │ │工程建设部职能部│
│审计部门意见    │─│              │ │门对评标行为评价│
│司法部门认定    │ └──────┬───────┘ └──────────────┘
└──────────────┘        │                  │
                 ┌──────▼───────┐          │
                 │工程建设部审核形成│◄────────┘
                 │   年度评价   │
                 └──────┬───────┘
                        │
                 ┌──────▼───────┐
                 │ 省交通运输厅评价│
                 └──────┬───────┘
                        │
                 ┌──────▼───────┐
                 │   评标依据   │
                 └──────────────┘
```

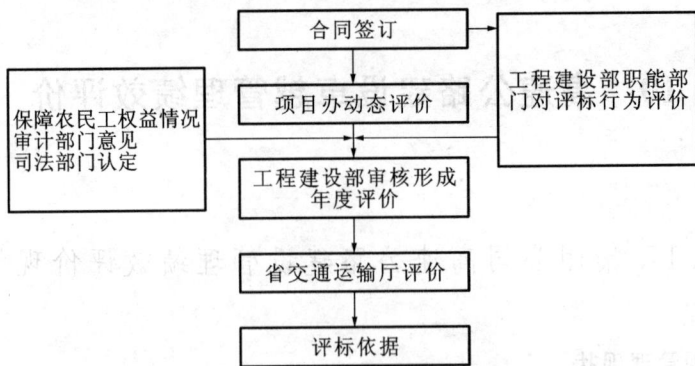

图 10-1　投标单位信用评价流程

等级划分总体原则是：评定得分大于或等于 90 分且工程质量等级优良的为"好"，小于 90 分且大于或等于 75 分的为"中"，小于 75 分的为"差"。

① 建设管理工作的绩效评价

对建设管理工作的评价主要从建设程序（0.1）、执行法规（0.1）、履行合同（0.1）、工程进度（0.1）、投资控制（0.1）、安全环保（0.1）、廉政建设（0.1）、工程质量（0.3）八个方面进行加打分，计算加权平均值（权重为括号中给定值），以确定建设管理工作等级。

② 设计单位工作的绩效评价

对设计单位的工作评价主要从设计方案（0.2）、设计文件（0.3）、设计服务（0.2）、工程质量（0.3）四个方面进行加打分，计算加权平均值（权重为括号中给定值），以确定建设管理工作等级。

③ 监理单位工作的绩效评价

对监理单位的工作评价主要从人员机构（0.1）、质量控制（0.1）、进度控制（0.05）、投资控制（0.05）、安全生产（0.05）、环境保护（0.05）、监理资料（0.05）、廉政建设（0.05）、工程质量（0.5）九个方面进行加打分，计算加权平均值（权重为括号中给定值），以确定建设管理工作等级。

④ 施工单位的绩效评价

对施工单位的工作评价主要从工期进度（0.1）、履行合同（0.15）、竣工文件（0.05）、安全生产（0.1）、文明施工（0.05）、廉政建设（0.05）、工程质量（0.5）七个方面进行加打分，计算加权平均值（权重为括号中给定值），以确定建设管理工作等级。

10.1.3　问题诊断

通过文献梳理与专家咨询，发现现阶段我国工程建设项目的绩效评价着重于建设程序规范性评价，绩效评价制度仍有待建立、健全。综观近年来项目建设情况，工程建设领域仍存在重争取资金、重竣工验收、轻绩效评估的现象。很多项目没有进行绩效评价。虽然国家对政府性投资项目从立项决策、建设决策、竣工验收等环节要求实行全过程管理，但在执行时没有具体的细化措施，没有形成约束机制。由谁考核、考核什么、采取什么样的指标体系和方法评价等相关评价机制不健全。[79]

集团公司由原安徽省高速集团（1992 年成立）和原安徽省交通集团（2001 年成立）合并，并于 2014 年年底与原安徽省交通投资集团重组形成,截至 2014 年年底,资产总额达到 1900 亿元。经过二十多年的发展,相继完成了从事业制到企业制的转变,集团公司建设管理进入了成熟稳定期。如何持续提升高速公路建设管理效率和高速公路建设管理企业集团的核心竞争力,促进交通投资大企业长远发展,是目前亟待解决的问题。而绩效管理是提升组织与员工绩效,推动企业持续发展的重要手段。

10.2　高速公路建设卓越管理绩效评价体系构建

10.2.1　基本内涵界定

10.2.1.1　高速公路建设管理绩效

（1）绩效

绩效的定义是学术界与企业界人士不断探索的问题[80]。总体上看,有三种观点,第一种认为绩效是"结果",第二种认为绩效是"行为",第三种认为绩效是"行为＋结果"。

Katzell(1975)[81]首先提出了"绩效是指组织目标达成程度的一种衡量",随后很多其他学者提出了自己的观点。Bernadin(1995)[82]认为"绩效应该定义为工作的结果,因为这些工作结果与组织的战略目标、顾客满意度及所投资金的关系最为密切"。绩效是特定条件下所形成的产出结果记录,特定的条件包括特定的工作职能和范围、特定的时间范围、特定的活动和特定的行为等。Kane(1996)[83]认为绩效由效果、效率、组织成员的满意度组成。其中,效果是指产出效果的实际影响;效率是指资源的有效利用。

Murphy(1990)提出"绩效是与一个人在其中工作的组织或组织部门的目标有关的一组行为"。Campbell(1990)认为"绩效是行为,应该与结果区分开,因为结果会受系统因素的影响"。Salvatore 等人[84]强调绩效是一个相对的概念,一般通过投入—过程—产出—结果进行表述,并认为主观因素会对外部效果有着决定性影响。从以上各观点看,对绩效的核心思想的看法是比较一致的,即绩效是实施一项活动的效果或有效性。

此外,Szilagyi(1981)[85]指出绩效是多重准则的,其分析层次由社会、组织、个人三者构成;绩效可以分短期、中期到长期三个时间标准来考量;可通过定量的、客观的或定性的主观的衡量方式达到维护、改进和发展的目的。

（2）高速公路建设管理绩效

借鉴目前已有定义,结合集团公司高速公路建设管理工作与卓越管理内在要求,将高速公路建设管理绩效定义为:"集团公司在一定时期内高速公路建设管理活动目标达成程度,以及通过高速公路建设管理活动取得的成就和产生的积极效果。"

10.2.1.2　高速公路建设卓越管理绩效评价

将高速公路建设卓越管理绩效评价定义为:"利用统一的评价标准,采用科学的、合理的、规范的以及有效的评价方法对集团公司高速公路建设项目预期建设管理目标、项目建设管理过程以及结果进行分析,从科学的、客观的、公正的、全面的角度来对高速公路项目建设管理活动的适应性、经济性、规范性、效果性等进行综合的评判。"

高速公路建设管理绩效评价是一个信息流通和反馈过程。通过绩效评价,集团公司高速公路建设管理者可以对高速公路建设管理活动进行规划,并在项目实施过程中的任何时点上,对项目执行过程及其对项目目标、结果可能产生的影响进行全面系统分析,及时发现问题、分析原因、提出对策、反馈信息,使项目决策者、管理者和建设者及时调整,改善条件,实现原定目标。

综上所述,卓越管理模式的成功实施需要绩效评价作为监控与反馈手段,以找出建设管理中的优势与不足,并及时进行改进,确保卓越管理目标实现,从而提高集团公司高速公路建设管理水平。

10.2.2 绩效评价的层次划分

Michal 和 Angela[86]指出"绩效是一种多维度建构,测量的因素不同,其结果也会不同"。考虑到高速公路建设管理工作实际,建设管理绩效评价可从项目办自评和集团公司评价两个层面开展。

项目办自评是指由项目办自身进行的关于完成高速公路项目建设管理工作的数量和质量等整体绩效表现的综合性评价。主要是对高速公路项目建设管理目标,如卓越质量目标、卓越进度目标、卓越成本目标等,实现程度的考察。项目办自评的目的在于全面地对过去的工作进行反思和总结,从中总结经验、吸取教训,以此不断地深化和规范项目的管理行为,为项目团队和集团公司提供经验和决策依据。集团公司评价是由集团公司层次对项目办高速公路建设管理行为、管理水平及管理成果进行的考核和评价。

10.2.3 高速公路建设项目卓越管理绩效评价实施流程

高速公路建设项目卓越管理绩效评价是一个全面且不断循环反馈的过程,其实施应包括高速公路建设项目卓越管理绩效目标计划制定、卓越管理绩效评价方法体系实施、卓越管理绩效反馈与改进,卓越管理绩效评价实施流程见图 10-2。

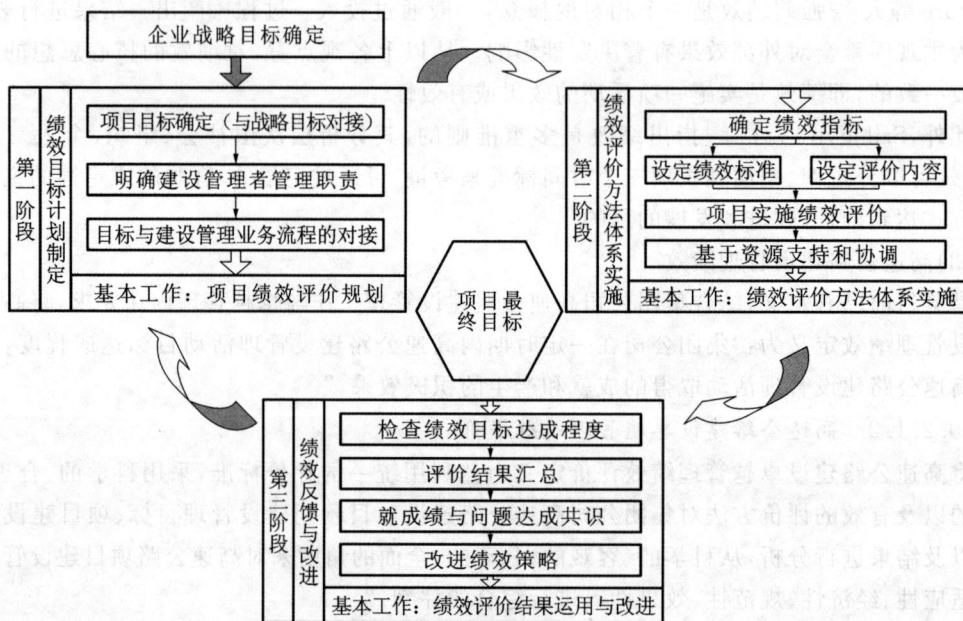

图 10-2　高速公路建设卓越管理绩效评价实施流程图

10.3　高速公路建设卓越管理绩效评价目标计划制定

10.3.1　项目卓越管理目标确定

高速公路建设管理的基本载体是项目,而项目管理的核心任务是实现项目建设目标。在前文中已阐述了高速公路建设管理质量、安全、进度、成本四大目标之间的关系,集团公司建设卓越管理目标的制定以集团公司的发展战略为根本,坚持"安全为天,质量为上,效益为重,生态为基,廉洁为要,文化为魂"的基本建设理念,以项目建设理念为核心,以工程质量为中心,以进度和成本控制为实现质量目标的手段,以安全为实现质量目标的保障,以促进社会经济发展、环境保护、人才培养、技术创新、管理创新和廉政建设为项目建设的社会目标。

本书第四章以战略导向、分层分类差异化、现实性为基本原则,分别制定重大项目和一般项目的卓越质量管理参考目标、卓越安全管理参考目标、卓越进度管理参考目标和卓越成本管理参考目标。

10.3.2　绩效评价计划制定

卓越管理目标一旦确定,就需要对实现建设目标所必需的工作进行分配,明确职责与权限,以保证项目的正常实施。同时对工作完成情况的绩效评价方法与项目目标对接,明确工作所需要达到的标准和层次,以及完成这个目标所需要做的工作和具体的实施步骤。只有这样,管理者才能清楚怎样进行有效的管理,员工才会明白怎样做才能满足集团公司的要求和发展需要。在绩效计划制订过程中应注意以下几方面:

(1)项目办及其成员的绩效计划目标应当明确,而且尽可能的详尽具体,并且应与集团公司的整体战略相一致。

(2)绩效评价部门应该整理目标岗位的历史考核记录,明确各职能部门岗位责任,归纳出各个岗位做什么、改进什么及努力的方向,作为拟定新绩效计划的依据。

(3)绩效评价部门和员工都应该参与到计划的制订中,通过双方的沟通,达成某种协议或者契约,这样员工会更加倾向于这些承诺,履行自己的绩效计划。这是因为心理学发现,当人们亲身参与到某项决策的制定过程中时,更能激发自身的主人翁意识,也就会更加努力做好。

在绩效评价计划中,首先强调统筹指导和规划作用,不但要让项目办及员工明确自己的工作目标、工作要求和考核标准,而且要让项目办及员工感觉到集团公司的要求和期望。具体来说,就是将绩效评价作为一种沟通,帮助项目办及其员工完善工作计划、思路和方法,以调整工作态度和方向,激励员工克服困难、完成计划目标。

10.4　高速公路建设卓越管理绩效评价方法体系实施

及时有效地掌握员工的工作情况和工作心态,解决员工在职权、技术、资源、经验、方法等各方面的困难,使其获得最直接的指导、帮助和经验积累。

绩效评价阶段主要是通过绩效评价实施,促进项目办与员工、集团公司与项目办的沟通,使集团公司、项目办和员工意识到绩效评价的重要性,并了解绩效评价的相关步骤和绩效评价过程,对绩效评价结果和待解决问题等达成共识,以保证绩效评价的准确度和客观性。

10.4.1　高速公路建设卓越管理绩效评价逻辑模型构建

10.4.1.1　逻辑框架法一般描述

逻辑框架法(LFA:Logical Framework Approach)是由美国国际开发署(USAID:U. S. Agency for International Development)在 1970 年开发并使用的一种用于公共项目的规划、实施、监督和评价的方法。目前有三分之二的国际组织把它作为援助项目的计划、管理和评价方法。该方法的原理是利用逻辑关系分析公共项目的一系列相关变化过程,进而明确公共项目的目标及其相关联的假设条件[87]。逻辑框架法的垂直逻辑因果关系包括项目目标、项目目的、项目产出、项目投入和活动四个层次。

(1)四个层次

目标通常是指高层次的目标,即宏观计划、规划、政策和方针等,该目标可由几个方面的因素来实现。

目的是指"为什么"要实施这个项目,即项目直接的效果、效益和作用。一般应考虑项目为受益目标群体带来什么,主要是社会和经济方面的成果和作用。

产出是指项目"干了些什么",即项目的建设内容或投入的产出物。一般要提供项目可计量的直接结果。

投入和活动是指项目的实施过程及内容,主要包括资源的投入量和时间等。

(2)三个逻辑

项目目标、项目目的、项目产出、项目投入和活动这四个层次自下而上的关系又由三个逻辑关系相连。

第一层次逻辑是假设确保一定数量的资源投入和高质量的项目管理并预计有怎样的产出。

第二层次逻辑是项目产出对社会或经济产生的直接影响。

第三层次逻辑是项目目的对整个地区甚至整个国家更高层次目标的贡献关联性。

(3)高速公路建设管理绩效逻辑框架

逻辑框架法并不是一种机械的方法程序,而是一种综合、系统地研究和分析问题的思维框架模式。根据逻辑框架法的思维,运用它对项目逻辑因果关系进行分析,按照逻辑框架法的逻辑顺序进一步明确集团公司高速公路建设管理绩效评价逻辑框架中的四个层次,见图 10-3。

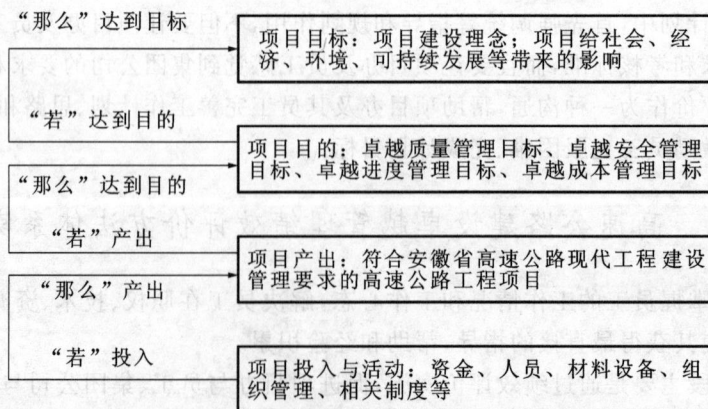

图 10-3　高速公路建设管理绩效评价逻辑框架图

10.4.1.2 卓越绩效评价准则的一般描述

(1)基本构成

卓越绩效模式是当前国际上广泛认同的一种组织综合绩效管理的有效方法和工具。该模式源自美国"波多里奇奖"评审标准,以顾客为导向,追求卓越绩效管理理念。包括领导,战略,顾客和市场,测量、分析与改进,人力资源,过程管理,经营结果七个方面。卓越绩效模式为促进企业在一种较为全面、系统的管理框架中获得优良的绩效做出了卓越的贡献。该评奖标准后来逐步在世界发达国家与地区风行,成为一种卓越的管理模式,即卓越绩效模式。卓越绩效评价标准框架见图10-4。

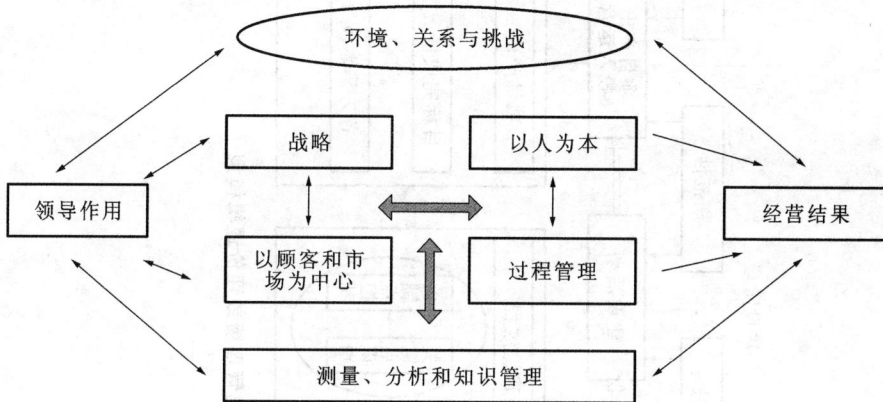

图10-4 卓越绩效评价标准框架图

(2)应用情况

世界各国推行卓越绩效评价准则主要是以质量奖的形式进行,或者是企业根据质量奖进行的自我评价。到目前为止,全世界大约有欧洲、澳大利亚、日本、印度、美国、新加坡等五十多个国家与地区设立这一奖项。中国质量协会于2001年启动全国质量管理奖,其标准采用美国卓越绩效准则("波多里奇奖"于1997年正式更名为"卓越绩效准则")。2004年9月,我国国家质检总局发布《卓越绩效评价准则》及《卓越绩效评价准则实施指南》,包括核心价值观11个、类目7个、条目22个。核心价值观11个:前瞻性的领导、顾客驱动的卓越、组织与个人的学习、重视员工与合作伙伴、敏捷性、注重未来、促进创新的管理、基于事实的管理、社会责任、注重结果与创造价值、系统的视野。类目7个:领导,战略,顾客与市场,人力资源,过程管理,测量、分析与改进,经营结果。在7个类目框架下,又细分为22个条目。

设立全国质量管理奖的目的是:第一,为了使企业对产品、服务质量更加重视,进而促使其重视经营质量;第二,为了对企业进行激励与引导,使其追求卓越的经营质量,对我国具有国际竞争力的企业进行加速培育;第三,为了使企业学习、实践《卓越绩效评价准则》,找出与准则间的差距,持续进行改进;第四,把获奖企业的成功经验分享给全社会,将我国企业整体水平提高。

10.4.1.3 基于建设管理周期的高速公路建设卓越管理绩效评价逻辑模型构建

(1)逻辑模型结构图

集团公司将高速公路建设管理划分为项目前期管理、建设阶段管理和项目后期管理三个阶段。将逻辑框架模型与卓越绩效管理准则相结合,以高速公路建设寿命周期管理为主线,构筑高速公路建设管理绩效评价逻辑模型,见图10-5。

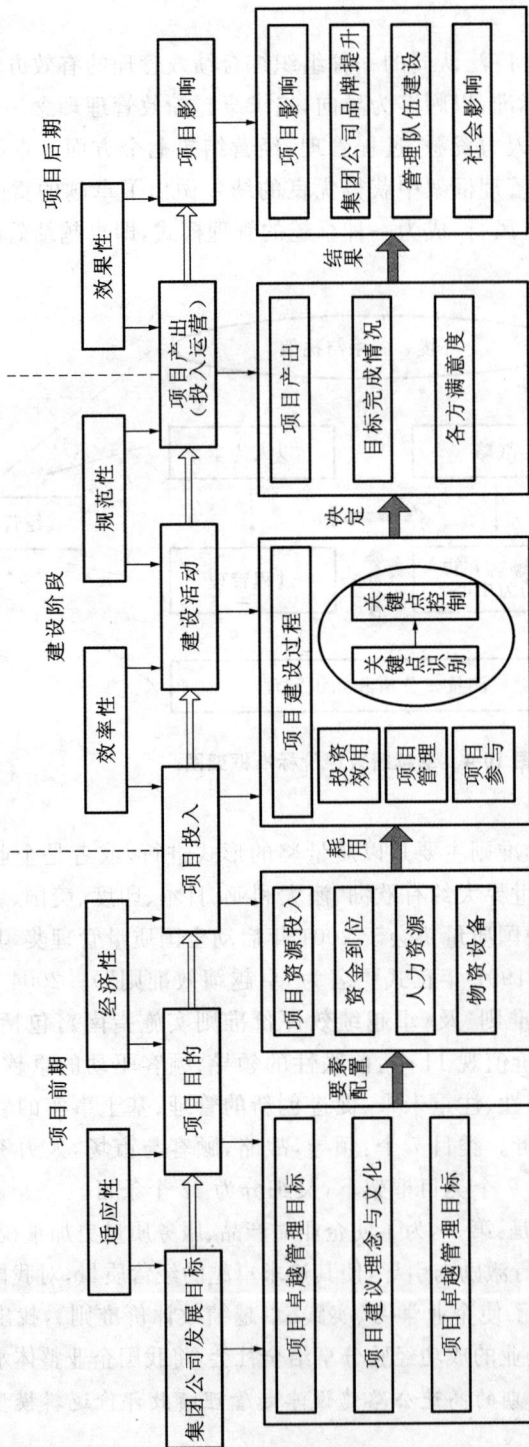

图 10-5　高速公路建设卓越管理绩效评价逻辑模型

（2）逻辑要素

高速公路建设卓越管理绩效评价逻辑模型较清晰地表达了高速公路建设项目管理绩效形成的机理，即逻辑因果链，并且反映了绩效评价的多维要素框架。这些因果关系链都是目标导向的，以目标导向评价各阶段绩效。因此，高速公路建设卓越管理各阶段的逻辑要素见表 10-1。

表 10-1 高速公路建设卓越管理绩效评价各阶段的逻辑要素

阶段	项目前期	建设阶段	项目后期
目标	合理确定项目卓越管理目标	通过关键点控制高效完成项目建设任务	提升企业形象、提高管理水平、社会影响较好
投入	资金、人力、物质	资金、人力、物质	资金、人力、物质
活动	项目文化建设、目标策划	工程建设管理过程	竣工交验
产出	满足投资规模、目标明确	工程实体	工程实体、服务
绩效标准侧重	适应性、经济性	经济性、效率性、规范性	规范性、效果性

具体解释：第一，高速公路项目建设卓越管理的目标确定要求项目取得较好的社会影响，这就要求项目建设应适应于安徽省交通发展需求与集团公司企业发展宏观战略。第二，项目管理目标决定了资源的投入，但由于高速公路建设项目的多样性使项目本身所需资源在数量和品质上有较大差别，因此还需合理慎重地选择资源投入。第三，通过资源投入和生产建设活动完成工程实体，工程实体所需具备的功能应与目标一致，这也影响到各参建方的满意度。第四，通过高速公路项目建设卓越管理，提交满足社会需求的高速公路建设产品，与此同时使建设管理活动为社会所认可，从而提升企业形象，获得良好的社会信誉。

高速公路项目建设卓越管理绩效的形成过程就是沿着这个因果关系链产生的。如果在这条因果关系链上的各环节工作都能够高效率地实现，那么必然能够达到卓越的管理绩效。

10.4.2 高速公路建设卓越管理绩效评价指标体系构建

绩效评价是高速公路建设卓越管理绩效评价体系中的核心环节，既是对绩效评价目标与计划的执行，也是为绩效评价结果的反馈与应用提供依据，起着承上启下的作用。绩效评价的准确与否直接决定着绩效管理的效果。这一阶段的主要工作就是制定合理的绩效评价指标体系，构建合理的绩效评价模型，对高速公路建设卓越管理工作进行客观、科学的评价。

10.4.2.1 绩效评价指标体系构建原则

（1）客观科学原则

第一是实事求是。首先，在构建高速公路建设卓越管理绩效评价指标体系时，必须采取严谨的态度用标准化的衡量尺度进行指标的取舍，并排除个人主观因素的影响，保持事实和数据的统一。其次，在指标体系构建过程中，在分析、估计模型计算结果可能出现的偏差时，要尊重客观计算结果，不能任意篡改结果。

第二是科学。高速公路建设卓越管理绩效评价的内容要有科学的规定性，指标与指标体系的设计必须科学反映概念，明确计算范围。绩效评价指标体系构建过程和结果符合实证性和逻辑性，经得起实证观察和逻辑推理。

（2）系统全面原则

高速公路建设项目是一个多要素、全方位的多维复合系统，系统内部各要素之间既密切相关,又相互制约。只有系统内部各要素有机协调,整体的项目系统绩效才可能更好。由此,高速公路建设卓越管理绩效评价指标体系应是一套多维的、整体的系统。需要从不同角度、用不同指标进行评价。在设置、选取个体指标时,不仅要考虑各个指标在整体评价体系中的合理组成,而且还要兼顾评价指标既能突出重点,又能实现系统最优的功能。因此,评价内容虽然不能囊括一切,但也需要包含高速公路建设卓越管理绩效评价中的各个主要方面,指标体系应当反映目前与长远、局部与整体、单项与综合、经济与社会等方面的情况,这样才能保证绩效评价是全面和合理的。

(3)持续稳定原则

系统全面原则是对指标体系空间上完整性的要求。持续稳定是对指标体系在时间完整性上的要求。科学有效的绩效评价不是一蹴而就的,而是一个长期的过程。保持评价指标的连续稳定有两大意义:第一,可以起到比较参考作用。数字是对可量化指标进行测定的最佳衡量工具,因为绩效高低应由数据与其基准指标结果加以比较才能显现出来。第二可以起到预警作用。通过对足够数量的时间序列指标的线性排序,可以得到演化趋势图表,进而可以进行具有一定业绩趋势的预测分析。

(4)便捷操作原则

高速公路建设卓越管理绩效评价指标体系是要运用到高速公路项目建设卓越管理实践中的,因此必须便捷实用,所选择的绩效评价指标应具有较强的可操作性。能够用数量表示或用行为描述的绩效评价指标都是可以被衡量的。如果都不符合,就应该被舍弃。

10.4.2.2 绩效评价指标体系的确立

逻辑模型是绩效评价的基础,是构建绩效评价指标体系的理论前提。因此,以集团公司高速公路建设管理周期为主线,参照国内外大型公共工程项目建设绩效评价理论与方法,结合高速公路建设卓越管理体系要求,运用文献查询和专家访谈法进行绩效评价指标体系构建。

(1)模块设计

在明晰集团公司高速公路建设项目投入、过程、产出和影响四个模块之间的因果关系基础上,深入剖析每个模块涉及的多维度要素,找出影响绩效的关键因素,并寻求可将其转变为具体可操作化的指标,并适当补充一些其他评价指标,最终形成高速公路建设卓越管理绩效评价指标体系。采用的指标体系模块结构见图10-6。

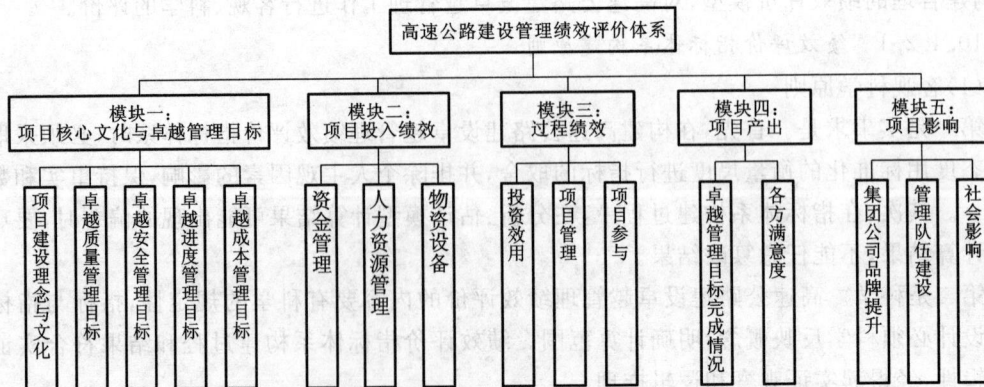

图10-6 高速公路建设卓越管理绩效评价指标体系模块结构图

（2）指标体系

指标（indicator）具有指明、揭示等含义，通常用于反映实物特征信息的"标识"体，是对基本的特征数据的集成或综合，包含定量指标和定性指标两类。经过上文分析已经明确高速公路建设管理绩效评价体系构建的逻辑模型与模块结构，采用问卷调查形式获取指标体系，见表10-2。

表 10-2　高速公路建设管理绩效评价指标体系

目标层	一级指标	二级指标	三级指标	指标内涵	阶段		
					前期	建设期	后期
项目文化和管理与目标设置	项目建设理念与文化	项目建设定位偏差		定性,反映项目定位相对于社会需求的偏差程度	*		
		与集团公司发展战略的适应性		定性,反映项目建设理念与企业发展战略的一致性	*		
		项目文化的鲜明性		定性,反映项目文化核心理念的特色鲜明程度	*		
	建设卓越管理目标设置	建议书需求量化率		需求量化项数/需求指标总数×100%	*		
		质量目标		定性,质量目标合理性	*		
		安全目标		定性,安全目标合理性	*		
		进度目标		定性,建设时间选择合理性	*		
				定性,里程碑计划制订合理性	*		
		投资(成本)目标		定量,融资方案选择合理性,资金成本	*		
项目投入绩效	资金管理	资金到位率		实际筹集到的项目资金额/按批复应到位的资金额×100%	*		
				该指标反映了项目资金筹集的效率,数值越大,表明效率就越高			
		资金利用率		实际拨付到项目实施单位的资金额/实际到位的资金额×100%	*		
				该指标反映了项目资金使用的效率,数值越大,表明效率就越高			
	人力资源管理	技术人员比例		高级技术员工人数/项目办员工人数×100%		*	
		管理人员比例		管理人员数量/项目办员工人数×100%		*	
		人员培训率		参与培训人数/项目办员工人数×100%		*	
		人员素质		定性,从事相关工作平均年限		*	

续表 10-2

目标层	一级指标	二级指标	三级指标	指标内涵	阶段		
					前期	建设期	后期
项目投入绩效	物资设备管理		物资设备投入及时性	实际投入日期－计划投入日期		*	
			物资设备使用率	实际使用时长/计划使用时长×100%		*	
			物资设备完好率	技术性能完好设备数量/全部设备数量×100%		*	
投资过程绩效	投资管理	资金管理规范性	资金管理制度规范性	定性,制度的建立、健全情况		*	
			会计核算制度执行规范性	定性,该指标反映工程项目资金管理是否具有合法规范性		*	
			资金违纪率	资金违纪金额/项目实际总投资×100%		*	
		资金管理效率	限额设计执行有效性	设计施工图预算/设计限额×100%		*	
			计量支付及时性	实际支付款额/当期应支付款额×100%		*	
			产值完成率	实际完成产值/计划完成产值×100%		*	
	项目管理	基本建设程序执行规范性	前期工作规范性	定性,项目是否在规定时间内完成了深度满足要求可行性研究和初步设计报告,并经有关部门批复			*
			招投标工作规范性	参建单位选择合法规范性			*
			征地拆迁工作规范性	项目征地拆迁实施过程中是否符合相应的法律、程序			*
			工程变更工作规范性	定性,是否有完善的变更及索赔处理程序,变更及索赔依据明确,内容、程序合法,变更手续齐全			*
		质量管理效率	设计质量	设计方责任的工程变更费用/预算费用		*	
			施工质量预控有效率	质量预控计划是否可行及有效;质量预控点选取是否合理		*	
			建设规模变化率	定性,建设规模变化情况		*	
			技术创新投入率	技术创新效益/技术创新投入×100%		*	
			分部(分项)工程一次交验合格率	一次交验合格分部(分项)工程数量/交验分部(分项)工程数量×100%		*	
			分部(分项)工程优良率	优良的分部(分项)工程数量/交验分部(分项)工程工程数量×100%		*	

目标层	一级指标	二级指标	三级指标	指标内涵	阶段		
					前期	建设期	后期
投资过程绩效	项目管理	安全管理	安全风险管理	项目实施过程中是否对各方的风险进行了明确的约定和划分,风险事项描述具体、准确,责任清晰		*	
			安全专项费用到位率	实际到位安全专项费用总额/当期应到位安全专项费用总额×100%		*	
			安全事故发生情况	发生次数、伤亡人数、损失金额		*	
		进度管理	月进度计划编制及时性	是否能及时按照工程实际进度更新项目进度记录,对项目关键节点工作实际开始和完成时间清晰明确		*	
			是否有切实的工期保障措施	定性,是否制定了有效的进度控制措施,措施制定科学、合理,具有可行性及有效性		*	
			开工准时性	定性,实际开工数量/应开工数量		*	
			进度变化率	实际已完工程量与计划完成工程量的比值		*	
		投资管理效率	预算变化率	(单位工程竣工结算－单位工程预算)/单位工程批复预算		*	
			变更处理效率	定性,是否严格按时限完成变更处理		*	
	项目参与	沟通协调效率		定性,项目办对项目各利益方的问题是否能及时沟通协调解决。沟通有效次数/沟通次数×100%		*	
		信息公开效率	信息公开程度	由参建各方获知工程公开信息/需求信息×100%		*	
			信息公开及时度	定性,参建各方获知工程公开信息时间与需求相比是提前还是落后		*	
项目产出	目标完成情况	质量管理效果	质量优良率	质量达到国家规定的优良标准的单位工程数量占验收单位工程总数的百分比。优良率越高,工程质量越好。优良单位工程数量/验收单位工程数量×100%			*
			交验合格率	交付验收的单位工程中,达到合格标准的比率,交验合格率越高越好。合格的单位工程数量/交验单位工程数量×100%			*

续表 10-2

目标层	一级指标	二级指标	三级指标	指标内涵	阶段		
					前期	建设期	后期
项目产出	目标完成情况	质量管理效果	设计变更情况	（变更设计增加工程量－优化设计减少工程量）/项目概算工程量×100%			*
			新技术开发情况（项数）	定性，新技术开发项数			*
			获奖情况	定性，获质量奖项数及等级			*
		安全管理效果	安全事故发生情况	项目实施过程中安全卓越管理实施的效果，是对各阶段安全事故次数的统计			*
		进度管理效果	工期提前/延迟率	（1－实际完工工期/计划工期）×100%			*
	各方满意度	成本管理效果	技术经济指标	与类似工程进行对比，反映工程投资规模的合理性工程造价/工程规模×100%（如每延米公路工程造价等）			*
			投资变化率	（实际总投资－批准概算投资额）/批准概算投资额×100%			*
		政府满意度		定性，政府对项目的验收有重大的影响，将关系到项目从投入到产出等整个施工的全过程			*
		员工满意度		定性，员工满意度的高低将影响着项目实施的进度以及完工的质量情况，较高的员工满意度将有利于提高项目的施工速度和质量			*
		公众满意度	影响满意度	定性，工程实施对当地居民所造成的影响程度			*
			投诉情况	定性，当地居民对项目所造成不利影响的投诉程度			*
		媒体正面宣传次数		定性，媒体正面的宣传可以反映出项目实施所造成的影响			*
项目影响	集团公司品牌提升	企业文化与项目文化成果		定性，企业文化与项目文化社会了解程度、接受程度，文化建设是否利于集团公司品牌打造			*
	人员队伍建设	战略意识水平提升		定性，项目人员战略意识水平是否得以提高			*
		员工素质提升		定性，项目人员专业素质是否得以提升			*
		员工管理意识提升		人均合理化建议条数			*

10.4.3 高速公路建设卓越管理绩效评价方法

根据高速公路建设卓越管理绩效评价特点,建立了高速公路建设卓越管理绩效评价指标,运用专家调查法和层次分析法(AHP)确定卓越管理绩效评价指标权重;并采用群体协商等方法确定了体现主(客)观信息的专家集成权重,利用此专家权重来修正卓越管理绩效评价指标权重,有效克服了传统方法存在的可信度和精确度不足的缺点;然后针对这些模糊定性指标,采用模糊数学的方法处理,并采用可拓模型进行综合评价。

10.4.3.1 运用 AHP 和群体协商确定卓越管理绩效评价指标权重

(1)运用 AHP 确定指标权重

指标权重确定方法中应用较多的是层次分析法(AHP)。AHP 法需聘请多名(或多组)专家对评价对象进行判断打分,即运用专家咨询法来构造出两两比较判断矩阵,求矩阵特征向量和特征根,并进行一致性检验,得出各指标的权重。

评价指标权重是否确定合理,很大程度上将影响卓越管理绩效综合评价的科学性和正确性。因此,可利用主观和客观相结合的综合集成赋权来修正指标权重。

(2)基于 AHP 的群体集成赋权

如有多名(或多组)专家对评判对象进行评价,设评价专家(组)有 s 个,而专家(组)D_i 构造的判断矩阵记为:

$$A^{(i)} = (a_{ij})_{n \times n}$$

式中 n—— 评价指标数;

a_{ij}—— 第 i 个评价指标相对于第 j 个评价指标的重要程度,采用 9 标度法来具体判断。

若判断矩阵 $A^{(i)}$ 通过了一致性检验,运用特征值法,可得到最大特征值所对应的特征向量,并将此特征向量进行归一化,得到卓越管理绩效评价指标的权重向量为:

$$W^{(i)} = (W_1^{(i)}, W_2^{(i)}, \cdots, W_n^{(i)})^{\mathrm{T}} \quad (i = 1, 2, \cdots, s)$$

不同的评价专家(组)对同一准则下的不同指标,可能存在着不同看法甚至冲突,因此不同的评价专家(组)给出的判断矩阵不可能完全相同。如果仅对评价专家的意见(得出的权重)进行简单的算术平均,就可能出现由于某个专家(组)意见的偏离度较大而导致评价指标的权重值出现偏差的情况。因此,需要考虑专家(组)在群体内部的重要程度,即考虑专家(组)的权重问题。在专家群体判断过程中,专家主观权重和客观权重起着很重要的作用。专家的主观权重是指由专家(组)群体内部各专家之间相互进行重要性评价所确定出的权重。而为了全面反映出各评价专家在群体判断过程中的作用,还要根据具体的群体判断问题及其群体判断的方法等来确定出专家(组)所作判断的可信度,这种可信度是由专家群体决策结果及其相互关系所确定,这就是专家的客观权重。

设评价指标 j 的综合集成权重为:

$$W_j = k_1 W_j^{(1)} + k_2 W_j^{(2)} + \cdots + k_s W_j^{(s)} = \sum_{i=1}^{s} k_i W_j^{(i)} \quad (j = 1, 2, \cdots, n)$$

式中 k_i—— 专家(组)D_i 的权重,且满足 $\sum_{i=1}^{s} k_i = 1$。

① 利用 AHP 判断矩阵一致性来确定专家的客观权重

设判断矩阵 $A^{(j)}$ 的一致性指标为：$CI^{(j)} = \dfrac{\lambda_{\max}^{(j)} - n}{n-1}(j=1,2,\cdots,s)$，最大特征值为 $\lambda_{\max}^{(j)}$。一致性指标 $CI^{(j)}$ 越小，$A^{(j)}$ 的一致性程度越高，反映其在群体判断中的作用也就越大。因此可构造出专家(组)D_j 的客观权重 $k_j^{(2)}$：

$$k_j^{(2)} = \begin{cases} \dfrac{1}{s} & CI^{(i)} = 0 \quad (i=1,2,\cdots,s) \\[3mm] \dfrac{1/l}{1+\sum\limits_{i=l+1}^{s}[CI^{(i)}]^{-\alpha}} & [1\leqslant j\leqslant l \text{ 且 } CI^{(i)} = 0(i=1,\cdots,l),CI^{(i)} > 0(i=l+1,\cdots,s)] \\[5mm] \dfrac{[CI^{(j)}]^{-\alpha}}{1+\sum\limits_{i=l+1}^{s}[CI^{(i)}]} & [l+1\leqslant j\leqslant s \text{ 且 } CI^{(i)} = 0(i=1,\cdots,l),CI^{(i)} > 0(i=l+1,\cdots,s)] \\[5mm] \dfrac{[CI^{(j)}]^{-\alpha}}{\sum\limits_{i=1}^{s}[CI^{(i)}]^{-\alpha}} = \dfrac{[\lambda_{\max}^{(j)}-n]^{-\alpha}}{\sum\limits_{i=1}^{s}[\lambda_{\max}^{(i)}-n]^{-\alpha}} & [CI^{(i)} > 0(i=1,2,\cdots,s)] \end{cases}$$

式中，$\alpha \geqslant 1$(取 $\alpha = 1$)且 $\sum\limits_{i=1}^{s} k_i^{(2)} = 1$，$CI^{(j)} = 0$，当且仅当 $A^{(j)}$ 为一致性判断矩阵。

② 利用群体协商方法确定专家的主观权重

建立了一个带有群体协商特征的专家主观权重确定方法。该方法利用群体协商来解决群体专家意见之间存在不同程度冲突的问题。设专家(组)D_i 对各专家(组)在群体内部的重要程度进行判断，给出的判断矩阵记为 $D^{(i)}$，且该矩阵满足一致性检验，对应的权重向量为 $K^{(i)} = (K_1^{(i)}, K_2^{(i)}, \cdots, K_s^{(i)})^{\mathrm{T}}$，其中 $i=1,2,\cdots,s$。记专家(组)D_j 主观权重为 $K_j^{(i)}(i=1,2,\cdots,s,j=1,2,\cdots,s)$。

设区间 $L_j = [\min\{K_j^{(i)}\}, \max\{K_j^{(i)}\}](i=1,2,\cdots,s)$ 为专家群体关于专家 D_j 权重的协商区间，设 $e(L_j) = \max\{K_j^{(i)}\} - \min\{k_j^{(i)}\}$ 为区间宽度，则 $e(L_j) > 0$；设 $n(L_j) = \dfrac{\max\{K_j^{(i)}\} + \min\{K_j^{(i)}\}}{2}$ 为区间中点，则 $n(L_j) > 0$。

设 $\varphi_j = \varphi(L_j) = n(L_j) + \varepsilon_j e(L_j)(j=1,2,\cdots,s)$ 是专家群体关于专家 D_j 在群体内部重要程度的协商因子。ε 是协商系数，$|\varepsilon_j| \leqslant \dfrac{1}{2}$，当 $0 < \varepsilon_j \leqslant \dfrac{1}{2}$ 时，表明群体在协商过程中是以 $\max\{K_j^{(i)}\}$ 方为主；当 $-\dfrac{1}{2} \leqslant \varepsilon_j < 0$ 时，表明群体在协商过程中是以 $\min\{K_j^{(i)}\}$ 方为主；当 $\varepsilon_j \equiv 0$ 时，各专家(组)的协商地位相同。协商系数 ε 的取值，一般可由专家群体根据评价对象预先达成协议。则专家(组)D_j 的主观权重 $k_j^{(1)}$：

$$k_j^{(1)} = \dfrac{\varphi_j}{\sum\limits_{i=1}^{s} \varphi_i} \quad (j=1,2,\cdots,s \text{ 且 } \sum\limits_{j=1}^{s} k_j^{(1)} = 1)$$

③ 专家集成权重确定

确定的专家集成权重应综合体现了专家(组)的客观信息和主观信息。最终确定专家(组)D_j 的客观权重可利用 $k_j^{(2)}$ 和 $k_j^{(3)}$ 的凸组合。计算公式为：

$$k_j^{(0)} = p_1 k_j^{(2)} + p_2 k_j^{(3)} \quad (j=1,2,\cdots,s)$$

式中，$p_1 \geqslant 0$，$p_2 \geqslant 0$，且 $p_1 + p_2 = 1$。可根据评价专家(组)群的情况、评价对象的特征等情况来确定 p_1、p_2 的取值。则专家(组)D_j 的集成权重确定为：

$$k_j = u k_j^{(0)} + (1-u) k_j^{(1)} \quad (j = 1, 2, \cdots s)$$

式中，$0 \leqslant u \leqslant 1$，系数 u 表示对主观权重和客观权重的偏好程度。u 越小，表示越重视专家(组)的主观权重。若 $u = 0$，只考虑主观权重；若 $0 < u < 1$，则同时体现主(客)观信息集成特征；若 $u = 1$，只考虑客观权重。

10.4.3.2 基于模糊可拓的高速公路建设卓越管理绩效评价模型

(1)确定经典域和节域

根据构建的高速公路建设卓越管理绩效指标体系，设目标层包括 5 个指标，一级指标层包括 12 个指标，二级指标层包括 38 个指标，每个二级指标还可以根据实际情况划分若干个三级指标。建立评价等级域：$U = \{u_1, u_2, \cdots, u_m\}$，$m$ 为等级数。

高速公路卓越管理绩效评价可建立 5 个等级，分别为很差、较差、一般、较好、很好；即 $U = \{u_1, u_2, \cdots, u_5\} = \{$很差，较差，一般，较好，很好$\}$。设卓越管理绩效评价等级取值范围为 $0 \sim 1$，其中 5 个等级的记分标准可分别设为：很差 $0 \sim 0.1$、较差 $0.1 \sim 0.3$、一般 $0.3 \sim 0.5$、较好 $0.5 \sim 0.7$、很好 $0.7 \sim 1$。

设 Q 表示物元，C 为评价指标，记 $C = (c_1, c_2, \cdots, c_n)$，$n$ 为评价指标的个数；并确定经典域 Q_j 和节域。

(2)确定待评物元和关联度计算

设 R 表示待评事物；v_i 为评价指标 c_i 的值，第 i 个评价指标关于第 j 个评价等级的关联度为 $K_j(v_i)$。

记评价物元 R_{ij} 关于等级 j 的关联度为：

$$K_j(R_{ij}) = \sum_{i=1}^{n} w_i K_j(v_i)$$

式中　w_i——评价指标 i 的权重，且 $\sum\limits_{i=1}^{n} w_i = 1$。

若 $K_j = \max\limits_{j \in (1,2,\cdots,m)} K_j(R_{ij})$，则评价物元 R_{ij} 属于等级 j，即可得出高速公路建设卓越管理绩效评价指标层中各评价指标的等级。

(3)综合评价模型

根据确定的关联度，可建立第 h 个一级评价指标下的二级评价指标的关联度矩阵，记为 $\boldsymbol{K}_{hl}$。则高速公路建设卓越管理绩效模糊可拓综合评价模型为：

$$R_h = W_{hl} \times \boldsymbol{K}_{hl} = (w_{h1}, w_{h2}, \cdots, w_{hl}) \begin{bmatrix} K_1(R_{h1}) & K_2(R_{h1}) & \cdots & K_m(R_{h1}) \\ K_1(R_{h2}) & K_2(R_{h2}) & \cdots & K_m(R_{h2}) \\ \vdots & \vdots & \vdots & \vdots \\ K_1(R_{hl}) & K_2(R_{hl}) & \cdots & K_m(R_{hl}) \end{bmatrix}$$

式中，$W_{hl} = (w_{h1}, w_{h2}, \cdots, w_{hl})$ 为各评价指标的权重。

设 $R_h = (R_{h1}, R_{h2}, \cdots, R_{hm})$，即得到 R_h 关于各评价等级的关联度。则一级评价指标 R_h 的评价等级为：

$$K(R_h) = \max_{j \in (1,2,\cdots,m)}(R_{ij})$$

根据各个评价指标的相关等级，并结合其权重，可以得到高速公路卓越管理绩效的综合评价等级。而由计算过程可以得到各个绩效指标的评价结果,进而可以找出影响高速公路建设卓越管理绩效的关键指标,并适时预警,动态监控,采取相应的应对策略与措施。

10.4.3.3　卓越管理绩效评价模型应用

以黄祁高速公路建设项目为例,进行高速公路建设卓越绩效评价方法说明。

(1)运用 AHP 和协商方法确定黄祁高速公路卓越管理绩效评价指标权重

① 运用 AHP 确定卓越管理绩效评价指标权重

邀请了 5 位(组)专家,且这些专家均对黄祁高速公路项目建设情况比较熟悉。根据各专家给出的判断矩阵 $A^{(j)}$,可计算出各评价指标的权重向量及参数。

针对目标层的评价指标(项目文化与管理目标、项目投入绩效、投资过程绩效、项目产出、项目影响)权重向量计算见表 10-3。

表 10-3　准则层评价指标权重及参数

权重 $W_j^{(i)}$	$W_1^{(i)}$	$W_2^{(i)}$	$W_3^{(i)}$	$W_4^{(i)}$	$W_5^{(i)}$	专家权重
专家 D_1	0.1075	0.1935	0.2796	0.2473	0.1721	K_1
专家 D_2	0.1129	0.2043	0.2903	0.2151	0.1774	K_2
专家 D_3	0.1022	0.2204	0.2634	0.2527	0.1613	K_3
专家 D_4	0.1183	0.1989	0.2742	0.2419	0.1667	K_4
专家 D_5	0.0968	0.1882	0.2688	0.2634	0.1828	K_5

表中,$W_1^{(i)}$ 为项目文化与管理目标权重系数;$W_2^{(i)}$ 为项目投入绩效权重系数;$W_3^{(i)}$ 为投资过程绩效权重系数;$W_4^{(i)}$ 为项目产出权重系数;$W_5^{(i)}$ 为项目影响权重系数。

② 专家集成权重确定

可根据 $A^{(j)}$ 的一致性指标 CI 来确定专家(组)D_j 客观权重,见表 10-4。

表 10-4　基于 CI 确定专家客观权重

最大特征值 $\lambda_{max}^{(i)}$	一致性指标 $CI^{(i)}$	随机一致性比率 CR	专家客观权重
5.1041	0.02603	0.02324	0.1586
5.1705	0.04262	0.03806	0.2598
5.1358	0.03395	0.03031	0.2068
5.1261	0.03153	0.02815	0.1921
5.1199	0.02998	0.02676	0.1827

通过各专家给出群体内专家的重要程度的判断矩阵,可确定专家主观权重,见表 10-5。

表 10-5　专家主观权重向量及其参数计算表

主观权重	$K^{(1)}$	$K^{(2)}$	$K^{(3)}$	$K^{(4)}$	$K^{(5)}$	$e(K_j)$	$n(K_j)$
专家 D_1	0.298	0.079	0.098	0.074	0.143	0.224	0.186
专家 D_2	0.089	0.137	0.185	0.121	0.143	0.096	0.137
专家 D_3	0.158	0.402	0.349	0.375	0.286	0.244	0.280
专家 D_4	0.298	0.137	0.185	0.215	0.143	0.161	0.218
专家 D_5	0.158	0.245	0.185	0.215	0.286	0.128	0.222

经群体专家协商,系数 ε 取值为 0,则专家主观权重为:$k_j^{(1)} = (0.1783, 0.1311, 0.2688,$

0.2089,0.2129)。

取 $u = 1/2$,则专家集成权重为:$k_j = (0.1685,0.1954,0.2378,0.2005,0.1978)$。

③ 评价指标综合权重的最终确定

则目标层各评价指标的综合权重为:$W_j = \sum_{i=1}^{5} W_j^{(i)} K_i (j = 1,2,3,4,5)$ 且 $\sum_{j=1}^{5} W_j = 1$。可得:$W = (0.1073,0.2021,0.2746,0.2444,0.1716)$。

同理可计算一级指标层的权重系数,得:

$$W_{1j} = (0.3534,0.6466)$$
$$W_{2j} = (0.4769,0.3539,0.1692)$$
$$W_{3j} = (0.0923,0.6769,0.2308)$$
$$W_{4j} = (0.6614,0.1846)$$
$$W_{5j} = (0.6398,0.3602)$$

(2)基于模糊可拓的卓越管理绩效综合评价

① 经典域、节域及指标值确定

通过访问调研,采用 Delphi 法向专家分别发放咨询表,确定出黄祁高速公路项目卓越管理绩效评价的经典域和节域以及评价指标赋值,见表 10-6。

表 10-6 评价指标经典域、节域与指标赋值

评价指标	很差	较差	一般	较好	很好	(a_{U_i},b_{U_i})	赋值
项目建设理念与文化	(0,0.1)	(0.1,0.3)	(0.3,0.5)	(0.5,0.7)	(0.7,1)	(0,1)	0.64
卓越管理目标设置	(0,0.1)	(0.1,0.3)	(0.3,0.5)	(0.5,0.7)	(0.7,1)	(0,1)	0.73
资金管理	(0,0.1)	(0.1,0.3)	(0.3,0.5)	(0.5,0.7)	(0.7,1)	(0,1)	0.65
人力资源管理	(0,0.1)	(0.1,0.3)	(0.3,0.5)	(0.5,0.7)	(0.7,1)	(0,1)	0.45
物资设备管理	(0,0.1)	(0.1,0.3)	(0.3,0.5)	(0.5,0.7)	(0.7,1)	(0,1)	0.67
投资管理	(0,0.1)	(0.1,0.3)	(0.3,0.5)	(0.5,0.7)	(0.7,1)	(0,1)	0.63
项目管理	(0,0.1)	(0.1,0.3)	(0.3,0.5)	(0.5,0.7)	(0.7,1)	(0,1)	0.75
项目参与	(0,0.1)	(0.1,0.3)	(0.3,0.5)	(0.5,0.7)	(0.7,1)	(0,1)	0.67
目标完成情况	(0,0.1)	(0.1,0.3)	(0.3,0.5)	(0.5,0.7)	(0.7,1)	(0,1)	0.71
各方满意度	(0,0.1)	(0.1,0.3)	(0.3,0.5)	(0.5,0.7)	(0.7,1)	(0,1)	0.69
集团公司品牌提升	(0,0.1)	(0.1,0.3)	(0.3,0.5)	(0.5,0.7)	(0.7,1)	(0,1)	0.66
人员队伍建设	(0,0.1)	(0.1,0.3)	(0.3,0.5)	(0.5,0.7)	(0.7,1)	(0,1)	0.59

② 关联度计算

关联度计算结果见表 10-7。

表 10-7 关联度计算结果

指标层	很差	较差	一般	较好	很好
项目建设理念与文化	−0.57	−0.43	−0.23	0.17	−0.19
卓越管理目标设置	−0.65	−0.55	−0.38	−0.24	0.09
资金管理	−0.55	−0.42	−0.21	0.11	−0.17
人力资源管理	−0.37	−0.20	0.25	−0.19	−0.36

续表 10-7

指标层	很差	较差	一般	较好	很好
物资设备管理	−0.43	−0.21	−0.12	0.15	−0.22
投资管理	−0.39	0.25	0.17	0.24	−0.21
项目管理	−0.48	0.35	−0.23	−0.18	0.14
项目参与	−0.44	0.34	−0.28	0.28	−0.17
目标完成情况	−0.43	−0.36	−0.27	−0.14	0.07
各方满意度	−0.42	−0.31	−0.25	0.15	−0.02
集团公司品牌提升	−0.41	0.35	−0.27	0.12	−0.03
人员队伍建设	−0.46	−0.39	−0.31	0.07	−0.11

③ 综合评价

目标层 R 关于评价等级的关联度 K 为：

$$K = (w_1, w_2, w_3, w_4) K_j = (-0.38, -0.21, -0.12, 0.21, -0.14)$$

④ 评价结果

由 $\max[K(R)] = 0.21$ 可知，该项目的建设卓越管理绩效综合评价等级为较好；结果表明：黄祁高速公路项目建设卓越管理绩效总体上比较好。

10.5 高速公路建设管理绩效评价结果运用与改进

10.5.1 高速公路建设管理目标达成程度检查

绩效的反馈和改进不仅指高速公路项目建设竣工验收后一次性结果评价，而且包括项目建设过程中的绩效评价，针对过程中绩效评价可以总结成绩、发现问题，并提出进一步改进的方向与措施。通过绩效评价结果与建设管理目标结合、绩效评价结果与职位职责即业务流程结合、绩效评价目标与个人目标结合，来实现绩效评价结果的反馈，真正使绩效评价成为绩效提升的动力源和用以解决问题的重要手段，促进项目目标的实现。

10.5.2 绩效评价结果汇总

高速公路建设卓越管理绩效评价结果的分析就是通过对绩效评价实施所获得的数据进行汇总、分类，利用概率论、数理统计等方法进行加工、整理以得出评价结果的过程，它是绩效评价的必需步骤。自评小组或集团公司绩效评价工作组通过记录每一次绩效评价的结果，最终可以得到高速公路项目建设过程中绩效变化过程图，有利于评价项目建设是否合理，是否朝有利的方向进行。

10.5.3 绩效评价结果运用

10.5.3.1 绩效反馈

绩效评价得到的结果并不是绩效评价的目的，而只是一种手段，重要的是绩效结果如何应用。绩效结果运用得当对高速公路项目是否有效实施和员工激励都能起到很大的作用。

通过项目办建设管理绩效自评可以进行自我诊断、自我剖析、自我调整和自我完善,不断提高绩效,实现项目建设管理目标。

通过集团公司对项目办的建设管理绩效评价,并将绩效评价结果反馈给项目办,双方就绩效评价结果达成共识,经过面谈与沟通,肯定成绩,总结项目办建设管理成绩与成功经验以利于推广运用,从而激发员工的上进心和进取心,提高集团公司项目管理总体水平,提升集团公司品牌价值。此外,总结问题与不足,发现绩效提升空间,制定绩效改进计划,为今后建设管理工作指明方向。

目前我国建筑行业人才的流动现象非常严重,很大程度上是由于绩效优秀的员工没能得到相应的认可与激励所致。现在已有越来越多的企业将项目绩效结果广泛应用于员工培训、职位/职务变迁、员工的淘汰等发展目的,以便更有效地利用绩效评价结果,提升员工素质和企业竞争力。

10.5.3.2　人员激励与约束

从员工方面来考虑,经过长期的高速公路建设管理工作,不断的绩效提高过程,必然希望被领导发现并得到重用以及组织的肯定、提高薪金等,这是正常的员工心理诉求。绩效评价是有利于集团公司建设管理和员工激励与约束双向推动力的工作。

(1)用于薪金的调整

众所周知,如今大多数项目管理人员的工资组成中都有绩效工资这一项,通过绩效评价结果来调整员工的薪金是一种最简单也是员工最为关心的方式。这就要求集团公司和项目办通过绩效评价完善相应的绩效工资的分配方法,与绩效评价结果形成联动,奖优罚末,实现员工激励与约束。

(2)职务的合理优化调整

员工表现优异,个人绩效突出,就可以晋升其职位,发挥其榜样作用,拉动整个部门和项目办的绩效提升。如果员工在绩效评价中较差,需要多综合几次绩效考核的结果进行对比分析,找出症结所在(是由于他所从事的职位不合适,还是由于个人主观原因),然后调整合适的职位或决定是否继续留任。但末位淘汰制要慎用,经验表明,实行这一制度,可能导致工作氛围不安定,甚至出现员工为了保住工作岗位而采取一些恶意的方法和手段,这些不利于整体绩效的提升。

(3)培训与开发

根据考核的结果,集团公司与项目办需要分层次采取多种方式的培训学习,对普遍存在的某一绩效指标严重不足的员工采取针对性的培训指导,不断建立完善培训开发体系,逐步形成学习型组织,为项目办和集团公司的人才储备与持续发展打下坚实的基础。

(4)绩效考核系统的纠偏

将上一次的绩效评价结果与本次做对比,如果发现效果与预期的改进目标相差过大,那么就该考虑绩效评价体系本身是否合理的问题,对于出现错误的地方要进行适当纠偏。这包括对绩效评价内容和指标的选定、权重的设置、绩效评价过程等全面的审核,同时检查集团公司与项目办的各项管理政策,通过以上这些检查、改进使整个系统更加的完善合理。

10.6　本章小结

　　本章分析了集团公司建设卓越管理绩效评价宏观与微观管理现状,明确绩效管理是持续提高高速公路建设管理效率、提升员工绩效和高速公路建设管理企业集团的核心竞争力的重要途径。将高速公路建设管理绩效评价定义为:"利用统一的评价标准,采用科学的、合理的、规范的以及有效的评价方法对集团公司高速公路建设项目预期建设管理目标、项目建设管理过程以及结果进行分析,从科学的、客观的、公正的以及全面的角度来对建设管理活动的经济性、效率性、有效性等进行综合的评判。"建议卓越管理绩效评价从项目办自评和集团公司评价两个层面开展。建立了包括高速公路项目建设卓越管理绩效目标计划制订、卓越管理绩效评价方法体系实施、卓越管理绩效反馈与改进的卓越管理绩效评价实施流程等内容。

　　在高速公路建设卓越管理绩效评价方法体系实施研究中,以逻辑框架法和卓越绩效评价准则为理论基础,以建设管理周期为主线,构建了高速公路建设卓越管理绩效评价逻辑模型,在分析高速公路建设卓越管理绩效评价各阶段的逻辑要素基础上,构建了包括项目核心文化与卓越管理目标、项目投入绩效、过程绩效、项目产出、项目影响五个模块指标体系,从建设管理工作的适应性、经济性、效率性、规范性和效果性来完成指标选择。

　　建立了高速公路建设卓越管理绩效评价模型。运用专家调查法和层次分析法(AHP)确定卓越管理绩效评价指标权重;并采用群体协商等方法确定了体现主(客)观信息的专家集成权重,利用此专家权重来修正卓越管理绩效评价指标权重;然后针对这些模糊定性指标,采用模糊数学的方法处理,并采用可拓模型进行综合评价;并以黄祁高速公路建设卓越管理绩效评价进行算例说明。

　　最后,对绩效评价结果运用与改进提出措施建议。对绩效评价的结果运用具体包括绩效反馈、人员激励与约束等。

11 结论与展望

高速公路建设项目逐渐大型化、复杂化,对高速公路建设项目管理要求也更高、更细致、更规范。开展"安徽省高速公路建设卓越管理研究"是高速公路建设管理精细化、规范化的要求。在系统总结集团公司建设管理实践经验基础上,将目前先进的"卓越绩效"理念引入高速公路建设项目管理,构建科学、易行的高速公路建设卓越管理模式,研究卓越管理模式实施方法体系与实施策略,为集团公司高速公路建设管理提供理论依据和方法指导。

(1)安徽省高速公路建设环境分析

通过构建 PEST 分析模型,从政治法规环境、经济环境、社会环境和科学技术环境四个方面来分析外部环境;通过构建 RCC 分析模型,从资源、能力和文化三个方面来分析内部环境。

从外部环境分析可知,经济社会快速发展对交通运输的旺盛需求没有变,对加强交通基础设施建设的重视程度没有变,安徽交通建设投资保持平稳较快增长势头,持续推进交通运输基础设施建设;集团公司需整合集团公司的资金、资产、人力、技术等资源,加快高速公路的投资建设和企业的运营管理发展,提升企业的市场占有率,整合多元化经营业务,拓展交通基础设施资本投资运营平台,打造充满活力、富有效率、拥有核心竞争力的交通投资大企业集团,以适应安徽省高速公路基础设施建设新形势、新任务的要求;提高建设管理效率;高速公路建设提高质量和效益,充分发挥建筑市场的主导作用,积极探索和拓宽投融资渠道是发展的必然要求。

从集团公司的实物资源、人力资源、财务资源、无形资产等方面分析来看,集团公司作为安徽省最大的交通基建企业和主要的高速公路运营管理企业,具有建设经验丰富、市场份额大、下属路产质量较好、经营状况良好、企业文化鲜明等显著优势,行业地位突出。

(2)高速公路建设管理目标及其关系分析

在高速公路建设管理概念界定与特点分析基础上,从集团公司高速公路建设管理角度出发,从理论上阐述了质量、安全、成本、进度之间的关系,并通过混沌博弈模型分析确定稳定有效的控制边界条件。开展高速公路建设管理目标关注度调查,明确四大目标关系。从集团公司高速公路建设管理角度来看,质量是企业发展的永恒主题,质量是导致安全事故的根本原因,而进度与投资是实现质量要求的基本途径;体现了集团公司建设理念——"安全为天,质量为上,效益为重";高速公路建设卓越管理模式所追求的目标卓越即制定与企业战略相符的项目目标,使其具有科学性、合理性和一定前瞻性,实现多项目管理条件下的整体最优。

(3)高速公路建设卓越管理相关概念界定

界定高速公路建设卓越管理概念,以集团公司企业文化核心价值理念"重道笃行、通达致远"为纲领,以建设标准化为基础,以多目标协调管理为核心,以绩效评价为基本手段的高速公路建设管理,将"以人为本、安全为天、质量为上、效益为重、生态为基、文化为魂、廉洁为要"的高速公路建设管理理念落实于集团公司高速公路建设管理中,充分体现"以人为本、安全为天、质量为上、效益为重、生态为基、文化为魂、廉洁为要"的高速公路建设管理理念,是持续的、全面的、高效的、具有个性特征的高速公路建设管理,属于管理的第三层次。

结合集团公司高速公路建设管理职责与企业文化,将高速公路建设质量卓越管理定义为:集团公司以企业文化为纲领,在企业高速公路建设质量方针指导下,结合建设项目实际,准确定位质量卓越管理目标,基于精益建设思想,运用先进质量管理方法对建设项目进行全寿命期的质量指挥、组织、控制和协调,以实现质量管理卓越绩效的活动。

高速公路安全卓越管理是:集团公司坚持"安全为天、质量为上"的原则,在高速公路建设项目的全寿命周期中,以保证项目质量为出发点,通过严格的施工安全管理制度、技术规范等"硬实力"的约束,以及施工安全文化、职业道德操守等"软实力"的影响,形成标准化、规范化的施工工艺和生产流程,最大限度地减少安全事故的发生,降低因安全风险带来的各种损失,从而促进高速公路建设安全管理,实现组织的安全卓越管理目标。

高速公路建设进度卓越管理是:高速公路集团公司坚持"质量第一"的原则,准确定位进度卓越管理目标和科学确定合理进度计划,并通过科学合理地安排施工组织,严格执行高速公路项目工期,确保高速公路项目在预定的工期内完成项目的所有工作任务,实现项目优质高效和企业绩效卓越的目标。

高速公路建设成本卓越管理是:在高速公路建设项目的全寿命周期内,以企业文化为纲领,系统理论为指导,在满足既定质量标准要求的前提下,通过科学的投资决策、合理的投资规划、有效的目标控制和规范的资产运营,以实现公司价值的可持续与均衡增长。

剖析了高速公路卓越管理与标准化管理、目标管理、卓越绩效及文化管理之间关系与差别:标准化管理是高速公路建设卓越管理的客观要求,目标管理是高速公路建设卓越管理的基本特性,卓越绩效是高速公路建设管理追求的目标之一,高速公路建设管理与文化管理相辅相成。

(4)高速公路建设卓越管理体系构建

以系统性、循序性、适应性为原则,以企业文化基层化,多层次、多目标与多要素的协同管理为高速公路建设管理的目标,构建了以集团公司企业文化为纲领,以建设标准化为基础,以多目标协调管理为核心,以绩效评价为基本手段的高速公路建设卓越管理概念模型,涵盖企业管理和项目管理两个层次,目标卓越、过程卓越和绩效卓越三个原则和企业文化管理、目标管理、标准化管理和绩效评价四个模块。提出高速公路建设卓越管理模式实施的管控体系与需重点解决的问题。

(5)高速公路建设卓越目标定位

从项目建设核心理念的确定与形成、项目建设目标的确定两个方面开展高速公路建设卓越目标定位研究。

在项目建设核心理念的确定与形成研究中,界定了项目文化概念,分析了项目文化与企业文化关系、项目文化的特征与作用。结合集团公司的实际情况,提出项目文化建设的基本方法,包括项目文化建设主体、基本原则、建设程序和建设途径等。以望东长江公路大桥项目文化建设为例,系统总结了望东长江公路大桥项目文化建设经验,详细阐述了望东长江公路大桥项目文化建设的基本途径与方法,企业文化通过项目文化体现其导向、激励、凝聚、创新、辐射等作用。

构建的高速公路建设项目文化互动模型表明,先进建设管理理念根植于企业文化,只有将企业文化与工程项目管理实践紧密结合,融入、渗透于工程项目管理的各项工作之中,才能充分体现企业文化引领作用,促进项目成员发挥积极性、营造良好的项目建设环境,在创造经济效益的同时,实现企业价值最大化。

项目文化是项目的生命源泉,具有导向、激励、凝聚、约束、创新、辐射等促进作用。集团公司是项目文化建设的核心主体,而参建各方是项目文化建设的重要主体,项目成员是项目文化建设的实质主体。根据集团公司企业文化建设的经验和成果,提出了项目文化建设基本思路:以参建各方企业文化为基本出发点,以国家政治文化、中国传统文化、地方习俗等为补充,以高速公路建设项目目标实现为根本要求,以参建各方共赢和项目成员全面发展为主线,以项目核心价值观和项目精神构塑为核心,以高速公路项目建设活动为基础,实施项目文化建设。

在建设目标及其管理概念界定与目标之间的关系分析基础上,遵循战略导向、分层分类差异化、现实性原则,结合集团公司高速公路实践经验与要求,提出每类高速公路建设项目的卓越质量目标、卓越安全目标、卓越进度管理目标、卓越成本目标。

重大项目:质量,全部分部工程质量评分值高于 85 分(分部工程优良率达 100%);安全,杜绝一般及以上生产安全及质量事故,事故损失控制在 1000 万元以内,且杜绝死亡事故,防止职业病的发生;进度,合理确定总工期、分部工程年度控制进度计划、分部工程季度控制进度计划、分部工程月控制进度计划;成本,合理确定总投资、提升集团公司竞争力、增加集团公司品牌价值。

一般项目:质量,全部分部工程质量评分值高于 70 分(单位工程合格达 100%),且一次合格率不低于 95%;安全,杜绝重大、特大生产安全事故及重大质量事故,遏制较大生产安全事故,减少一般生产事故及质量事故,杜绝安全责任事故与死亡事故,防止职业病的发生;进度,合理确定总工期、主要分部工程年度控制进度计划、主要分部工程季度控制进度计划;成本,合理确定总投资、严格把控投资。

(6)卓越过程管理关键过程控制点识别与关键控制链确定

通过问卷调查和专家访谈进行关键过程控制点(后简称关键控制点)的识别。以集团公司高速公路建设项目全生命周期为主线,分析影响质量、安全、进度、成本管理效果的主要过程环节,从过程环节对目标实现的影响程度和对集团公司主要过程环节管理满意度两个角度进行调查,总结集团公司建设管理先进经验,抓准存在的主要问题,提供解决方法与策略。

基于作业流程分析,以目标控制为主线形成关键控制链,具体为:

① 质量卓越过程管理关键控制链:建设规模确定→设计质量审查→施工过程质量把控。

② 安全卓越过程管理关键控制链:安全意识培育→安全措施落实监管→安全费用管理。

③ 进度卓越过程管理关键控制链:建设时间选择→进度目标控制。

④ 成本卓越过程管理关键控制链:投资控制→设计变更审查。

(7)质量卓越过程管理方法研究

分析了集团公司建设质量的宏观与微观管理现状,总结提炼出集团公司高速公路建设质量管理经验:"科学设计+精细施工+严格监管+科技创新"的质量管理体系、专业化的质量管理团队、完善的制度体系。并在总结了高速公路建设规模确定、设计质量把控、施工过程质量把控的经验前提下,提出改进方案。

针对建设规模合理性问题,应综合考虑建设法规、技术标准要求,路网匹配性与生态环境脆弱区域环境保护要求。集团公司高速公路项目建设规模合理性评价包括政策、路网、技术、环境四个方面的评价指标,利用 AHP 模糊综合评价法对高速公路建设规模合理性进行评价,该方法将定性描述和定量计算进行有效的结合,能将人为的主观性判断降低,将合理性判断做到有理有据,提高评级结果的信度和效度。

针对设计质量把控,可从完善设计质量策划、逐步引入质量监理和加强设计质量后评价三方面完善设计质量管理,以达到质量卓越过程管理目标。①在完善设计质量策划中明确了质量目标有基本目标和附加目标;在集团公司编制的前期管理工作流程基础上,设计了集团公司高速公路建设项目设计质量监控过程流程;明确设计质量监控计划文件的内容。②分析设计管理模式,分析"双院制"与设计监理的异同,分析监理职责;建议采用设计监理,并提出需重点完善的工作与途径,包括设计监理单位评价和选择方法、设计监理费用与合同类型选择、设计监理规范合同编制等。③在分析引入设计质量后评价体系必要性的基础上,构建了包括设计计划符合度、设计深度符合度、限额设计完成度、后期服务满意度的设计质量后评价指标体系,以及包括设计监理规划执行力、各阶段功能分析合理性、目标价控制有效性和沟通协调能力的设计监理质量后评价指标体系。

针对施工过程质量把控,必须以工序质量控制为基础和核心,落实在各项工序的质量监控上;集团公司施工过程质量把控的总体思路"以工序质量控制为核心,以要素控制为重点,以预警为手段,以应急机制为保障",构建了集团公司过程质量把控体系;望东长江公路大桥质量预控管理方法与成功经验,包括质量预控管理机构设置、控制点的识别、质量预控方案的制定、质量预控方案的制定实施效果等。

(8)安全卓越过程管理方法研究

分析了集团公司高速公路建设安全管理现状,总结提炼了集团公司高速公路建设安全管理经验:"思想重视+制度保证+技术支撑+严格监督"的安全管理体系,"平安工地"建设卓有成效。并从高速公路建设安全管理基础建设、安全措施落实两方面,提出改进方案。

在高速公路安全管理基础建设中着重研究安全意识培养体系与方法、工作机制的完善途径。在建筑业安全管理形势分析和高速公路建设安全文化概念界定基础上,从职业安全、高速公路建设组织风险、高速公路建设组织系统三个维度构建高速公路建设安全文化内涵构架,提出安全文化建设八大模式。以黄祁高速公路安全文化建设为典型案例,总结其安全文化建设经验与效果。提出从"以安全文化建设为中心""实施标准化、规范化运作"与"实施安全卓越管理工作体系"这三个方面完善安全管理的工作机制。

在高速公路建设安全措施落实中,重点研究了安全风险管理方法和安全费用管理方法。在传统风险管理理论分析基础上,建立高速公路建设安全风险管理体系结构,研究集团公司高速公路建设安全风险管理实施方案,设计了风险识别和风险控制实施流程,构建了集团公司高速公路建设安全风险评价指标体系,建立了安全风险模糊层次综合评价。并对黄祁高速公路建设安全风险管理进行实证研究。国家、行业、集团公司都对安全费用使用与管理制定了相应的法律、法规、办法与实施条例、制度与实施细则。提出通过加强安全专项资金合理确定和安全专项资金的执行到位保证措施来完善安全费用管理。编制了安全专项方案可靠性判断参考标准,从全面性、充分性、正确性、明确性、操作性、可监控性六个方面制定判断标准,提出审查内容及要求;提出高速公路建设管理各阶段集团公司、监理单位、施工单位安全专项资金控制内容与重点。建议采用标准化合同文件、开设专用账户、绩效考评与责任追究等措施,加强安全专项资金的执行到位。

(9)进度卓越过程管理方法研究

分析了集团公司高速公路建设进度管理现状,建议从高速公路建设时机选择、进度目标柔性控制、进度风险管理三方面提升管理水平。

针对高速公路建设的建设时机选择，重点研究了建设时机选择对高速公路项目经营型价值和引导型价值的影响，构建了其影响函数；根据高速公路建设特点，构建了实物期权抉择模型，以实现高速公路建设项目的投资价值最大化为目标，确定出高速公路项目的最佳建设时机。

针对高速公路进度目标柔性控制，重点研究了柔性关键链技术及其在卓越进度管理中的应用，构建了基于 PDCA 高速公路建设柔性进度控制方法，通过柔性关键链管理模型的构建与应用设计，从公司角度出发，解决资源约束下的进度计划优化与动态控制问题。

针对高速公路进度风险控制，重点研究了高速公路建设进度风险形成机理；识别出影响高速公路建设项目进度的因素，构建了高速公路建设进度风险评价指标体系；构建了模糊可拓评价模型，运用层次分析法确定进度风险评价指标权重；运用模糊可拓方法进行综合评价；在高速公路建设进度风险评价得到的结果基础上，提出了高速公路建设进度风险预警与监控对策及措施。

（10）成本卓越过程管理方法研究

分析了集团公司高速公路建设成本管理现状；建议从引入先进成本管理理念、科学合理确定工程变更的成本两方面提升管理水平。

在高速公路建设成本管理中引入价值链管理思想，重点研究了以项目为导向的价值链分析，构建了价值链分析概念模型；针对现行高速公路项目成本管理体系的缺陷，构建了价值链成本管理理论框架模型；构建了高速公路项目的价值链成本管理体系，并从价值链成本管理目标、基本构成、成本动因分析、控制方法、作业成本管理，以及成本价值链改进与优化等方面进行了说明。

针对高速公路全面成本管理，重点研究了基于 PDCA 的主动监控模式及其在卓越成本管理中的应用，构建了基于 PDCA 高速公路建设成本主动监控模式及控制方法；在全过程成本控制原理分析基础上，研究了各阶段成本控制目标的合理确定及成本控制方法；针对传统单因素成本控制方法的不足，提出了基于挣得值理论的高速公路全要素成本管理方法。

针对高速公路工程变更的成本管理，重点研究了高速公路工程变更对成本的影响及原因分析；提出了工程变更的成本管理方法；针对新增工程，构建了灰色模糊估算模型。

（11）卓越绩效评价研究

分析了集团公司建设绩效评价宏观与微观管理现状，明确绩效管理是持续提升高速公路建设管理效率、提高员工绩效和高速公路建设管理企业集团的核心竞争力的重要途径，建议卓越管理绩效评价从项目办自评和集团公司评价两个层面开展。建立了包括高速公路项目建设卓越管理绩效目标计划制订、卓越管理绩效评价方法体系实施、卓越管理绩效反馈与改进的卓越管理绩效评价实施流程。

针对卓越管理绩效评价方法体系实施，以逻辑框架法和卓越绩效评价准则为理论基础，以建设管理周期为主线，构建了高速公路建设卓越管理绩效评价逻辑模型，在分析了高速公路建设卓越管理绩效评价各阶段的逻辑要素基础上，构建了包括项目核心文化与卓越管理目标、项目投入绩效、过程绩效、项目产出、项目影响五个模块指标体系，从建设管理工作的适应性、经济性、效率性、规范性和效果性完成指标选择。

建立了高速公路建设卓越管理绩效评价模型。运用专家调查法和层次分析法（AHP）确定卓越管理绩效评价指标权重；并采用群体协商等方法确定了体现主（客）观信息的专家集成权重，利用此专家权重来修正卓越管理绩效评价指标权重；然后针对这些模糊定性指标，采用模糊数学的方法进行处理，采用可拓模型进行综合评价；并以黄祁高速公路建设卓越管理绩效评价进行算例说明。同时，对卓越管理绩效评价结果运用与改进提出措施建议。对绩效评价的结果运用包括绩效反馈、人员激励与约束等。

　　高速公路建设卓越管理体系及其实施是一个复杂的系统工程，其理论与方法需进一步在推广应用中验证科学性和实用性。另外，高速公路建设卓越管理体系及方法的信息化也是值得在实践应用研究中探索的问题。

参 考 文 献

[1] 安徽省人民政府关于印发安徽省交通运输"十二五"发展规划的通知(皖政〔2011〕111号). http://xxgk. ahjt. gov. cn:8090/xxgkweb/blue/showView. jsp? unit＝002986280&newid＝1 0224.

[2] 安徽省人民政府办公厅,安徽省"十二五"规划纲要.
http://xxgk. ah. gov. cn/UserData/DocHtml/731/2014/9/9/490931484025. html.

[3] 焦翠萍. 重道笃行,通达致远——安徽省高速公路控股集团有限公司案例分析[J]. 中外企业文化,2012,(5):69-71.

[4] 侯灵明. 企业项目管理体系标准模型研究[J]. 项目管理技术,2004,(3).

[5] 钟震坤. 九牛集团技师培训项目管理体系应用研究[D]. 长沙:湖南大学硕士学位论文,2007.

[6] 郑周千. 一汽吉林公司新产品开发项目管理体系优化研究[D]. 长春:吉林大学硕士学位论文,2010.

[7] 段利民,雷霆,周明军,等. 建筑施工企业卓越绩效模式的实践[J]. 工程管理学报,2015,(5):153-158.

[8] 梁莎莎. 高速公路建设项目质量卓越管理模式及绩效评价的研究[D]. 长沙:长沙理工大学硕士学位论文,2012.

[9] 中华人民共和国国家质量监督检验检疫总局,中国国家标准化管理委员会. 卓越绩效评价准则(GB/T 19580—2012)[S]. 北京:中国标准出版社,2012.

[10] 张东风,刘敏,张东红. 卓越绩效管理范式探析[J]. 经济论坛,2009,(10).

[11] 宋加升,王雪. 基于卓越绩效准则的企业动态管理模式研究[J]. 科技与管理,2009,(2).

[12] 李卫红. 基于卓越绩效评价准则的制造业质量竞争力评价[J]. 科技管理研究,2011,(22).

[13] 叶美芳,叶杨. 卓越绩效管理的他山之石[J]. 施工企业管理,2014,(3).

[14] 2013年度安徽省交通运输经济运行分析报告,安徽省交通运输厅. http://xxgk. ahjt. gov. cn:8090/xxgkweb/blue/showView. jsp? unit＝002986280 & newid＝13709,2014-03-24.

[15] 安徽省交通运输厅,安徽省交通运输"十二五"发展规划.
http://www. moc. gov. cn/xinxilb/xxlb_fabu/fbpd_anhui/201111/t20111130_1147258. html,2011-11-30.

[16] 2015 年 1—4 月公路水路交通固定资产投资完成情况.
http://www. port. org. cn/info/201505/185292. htm,2015-5-14.

[17] 2013 年交通运输行业发展统计公报,综合规划司发布,交通运输部政府信息公开.
http://www. moc. gov. cn/zfxxgk/bnssj/zhghs/201405/t20140513_1618277. html,2014-5-13.

[18] 人民网安徽频道. 2013 安徽交通建设累计投入 700 多亿,超出计划 42.3%. http://ah. people. com. cn/n/2014/0114/c358266-20382646. html,2014-1-14.

[19] 安徽省统计局. 2014 年全省县级常住人口调查主要数据公报. http://www. ahtjj. gov. cn/tjj/web/info_view. jsp? strId=1425083780625059&_indextow=8,2015-02-27.

[20] 安徽民族宗教. http://www. ahmwzjj. gov. cn/welcome/

[21] 赵书玲,许伦辉,汪锋锁. 高速公路建设与管理[M]. 广州:中山大学出版社,2011.

[22] 中华人民共和国国务院. 建设工程质量管理条例. 中华人民共和国中央人民政府国务院公报。http://www. gov. cn/gongbao/content/2000/content_60658. htm,2000-1-30.

[23] 中华人民共和国建设部,中华人民共和国国家质量监督检验检疫总局. 建设工程项目管理规范(GB/T 50326—2006)[S]. 北京:中国建筑工业出版社,2006.

[24] 望东大桥初步设计通过交通运输部专家组评审. 望江新闻网,http://www. ahwjnews. com/system/2011/08/12/002275672. html,2011-08-12.

[25] 望东长江公路大桥开工建设. 安庆市政府办公室信息公开. http://aqxxgk. anqing. gov. cn/show. php? id=138725,2011-12-22.

[26] 肖殿良. 关于开展公路桥梁和隧道施工安全风险评估实行工作的通知解读. http://wen-ku. baidu. com/link? url=YIh9f1mM3xSeZAJT3Qwl6M1G-ssEucN62uWRLkJO5Bm06yjXt _G7OrsdoTJs9BxI62bpc8QFnoLvPzwc1uzhjWPo2B3YnArb My4xKfxqK0_,2011-11-25.

[27] 编写委员会. 全国一级建造师执业资格考试用书之公路工程管理与实务[M]. 北京:中国建筑工业出版社,2011.

[28] 宋春雷. 公路建设项目规模决策合理性评价研究[D]. 西安:长安大学硕士学位论文,2004.

[29] 陈礼义,何继志. 初步设计审查在政府投资项目前期评审中的作用、要求、方法和要点[J]. 中国工程咨询,2006,(12):25-28.

[30] 宇霞. 设计阶段质量是建筑工程质量的重要保证[J]. 低温建筑技术,2009,(2):120-121.

[31] 沈颖,朱翀,徐英俊. 道路饱和度计算方法研究[J]. 交通标准化,2007,(1):125-129.

[32] 安徽省林业厅. 安徽省自然保护区简介. 安徽林业信息网,http://www. ahly. gov. cn/main/model/newinfo/newinfo. do? infoId=14170,2010-9-7.

[33] 安徽省林业厅. 安徽省自然保护区概述. 安徽林业信息网,http://www. ahly. gov. cn/main/model/newinfo/newinfo. do? infoId=14171,2010-9-7.

[34] 周明. 设计单位的管理现代化之路[J]. 改革论坛,2004,(4):23-26.

[35] 何伯森,李维平,等. 工程建设监理的国际惯例与我国建设监理的发展前景课题报告,2005.

[36] 中国建设监理协会. 建设工程监理相关法规文件汇编[M]. 北京:知识出版社,2001.

[37] 刘庆,陈顺良. 建筑工程项目的设计监理机制探讨[J]. 中外建筑,2010,(3):106-107.

[38] 李行军,刘英. 设计质量评价问题初探[J]. 科技情报开发与经济,2006 (4):289-290.

[39] 安徽省调查八行业"安全生产"现状. 中国安全生产网,http://www. aqsc. cn/102480/102485/125264. html,2009-06-05.

[40] 林宙. 施工安全管理方法及技术的构建分析[J]. 建材与装饰,2014,(22):139-140.

[41] Everett J G, Jr P B F. Costs of Accidents and Injuries to the Construction Industry [J]. Journal of Construction Engineering and Management, 1996, 122(2): 158-164.

[42] Bureau of Labor Statistics U. S. Department of Labor, Health and Safety Executive. National Census of Fatal Occupational Injuries in 2011 (Preliminary results), http://www. bls. gov/news. release/pdf/cfoi. pdf, 2012-09-2.

[43] Health and Safety Executive. Construction: Work related injuries and ill health. 2012-10. http://www. hse. gov. uk/statistics/industry/construction/construction. pdf.

[44] 曹常成. 制造业安全文化推动模式. 工业安全卫生月刊, 2006, (2): 11-35, http://www. isha. org. tw/DataL034/52-200-11-35-a. pdf? jnlcattype=0.

[45] 吴浩捷. 建设项目安全文化和行为安全的理论与实证研究[D]. 北京: 清华大学博士学位论文, 2013.

[46] Reason J. Human error cambridge: Cambridge university press, 1990.

[47] 刘琦. 高速公路建设项目安全水泥国产管理体系构建[D]. 广州: 华南理工大学硕士学位论文, 2014.

[48] 黄河. 建筑施工企业安全文化建设研究[D]. 长沙: 中南大学硕士学位论文, 2009.

[49] 黄劲松. 浅谈路桥建设项目安全管理工作[J]. 安徽建筑, 2010, (3): 185-186.

[50] (美)项目管理协会. 项目管理知识体系指南[M]. 4 版. 王勇, 张斌, 译. 北京: 电子工业出版社, 2011.

[51] 国际项目管理协会. 国际项目管理专业资质认证标准[M]. 中国(双法)项目管理研究委员会, 译. 北京: 电子工业出版社, 2006.

[52] 克里斯·查普曼, 等. 项目风险管理过程、技术和洞察力[M]. 北京: 电子工业出版社, 2003.

[53] David Baccarini, Richard Archer. The Risk Ranking of Projects: A Methodology[J]. International Journal of Project Management. 2001, (19): 139-145.

[54] 卢有杰. 项目风险管理[M]. 北京: 清华大学出版社, 1998.

[55] PMI. A Guide to the Project Management Body of Knowledge. Pennsylvania: Project Management Institute, 2000.

[56] 国际咨询工程师联合会. 风险管理手册[M]. 中国工程咨询协会, 译. 北京: 中国计划出版社, 2001.

[57] 张东玲, 高齐圣, 杨泽慧. 农产品质量安全风险评估与预警模型: 以山东省蔬菜出口示范基地为例[J]. 系统工程理论与实践. 2010, 30(6): 1125-1131.

[58] 李伟, 刘春波. 投资项目风险评估中动态情景模拟法[J]. 工业技术经济. 2003, (5): 113-114.

[59] 贾玉生, 于海春, 田喜龙. 建设项目风险识别与评估[J]. 工程管理. 2004, (3): 18-20.

[60] 孙忠仁, 等. 国际工程承包风险评估层次分析模型[J]. 哈尔滨建筑大学学报. 1998, (4).

[61] 姜瑾, 桂国庆. 国际工程承包风险评估的改进 AHP 法[J]. 南昌大学学报: 工科版, 2000, 22(4): 78-84.

[62] Richard P Mcglynn, Dennis Mcgurk, Vicki Sprague Effland, et al. Harding, Brainstorming and Task Performance in Groups Constrained by Evidence[J]. Organizational

Behavior and Human Decision Processes,2004,93(1)：75-87.

[63]　曹光明,白思俊.国外 PERT/CPM 网络计划技术发展的三个方面[J].系统工程理论与实践.1993,(3):1-10.

[64]　Littlefield T K, Randolph P H. Reply an Answer to Sasieni's Question on PERT times[J]. Management Science. 1987,33(10):1357-1359.

[65]　赵朋,刘应宗.模糊综合评价法在建设工程承包风险评估中的应用[J].2004,33(12)：54-56.

[66]　Carr V,Tah J H M. A Fuzzy Approach to Construction Project Risk Assessment and Analysis：Construction Project Management System[J]. Advanced in Engineering Software. 2001,32:10-11.

[67]　刘立名,刘睿,余建星.灰色关联分析在国际工程承包项目风险评估中的应用[J].中国海上油气(工程),2002,14(4):45-48.

[68]　赵丽艳,顾基发.航天系统安全分析与风险评估方法[R].中国科学院系统科学研究所技术报告,1998.

[69]　赵震宇.故障树法引入工程项目风险管理研究[R].现代电力,2002,(2):95-99.

[70]　陈赟,李晶晶,杨文安.模糊影响图评价高速公路经营风险[J].系统工程,2006,24(3)：40-43.

[71]　吴冲,吕静杰,潘启树,等.基于模糊神经网络的商业银行信用风险评估模型研究[J].系统工程理论与实践,2004,(11):1-7.

[72]　高辉,李慧民.敏感性-概率分析在项目风险评估中的应用[J].西安建筑科技大学学报：自然科学版,2003,35(4):376-378.

[73]　田元福,李慧民.工程项目施工阶段的风险评估研究[J].兰州交通大学学报:自然科学版,2004,23(1):19-22.

[74]　傅鸿源.工程项目风险评价方法的研究[J].系统工程理论实践,1995,15(10):55-58.

[75]　长信发研专题(20131121),中国基础设施投融资专题研究,http://wenku.baidu.com/view/e5ff795c4431b90d6d85c736.html,2014-05-22.

[76]　国务院关于创新重点领域投融资机制鼓励社会投资的指导意见(国发〔2014〕60号).http://www.gov.cn/zhengce/content/2014-11/26/content_9260.htm,2014-11-26.

[77]　中华人民共和国交通部.公路工程标准施工招标文件[M].北京:人民交通出版社,2009.

[78]　付亚和,许玉林.绩效考核与绩效管理[M].北京:电子工业出版社,2003.

[79]　寿童华.政府投资基本建设项目绩效管理[J].现代经济信息,2014,(16).

[80]　鲍良.公共投资项目绩效评价与管理体系研究——以京津风沙源治理工程项目为例[D].北京:中国地质大学硕士论文,2008.

[81]　Katzell M E. Productivity——the Measure and Myth. Amaeom. U. S. A: New York,1995.

[82]　Bernardin H J,Beatty W. Perofrmance Praisal:Assessing Human Behavior at Work. Noston:Kent Publishers. 1984.

[83]　Kast F E. Organization and Management. New York:McGraw-Hill Book Co.,2002.

[84] 亚洲开发银行.公共支出管理[M].北京:经济科学出版社,2001.

[85] Szilagyi A O. Management and Performance. California:Goodyear Publishing Company Inc. ,1991.

[86] Michael Armstrong，Angela Baronl. Performance Management. London：The Cromwell Press,1998.

[87] 夏永胜.基于逻辑框架法的政府公共项目绩效评价研究[D].厦门:厦门大学硕士学位论文,2008.